노년학

Janet M. Wilmoth · Kenneth F. Ferraro 편저

조아미 · 김소정 · 김용태 · 이진숙 · 오세숙 · 정철웅 공역

학지사

Gerontology: Perspectives and Issues(4th ed.)
by Janet M. Wilmoth and Kenneth F. Ferraro

역자 서문

가끔 점심을 같이하는 동료 교수들이 있다. 이런저런 얘기를 하며 지낸 세월이 20여 년이 되어 간다. 우리가 처음에 어떤 말을 주고받았는지는 기억이 잘 나지 않는다. 그런데 언제부터인지 나이 듦에 관한 주제가 자주 등장하였다. 아마 그것이 우리들의 공통점인지 나이가 들면서 나타나는 현상에 관한 이야기를 하는 것이 재미있었다. 점점 더 자주 만나게 되었고 많은 이야기를 나누었지만 왠지 허전한 마음이 들었다. 그것은 우리 중에 아무도 노년에 관한 전문가가 없었기 때문이다. 우리는 소위 노년학에 관한 관심은 많았지만 그것을 전공한 사람이 아니었기 때문이다. 그 결과, 이야기는 항상 피상적인 수준에서만 머물렀고, 우리는 많은 궁금증을 가지게 되었다.

그러다 보니 자연스럽게 노년학을 공부해 보자는 이야기가 나오게 되었고, 관련 서적을 찾아보았다. 최근 고령화 사회에 대한 관심이 커지면서 노년학에 대한 관심도 증가하고 있으므로 노년학 관련 서적을 쉽게 접할 수 있을 것이라고 생각했다. 그러나 예상과는 달리 아직 우리 사회에서는 노년학 관련 서적이 많지 않았다. 당황스러웠다. 무엇인가를 하려던 의욕이 좌절되는 경험이었다. 한동안 무의미한 시간이 흘렀다.

얼마간의 시간이 흐른 후 다시 만났을 때, 우리는 많이 부족하기는 하지만, 그래도 관심과 의욕이 있는 우리가 노년학 관련 서적을 직접 번역하면 어떨까 하는 이야기를 나누게 되었다. 노년학 관련 책들을 찾아보던 중, Wilmoth와 Ferraro가 지은 『Gerontology: Perspectives and Issues』가 눈에 들어왔다. 모든 책이 다 배울 점이 있고 장점이 있겠지만, 특히 이 책이 마음에 드는 것은 노년학을 다학문적 관점에서 바라보았다는 점이다. 이 책을 번역한 우리는 전공이 다 다르다. 이것은 저자와 마찬가지로 노년학을 다학문적 관점에서 바라볼 수 있다는 것이고, 이 점이 노년학을 전공하지 않은 입장에서 볼 때 우리가 이 책을 매력적으로 보는 이유다.

이번 번역 작업에는 노년학을 전공한 학자들과 공동작업을 함으로써 전문성을 좀 더 높이고자 하였다. 그 결과, 노년학을 전공한 소장학자들이 번역에 참여하게 되었다. 제1, 6장은 조아미 교수가, 제2, 5, 14장은 김소정 교수가, 제3, 8장은 김용태 교수가, 제4, 10, 13장은 이진숙 교수가, 제7, 9장은 오세숙 교수가, 제11, 12, 15장은 정철웅 교수가 번역에 힘써 주었다. 이들에게 감사한 마음이 든다. 또한 번역서가 별로 경제적으로 이득이 되지 않음에도 불구하고 이를 선뜻 받아 준 학지사 김진환 사장님께도 감사한 마음을 전하고 싶다.

역자 일동

편저자 서문

이번에 출판되는 4판은 지난 3판의 전통을 그대로 이은 것이다. 1990년에 출판된 『Gerontology: Perspectives and Issues』 1판의 목적은 이 분야를 통합하는 패러다임을 분명하게 하고 노년학의 이론적 및 실제적 연구에 대한 종합적인 리뷰를 제공하는 것이었다. 1997년에 출판된 2판은 다학문적 주제의 넓은 범위를 다루는 장을 제공함으로써 이러한 맥락을 이어 갔다. 3판에서는 노년학의 핵심적인 질문에 초점을 맞춘 노년학적 질문의 광범위한 개요를 제공하는 좀 더 명확한 다학문적 접근을 사용함으로써 독자의 노년학적 시각을 발달시킬 목적으로 본질적인 재개념화와 재구성을 제시하였다. 노년학은 무엇인가? 우리는 왜 노화하는가? 노화는 어떻게 몸과 마음에 영향을 미치는가? 사회적 맥락은 어떻게 노화와 인생주기 발달에 영향을 미치는가? 역사, 문화, 전기는 어떻게 인생주기에 영향을 미치는가? 노인집단의 욕구와 흥미는 무엇이고, 그들은 어떻게 생성되고 표현되는가? 4판에서는 3판의 1개 장과 새로 추가된 7개 장, 총 8개의 개정된 장을 통하여 이러한 질문에 답하도록 구성하였다.

우리는 이 책이 다양한 용도로 사용될 것으로 생각한다. 우리는 이 책이

다학문적 접근을 하는 과목에 이상적이라고 생각한다. 그러나 이 책은 또한 노화에 관한 생물학, 심리학, 혹은 사회학의 부교재로도 유용할 것이다. 이러한 과목에서 질문의 범위가 확장되기를 기대한다. 어떻게 사용하든지 간에, 각 장의 전문성과 명확성은 학부의 고학년이나 대학원생 모두에게 도움이 될 것이다. 이 책이 노화를 광범위하고 다학문적으로 이해하도록 격려함으로써 현재의 노년학자들과 다음 세대의 노년학자들이 노년학적 시각을 지속적으로 발달시키는 데 도움이 되기를 바란다.

Janet M. Wilmoth

Kenneth F. Ferraro

차례

역자 서문 — 3

편저자 서문 — 5

제1장 노년학에 대한 시각 13

1. 노년학에 대한 시각의 요소 … 17
2. 시각의 유동성 … 34

제2장 성공적인 노화의 생물학: 생물노년학의 전망 43

1. 진화 생물학의 교육 … 44
2. 세포 배양 실험실의 교육 … 46
3. 수명 결정 요인: 유전, 환경, 기회 … 49
4. 호르몬과 노화 … 52
5. 식이 제한: 비현실적 중재와 매우 유용한 연구 도구 … 54
6. 산화 스트레스 가설 … 56
7. 초고령 노인으로부터의 교훈 … 61
8. 생애 관점을 생물노년학 발견에 적용 … 63
9. 생물노년학 발견의 한계: 비평적인 지식 격차, 광범위한 기회 … 65

제3장 인지 기능 노화에 대한 이해 87

1. 상황 속의 인지 기능 노화 … 88
2. 인식 노령화 이해 방법론 … 90
3. 노년의 인식력 결함 … 94
4. 인식력 노화에 대한 설명 … 98

5. 연령 관련 두뇌 변화 … 103
6. 노령기 인지 훈련 … 104
7. 요약 … 106

제4장 의사소통장애와 노화 119
1. 노화가 의사소통장애에 미치는 영향 … 120
2. 뇌졸중과 제한적 뇌손상 … 122
3. 노화 관련 의사소통 문제 … 129
4. 의사소통에서 노화 관련 변화를 수용하는 것 … 137
5. 결론 … 140

제5장 운동, 영양 및 노화 155
1. 근육감소증 … 157
2. 운동과 노인 … 160
3. 운동 훈련의 장점 … 167
4. 운동 참여 시 노인을 위한 실제적인 고려 사항 … 176
5. 노화와 관련된 식이 요법 … 180
6. 결론 … 186

제6장 성인기의 사회 및 정서 발달 209
1. 사회 및 정서적 노화에 대한 다학문적 견해 … 210
2. 노년기의 사회적 유대에 대한 이해 … 212
3. 성인기의 정서 발달 … 222
4. 사회정서적 노화에 대한 후속 연구 … 228

제7장 연령 구조, 노령화 및 생애 과정 243
1. 생애 과정 관점: 핵심 원리 … 245
2. 생애 과정 사회학의 초석 … 249
3. 생애 과정 연구의 핵심 기여 … 257
4. 생애 과정 연구의 비용 계산하기 … 271

제8장 은퇴와 재정 안정: 두 경제학자의 주장 283

1. 노화의 경제학에 대한 최근 연구 자료 … 284
2. 은퇴 대비 저축의 기초 경제학과 재정학 … 285
3. 인생 과정에서 이뤄지는 선택들에 대한 한 가지 경제적 모형 … 294
4. 공적 영역의 역할 … 303
5. 공적 책무 대 사적 책무 … 311
6. 요약 … 314

제9장 노령화에 대한 인구통계학적 관점 321

1. 세계 인구의 노령화 … 323
2. 미국 노인 인구의 인구통계학적 특징 … 333
3. 인구통계학이 노년학에 기여한 점 … 345

제10장 노화와 생애 주기에 대한 비교문화적 · 세계적 관점 359

1. 인류학과 노화에 대한 연구 … 360
2. 세계화와 노화 … 365
3. 노화에 대한 문화적 인식 … 366
4. 문화적 맥락 속 노화 … 369
5. 결론 … 376
6. 미주 … 377

제11장 미국 노년층의 삶과 행정 당국의 정책 391

1. 미국 노년층의 빈곤과 관련된 정책 … 392
2. 노인층의 빈곤에서 이해 관계에 대한 관심으로의 전환 … 398
3. 새로운 정치 환경에서의 노년층의 이해관계 … 405
4. 결론 … 408

제12장 다양한 노인층의 빈곤 충족과 공공 정책의 역할 415

1. 노인층을 위한 소득 관련 프로그램 … 418
2. 치료 프로그램 … 428
3. 결론 … 438

제13장 노인 사회복지: 노인과 가족의 욕구를 대하기 451

1. 노화에서 사회복지의 전망 … 453
2. 실천 체계 … 455
3. 노인 사회복지사 훈련 … 463
4. 사회복지 주요 역량 … 465
5. 결론 … 472

제14장 노인 의학 및 간호 487

1. 노인 의학 … 487
2. 노인 간호 … 490
3. 노인 증후군: 노인의 복잡성 관리 … 493
4. 노인 평가 … 495
5. 노인 연구 … 500
6. 결론 … 503

제15장 법률 노년학: 노년학에 대한 법률적 측면의 기여 511

1. 노인층에 대한 법률의 영향 … 512
2. 법률과 법 체계 이해의 중요성 … 518
3. 결론 … 531

찾아보기 — 535

제1장

노년학에 대한 시각

Gerontology: Perspectives and Issues

제1장

노년학에 대한 시각

Kenneth F. Ferraro

노년학자들은 노화 과정을 어떻게 생각하는가? 많은 과학 원리는 왜 우리가 나이가 들고, 노화 과정이 어떻게 인간의 기능과 사회 방식에 영향을 주는지에 대해 우리가 이해하도록 해 준다. 실제로 어느 한 학문 분야도 노년학을 독점할 수 없다. 그리고 여러 원리는 노화 과정에 수반되는 요소들을 각기 강조하고 있다. 노년학의 다학문적 특성은 노년학이 활력이 있는 이유다. 이와 동시에 사람들은 노년학이라는 옷감을 짜는 데 어떤 공통적인 지적인 실이 있는지에 대해 궁금해한다. 나는 그러한 것이 있다는 것을 명확하게 하도록 할 것이다.어떻게 노년학자들이 생각하느냐에 관한 핵심적인 요소를 확인하는 과정에서 나는 노년학에 대한 시각이라고 부를 수 있는 것에 대해 밝히도록 하겠다.

노화에 관심이 있는 학자들이 노년학은 패러다임과 주제에 대한 기본적인 시각이 부족하다는 주장을 하는 것은 흔한 일이다(Achenbaum, 1987, 1995; Maddox, 1987). 이러한 주장은 합리적이고 오늘날까지 그렇다고 할 수도 있다. 그러나 노년학 패러다임의 발달을 위한 씨앗이 또한 자라고 있다. 패러다임의 부족은 사회과학에서 특이한 것이 아니지만, 자연과학에서는 드문 일이다(Ritzer, 1975). 한 분야에서 여러 개의 패러다임이 있는 경우, 그 학문 분야의 주제에 관한 근본적인 시각에 대하여 과학자들 사이에 지적인 갈등이 있다. 여러 개의 패러다임이 있는 분야에서는 패러다임 간의 큰 차이가 있음에도 불구하고, 많은 통합된 개념, 방법, 해석을 위한 전략이 있다. 그러나 이러한 것들이 패러다임을 공유할 필요는 없다.

노년학이 다학문으로 구성되어 있다는 것은 널리 알려진 것이지만 문제는 노화의 기본적 이미지를 명확하게 하는 데 있다. 이 장의 목표는 노화의 과학적인 연구에서 활용되는 개념적 틀의 중요 요소들을 확인하는 것이다. 실제로 이 장에서는 ① 패러다임을 발전시키도록 노년학 분야에서 사고하는 것을 자극하고, ② 노화에 관한 과학적 연구를 이끄는 기본적인 아이디어와 주제를 제공하고자 한다.

다른 견해로부터 이러한 과제에 접근하기 위해 사람들은 노년학이란 무엇인가에 대해 질문할지도 모른다. 많은 사람이 노년학자들은 노화를 과학적으로 연구하는 사람이라는 것에 동의할지라도, 노년학자를 위한 전문적인 교육과정이 무엇인지에 대해서는 여전히 합의가 되지 않고 있다. 실제로 노년학자가 되기 위해 준비해야 하는 교육과정을 표준화하려는 노력에 관하여 뜨거운 논쟁이 진행되고 있다. 노년학회(Association for Gerontology in Higher Education)에서 교육과정의 표준화, 자격증, 프로그램의 가치를 열심히 추구하고 있지만, 다른 한편에서는 이러한 노력이 몇 가지 이유로 잘못된 것이라고 주장하고 있다. 첫째, 우리가 아직 노년학에 대한 패러다임이 없기 때문에 이 분야에 대한 교육 기준을 효과적으로 만드는 것이 어렵다는 것이다. 다시 말하면, 패러다임이 교육 기준에 앞서야 한다는 것이다. 둘째, 어떤 사람들은 노년학자라고 불릴 만한 전문적인 역할이 없다고 주장한다. 오히려 노년학은 다학문적 접근이고 그런 상태로 머물러야 하기 때문에 우리가 발전시켜야 하는 것은 기본적인 학문(사회학, 심리학, 간호학, 사회복지학과 같은)에서 노년학 분야의 전문성을 발달시키는 것이다.

나는 전문적인 배경과 상관없이 노화를 연구하는 사람들이 가져야 하는 기본적인 시각은 무엇인가와 같이 노년학의 발달과 좀 더 관련이 있는 질문에 초점을 맞추기 위하여 노년학자가 존재해야 하는지의 여부에 관한 이슈는 미루기로 하였다. 즉, 생물학자, 사회학자, 건강교육자, 정치학자는 그들의 지적 작업을 위하여 어떤 공통적인 장을 발견할 수 있는가? 이상적으로 우리는 다른 사상과 아이디어로부터 온 원리들이 개발되기를 바란다.

노년학을 위한 패러다임은 이 새로운 과학의 모든 세부 내용이 알려져야 한다는 것을 의미하는 것이 아니다. 오히려 패러다임은 사고의 방식 혹은 그 분야의 일반적인 구성 원리들을 설명하는 것이다. 개념화의 포괄적인 수준에서 Ritzer(1975, p. 5)는 패러다임이 여러 기능을 한다고 이야기하였다.

① 패러다임은 어떤 실체가 특별한 과학 공동체의 관심이다 혹은 아니다라는 것을 규정한다.
② 패러다임은 관심의 실체를 발견하기 위하여 어디를 살펴보아야 하고 혹은 살피지 말아야 하는지를 과학자에게 알려 준다.
③ 패러다임은 자신의 분야에서 관심의 실체를 발견하고 조사할 때, 그가 무엇을 발견할 수 있을 것인지를 과학자에게 알려 준다.

사회학 분야에서 Mills(1959)는 사회적 삶에 관한 사고방식을 개척하려고 하였다. 그의 저서인 『The Sociological Imagination』은 단지 사회학 백과사전이 아니고 사회학자가 사회적 세계를 어떻게 사고하는지를 보여주는 가장 훌륭한 논문 중 하나다. 다시 말하면, 명확하게 표현된 패러다임은 어떤 분야를 이해하는 데 가장 효과적인 방법이라는 것이다. 더욱이 Kuhn(1962)과 Ritzer(1975)는 명확하게 표현된 패러다임이 점진적인 발전이나 혁명에 의해서 과학의 발달을 돕는다고 하였다.

비록 패러다임이 변해도 여기에서의 목표는 노화를 연구하기 위한 분석적인 틀을 명백하게 하는 것이다. 그래서 노년학이 도전받고, 강해지고, 다시 초점을 맞추도록 하는 것이다. 이러한 노력은 목적적으로 통합적인 것이다. Boyer(1990)가 주장한 것처럼, 이러한 유형의 통합은 학자들이 분리된 사실에 의미를 부여하고, 전체적인 관점에서 그것을 배열할 필요가 있다는 것을 강조한다. "통합을 통해서 우리는 원리들을 연결시키고, 거시적인 맥락에서 특성을 배치하고, 흥미 있는 방식으로 자료를 이해하기 쉽게 하고, 비전문가들을 교육하는 것이다"(p. 18).

여기에서 발전된 분석 틀은 노년학에 대한 시각(gerontological imagination)으로 묘사될 수 있을 것이다. 노년학에 대한 시각은 인간의 노화 과정을 깨닫는 것인데 이것은 노화를 연구하는 여러 학자의 과학적 공헌을 이해하게 한다. 더욱이 이러한 자각은 사람들(노년학자가 아닌)이 인간의 노화에 영향을 주는 생물학적 · 행동적 · 사회적 구조 요소 사이의 관계를 이해하도록 해 준다. 이것은 의미상 노화를 연구하는 주요 학문으로부터 온 공통적인 지식을 포함하는 노화에 대한 학문적 감수성이라고 할 수 있다.

노년학에 대한 시각의 기본적인 요소는 노화에 대한 과학적 사고의 문화를 대표하는 것이다. 이 과학적 문화는 변하고 제2장에서 묘사되는 것처럼 이러한 변화는 계속될 것이다. 더욱이 노년학에 대한 시각과 관련된 나의 주장도 내가 처음 이 말을 1990년에 썼던 이래 변해 왔다. 어떤 명제는 남아 있지만 다른 명제는 더해지거나 근본적으로 수정되었다. 패러다임이 진화하는 것을 지각하면서 나는 내가 의미하는 노년학에 대한 시각을 설명하는 7개의 명제를 제시하였다. 나는 이것이 현재 우리가 가지고 있는 지식에 관한 작동 아이디어라는 것을 강조하고 싶다. 노화, 특히 인간의 노화에 대한 지식이 수정되는 것은 바람직하다.

1. 노년학에 대한 시각의 요소

1) 노화와 그 원인

> 노화는 모든 연령이 관련된 현상의 원인이 아니다. 그래서 노년학자들은 어떤 요소를 연령 효과의 탓으로 돌려야 하는지에 대해 다소 회의적이다.

연구방법론 분야의 기본적 아이디어 중 하나는 어떤 결론이 반드시 특정 유형의 연구 활동의 결과에서 도출될 수 있다는 것이다. 연구 설계의 논리에 익숙한 독자들은 상관관계에 있는 변인들은 어느 방향으로의 인과적 관계를 가신나고 결론을 내리는 데 문제가 있다는 것을 알 것이다. 자세한 인식론적 이슈는 우리의 현재 관심과 관련이 없지만, 우리는 연령에 의해 유발된 현상을 해석하는 데 주의를 기울여야만 한다.

노년학에서는 독립변인으로 연령을 사용하는 것을 바람직하게 생각하지 않고 있다. 이것은 특별히 발달 연구의 경우 그렇다. 연령은 생의 주요 사건, 인생의 전환기, 사회적 맥락, 자산에 있어서 중요한 지표지만, 연령 그 자체는 중요한 인과적 변인이다. Jack Botwinick(1978, p. 307)은 이에 대해서 매우 적절하게 이야기하고 있다

> 개념으로서 연령은 시간과 동의어이고, 시간 그 자체는 생활의 기능, 행동 혹은 다른 것에 영향을 미칠 수 없다. 시간은 어느 것의 원인이 되지 않는다. 이것은 감각 중추에 해를 끼치는 물리적인 차원을 가지고 있지 않다. 시간은 많은 사건과 경험을 나타내는 대강의 지표이고, 인과관계로 지표화된 사건이다.

생물학적 수준에서조차 노화는 중요한 인과적 변인이다. 이것은 세포나 조직의 변화를 유발하는 시간의 과정이 아니다. 정상적인 배수체 세포에 관한 Hayflick(1965)의 고전적인 실험을 생각해 보자. Hayflick은 기부자의 연령과 상관없이 배수체 세포는 단지 한정된 수만큼만 배양이 된다고 하였다. 다시 말하면, 이것은 세포 구조와 생식과 관련하여 노화 자체가 아니라 세포가 경험한 복제의 수가 중요하다는 것을 의미한다. Cunningham과 Brookbank(1988)는 이것을 잘 요약하였다. "시험관에서의 세포 복제의 수가 제한이 있다는 것은 시간이 지나면서 신체에 일어나는 독립적 변화인 신체 밖 세포의 일생이 미리 정해졌다는 것을 의미한다"(p. 64).

이것을 달리 생각해 보면, 노화는 그것이 원인이 되지 않는 경우에도 종종 노화의 탓으로 돌려져서 부정적인 이미지를 갖게 된다는 것이다. 노화는 활력과 지적인 힘을 개인으로부터 빼앗는 그렘린(기계에 고장을 일으키는 것으로 알려진 가상의 존재)으로 여겨진다. Willott(1977)이 관찰한 것처럼 인간의 퍼포먼스를 감소시키는 원인은 시간이 아니다(생활연령과 직접적으로 관련된). 오히려 연령과 관련된 변화를 이해하는 데 잘 설명이 되는 변인인 생물학적 · 신경심리학적 혹은 사회적인 다른 과정이 있다. 많은 사람이 노화를 그렘린이나 인간 활력과 퍼포먼스의 도둑으로 개념화하려고 하지만, 이 그렘린이 길들여지거나 다양한 유형의 발명품으로 인하여 억눌렸다는 연구 결과들이 있다.

노화의 영향에 관심이 있는 유능한 노년학자가 생각하는 첫 번째는 연령과 관련이 있다고 알려진 코호트(혹은 세대) 영향의 가능성이다. 코호트는 같은 시기에 태어났거나 같은 사건을 경험한 사람들을 말한다. 사회에서 정치적으로 보수적인 성향을 띠는 정도의 차이를 가져오는 것이 나이를 먹는 것 자체는 아니다. 아마도 사람들이 태어난 시간이 이러한 성향을 형성하는 데 더 중요할 것이다. 대공황 시절 18~27세의 정치적인 성향이 형성되는 시기를 경험한 사람들은 아마도 1950~1960년대 경제적인 번성기에 이러한 정치적 성향을 형성하는 시절을 경험한 사람보다 다른 정치적 및 경제적 견해를 가질 것이다.

코호트가 연령과 관련된 차이를 설명하는 데 좋은 변인이라는 결론을 내리기 전에 코호트 자체는 노년학 연구에서 지표가 되는 사건에 제한된다는 점에서 노화와 유사하다는 것을 지적해야 한다. 사람이 태어난 시기를 아는 것이 우리에게 이러한 변인들 사이의 인과관계에 대한 정확한 정보를 제공해 주지는 않는다. 그러나 어떤 생의 사건, 역사적 경험, 문화적 유형은 인과적 중개인의 지표가 될 수 있다. 이런 의미에서 연령, 시기(때로는 시간을 측정하는 것을 의미하기도 함), 코호트 영향 사이의 차이를 구분하는 것은 인간의 노화를 이해하는 데 매우 중요하다. 그러나 사람들은 노화와 관련된 인간의 수행이나 사회적 관계에서 어떤 변화의 특성에 대해 발전적인 회의론을 유지해야만 한다. 요약하면, 연령은 연구하는 데 있어서 어느 현상의 연령 관련 차이에 유용한 변인이다. 연령 차이에 관한 이와 같은 지식은 어느 주제에 대한 지식의 축적과 발달에 중요하다. 그러나 연령이 어떤 기준과 관련이 있다는 지식은 과학계에서는 만족스러운 것이 아니다. 노년학에 대한 시각은 단지 인과적 변인으로서 연령에 관한 발전적인 회의론이 있을 때 번성할 것이다.

첫 번째 명제의 결론은 노화가 삶의 과정이고 죽음의 과정이 아니라는 것이다. 노화가 죽음과 관련이 있지만 죽음은 노화에 부정적인 이름을 남긴다. 많은 사람은 이러한 말을 유머로 생각하지만 그럼에도 불구하고 이것은 사실이다. 노화 과정에 대한 연구에 흥미가 있다면 삶의 과정에서 죽음의 과정을 분리하는 것은 매우 중요한 일이다. 이러한 과제를 제대로 하지 못하면 노화를 죽음이나 죽어 가는 것의 탓으로 돌릴 것이다. 역사적인 측면에서 볼 때, 나이 든 사람들 사이에 사망률이 높은 것은 비교적 현대 사회의 경향이다. 나는 연령과 관련된 연구에서 인과관계의 다양한 유형을 구분할 필요가 있기 때문에 노화를 중요한 삶의 과정으로 개념화하고자 한다.

죽음이 어떻게 노화 과정을 나쁜 것처럼 보이게 하는지에 대한 설명이 터미널 드롭(terminal drop)의 개념으로부터 온다. Kleemeier(1962)는 수행 테스트와 생존 사이의 관계를 연구함으로써 이 개념의 창시자가 되었다. 그는 12년 동안 몇 차례에 걸쳐 사람들의 테스트 점수가 감소하는 것을 관찰하였다. 그러나 가장 놀라운 것은 같은 기간 동안 생존한 사람보다 자료 수집 후 사망한 사람들의 점수가 큰 폭으로 하락했다는 것이다.

요즘의 노년학자들은 터미널 드롭(혹은 터미널 변화)을 출생 이후부터 시간의 기능이 아니고(연령) 죽음 이전의 시간의 양으로 인한 사회적 · 심리적 · 생물학적 기능의 손상으로 보고 있다. 연구자들은 터미널 드롭이 죽음의 과정으로 인하여 발생하는 행동 변화의 결정적인 고리라는 생각을 하고 있다(Ferraro & Kelley-Moore, 2001; Riegel & Riegel, 1972). 연령의 영향과 터미널 드롭을 구분하는 것은 특히 노년기의 노화 과정에 대한 우리의 시각에 결정적이다. Riegel과 Riegel은 만일 우리가 연령 차이 분석에서 테스트 후 최소 5년을 살지 못하는 사람을 제외하면, 횡단 연구로부터 온 연령으로 인한 쇠퇴의 많은 부분이 사라질 것이라고 했다(Botwinick, 1977; White & Cunningham,1988 참조).

죽음과 그 과정에 대한 연구인 사망학은 노년학과 구별되는 분야다. 비록 노화 연구에서 죽음과 그 과정을 지각하는 것이 도움이 되기는 하지만, 우리는 이 과정에 흥미가 없다. 그 대신 우리는 각각을 더 잘 이해하기 위하여 노화의 과정과 죽음의 과정을 구분하는 데 관심이 있다.

2) 다면적 변화로서의 노화

노화는 개인마다 다르게 나타나는 생물학적 · 심리적 · 사회적 변화를 포함한다. 나이가 드는 것과 관련된 이행은 생활연령과 직선적인 관계가 아니다. 노화 과정 그 자체는 다면적인 특성을 가지고 있다.

노화 연구에서는 노화와 이것의 다면적인 역동성을 인식해야만 한다. 노화에 있어서 선도적인 생물학자인 Nathan Shock는 "노화는 역동적인 균형이다. 노화의 비율은 유기체에 있어서 다양한 시스템마다 다르다. 그러나 노화하고 죽는 것은 모든 유기체에 있어서 마찬가지다."라고 주장한다(Baker & Achenbaum 1992, p. 262 참조). 우리는 노화하는 하나의 유기체를 보고 있지만 다른 비율(즉, 다면적 변화)로 노화하는 많은 시스템이 있다.

사회학적 관점에서 Featherman과 Petersen(1986)은 개인의 노화를 표시하거나 추적하는 데 특별한 문제가 있다는 것을 주시함으로써 유사한 결론에 도달했다. 첫째, 그들은 나이가 든다는 것이 변화로 가득 차 있다는 점을 주목하였다. 이러한 모든 변화가 진보적이거나 해로운 것은 아니다. 둘째, 노화는 인생의 각 단계에서의 지속 기간을 반영하는 과정이다(1986, p. 342). 노화가 출생부터 죽음에 이르기까지의 생애 전반에 걸친 과정인 반면, 인생 주기를 통해 확인된 이행들은 시간의 특정 시기에 일어난다. 다시 말하면, 우리는 개인이 어떤 인생의 단계에서 어떤 특성을 가졌는지에 대한 시간의 길이에 관심을 가져야 한다. Featherman과 Petersen에 의하면, 의존 기간과 같은 것을 인식하는 것은 우리가 생물학적 · 심리적 · 사회적인 것과 같은 인간의 삶의 다양한 분야에서 일어나는 개인의 노화 속도를 더 잘 알게 해 준다.

더욱이 노화는 생물학적 및 심리사회적 노화가 상호작용하여 일어나는 것이기 때문에 '내포된 역동성'이다. 또한 변화하는 유기체는 변하는 사회적 및 문화적 맥락에 직면하게 된다. 이것은 Featherman과 Petersen(1986)으로 하여금 "우리에게는 많은 시계가 있다."(p. 343)는 결론에 이르게 한다(이것은 인간의 노화 과정이 매우 다양하다는 것을 의미하는 것이다). 이 말이 생물학자인 Nathan Shock가 이야기하는 것과 유사하다는 것은 매우 흥미롭다. 그러나 사회학자들은 분명히 개인의 공통성과 다양성을 아우르는 모집단의 과정에 더 초점을 맞출 것이다. 실제로 공통적인 지적인 기반의 요소가 있고, 이것은 상당히 많이 합의된 하나의 명제다.

3) 노화의 유전적 영향

> 유전의 발자취가 발달과 노화에 미치는 영향은 상당히 큰 것이다. 유전은 수명뿐만 아니라 일생에 걸쳐 생물학적 및 행동의 과정에 영향을 미친다.

비록 노화에 대한 유전과 환경의 영향에 대한 논쟁이 오래된 것이기는 하지만, 효모에서부터 인간에 이르기까지 다양한 유기체를 연구한 결과에서 온 증거들은 노화 과정에 유전이 미치는 영향이 부정할 수 없는 것이라는 것을 명백하게 보여 주고 있다. 인간 모집단에서의 증거는 두 유형의 연구, 즉 ① 족보나 가계, ② 쌍둥이 연구로부터 주로 온다. 90대와 100세인 사람에 관한 연구는 종종 그들이 예외적으로 장수한 가족 구성원을 가지고 있다는 것을 보여 주고 있다(Perls et al., 2002). 쌍둥이 연구는 떨어져 살았거나 이란성 쌍둥이인 사람들을 포함해서 유전적으로 동일한(일란성 쌍둥이) 사람들을 비교한다. 일란성 쌍둥이의 수명이 이란성 쌍둥이의 수명보다 더 유사하다는 연구 결과는 매우 일관적이다. 유전자가 수명을 결정하는 것의 약 25%를 설명한다는 것은 최근 일치하고 있는 견해다(Cournil & Kirkwood, 2001; Martin, Austad, & Johnson, 1996; Vijg & Suh, 2005).

유전자와 수명 사이의 관계는 신진대사에서의 변형과 산화 스트레스에 대한 저항에 의한 것이다(Vijg & Suh, 2005). 인간 수명에 대한 유전적 결정요소는 주로 직간접적으로 세포의 유지와 재생에 영향을 주는 것이다(Kirkwood, 2002). 예를 들어, 유전자는 유기체가 산화로 인한 손상의 영향을 완화시키는 것을 도울 수 있다. 더욱이 인간 게놈 프로젝트(Human Genome Project)는 유기체가 암이나 동맥경화와 같은 질병을 피하도록 하는 데 유전자가 중요한 역할을 한다는 것을 밝혔다. 실제로 어떤 학자들은 수명에 대한 유전자 프로그램 자체가 아니라, 어떤 유전자가 유기체로 하여금 질병을 피하도록 해서 생명을 연장시키는 것이라고 주장하고 있다. 또한 이것은 반대의 다형질 발현(antagonistic pleiotropy)이라고 불리는 유전자가 결국에는 유기체에 해로운 영향을 미칠지라도, 선택적인 생존에 대해서는 이로운 영향을 미치는 것이 가능하다고 한다(Kirkwood, 2002; Williams, 1957).

노년학에 대한 시각은 유기체가 나이를 먹으면서 경험하는 유전적 운명의 힘을 지각하는 것을 필요로 한다. 이것은 환경이 유전자의 활동에 중요한 영향을 미친다는 증거가 많기 때문에 환경이나 행동적 요소보다 유전을 더 우세한 것으로 여기지 않는다. 오히려 유전에 대한 자각의 가치는 생활양식의 변화나 환경의 향상에서 얻는 유기체의 능력을 제한할 수 있다는 것이다. 예를 들어, 겸상적혈구 빈혈증(sickle-cell anemia)과 같은 질병은 유전의 영향을 크게 받는다. 질병의 유행은 유전에 의해서 단지 부분적으로만 설명된다. 노년학은 인간의 노화 현상의 과정에서 유전과 환경의 상호작용의 역할에 대한 체계적인 사고에 의해서 발전된다.

4) 노화와 이질성

연령은 모집단의 이질성과 긍정적으로 연관되어 있다.

George Maddox(1987)는 미국노년학회(Gerontological Society of America)에서 한 Kleemeier의 강의에서 자신의 노화 연구에서의 근본적인 원리 중 하나로 노인 인구의 이질성을 제시하였다. 인간의 생을 분석하는 데 연령을 명명척도로 사용하는 것이 쉽기는 하지만, 같은 연령이라고 해도 그들이 많은 것을 공통적으로 소유하고 있지 않기 때문에 이것은 좋은 방법이 아니다. 많은 학자는 사람들이 나이를 먹으면서 점점 더 달라지는 경향이 있다는 점에 동의하기 때문에 이것은 특히 일생을 고려할 때 중요하다. 통계적인 용어로 특성의 평균은 인생 주기에 걸쳐 다를 수 있지만, 그에 따른 표준편차는 이전보다 클 것이다. 아동기와 청소년기는 인생에 있어서 극단적으로 연령으로 구분되는 시기다. 우리는 모두 다양한 정상적인 인생의 주요 사건을 경험하지만 비정상적인 사건들은 시간이 지나면서 축적이 되고, 종종 이것은 인생을 형성하고 개인 간의 다양성을 만드는 데 영향을 미친다.

노인 인구의 다양성은 사회과학자로 하여금 평균을 사용하여 노인을 설명하는 데 주의를 기울이도록 한다. Quinn(1987)이 "노인의 가장 중요한 특성은 그들의 다양성이다. 평균은 이것이 그 주변의 큰 분산을 무시하기 때문에 매우 기만적인 것이 될 수 있다. 평균에 대하여 주의를 기울여야 한다."(p. 64)고 말하였다.

이러한 현상에 관한 증거는 매우 많이 있다. Maddox는 노년기의 기능손상의 궤도 연구를 포함하여 건강 분야의 연구에서 여러 방식으로 이러한 현상을 보여 주었다. Hayslip과 Sterns(1979)는 유동적 지능과 결정적 지능, 문제 해결에 있어서의 연령 차이를 위한 많은 테스트를 실시하였다. 나이 든 성인의 테스트 수준이 낮다는 것과 같이 모든 연령대에 걸쳐 연령 차이가 있다는 것이 나타났다. 그러나 이러한 연구에서 충격적인 발견은 검사된 거의 모든 측정에서 표준편차가 젊은 성인보다 나이 든 성인에게서 훨씬 컸다는 것이다. 방법론적으로 우리는 평균 점수에서의 차이만큼 연령 집단에 따른 점수의 분산에서의 차이에 민감해야 한다. 최근의 나이 든 성인 코호트들은 매우 다양하고, 이러한 다양성이 앞으로 줄어들 것이라는 기대를 할 만한 근거는 거의 없다.

비록 노화에 따라 기능상으로 쇠퇴할 경향이 있기는 하지만, 이러한 쇠퇴에는 엄청나게 큰 개인 간의 차이가 있다. 더욱이 많은 기능적인 능력은 개입으로 인하여 유지되거나 오히려 향상될 수도 있다. 사람들은 노화가 인간의 구조와 기능에 있어서 필연적으로 쇠퇴를 가져올 수밖에 없다는 결론을 내리지 말아야 한다. Willott, Jackson과 Hunter(1987)는 노화는 일반 사람들이 생각하듯이 항상 뉴런의 크기를 감소시키지는 않는다는 증거를 제시하였다. 그 대신 그들은 ① 뉴런 크기에 있어서 어쩔 수 없는 변화는 일어나지 않고, ② 어떤 뉴런은 노화에 따라 크기가 증가한다는 것을 발견하였다.

정상적인 노화의 개념이 노년학에서 상당히 통용되고 있지만 여기에는 제한점도 있다. 정상적인 노화와 병리적인 연령과 관련된 변화를 구분하는 것은 매우 가치 있는 일이다. 노화가 인생의 과정이고 우리가 이것을 죽음의 과정으로부터 분리해야만 하는 것처럼, 우리는 또한 죽음의 과정으로부터 노화를 구분해야 한다. Rowe와 Kahn(1987)은 "정상적인 노화를 강조하는 것은 대부분의 나이 든 성인들이 무엇을 하고 하지 않는지, 어떤 생리적 및 심리적 상태가 전형적인 것인지에 대하여 아는 것에 초점을 맞추는 것이디. 그것은 일상적인 것으로 노년학을 창조하는 경향이 있다."(p. 143)고 덧붙였다. Rowe와 Kahn은 노년학이 앞으로 나아가기 위하여 새로운 개념적 구분을 수용할 준비가 되어 있다고 하였다. 그들은 병리적 요소로 인한 노화와 정상적인 노화 사이의 구분이 유용한 것이라고 주장하지만, 정상적인 노화의 개념은 그 자체가 매우 광범위하다고 하였다.

정상적인 노화라는 용어의 약점은 다음과 같은 것을 간과한 것이다. ① 정상적인 노화가 일어나는 데 있어서 노인 사이의 이질성, ② 정상적인 노화와 연관되어 있는 위험성과 해로움의 시사점, ③ 정상적인 노화의 영역 내에서 수정 가능한 것(Rowe & Kahn, 1998). 그래서 그들은 정상적인 노화를 성공적인 노화와 일상적인 노화로 구분하는 것을 제안하였다. 그들은 노화에 따라 기능의 쇠퇴가 일어나는 경향이 있지만 이러한 기능의 저하 없이 늙어 가는 사람도 있다는 점에 주목하였다. 그들은 이러한 개인들이 특별한 특성을 가진 성공적으로 늙어 가는 사람들이라고 제안하였다. 이와 반대로, 전형적으로 비병리학적, 연령과 관련된 손실들을 보여 주는 사람은 보통의 노화를 경험하는 것으로 특징지을 수 있다.

그들이 제안한 개념의 특별함 가운데는 문제가 있다. 그중에서 가장 큰 것은 보통이라는 용어가 성공적인 노화의 나머지를 설명하는 것으로 비춰진다는 것이다. 보통의 노화가 성공하지 못한 노화를 의미하는가? 이 현상을 설명하기 위하여 선호된 용어와 상관없이 Rowe와 Kahn은 적절한 개입을 통하여 많은 특성이 수정될 수 있다는 인식뿐만 아니라 노인 인구에게 관찰되는 이질성을 강조한 것도 인정받아야만 한다고 하였다. 수정 가능성의 개념은 Maddox(1987)가 지적한 것처럼 모집단의 이질성과 직접적으로 연관되어 있다. "이질성은 노화 과정의 수정 가능성의 중요한 증거이고, 그래서 이러한 과정의 의도적인 수정의 잠재성을 의미한다."(p. 562) 그래서 노인의 이질성과 노화 과정의 수정 가능성은 동전의 양면일지도 모른다.

전에는 그들이 할 수 없다고 생각되는 많은 지적 과제를 노인들이 잘 해낼 수 있다는 것은 정보 처리에 관한 연구들로 입증되었다. Baltes(1993)는 어떤 유형의 인지 기능(즉, 인지적 화용론)과 관련된 노화에 관한 연구들을 검토하면서 다음과 같은 결론을 내렸다. "뇌 병리 없이 나이가 들고 좋은 환경에서 산 사람은 안정적이고 긍정적인 변화를 경험한다는 증거가 있다."(p. 580) 다른 연구에서는 특별한 지시나 코칭과 같은 것을 제시하는 것과 같은 인지적 기능에 개입하는 것의 가치를 보여 주고 있다. 우리가 생애 주기에서 수행의 쇠퇴에 관하여 가졌던 많은 가정이 병리적으로 유발되었거나 필연적으로 정상이 아니라고 이야기할 수 있을 것이다. 만일 적절한 개입이 있다면, 많은 심리적 및 생물학적 기능에서의 쇠퇴는 약화될 수 있을 것이다(Baltes, 1993). Willott(1997)의 비유에 의하면, 그렘린은 퇴치되고 길들여지고 최소한 새장에 가둘 수 있다. 이것은 또한 인생 주기에서 이전의 사건과 경험에서 이질성의 원인을 찾는 것의 가치를 제시하는 것이다.

5) 노화와 인생 주기의 분석

> 노화는 전 생애에 걸친 과정이고, 인생 주기적 관점을 사용하는 것은 노화에 대한 과학적인 연구의 진보에 도움이 된다.

전에 언급한 것처럼, Shock는 전 생애에 걸친 연구를 찬성하였다(Baker & Achenbaum, 1992). 발달심리학자(예: Baltes, Reese, & Lipsitt, 1980)와 사회학자(예: Elder, 1994; Riley, 1987)는 모두 독립체로서 전 생애 혹은 인생 주기의 연구에 있어서 이것을 지지하였다. 그리고 제2장에서 Waters와 Kariuki가 보여 준 것처럼 많은 생물학자는 발달과 노화를 연구하는 데 짧은 생애를 가진 동물을 사용한다. 인생 주기 연구들은 그 자체로 도움이 된다. 그러나 노년학에 대한 시각에서 그들은 통합적인 부분인가? 왜 인생 주기적 관점이 노년학자들과 연관이 있는가?

노화는 출생에서 죽음에 이르기까지 장단점이 있는 연속의 이행을 포함하고 있다. Riley(1985)에 의하면, "노화는 출생에서 죽음에 이르기까지 성장하고 노화하는 일생을 통한 과정이고, 이것은 사회의 모든 계층에서 일어난다. 이것은 인생 주기의 어느 시점을 지나면 노화하는 것처럼 단순한 것이 아니다."(p. 374) 앞에서 언급한 것처럼 한 학문 분야로서의 노년학은 단지 노인을 연구하는 것에서 나이가 들어 가는 과정을 연구하는 것으로 변하여 왔다. 노년학적 시각에서 중요한 것은 노화가 출생에서부터 죽음에 이르는 이행을 포함하는 전 생애의 과정이라는 것을 지각하는 것이다(Elder, 1994). 이러한 관점은 심리학에서 노화의 전 생애적 관점 혹은 전 생애 발달적 관점으로 널리 인식된 것이다. 사회학자들은 전 생애가 생물학에서 최대한의 수명을 일컫는 데 사용되기 때문에 부분적으로 생애 주기 관점이라고 부르기를 선호한다. 비록 선호하는 용어에 대한 논쟁이 있기는 하지만, 생애 주기 혹은 전 생애라는 개념적인 틀을 사용하지 않는 노년학자들은 그들의 개념적 및 경험적 노력에 있어서 불리할 수 있다. 왜 그런가? 만일 노인 인구에서 관찰된 이질성이 인생 초기부터라면, 장기적 혹은 인생 주기적 관점을 채택하지 않는 것은 노년학을 일시적인 접근으로 이끌 수 있기 때문이다.

사회에서 노화는 사람들이 특정 연령에 어떠한 것을 기대하는 것처럼 많은 이행을 포함한다. 어떤 역할과 활동은 그만두는 반면, 어떤 역할은 계속 유지한다. 그래서 생활연령으로서의 나이는 같은 간격으로 증가하지만, 이행을 포함하는 인생 과정으로서의 노화는 필연적으로 직선이 아니다. 오히려 우리가 인생 주기에 관해 아는 많은 것은 개인의 인생에 있어서 특정 계절이고, 특정 연령은 다른 연령보다 개인의 생물학적 · 심리적 · 사회적 삶을 형성하는 데 더 핵심적인 역할을 한다.

16세, 21세, 50세, 65세 혹은 100세가 되는 것은 미국 사회에서 특별한 의미를 가진다. 다른 나라에서도 이것처럼 인생 주기에서 중요하게 인식되는 나이들이 있다. 생물학적인 면에서 생식과 관련된 중요한 인생의 단계가 있다. 우리의 중요한 인생 주기 단계의 표시로서 사춘기, 생식력, 폐경의 중요성은 아무리 말해도 지나치지 않다. 만일 우리가 나이를 먹는 과정에 흥미를 느낀다면, 우리는 이러한 이행이 일어나는 환경적인 맥락뿐만 아니라 개인의 인생 초기에 일어나는 이행에 대해서 인식하는 것이 현명할 것이다. 더욱이 노화라는 바로 그 과정은 사회문화적 환경과 시간에 따라 다양하다(Elder, 1994).

노년학에서의 지식은 노년기의 태도, 성격, 행동 혹은 건강을 예측하는데 인생 초기로부터의 정보가 유용하다는 것을 분명하게 보여 주고 있다. 앞으로의 인생 주기적 관점에서는 질병과 장애의 초기 원인을 확인하도록 할 것이다(Lynch & Smith, 2005). 건강 노년학에서 노년기의 가장 좋은 건강에 대한 모델은 출생과 중년에서부터 노년기의 초기까지에서 인생 초기의 요소들을 포함하는 것이다. Wadsworth(1997)에 의하면, "중년이나 노년기에 대부분 시작하는 심각한 질병의 역사를 전 생애적인 관점"(p. 860)에서 보는 것에 대한 관심이 증가하고 있다. 예를 들어, Schafer와 Ferraro(2012)는 최근 아동기의 축적된 불운(예: 학대, 경제적 어려움, 아버지의 부재, 좋지 않은 건강 상태)은 성공적인 노화에 결정적인 요소인 질병을 피할 수 있는 가능성을 감소시킨다는 것을 보여 주고 있다. 결과적으로 연구자들은 "아동이 불행한 경험을 약화시킬 수 있도록 노력하는 것은 성공적인 노화를 위한 장기적인 혜택이 될 수 있다."(p. 111)고 결론을 내렸다.

인생 주기 분석의 논리는 건강 이외에 많은 분야의 연구에 적용될 수 있다. 자본 축적 연구 또한 경제적 웰빙에 대한 경주에서 좋은 출발의 가치를 드러내고 있다. 건강과 부에 관한 연구에서 노화를 출생에서부터 죽음까지의 과정으로 보고 연구하는 것은 과학적으로 많은 장점이 있다. 65세 혹은 75세 이상의 선택된 연령 집단을 연구하는 사람들에게는 코호트 중심 연구로 묘사되는 연구들이 아직 가치가 있을 수 있다. 그러나 코호트 중심 연구 이후의 논리적인 다음 단계는 여러 코호트를 대상으로 하는 패널 연구를 수행하는 것이라는 것이 노년학자들 사이에 점차 증가하고 있다.

6) 노화와 축적되는 불리함

> 약점이 인생 주기를 통해 축적된다. 그래서 시간이 지나면서 코호트들 사이에 차이가 나타나게 된다.

광범위한 주제에 관한 연구에서는 노화 과정에서의 초기 강점 혹은 약점의 중요성을 보여 주고 있다(Dannefer, 2003; O'Rand, 1996). 노년학은 개인 내적 변화와 코호트 차이를 연구하는 모든 것에서 약점들이 어떻게 인생 주기에 걸쳐 축적되는지를 인식하는 데 도움을 받을 수 있다(Dannefer, 1987).

인생 주기 연구에서는 광범위한 생물학적 및 사회적 힘이 시간이 지나면서 어떻게 사람들을 다르게 하는지를 알려 주지만, 축적된 약점의 개념은 우리가 초기 불평등으로부터 일어난 궤도를 어떻게 보아야 하는지를 알려 준다. 전형적인 인생 주기에 관한 이러한 견해는 어떤 사람이 인생 초기로부터 혜택을 받고, 이러한 혜택이 시간이 지나면서 증가하는지를 보여 준다. 다른 사람들은 유전적 혹은 환경적 요소로 인해 불이익을 받고, 이러한 불이익도 또한 축적이 된다. 더 열심히 하거나 더 잘 인내함으로써 이러한 초기의 불이익이 보상될 수도 있지만, 그들이 직면하게 되는 도전은 분명하다.

어떤 면에서 불리함은 개인의 인생에서의 기회에 '상처'가 될 수 있고(Preston, Hill, & Drevenstedt, 1998), 노년기에 관찰되는 많은 불공평은 실제로 인생 초기에 확립된 것일 수 있다. 예를 들어, 건강에 있어서 인종 간의 불공평은 노년기 동안에는 일어나지 않는다. 출생, 유아기, 아동기 그리고 대부분의 성인기에서 인종 간에 건강의 차이가 있다고 알려져 있다(Ahmed, 1994; Ferraro & Farmer, 1996; Ferraro, Thorpe, McCabe, Kelley-Moore, & Jiang, 2006). 만일 노년학자들이 불리함의 축적을 체계적으로 검토한다면(그것이 산화로 인한 해로움이든지 아니면 경제적인 손실이든지), 그들은 부분적으로는 어떻게 이질성이 초기 불공평으로부터 왔는지를 관찰할 수 있을 것이다. 노년학은 단순히 노인들을 연구하는 것이 아니고 어떻게 초기 불리함이 노년기를 형성하는지에 대해서 연구하는 것을 포함한다. 노년학자들이 인생 주기에 걸쳐 위험 요인의 축적을 확인하기 위하여 '광각 렌즈'를 사용하는 것을 고려하는 것은 중요한 일이다.

이와 동시에 초기의 불리한 경험의 축적 때문에 단순한 모델을 수용하지는 말아야 한다. 노년학자들은 결과의 초기 원인에 대해 생각해야 하지만, 초기 불리함의 영향은 거스를 수 없는 것이 아니다. 그 대신 포물선은 어느 정도의 탄력성을 가진다. 어떤 사람들은 어려움을 경험하고 그것으로부터 상처를 받는다. 어떤 사람들은 어려움을 경험하고 그 경험에 의해서 강해지거나 역경을 무사히 헤쳐 나가기도 한다(아마 미래의 어려운 일들에 대처하는 것을 도울 수 있도록)(Elder, 1974). 결과적으로 노년학자들은 축적된 불리함뿐만 아니라 불리함이 축적되지 않은 예에 대해서도 관심을 가져야 한다(Schafer, Shippee, & Ferraro, 2009). 이러한 만일의 사태를 제대로 정확히 포착하기 위하여, Ferraro와 Shippee(2009)는 어떻게 개인이 가진 자원들(resources)이 이전의 불리함에 대항하는 데 활성화될 수 있는지에 대해 우선권을 주는 축적된 불평등 이론(cumulative inequality theory)을 소개하였다.

인생 주기에서 도전과 적응과 같은 것을 연구하는 것은 종종 인생 주기에서 일어나는 피드백 메커니즘과 순환적 변화의 가능성을 검토하게 한다. 종단적 자료가 많이 활용되는 것은 정확히 이와 같은 나선의 쇠퇴에 대한 메커니즘을 지적하는 것이다. 중요한 것은 노년기의 쇠퇴에 대한 장기적인 선행 사건을 조사하는 것이다.

7) 노화와 노인 차별

현대 사회에서는 노인을 차별하는 경향이 있다. 노인 차별은 또한 노인들 사이 혹은 그들과 함께 일하거나 그들을 위하여 일하는 사람들 사이에도 일어날 수 있다. 노화에 관심을 가지는 학자들조차 노인을 차별할 수 있다.

노년학자들은 노인에 대한 차별과 편견을 지각해야만 한다. 앞으로의 노년학적 시각에 대한 패러다임은 사회적 및 인지적 분위기에 달려 있다. Achenbaum(1987)은 노년학이 성격상 비교할 수 있는 것이어야 한다고 하였다. 그래서 사회는 나이가 드는 것에 대한 기준과 시각을 다르게 가진다는 것을 주목하는 것이 중요하다. 몇몇 학자는 사회를 비교할 때, 현대 사회에서의 노인 차별 경향을 주목하고 있다(예: Fry, 1997).

Pat Moore는 3년간의 참여관찰 연구에서 미국 사회에서의 노인 차별의 문제를 잘 설명하였다. 그 당시 26세의 산업디자이너였던 Moore는 미국 사회에서 노인이 되는 것이 어떤 의미인지를 더 잘 경험하기 위하여 노인으로 가장하였다. 아마 독자들은 Griffin(1960)의 『Black Like Me』라는 책을 읽었을지 모른다. 이 책은 백인인 작가가 흑인으로 자신을 분장하고 소수집단으로서의 문화적 및 사회적 삶을 경험한 것이다. Griffin이 인종을 바꾸었던 것처럼, Moore는 나이를 바꾸었다. 전문적인 메이크업 아티스트의 도움을 받아 그녀는 자신을 노인처럼 꾸미고 몇 년 동안 미국과 캐나다의 여러 환경에서 여행을 하였다. 그녀는 빈곤층 노인, 중산층 노인, 부유층 노인과 같이 다양한 사회계층의 나이 든 Pat Moore의 모습을 보였다.

이러한 경험에 관하여 그녀의 책 『Disguised』(1985)에 묘사된 Moore의 생각은 현대 사회에서 노인 차별을 이해하는 데 도움을 주는 것이다. 그녀는 사랑과 미움, 환영과 경멸을 모두 받았다. 어떤 사람은 그녀의 상황이나 곤경을 인식하고 무조건적인 도움을 제공하였다. 다른 사람들은 그녀를 강도짓을 하기에 쉬운 먹잇감으로 생각하고, 다른 사람들에게는 보여 주는 평범한 예의도 보이지 않았다. 한 경우에 그녀는 이틀 동안 연속해서 같은 가게에서 타이프라이터의 리본을 샀다. 어느 날 그녀는 나이 든 Pat으로, 어느 날은 젊은 Pat으로 가게에 갔다. 그녀는 이틀을 동일하게 행동하였다. 심지어 이틀 동안 같은 옷을 입고 같은 말을 하였다. 불행하게도 그 직원은 나이 든 그녀에게는 거들먹거리고 퉁명스러웠지만, 젊은 그녀에게는 상냥하고 품위가 있었다.

우리가 상인과 십 대 갱만이 노인을 차별하는 사람이라고 생각하지 않도록 Pat Moore는 노년학자, 사회과학자, 계획자들이 참석하는 노화 과정에 관한 콘퍼런스에 참여하였다. 노년학 콘퍼런스에서 노인으로서 그녀는 종종 소외와 무시를 경험하였다. 노인 차별은 깊숙하게 자리 잡고 있고, 불행하게도 이것을 없애려는 노력에도 불구하고 지속적으로 다시 나타나고 있다.

매일 장애가 있는 노인이나 다양한 장애로 고통을 받는 사람과 일하거나 접촉하는 사람은 노인 차별을 하는 경향이 있을 수 있다. 이와 같은 노인 차별은 차별을 하는 행동으로 표현되지는 않는다. 오히려 노인에게 친절하거나 희생적이 되도록 한다. 의사들은 종종 심각한 문제를 가진 사람들을 만난다. 그래서 노년학의 임상적인 관점에서 노화를 질병, 장애, 죽음을 향한 지속적인 과정이라고 생각하도록 한다면 그것은 잘못된 것이다. 노인들은 매우 다양한 사람들이다. 미국 노인의 대부분은 비교적 건강하고 독립적이고 활발하고 정신이 맑다. 만일 서비스 전문가들이 하는 모든 것이 이러한 특성을 보이지 않은 노인들에게 통한다면 우리는 노인들 사이의 다양성을 인식하지 못할 것이다. 비교적 건강하고 독립적인 노인은 잘 보이지 않는 노인들이다. 미디어의 관심을 모으는 대부분의 사람은 대개 보다 극단적인 장애가 있는 경우다. 그러나 또한 때때로 예외적으로 성공적인 노인들도 있다.

사회학자가 인종차별, 성차별, 노인 차별과 관련하여 우리에게 가르쳐 준 것 중 하나는 그것은 제도적으로 현상에 근거한 것이라는 것이다. 다시 말하면, 사회구조는 어떤 형태의 편견이나 차별에 근거하여 아이디어와 행동을 유지하거나 강화하도록 할 수 있다는 것이다(Minkler, 1990). 이러한 현상이 제도적인 것에 근거한 것이기 때문에 소수집단들은 이와 유사한 생각을 하거나 사실상 자신이 차별적인 행동을 할 가능성이 상당히 크다. 여성은 종종 사회에서 성차별의 흔적에 사로잡혀 있다. 아프리카계와 히스패닉계 미국인은 이와 유사하게 그들의 지위를 가치 없게 만드는 아이디어와 행동의 희생자다. 이러한 현상이 어떤 개인으로 하여금 그렇게 하도록 내재화되고, 그래서 그들이 그러한 것을 표출하는 것은 가장 불행한 일이다. 노인 차별은 나이를 먹어 가는 사람들의 마음에 깊숙하게 자리 잡고 있을 수 있다. 노인이 연령에 근거하여 자기를 내세우지 않는 행동을 하는 것은 바로 이러한 문제의 깊이를 설명하는 것이다.

우리는 특정 연령에서 개인이 특정 행동을 하는 것을 기대하고, 이것은 사회생활을 제한하게 된다. 다행스럽게도 사회적으로 우리는 인생 주기에서 이러한 불일치를 수용하고자 하는 징조가 나타나고 있다. 연령 준거가 인생 초기에는 있지만 그들의 연령에 전형적이지 않은 행동을 하는 중년기와 노년기의 사람들을 더 많이 인내하고 있다.

전에 언급한 것처럼, 노인 차별은 불행하게도 새로운 형태로 다시 나타나고 있다. 노년학자와 노인을 위한 행동주의자들은 그들이 미국 사회에서 노인 차별이라는 파도에 거슬러서 큰 걸음을 내딛는다는 느낌을 가진다. 그러나 사람들이 만일 노인 차별이 사회 이슈에 위치하고 있는지를 볼 수 있기 위해서는 사회정책에 있어서 최근의 발달에 주목해야 한다. 예를 들어, 의료 서비스의 배당 문제는 지각된 수명 때문에 노인을 위한 의료 서비스를 평가절하하는 것이다. 잠재적으로 노인차별 정책 계획의 두 번째 예는 세대 간 평등을 과대 선전하는 집단의 행동에서 엿볼 수 있다. 고용 기회와 사회보장뿐만 아니라 의료 서비스의 경우 세대 간 평등에 관한 논쟁은 종종 노인의 욕구에 반하여 아동의 욕구에만 초점을 맞추는 함정에 빠지게 될 수 있다. 노년학자들은 아동의 욕구를 간과하는 것의 심각성을 이해한다. 그러나 그들은 또한 연령 때문에 전체 인구를 묵살할 수 없다는 것도 이해한다.

2. 시각의 유동성

여기에서는 노년학적 시각을 구체화하라고 주장하지는 않는다. 오히려 이 장은 노년학적 시각의 주요 명제를 분명히 하려는 시도를 하였다. 물론 이와 같은 시각은 변화를 겪을 것이고, 또한 그것이 건강한 과정이다. 이 책은 노년학적 시각을 형성하고, 노화 과정의 연구에서 패러다임의 정의를 통하여 노년학을 연구하는 데 도움을 주고자 하는 것이다. 이러한 목적을 위하여, 나는 노년학적 시각의 이러한 정의에 도전하거나 추가하는 것을 환영한다. 이러한 논의를 위한 지적인 분위기는 활기가 넘치게 할 것이고, 우리 앞의 정책 이슈는 건강한 관심을 요구한다. 이 장과 이 책이 노화가 무엇이고, 우리가 나이를 먹으면서 이러한 경험을 향상시킬 수 있는 것이 무엇인가에 관한 우리의 기본적인 시각을 명백하게 하는 데 도움이 되기를 바란다.

참고문헌

Achenbaum, W. A. (1987). Can gerontology be a science? *Journal of Aging Studies, 1,* 3-18.

Achenbaum, W. A. (1995). *Crossing frontiers: Gerontology emerges as a science.* Cambridge, MA: Cambridge University Press.

Ahmed, F. (1994). Infant mortality and related issues. In I. L. Livingston (Ed.), *Handbook of Black American health: The mosaic of conditions, issues, polices, and prospects* (pp. 216-235). Westport, CT: Greenwood Press.

Baker, G. T., III, & Achenbaum, W. A. (1992). A historical perspective of research on the biology of aging from Nathan W. Shock. *Experimental Gerontology, 27,* 261-273.

Baltes, P. B. (1993). The aging mind: Potential and limits. *The Gerontologist, 33,* 580-594.

Baltes, P. B., Reese, H. W., & Lipsitt, L. P. (1980). Life span developmental psychology. *Annual Review of Psychology, 31,* 65-110.

Botwinick, J. (1977). Intellectual abilities. In J. E. Birren & K. W. Schaie (Eds.), *Handbook of the psychology of aging* (pp. 580-605). New York, NY: Van Nostrand Reinhold.

Botwinick, J. (1978). *Aging and behavior.* New York, NY: Springer.

Boyer, E. J. (1990). *Scholarship reconsidered: Priorities of the professoriate.* Princeton, NJ: Carnegie Foundation for the Advancement of Teaching.

Cournil, A., & Kirkwood, T. B. (2001). If you would live long, choose your parents well. *Trends in Genetics, 17*(5), 233-235.

Cunningham, W. R., & Brookbank, J. W. (1988). *Gerontology: The psychology, biology and sociology of aging.* New York, NY: Harper & Row.

Dannefer, D. (1987). Aging as intracohort differentiation: Accentuation, the

Matthew effect, and the life course. *Sociological Forum, 2,* 211-236.

Dannefer, D. (2003). Cumulative advantage/disadvantage and the life course: Cross-fertilizing age and social science theory. *Journal of Gerontology: Social Sciences, 58B,* S327-S337.

Elder, G. H., Jr. (1974). *Children of the Great Depression: Social change in life experience.* Chicago, IL: University of Chicago Press.

Elder, G. H., Jr. (1994). Time, human agency, and social change: Perspectives on the life course. *Social Psychology Quarterly, 57,* 4-15.

Featherman, D. L., & Petersen, T. (1986). Markers of aging: Modeling the clocks that time us. *Research on Aging, 8,* 339-365.

Ferraro, K. F., & Farmer, M. M. (1996). Double jeopardy to health hypothesis for African Americans: Analysis and critique. *Journal of Health and Social Behavior, 37,* 27-43.

Ferraro, K. F., & Kelley-Moore, J. A. (2001). Self-rated health and mortality among Black and White adults: Examining the dynamic evaluation thesis. *Journal of Gerontology: Social Sciences, 56B,* S195-S205.

Ferraro, K. F., & Shippee, T. P. (2009). Aging and cumulative inequality: How does inequality get under the skin? *The Gerontologist, 49,* 333-343.

Ferraro, K. F., Thorpe, R. J., Jr., McCabe, G. P., Kelley-Moore, J. A., & Jiang, Z. (2006). The color of hospitalization over the adult life course: Cumulative disadvantage in Black and White? *Journal of Gerontology: Social Sciences, 61B,* S299-S306.

Fry, C. L. (1997). Cross-cultural perspectives on aging. In K. F. Ferraro (Ed.), *Gerontology: Perspectives and issues* (pp. 138-154). New York, NY: Springer Publishing.

Griffin, J. H. (1960). *Black like me.* New York, NY: Signet.

Hayflick, L. (1965). The limited in vitro lifetime of human diploid cell strains. *Experimental Cell Research, 37,* 614-636.

Hayslip, B., & Sterns, H. L. (1979). Age differences in relationships between crystallized and fluid intelligences and problem solving. *Journal of*

Gerontology, 34, 404-414.

Kirkwood, T. B. L. (2002). Evolution of ageing. *Mechanisms of Ageing and Development, 123,* 737-745.

Kleemeier, R. W. (1962). Intellectual change in the senium. *Proceedings of the Social Statistics Section of the American Statistical Association* (122nd annual meeting), 290-295.

Kuhn, T. (1962). *The structure of scientific revolutions. Chicago,* IL: University of Chicago Press.

Lynch, J., & Smith, G. D. (2005). A life course approach to chronic disease epidemiology. *Annual Review of Public Health, 26,* 1-35.

Maddox, G. L. (1987). Aging differently. *The Gerontologist, 27,* 557-564.

Martin, G. M., Austad, S. N., & Johnson, T. E. (1996). Genetic analysis of aging: Role of oxidative damage and environmental stresses. *Nature Genetics, 13,* 25-34.

Mills, C. W. (1959). *The sociological imagination. London,* UK: Oxford University Press.

Minkler, M. (1990). Aging and disability: Behind and beyond the stereotypes. *Journal of Aging Studies, 4,* 246-260.

Moore, P. (1985). *Disguised. Waco,* TX: Word Books.

O'Rand, A. M. (1996). The precious and the precocious: Understanding cumulative disadvantage and cumulative advantage over the life course. *The Gerontologist, 36,* 230-238.

Perls, T. T., Wilmoth, J., Levenson, R., Drinkwater, M., Cohen, M., Bogan, H., ... Puca, A. (2002). Life-long sustained mortality advantage of siblings of centenarians. *Proceedings of the National Academy of Science, 99,* 8442-8447.

Preston, S. H., Hill, M. E., & Drevenstedt, G. L. (1998). Childhood conditions that predict survival to advanced ages among African Americans. *Social Science and Medicine, 47,* 1231-1246.

Quinn, J. F. (1987). The economic status of the elderly: Beware of the mean. *Review of Income and Wealth, 33,* 63-82.

Riegel, K. F., & Riegel, R. M. (1972). Development, drop, and death. *Developmental Psychology, 6,* 306-319.

Riley, M. W. (1985). Age strata in social systems. In R. H. Binstock & E. Shanas (Eds.), *Handbook of aging and the social sciences (pp. 369-411).* New York, NY: Van Nostrand Reinhold.

Riley, M. W. (1987). On the significance of age in sociology. *American Sociological Review, 52,* 1-14.

Ritzer, G. (1975). Sociology: *A multiple paradigm science. Boston,* MA: Allyn & Bacon.

Rowe, J. W., & Kahn, R. L. (1987). Human aging: Usual and successful. *Science, 237,* 143-149.

Rowe, J. W., & Kahn, R. L. (1998). *Successful aging.* New York, NY: Pantheon.

Schafer, M. H., & Ferraro, K. F. (2012). Childhood misfortune as a threat to successful aging: Avoiding disease. *The Gerontologist, 52,* 111-120.

Schafer, M. H., Shippee, T. P., & Ferraro, K. F. (2009). When does disadvantage not accumulate? Towards a sociological understanding of resilience. *Swiss Journal of Sociology, 35,* 231-251.

Vijg, J., & Suh, Y. (2005). Genetics of longevity and aging. *Annual Review of Medicine, 56,* 193-212.

Wadsworth, M. E. J. (1997). Health inequalities in the life course perspective. *Social Science and Medicine, 44,* 859-869.

White, N., & Cunningham, W. R. (1988). Is terminal drop pervasive or specific? *Journal of Gerontology: Psychological Sciences, 43,* 141-144.

Williams, G. C. (1957). Pleiotropy, natural selection and the evolution of senescence. *Evolution, 11,* 398-411.

Willott, J. F. (1997). Neurogerontology: The aging nervous system. In K. F. Ferraro (Ed.), Gerontology: *Perspectives and Issues* (pp. 68-96). New York, NY: Springer Publishing.

Willott, J. F., Jackson, L. M., & Hunter, K. P. (1987). Morphometric study of the anteroventral cochlear nucleus of two mouse models of presbycusis. *Journal of Comparative Neurology, 260,* 472-490.

제2장

성공적인 노화의 생물학: 생물노년학의 전망

제2장

성공적인 노화의 생물학: 생물노년학의 전망

David J. Waters and Naomi N. Kariuki

이 장은 노화의 생물학에 관한 내용이며, 생물노년학자들(biogerontologists)이 궁금해하는 연구 과제에 관하여 현대적인 관점을 제공한다. 연구자로서 우리는 노화 과정에 관하여 새로운 발견을 선도할 수 있는 개개인의 질문에 특히 촉각을 곤두세우고 있다. 우리는 끊임없이 변화하는 목표물과 같은 건강한 장수의 생물학적 현상에 주제를 두고 있지만 이러한 목표를 실현하기 위한 더 나은 방법이 없다는 것을 알고 있다. 따라서 이 장에서는 노화 연구 영역의 역동적인 개념을 자세하게 설명할 것이며, 이러한 중요한 발전과 격차에 대한 우리의 이해를 강조할 것이다.

이 장에서 유기체의 생물학적 노화(organismal senescence)라는 용어는 생존 능력 감소와 유기체의 사망 위험률 증가로 인해 생기는 변화들을 설명하는 데 사용된다. 대조적으로 노화(aging)라는 용어는 유기체의 생존 과정 중에 발생하는 임의의 시간에 따른 변화를 의미한다. 따라서 노화는 생존 능력과 생존에 미치는 영향의 측면에서 좋거나(예: 현명함의 증가), 나쁘거나(예: 동맥경화증), 혹은 중요하지 않은 변화(예: 대머리)들을 포함한다(Finch, 1990). 과학자들과 대중이 자주 노화와 쇠퇴(deterioration)라는 용어를 습관처럼 혼용하는 것은 불행한 현실이다.

모든 생물체는 동일한 속도로 노화를 경험하지 않는다(Finch, 1990). 인간은 서서히 노화(수십 년에 걸쳐 쇠퇴)가 진행되는 반면, 대나무와 같은 다른 종들은 매우 빠른 노화(며칠 사이에 쇠퇴)를 보인다. 무시해도 될 정도의 노화를 겪는 다양한 유기체가 있다. 나이와 관련된 쇠퇴의 변화들은 이러한 종들에게서 거의 눈에 보이지 않을 수 있다. 우럭, 소나무 및 벌거숭이 뒤쥐(naked mole rat)와 같이 무시해도 될 정도의 노화를 겪는 유기체들은 현재 과학자들의 큰 관심의 대상들이다(Finch, 1998, 2009; Finch & Austad, 2001; Pérez et al., 2009).

유기체의 생물학적 노화 메커니즘을 이해하는 것과 건강하게 수명 연장을 하며 이환율을 낮추는 방법을 밝혀내는 것이 대부분의 생물노년학자에게 주어진 목표다(Fries, 2003; Olshansky, Hayflick, & Carnes, 2002). 이러한 목표는 일반 사람들에게 명확하게 설명되어야 한다(Binstock, 2004). 또한 대중은 생물노년학 연구의 목표가 없다는 것을 이해하는 것이 중요하다. 예를 들면, 노화를 되돌리는 것과 영원히 사는 것은 신빙성 있는 목표로 고려되지 않는다. 이러한 과학적 결과들은 생물노년학 연구의 가치와 목적을 대중에게 이해시킨다.

기초 및 응용 과학자들은 세포와 유기체의 노화 과정을 이해하고, 성공적인 인간 노화의 결정 요인들을 밝혀내기 위해 열심히 노력하고 있다. 일부 심도 있는 연구는 다양하고 상호 보완적인 과학적 추구 방식들을 통한 예시와 함께 아래에 소개될 것이다.

1. 진화 생물학의 교육

장수(longevity)는 노화 또는 노쇠가 아닌 그 자체가 유전적 통제하에 있다고 주장되고 있다(Martin, Austad, & Johnson, 1996). 소위 이들 장수 유전자는 자연적인 노화 속도에 직접적으로 영향을 미친다기보다는 생리학 비축의 증가 또는 질병의 저항성 증가로 인해 연장된다. 진화 생물학자들은 노년기의 쇠퇴를 조절하는 유전자는 자연 토대의 영향을 받지 않는다는 것에 대해 동의한다. 대신 자연 토대는 유기체가 생물 종들을 영속시키기 위한 성공적인 발전과 번식에 의존하기 때문에 성공적인 번식에 영향을 미치는 유전자를 선호한다. 그러나 후 번식기 동안, 자연 도태의 힘은 노화와 관련된 분자 손상에 대하여 그들 스스로를 보호하기 위하여 유기체를 쇠퇴하게 만들면서 빠르게 감소한다. 일반적으로 동물들은 포식자, 사고 및 감염성 질환에 취약하기 때문에 야생에 살고 있는 동물들은 상대적으로 짧은 후 생식기 수명(postreproductive life spans)을 가진다. 반면에, 인간의 보호를 받고 있는 가축들은 암과 기타 노화와 관련된 퇴행성 질환을 포함하는 생명체 노화의 증상을 가진다.

노화와 관련된 쇠퇴와 장애에 관한 한, 진화론의 두 원칙은 인간과 가축들이 후 생식기 재앙을 피할 수 없다고 말하고 있다. 첫째, 가용신체설(disposal soma hypothesis; Kirkwood, 1977, 1990)은 체세포는 생식 기능을 유지하는 데 필요하며 생식이 끝나면 버려진다는 설이다. 둘째, 젊은 나이에 유용한 유전자가 나이가 들면 오히려 해가 된다는 다형질발현 이론(antagonistic pleiotropy; Williams, 1957)이다. 몇몇 노화 관련 질환의 발병률은 다형질 유전자들에 의해 조절될 가능성이 있다. 예를 들면, 초기에 성공적인 번식을 위해 태반 내의 풍부한 혈관 형성을 자극하는 유전자들이 만약 빠르게 성장하는 종양 혈관에 풍부한 혈액 공급을 한다면 해로운 것으로 간주될 수 있다. 이렇게 삶의 후반기에 해로운 영향을 줄 수 있는 대립 유전자의 빈도가 유지되거나 혹은 그들의 초기 혜택으로 인하여 대립 유전자가 증가될 수도 있다.

따라서 생명체의 노화 및 노화와 관련된 질병이 수반되는 것은 피할 수 없는 부산물이다([그림 2-1] 참조). 유기체는 노화를 최적화하기 위하여 만들어지지 않았다. 대신 유기체가 성공적으로 유리하게 성숙과 번식을 할 수 있도록 설계되었다. 그 결과로, 생식기 이후에 연장된 수명을 얻는 종이분자의 장애 축적을 보일 것으로 예상한다(Hayflick, 1998). 이러한 분자 장애에 기여하는 것은 노화로 인해 단백질의 질을 관리하는 단백질 독성의 손상으로 인해 잘못 겹쳐진 단백질들의 축적(proteotoxicity)이다(Koga, Kaushik, & Cuervo, 2011). 기계론적으로 단백질분해효소복합체와 자식작용의 조절 이상은 생리적 장애와 관련이 있다(Cuervo, 2010; Powers, Morimoto, Dillin, Kelly, & Balch, 2009; Wong & Cuervo, 2010).

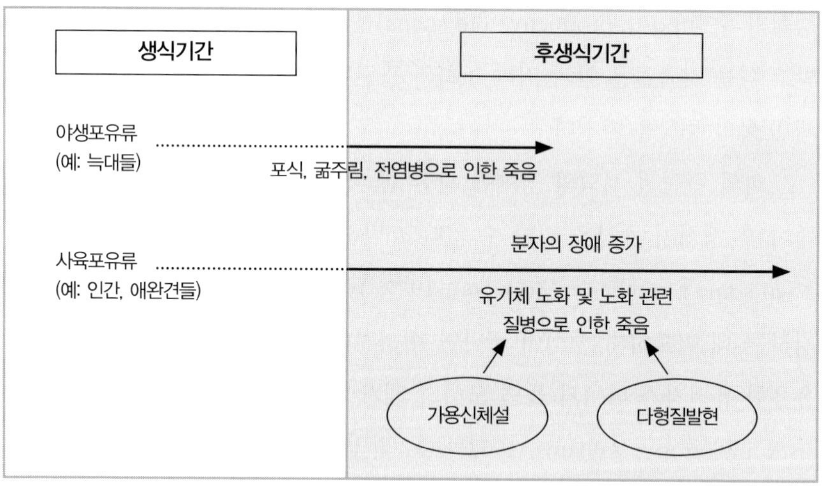

[그림 2-1] 가축의 운명: 유기체 노화와 노화 관련 질병의 발생률

2. 세포 배양 실험실의 교육

50년 전, Hayflick과 Moorhead(1961)는 정상 체세포는 세포 배양에서

제한된 복제성 수명을 가지고 있다는 개념을 진전시켰다. 이러한 개념이 발표되기 이전에는, 건강하게 관리된다면 정상적인 세포는 무제한 분열할 수 있다고 믿었다. 후속 연구들은 정상 2배 체세포가 개체군 배가에 한정된 숫자를 가진다는 세포 노화의 개념을 확고하게 지지하였다(헤이플릭 분열한계).

세포 노화 과정은 시험관 내 세포 배양에서 정상 섬유모세포와 다른 세포 유형에서 광범위하게 연구되고 있다(Campisi, 1996; Cristofalo & Pignolo, 1993). 노화된 세포는 자가복제 능력을 잃을 뿐만 아니라 다른 표현형 변화를 겪는다. 예를 들면, 노화된 세포는 메트릭 메탈로프로테이나제 엔자임(matrix metalloproteinase enzymes)의 생산을 증가시키며, 이것은 세포 밖과 조직 재형성 변화를 일으켜 조직 기능을 변화시킬 것이다. 노화 관련 표현형(senescence-associated secretroty phenotype: SASP)은 노화와 관련된 암과 염증 병리를 촉진할 수 있다는 것이 보고되었다(Davalos, Coppe, Campisi, & Desprez, 2010; Rodier & Campisi, 2011). 중요하게는, 노화 세포들은 사실상 죽지 않으며, 그들의 생존을 유지하고 실제로 세포사에 잘 견딘다.

체외 정상 세포의 반복 가능 수명은 배양에서 경과 시간보다는 세포 집단 배가 수(number of population doublings)에 근거한다. 세포가 분열할 수 있는 집단 배가 수의 가능성은 염색체 끝에 위치한 말단 소립(telomeres)의 길이에 의해 결정된다(Kim, Kaminker, & Campisi, 2002). 정상 세포가 세포 분열을 할 때 각각의 복제는 말단 소립의 길이를 단축시킨다. 말단 소립 길이의 감소가 중요 임계 값에 도달할 경우, 세포는 복제 능력을 잃게 된다. 이 신호는 아마도 세포 DNA 손상 반응에 의해 영향을 받을 것이다(Dimri, 2005). 대조적으로 줄기 세포 및 종양 세포들은 효소 텔로머라아제를 가지고 있으며, 이것은 효과적으로 말단 소립 길이를 유지하고, 세포 노화 법칙을 피할 수 있게 한다(Granger, Wright, & Shay, 2002). 세포 노화가 말단 소립 길이의 감소와 관련이 있기 때문에 말단 소립 길이는 성공적인 노화를 예측할 수 있는 생체지표(biomarker)로 활발히 연구되어야 한다(Bakaysa et al., 2007; Epel et al., 2004; Mather, Jorm, Parslow, & Christensen, 2011; Song et al., 2010).

세포 배양 실험에서 노화가 실제로 생물학적 노화와 관련이 있다는 것을 증명할 수 있는 증거들이 있다. 첫째, 서로 다른 종들에서, 정상으로 배양된 섬유아세포에 대한 집단 배가의 가능성은 동물의 최대 수명 가능성과 비례한다(Hayflick, 1976). 둘째, 인간의 섬유아세포 연구들에서 기증자의 나이와 배양된 세포의 복제 수명 간에는 역상관관계가 있다(Martin, Sprague, & Epstein, 1970). 그러나 Cristofalo와 동료들의 연구(Cristofalo, Allen, Pignolo, Martin, & Beck, 1998)는 기증자의 나이와 인간의 섬유아세포의 복제 가능성 사이에 유의한 상관관계가 없다는 것을 보여 주는 개념을 조사하였다. 또한 90세 노인들의 피부 섬유아세포에서 높은 복제 가능성의 지속성은 기증자의 연령과 배양된 섬유아세포의 성장 특징들 사이의 역상관관계에 더욱더 의문을 가지게 하였다(Maier et al., 2007). 이러한 모순된 결과들에 대한 한 가지 가능한 설명은 생체 내에서의 노화는 획일적으로 노화와 관련된 증식 용적의 감소 결과가 아니라는 것이다. 대신에 생체 내에서의 노화는 노쇠하고 젊은 세포의 혼합물을 대표하는 오래된 조직을 모자이크 현상으로 특징짓는다. 만약 사실일 경우, 오래된 숙주들은 젊은 숙주들에서 노화된 세포들과 맞먹는 복제 수명과 함께 젊은 섬유아세포들을 가진다.

그러나 노화 세포가 실제로 고령자 생체 내에 축적되는지의 여부는 아직 명확하지 않다. 세포 노화 지표인 효소 노화와 관련된 베타-갈락토시다아제(beta-galactosidase: Saßgal)를 사용하여, Dimri와 동료들(1995)은 젊은 대상자들보다 노인들의 피부에서 더 많은 노화 세포를 발견하였다. 종들과 Saßgal 활성의 조직 특이성이 아직 명확하게 밝혀지지 않았지만, Saßgal의 연구는 노화 생체지표가 노화된 조직과 기관에서 보이는 기능 감소의 원인이 되는지를 조사하기 위한 중요한 역할을 한다고 보고하였다

(Debacq-Chainiaux, Erusalimsky, Campisi, & Toussaint, 2009; Lee et al., 2006).

최근에 생물노년학자들은 세포 배양 실험실에서 세포 노화를 넘어 과학적인 방법들로 그들의 연구 기술을 확장하고 있다. 연구자들은 신중하게 수명 연장을 달성하기 위하여 세포가 필요한 것을 얻기 위한 새로운 접근 방식으로 세포 밖에서 치사 및 준치사 스트레스에 저항할 수 있는 세포들의 목록을 정리하기 시작했다. 짐승과 두발 동물에서 배양된 피부 섬유아세포의 탄력성 검사로 일단 결과를 밝혀낸다면 새로운 가설을 만들어 낼 것이다(Dekker et al., 2009; Finch, Morgan, Longo, & de Magalhaes, 2010; Harper, Salmon, Leiser, Galecki, & Miller, 2007; Miller, Williams, Kiklevich, Austad, & Harper, 2011).

3. 수명 결정 요인: 유전, 환경, 기회

진화론은 유전자의 목적이 노화 혹은 노화를 가속화하려는 것이 아니라는 것을 우리에게 가르치고 있다. 그런 의미에서, 노화는 프로그램된 것이 아니며, 오히려 유전에 따른 유기체의 수동적 부산물이다. 그러한 유전자들이 수명에 미치는 영향은 논쟁의 대상이 아니다. 어떠한 환경적 보호와 비옥한 토양일지라도 인간만큼의 수명을 살 수 있는 쥐를 만들 수 없다. 특정 유전자들은 예쁜꼬마선충(Kimura, Tissenbaum, Liu, & Ruvkun, 1997; Morris, Tissenbaum, & Ruvkun, 1996), 초파리(Clancy et al., 2001; Lin, Seroude, & Benzer, 1998), 쥐(Migliaccio et al., 1999)의 수명을 조절하는 것으로 보고되었다. 이들 유전자 중 실제로 노화의 속도를 감소시켜 수명을 연장할지에 대한 여부는 수수께끼로 남아 있다.

쌍둥이 연구의 자료(Ljungquist, Berg, Lanke, McClearn, & Pedersen,

1998; McGue, Vaupel, Holm, Harvald, 1993)는 개개인들의 수명 변화의 25~30%가 유전적 요인에 기인할 수 있음을 보고하였다. 즉, 수명에는 상당한 가소성이 있다. 예를 들면, 외부 환경(예: 식습관, 화학물질에 대한 노출)과 내부 환경(예: 호르몬, 산화 스트레스)의 생활 방식이 개인의 수명에 중요하게 영향을 미치는 것을 의미한다.

최근에 널리 알려진 유전-환경 상호작용은 장수를 포함하여 여러 가지 복잡한 주요 결정 요인들에 영향을 미치는 것으로 '기회'라는 세 번째 요소를 만들었다. 유전자, 환경, 기회의 복잡한 관계는 생물학적 결과들을 크게 조정한다(Finch & Kirkwood, 2000). 수명에 중요한 영향을 미치는 기회는 동일한 조건에서 동일한 유전자로 성장한 유기체들이 서로 다른 수명을 가지고 있다는 것에 의해 설명된다. 예를 들면, 모든 사람이 같은 날에 죽지 않는다. 벌레들을 대상으로 한 연구에서는 벌레들의 장수를 결정하는 본질적인 기회의 중요성을 강조한다(Rea, Wu, Cypser, Vaupel, & Johnson, 2005).

여러 생명체의 모델은 수명이 유전적 통제하에 있다고 하지만, 얼마나 많은 유전자가 수명을 조절하고 그 유전자들이 어떻게 분류되어야 하는지에 대한 서로 다른 견해를 가지고 있다. Martin(1978)은 7,000여 개의 많은 유전자가 수명을 조절한다고 추정하였으며, 이것은 장수가 다유전자성 통제(polygenic control)하에 있는 것이라고 제안하였다. 그러나 일부 과학자는 소수유전자 조절(oligogenic control)을 선호한다. 적은 수의 중요한 유전자들이 유전이 가능한 인간 수명의 25~30% 정도를 설명해 준다. 이러한 관점은 단일 유전자 돌연변이가 크게 수명을 연장하는 예쁜꼬마선충의 증거로 설명된다(Kimura et al., 1997; Morris et al., 1996).

오늘날 자연개체군 내에서 유지되며 노화의 속도를 감소시켜 수명을 연장시킬 수 있는 유전자들의 연구는 계속된다. 검증되지는 않았지만, 이러한 유전자들의 존재는 섬에서 관찰된 종들과 본토에 서식하는 주머니쥐(opossums)의 서로 다른 수명의 차이(Austad, 1993), 파리를 이용한 선택된 육종 실험들(Arking, 1987) 및 개 품종들의 자연 진화에서 찾아볼 수 있다(Deeb & Wolf, 1994; Patronek, Waters, & Glickman, 1997; Waters & Wildasin, 2006). 이러한 소위 장수 관련 유전자들은 산화 방지제 방어와 DNA 복구를 조절하는 데 긍정적인 영향을 미치기 때문에 노화 속도에 영향을 미칠 것으로 간주된다. 그러나 장수 관련 유전자 후보들을 연구하는 과학자들은 이러한 유전자들이 특정한 조직에 영향을 줄 수 있고, 서로 다르게 살아가는 삶 동안에 그들 스스로를 다르게 드러낼 수 있기 때문에 예상치 못한 결과를 밝혀야 할 의무가 있다. 또한 유전자 활동이 더 증가하여 유기체의 생존 능력을 증가시키지 못하는 현상이 나타날 수 있는 비선형 U자 모양의 용량 반응과 임계 효과는 연구자들을 혼란스럽게 만들 수 있다(Chiang et al., 2010; Kizer et al., 2011; Munhoz, Sorrells, Caso, Scavone, & Sapolsky, 2010; Wu, Cypser, Yashin, & Johnson, 2008).

건강의 유전적 요인을 더 잘 이해하기 위해서는, 연구자들은 유전자 변형을 넘어 후생유전학적 변화들을 연구해야 한다. 후생유전학적 변화들은 DNA 순서의 변화보다는 다른 메커니즘에 의하여 유전자 발현을 일으킬 수 있는 변화들이다(Aguilera, Fernández, Muñoz, & Fraga, 2010). 모성 관리(maternal care)처럼 환경적 신호들에 반응하여 유전자들을 켜거나 끌 수 있는 유기체의 용량과 같은 후생유전학적 프로그램의 차이점은 부분적으로 개개인들 간에 건강한 장수와 회복력의 현저한 차이점들을 설명할 수 있는 기계론적 근거를 제공한다. 노화 과정이 후생유전학 메커니즘(epigenetic mechanisms)에 의해 조절된다는 발견이 최우선 과제라고 고려된다. 왜냐하면 개개인의 후생유전학적 상태는 유전체 DNA 순서와 같이 고정되어 있지 않아 잠재적으로 바꿀 수 있기 때문이다(Gravina & Vijg, 2010). 초년기에 낮은 수준의 모성 보호가 원인이 되어 생겨난 부정적인 스트레스를 성년기에 약을 사용하여 바꿀 수 있다는 능력을 보여 준 후생유전학의 설치류 연구 결과들은 후생설을 생각하는 연구자들에게 거대한 가능성의 문을 열게 했다(Weaver, Meaney, & Szyf, 2006).

4. 호르몬과 노화

내분비계는 숙주 내부 환경에 중요한 역할을 하며 노화에 의해 크게 영향을 받는다. 노화와 관련된 호르몬 생산의 감소는 성장 호르몬/인슐린유사성장인자(IGF-1)(성장 호르몬 부족), 에스트로겐(폐경), 테스토스테론(남성 갱년기) 및 DHEA(부신 부족)의 수준을 감소시킨다(Lamberts, van den Beld, & van der Lely, 1997). 노화와 관련된 이러한 항상성 조절자들의 감소는 몇 가지 중요한 생물학적 및 임상적 의미를 가지고 있다.

증명되지 않았음에도 불구하고, 호르몬 수준의 변화들이 노인들이 보이는 생리학적 쇠퇴를 포함한 생물학적 노화의 원인이 된다는 것을 임상 연구들을 통해 밝혀냈다. 예를 들면, 폐경기 이후 여성들의 에스트로겐 감소는 심혈관 질환의 위험을 증가시키며, 골질량과 인지 기능을 급속히 감소시키는 것과 관련이 있다(Love et al., 1992). 또한 유전적으로 성장 호르몬 결핍증을 가지고 있는 대상자들은 얇아진 피부, 골밀도 감소 및 근육량 감소와 같은 일반적인 노화들의 많은 징후를 보인다(Rudman et al., 1990). 호르몬 보충은 노화와 관련된 생리적 감소율을 낮춰 주는 중요한 중재라는 것을 증명하는 많은 연구가 있다.

생물학적 관점에서 몇 가지 문제점은 성공적인 호르몬 대체 요법을 간단한 방법에서부터 복잡한 방법으로 변형시킨다. 첫째, 복용량(즉, 고령층에서 호르몬 순환 농도를 정상 수준의 젊은이들 수준으로 복원하는 것) 또는 초생리적 투여량(즉, 정상 수준 이상의 호르몬 농도를 얻는 것)을 사용할 것인지에 대한 여부를 결정해야 한다. 호르몬 관리의 시점(Bartke et al., 1998), 단일 호르몬 또는 호르몬 조합의 사용(Shumaker et al., 2003; Tang et al., 1996) 및 성별 특이적 영향(Blackman et al., 2002)과 같은 다른 문제점들은 또 다른 복잡한 부분을 추가한다.

둘째, 호르몬은 조직 특이적 작용을 한다. 예를 들어, 테스토스테론 보충제는 노인 남성들의 근육 질량과 근력을 증가시켜 허약함을 감소시킬 수 있다(Krause, Mueller, & Mazur, 2005). 그러나 테스토스테론 보충제의 예상되는 부작용은 전립선 질환의 발생률을 증가시킨다는 것이다. 잠재적으로 열세의 교환이기 때문에, 과학자들은 조직-선택 작용의 호르몬제를 개발하고 있다. 예를 들면, 타목시펜 및 랄록시펜과 같은 선택적 에스트로겐 수용체 조절제(SERMs)는, 유방 또는 자궁 내에서의 암세포에 악영향 없이 특정 표적 기관(예: 뇌, 혈관, 뼈)에서 유익한 효과를 발휘한다(Jordan, 2004).

마지막으로, 호르몬 보충으로부터 가장 혜택을 받을 대상자를 식별할 수 있는 생체지표를 개발하는 것이 중요하다. 이를 달성함으로써 호르몬 대체 요법은 최고의 위험 효용 양상을 가질 수 있을 것이다(Bhasin et al., 2010).

그러나 노화와 관련하여 호르몬 감소가 사실상 나쁜 일인지에 대한 여부는 분명하지 않다. 예를 들면 성장 호르몬(GH)을 투여받는다고 하자. 성장 호르몬 감소가 노화와 관련된 근육량과 골밀도 감소에 상당히 크게 영향을 미친다면, 성장 호르몬 수준의 감소는 부적응으로 간주될 것이다. 반면에, 노화와 관련하여 성장 호르몬이 감소하는 것은 호의적인 항암의 메커니즘으로 기능을 할 수 있다. 성장 호르몬의 감소는 IGF-1의 수준을 감소시키는데, 이 펩티드는 대부분의 유방암, 전립선암 및 대장암의 생존 및 증식을 촉진한다(Chan et al., 1998; Giovannucci et al., 2000; Schernhammer, Holly, Pollak, & Hankinson, 2005). 실험에 따르면 성장 호르몬 결핍 발암물질이 처리된 쥐는 암 저항력이 있다. 성장 호르몬 주입은 쥐들을 암 발생에 더욱더 취약하게 만든다(Ramsey et al., 2002). 여러 종을 대상으로 한 연구들에서 비교적 낮은 GH과 IGF-1 활동이 성장 호르몬 감소 및 수명 증가와 관련이 있다고 보고하였다. IGF-1 수용체의 신호 감소는 예외적인 인간의 수명과 기능 상실 돌연변이와의 관계와 일치한다(Suh et al., 2008).

5. 식이 제한: 비현실적 중재와 매우 유용한 연구 도구

1935년에 McCay와 동료들은 식품 섭취를 제한하는 것이 노화와 관련된 질병의 발병을 지연하고 설치류의 수명을 늘린다고 보고하였다(McCay, Crowell, & Maynard, 1935). 75년 후에 식이 제한[영양 실조 또는 식이 제한과 상관없는 영양 결핍이라고 불리는 caloric restriction(CR)]은 설치류의 수명을 늘리는 데 가장 명확한 실험적 중재라는 것이 밝혀졌다(Masoro, 2003). 총 에너지 섭취가 임의로 공급된 동물의 칼로리 섭취량보다 20~40% 이하로 축소될 때 수명을 연장하고 암을 억제하는 CR의 긍정적인 효과가 관찰되었다. CR 실험의 전형적인 예는 단식과는 뚜렷이 구분되며, CR 동물들은 적은 칼로리를 섭취하지만 영양학적으로 모든 필수 영양소를 섭취한다.

대부분의 설치류 실험에서는 젖을 뗀 이후에 바로 시작된 CR을 평생 동안 사용한다. 그러나 쥐들의 수명 연장은 CR이 중간 나이, 즉 12개월이 되었을 때 시작한 것을 보고하였다(Pugh, Oberley, & Weindruch, 1999). CR 설치류와 CR 원숭이 모두 공복 혈당과 인슐린 수치의 감소를 포함한 여러 가지 생리학적인 매개 변수들에서 상당한 개선을 보여 주었다(Roberts et al., 2001). CR이 노화 관련 사망률과 인간이 아닌 영장류의 질병 발생률을 감소시킨다는 최근 연구 결과들은 추가 연구를 하게 하였다(Colman et al., 2009).

그러나 쥐의 41개 재조합 근친계 연구는 누가 CR의 혜택을 받을 것인지에 대한 우리의 이해 부족을 재조명하게 하였다(Liao, Rikke, Johnson, Diaz,

& Nelson, 2010). 실제로 CR은 수명을 연장하기보다 더 많은 종족의 수명을 단축시킨다. 이전에 CR에 의한 수명 연장이 보편적인 결과라는 개념은 틀린 것이라고 말하는 것은 안전하다(Harper, Leathers, & Austad, 2006; Liao et al., 2010). 현재 연구자들은 이러한 유전적인 이질적 쥐 군주를 연구하여 CR의 장수 연장 효과와 다르게 관련이 있는 유전자들을 해독하는 연구로 전환하고 있다(Liao et al., 2011).

CR이 수명을 연장하는지에 대한 정확한 메커니즘은 심도 있게 조사 중이다. 최근 연구에서 CR은 칼로리보다 아미노산 균형과 더 관련이 있을지 모른다는 가정과 함께 식이 불균형의 한 형태라는 급진적인 개념을 탐구하기 시작했다(Grandison, Piper, & Partridge, 2009; Piper, Partridge, Raubenheimer, & Simpson, 2011). CR이 조절하는 중요한 목표를 확인함으로써 과학자들은 노화 및 수명을 제어하는 중요한 조절 요소들을 식별할 수 있기를 바란다. 한 가지 확실한 것은, CR은 상당히 많은 생화학적, 면역 및 호르몬 네트워크를 변경했을 때 다발현성을 발휘한다는 것이다.

수명을 높여 주는 CR 효과에 대한 기계론적 기초의 끈질긴 연구는 학문적인 활동 그 이상의 것이다. 장기적으로 20~40%의 CR은 인간에게 실행하기에 비현실적인 중재이기 때문에, 과학자들은 CR 유사체를 개발하고자 혼신에 힘을 다해 찾고 있다(Hass et al., 1996). 효과적인 CR 유사체의 발견은 엄격한 식이 제한의 유익하지 않은 효과와 상관없이 CR의 혜택을 얻을 수 있게 할 것이다. 그러나 CR이 어떻게 영향을 미치는가에 대한 이해 때문에 어떤 종류의 약품이 가장 효과적인 CR 유사체인가에 대한 중요한 과학적 논쟁이 있다.

마지막으로, 지속적 CR에 대안으로 간헐적 CR은 보다 실용적인 생활 습관 개선을 제공할 수 있다. 현재로선 간헐적인 CR이 긍정적인 영향을 효과적으로 모방할 수 있는가에 대해서는 불분명하다. 격일로 하는 금식은 매일 같은 칼로리의 CR과 비교하여 해마와 생식 유전자 발현에 다른 효과를 가지고 있다는 것이 몇몇의 연구 결과에 의해 보고되었다(Martin et al., 2008; Martin et al., 2009). 격일 단식은 전형적으로 CR에 동반되는 체중 감소 없이 쥐의 혈당 조절 및 인슐린 감수성에 유익한 효과를 발휘하였다(Anson et al., 2003). 또한 간헐적 단식은 설치류의 심장 보호 및 암 예방 효과와 관련이 있다(Varady & Hellerstein, 2007). 미래를 위하여 위험을 줄이고 건강하게 수명을 늘리기 위한 대안으로 간헐적 CR에 대한 가능성을 실험하는 연구를 해야 한다.

6. 산화 스트레스 가설

1956년에 Denham Harman은 유산소 대사의 내생적 산물은 생물학적 노화의 주요 결정 요소라고 하였다(Harman, 1956). 유기체의 노화를 예측할 수 있는 Harman의 유리가설(free radical theory of aging)에서는 활성 산소(reactive oxygen species: ROS)에 의한 노화와 관련된 거대 분자 손상의 축적이 생리적 쇠퇴 및 사망의 위험을 증가시킨다고 하였다. 반세기가 계속되는 동안, 산화적 스트레스가 생물학적 노화의 원인이 된다는 결정적인 증거가 부족함에도 불구하고, 이러한 가설을 뒷받침하는 동물 연구들로부터 수집된 중요한 상관적 자료가 있다. 노화 과정에서 산화적 스트레스의 정확한 역할을 설명하는 것은 산화적 스트레스가 유기체의 건강 상태에 미치는 여러 가지 요소에 의존하기 때문에 복잡하다. 그 요소들은 ① ROS 생산의 양, ② ROS 손상에 의한 거대분자의 취약성(이것은 세포의 산화 방지제 방어를 반영한다), ③ 산화적 손상을 복구하는 용량이다(Beckman & Ames, 1998). 또한 병합 데이터는 '좋은' 또는 '나쁜' 산화 스트레스로 개념화하는 것은 지나친 단순화라고 보고하였다. 이러한 개념화는 산화 스트레스와 노화에 관한 우리의 추측을 잘못 이해시킬 수 있다.

1) 활성산소의 근원

미토콘드리아는 ROS의 가장 중요한 세포의 근원이다. 미토콘드리아 내의 전자전달계는 세포에 필요한 에너지인 아데노신 삼인산(ATP)을 생산하지만, 미토콘드리아는 ROS 생성의 결과, 수산화(hydroxyl radical)를 만드는 불완전한 시스템이다. 미토콘드리아 DNA의 산화적 손상은 미토콘드리아 단백질의 결함이 있는 생성으로 이어지며, 이것은 ROS 생산량에 전자 이동 손상과 합성 증가를 도와준다. 노화 사립체 이론(mitochondrial theory of aging)에 의하면(Miquel, 1992), 노화와 관련된 미토콘드리아 DNA 변이의 축적은 미토콘드리아의 기능장애 및 세포 활력 붕괴의 악순환을 일으키며 생물학적 노화에 상당히 공헌한다. 지방산의 베타산화, 사이토크롬 p450 효소 및 병원균을 없애기 위하여 식세포로 사용되는 산화파열을 포함하여 미토콘드리아가 아닌 중요한 산화제가 있다.

2) 고분자 대상 및 산화 스트레스의 측정

지질, 단백질 및 핵산은 산화적 스트레스에 의한 손상에 취약하다. 지질 과산화는 세포에 손상을 줄 수 있는 막유동성의 변화로 이어진다. 즉, 세포가 어떻게 그 환경으로부터 정보를 진행시키고 다른 세포들과 상호작용을 하는지에 관한 방법이다(Monteiro & Stern, 1996). F2의 아이소프로스탄 또는 말론디알데히드의 수준은 일반적으로 지질 과산화 정도를 평가하는데 사용된다. 단백질 산화가 필수적인 효소를 불활성화하며, 세포의 인식 기능 능력을 변경하고, 오래된 단백질을 처리할 수 있게 하는 항상성을 방해한다. 과학자들은 산화 손상 단백질의 양을 평가하기 위해 단백질 카르보닐 또는 최종 당화산물의 수준을 측정한다. 핵산에 대한 산화적 손상은 세포 기능을 감소시키거나 암의 발전에 기여할 수 있는 해로운 돌연변이로 이어질 수 있다. 미토콘드리아 DNA의 산화적 병변의 정도는 10에서 1에 의해 DNA핵에서 보이는 것을 초과하는데, 이것은 산화 스트레스가 미토콘드리아 기능 장애에 상당히 기여함을 주장한다. 산화성 DNA 부가물, 8-하이드록시구아노신(hydroxyguanosine)은 산화성 DNA 손상의 정도를 측정하는 데 널리 사용되는 생화학적 지표다(Wu, Chiou, Chang, & Wu, 2004).

3) 세포 산화 방지제 방어

산화 스트레스로부터 세포를 보호하는 것은 ROS의 해독을 가속화하는 효소와 활성 산소 제거제의 활동에 의존한다. 산화 방지 효소 슈퍼옥사이드 디스뮤타제(superoxide dismutase: SOD)는 과산화물음이온이 과산화수소로 전환할 수 있도록 촉매 역할을 하며, 과산화수소는 해독 작용을 완료한 글루타티온 퍼옥시다제의 효소 카탈라제에 의해 물로 전환된다. SOD는 두 가지 뚜렷한 형태가 있다. 즉, ① CuZnSOD는 세포질에 있으며, ② MnSOD는 미토콘드리아에 있다. SOD 활성은 모든 종에 걸쳐서 보존되었으며, 종간 비교는 SOD 활성 및 최대수명의 전위 사이에 강한 양의 상관관계를 보여 준다(Sohal, Sohal, & Brunk,1990). 예컨대, 아스코르브산염, 요산염, 글루타티온과 같은 친수성 유리기제거재를 세포질 내에서 작동한다. 카로티노이드(예: β-카로틴, 리코핀) 및 토코페롤(예: 비타민 E)과 같은 지방 친화성의 스캐빈저(scavengers)는 세포막 지질 과산화에 대하여 유용한 보호를 제공한다.

노화 과정에서 특정 산화 방지제 방어 효소의 정확한 역할을 정의하는 것은 몇 가지 이유에서 어려울 수 있다. 첫째, 일부 효소는 순차적인 활동을 하고 있지만, SOD 혼자 물에서 과산화물음이온의 해독을 완료할 수 없다. 또한 시스템에 내장된 기능의 중복이 있다. 두 개의 다른 효소(카탈라제 및 글루타티온 퍼옥시다제)는 물에서 과산화수소의 해독 과정을 완료할 수 있다. 또한 효소계의 유도형은 측정된 효소 활성에 '낮음' 대 '높음'의 모호한 해석을 만든다. 높은 SOD 기저 값은 좋거나 나쁜 것으로 생각해야 하는가? 대답은 조금 까다롭다. 높은 활동은 본질적으로 강력한 방어를 반영하거나, 아니면 그저 압도적인 산화 스트레스에 의해 유기체가 공격을 받는다는 유도 활동이다. 분명하게, 기준치 산화 방지제 효소 활동을 측정할 뿐만 아니라 산화 검사 후에 세포들을 평가하는 더 많은 연구가 필요하다.

4) 노화 관련 산화적 손상의 변화

일반적으로, 오래된 숙주들은 산화적 손상에 더 민감한 것으로 보인다. 예를 들면, 저선량 방사선(2Gy) 조사에 노출된 늙은 쥐는 같은 양의 방사선 노출을 받은 젊은 쥐보다 간, 뇌, 심장에서 산화적 DNA 손상이 두 배 증가했다(Hamilton et al., 2001). 이 연구에서 수복 평가의 값은 산화적 DNA 병변을 고치기 위하여 어리거나 늙은 쥐의 능력에 차이가 없었다(Hamilton et al., 2001). 연구들은 노화와 관련하여 산화적 손상 증가가 산화 방지제 방어를 감소시키면서 ROS 생산량을 증가시키는지 또는 산화적 손상의 복구를 감소시키는지에 대한 서로 다른 결과들을 보고하였다(Blumberg, 2000).

5) 중재 연구

산화 방지제 방어의 조작이 장수에 영향을 미치는지에 대한 증거는 복합적이다. CuZnSOD와 카탈라제가 과잉 노출된 유전자 변형 초파리는 최대수명이 증가한 것을 보여 주었다(Orr & Sohal, 1994). 마찬가지로, 운동신경에 CuZnSOD의 선택적 과발현은 초파리의 최대수명을 증가시켰다(Parkes et al., 1998). 그러나 보통의 쥐에서 나타나는 것보다 5배 이상 높은 CuZnSOD 활동이 상향 조절된 형질 전환 쥐에서는 수명을 늘리지 않았다

(Huang, Carlson, Gillespie, Shi, & Epstein, 2000). 하나의 유전자 또는 여러 유전자가 과발현 또는 삭제되어 있는, 형질 전환을 하고 의식을 잃게 만든 동물들의 광범위한 연구 결과에서도 포유동물에서와 마찬가지로 산화 방지제 방어와 수명 사이의 강한 연관성을 불러일으키는 데 실패했다(Salmon, Richardson, & Pérez, 2010).

아마도 산화 스트레스 가설을 가장 설득력 있게 지지하는 연구는 예쁜꼬마선충 연구를 한 Melov와 동료들(2000)이다. 실험적으로 기생충 벌레의 산화 방지제 방어는 배양기에서 그들 스스로를 합성 SOD 모방(a synthetic SOD mimetic)에 노출되었을 때 증가되었으며, 반면에 대조군 기생충들은 변화가 없었다. 합성 SOD 모방에 노출된 기생충은 평균 수명이 44% 증가했다. 또한 유전자 변형으로 인하여 수명이 짧아진 기생충이 합성 SOD 모방에 노출되었을 때, 단명 돌연변이들의 짧아진 수명이 정상 수명으로 복원되었다.

안타깝게도, 산화 방지제의 식이 섭취 증가가 포유류의 수명을 늘린다는 가설을 설명할 직접적인 증거는 부족하다. 일부 실험에서 PBN N-tert-butyl alphaphenylnitrone이라고 불리는 합성자유 라디칼 스핀트랩 화합물은 단백질 산화를 감소시켰고(Carney et al., 1991) 쥐의 수명을 연장시켰다(Floyd, Hensley, Forster, Kelleher-Andersson, & Wood, 2002). 그러나 유전적으로 이질적 쥐의 연구에서 PBN metabolite 4-hydroxy-PBN과 식이 보충제는 수명을 연장시키지 못했다(Strong et al., 2008). 산화 방지제 비타민 C와 E의 보충제는 운동이 혈당에 미치는 긍정적인 영향을 방해하며 동시에 무분별한 산화 방지제 보충제의 복용은 건강에 해로운 영향을 미칠 수 있다(Ristow et al., 2009). 의심할 여지 없이, 새로운 연구는 오래된 연구 결과들을 바꿀 수 있을 것이다. 또한 산화 스트레스와 노화의 영역 분야보다 더 명백한 증거는 어디에도 없다.

7. 초고령 노인으로부터의 교훈

백세인들은 매우 성공적인 노화의 가치 있는 자연실험을 제공한다. 100세까지 살 수 있게 할 수 있는 구체적인 환경 노출 및 생활 방식 요인들(예: 식습관, 교육, 신체 활동)은 현재까지 분명하게 밝혀지지 않았다(Perls, Levenson, Regan, & Puca, 2002). 백세인들 중에서 여성은 약 4 대 1의 비율로 남성보다 많다(Terry, Sebastiani, Anderson, & Perls, 2008). 여성들 중에서, 40세 이후의 성공적인 늦은 출산은 중요한 장수의 예측 인자다(Perls, Alpert, & Frett, 1997). 고/저밀도 지단백질의 큰 입자 크기(Barzilai et al., 2003)와 높은 플라즈마 산화 방지제 용량(Hyland et al., 2002)은 예외적인 수명과 또한 연관되어 있다.

백세인의 형제자매는 일반인들에 비하여 100세까지 살 수 있는 가능성이 15배 높다(Perls, Wilmoth et al., 2002). 이러한 장수의 장점은 살아 있는 동안 유지되는데, 이것은 환경적인 요인들보다 유전적으로 강하게 영향을 받았을 것이라고 할 수 있다(Perls, Wilmoth, et al., 2002). 나쁜 다형성 변종이 백세인들에게 적게 나타나기 때문에 몇 가지 유전자는 이미 장수와 관련하여 유전자 후보에 있다. 이러한 해로운 변형들은 아포지단백 E4 유전자(the apolipoprotein E∈4 allele)와 앤지오텐신 변환효소 D 유전자(the angiotension-converting enzyme D allele)를 포함한다(Deelen et al., 2011; Schächter et al., 1994). 유전자 연관 분석은 4번 인간 염색체에 하나 또는 여러 유전자에게 예외적인 장수에 기여하는 증거를 제공하고 있는 반면(Puca et al., 2001), 유전자 후보 연구들은 다른 두 장수 병소인 FOXO3A와 AKT1에 중점을 두고 있다(Christensen, Johnson, & Vaupel, 2006; Pawlikowska et al., 2009). 이는 예외적인 장수에 기여하는 유전 인자들이 평균 수명의 유전적 결정과는 다름을 유의해야 한다. 또한 남성과 여성은 수명을 늘리기 위하여 서로 다른 방법을 따라야 한다. 이는 남성 백세인은 여성 백세인보다 덜 이질적이며 덜 건강하다는 것으로 설명될 수 있다(Franceschi, Motta, et al., 2000).

백세인들은 대부분의 사람보다 오래 살지만, 그들은 얼마나 건강할까? 노화 관련 질병에 대한 취약성과 관련해서, 생애 병력 연구에서는 세 가지 백세인이 있다고 제시하였다. ① 80세 이전에 적어도 하나의 주요 질환이 발병한 백세인들은 38%이고, ② 80세 이후까지 주된 질병으로부터 자유로운 백세인들은 43%이며, ③ 100세 이후까지 모든 질병으로부터 자유로운 백세인은 19%다(Evert, Lawler, Bogan, & Perls, 2003). 이러한 연구 결과는 백세인들이 매우 이질적인 집단임을 분명하게 확인했다. 그러나 병에 대한 강한 저항력은 백세인들의 대다수가 공유하는 특성이며, 백세인의 거의 2/3가 자신의 출생 집단에서 죽음의 중위 연령 이후까지 모든 주요 질병으로부터 자유로웠다는 것을 보여 주었다. 애완견의 뛰어난 장수 비결은 유사한 결론에 도달하였다. 초고령 개들의 76%는 주요 질병의 발병 시작이 지연되었으며, 1/2 이상의 예외적인 개들은 병 저항성이 강력했다(Cooley, Schlittler, Glickman, Hayek, & Waters, 2003). 노화와 상당히 관련이 있는 암 사망률은 사실상 100년째 지속적이다(Harding, Pompei, & Wilson, 2011; Smith, 1996; Stanta, Campagner, Cavallieri, & Giarelli, 1997). 초고령자들과 같이 장수하는 애완견들 또한 암과 관련된 사망률에서 상당한 감소를 보여 주었다(Cooley et al., 2003; Perls & Hutter-Silver, 1999).

백세인들을 대상으로 한 연구의 여러 가지 측면은 연구자들에게 새로운 연구 과제들을 부여한다. 연령 확인, 확률적인 영향, 동시에 발생하는 질환, 비교할 수 있는 많은 대조군 그리고 오랜 식습관 검사 및 다른 생활양식 요인들이다. 매우 성공적인 노화 뒤에 숨겨진 몇 가지 비밀을 해독해서 알 수 있는 가장 큰 보상은, 대체 요법이 될 새로운 접근을 백세인들 연구에 도입하는 것이다. 2005년에 우리는 Gerald P. Murphy 암 재단에 예외적 수명 연구를 위한 센터(Center for Exceptional Longevity Studies)를 설립했다. 목표는 새로운 연구 주제를 실험하는 것이다. 성공적인 인간 노화에 대한 비밀은 장수하는 애완견으로 인하여 밝혀질지도 모른다. 이를 위해 우리는 로트와일러 개(Rottweilers)를 시작으로 초고령 개들을 체계적으로 연구하였다. 우리는 세계 최초로 백세견들의 의학 정보와 생활양식 정보를 수집하여 ELDABA(뛰어난 장수 데이터베이스)를 만들었다(로트와일러들은 여전히 13세 이상까지 생존한다). 이러한 연구를 통해서 이미 중요한 연구 결과들을 발표하였다. 암컷 로트와일러의 자궁 제거 연수와 장수의 관계를 조심스럽게 연구함으로써, 우리는 자궁을 오래 가지고 있는 것이 더 오래 사는 것과 관계가 있다는 것을 발견했다(Waters et al., 2009). 여성과 생쥐 및 개 연구들을 통해서 자궁이 수명을 연장시킨다는 새로운 개념을 만들었다. 자궁은 장수를 촉진시키는 시스템의 하나다(Mason, Cargill, Anderson, & Carey, 2009; Parker et al., 2009; Rocca, Grossardt, de Andrade, Malkasian, & Melton, 2006; Waters et al., 2009).

8. 생애 관점을 생물노년학 발견에 적용

생물노년학자들은 노쇠한 세포, 늙은 개 또는 노인들의 연구에 자신들을 스스로 한정해서는 안 된다. 대신에 대부분의 성인 건강을 결정짓는 요인들은 젊은 시절의 생활과 상당히 관련이 있기 때문에 건강한 장수 결정 요인들의 연구에 생애 관점을 적용해야 한다. 예를 들면, 골다공증은 차골절 위험을 겪는 노년층의 20~30세에 형성되는 최대골량에 의존한다.

서로 다른 노화 속도를 경험하는 개개인을 정확하게 식별할 수 있는 생체지표의 발견은 연구의 우선 순위다. 그러나 연구자들이 신뢰할 수 있는 노화 생체지표를 찾는 연구는 실패하고 있으며, 노화 방지 중재 연구를 실험하는 것을 마치 노화 연구의 마지막으로 생각하게끔 연구자 스스로에게 강요할 수 있다. 생체지표 퍼즐 조각의 일부를 함께 맞추기 위해서 생애 관점에 보다 더 가까운 주의를 기울일 수 있을까? 우리는 그렇게 할 수 있을 것이라고 생각한다. 확실한 생리학적 매개변수와 건강 결과들 사이의 관계는 삶의 과정에서 바뀌는 것으로 나타났다. 예를 들면, 혈청 콜레스테롤이 높은 50세는 20년 후 알츠하이머병의 발병 위험을 증가시키는 것과 관련이 있다(Kivipelto et al., 2001). 반면, 높은 콜레스테롤을 가진 70세는 알츠하이머병에 대해 방어적인 것으로 보인다(van Vliet, van de Water, de Craen, & Westendorp, 2009; Zuliani et al., 2010). 유사하게 인간을 대상으로 하는 연구들에서도 젊은 중년층의 비만은 기대수명을 감소시키는 반면, 특히 60세 이상 남성이 체지방이 감소될 경우 조기 사망의 조짐으로 볼 수 있다(Freedman, Ron, Ballard-Barbash, Doody, & Linet, 2006; Thinggaard, Jacobsen, Jeune, Martinussen, & Christensen, 2010). 고령에서 더 유리한 생존은 근육 질량 증가보다 지방 증가와 밀접하게 관련이 있을 수 있다(Auyeung et al., 2010).

그렇다면 우리가 어떻게 건강한 장수를 할 수 있을까에 대한 확실하지 않은 수수께끼 같은 결과들을 맞출 수 있을까? 단조로운 쇠퇴와 관련이 있는 것처럼 노화 유기체를 보는 대신에, 우리는 역동적으로 변화하는 시스템으로 생리적 쇠퇴의 제약 속에서 가능한 회복력을 유지하는 노화 과정 자체를 재설정할 수 있는 능력을 가지고 유기체를 볼 필요가 있다. 이러한 현실을 더 명확하게 보기 위해서는, 우리는 주의 깊게 노화의 장애를 회피하기 위한 개입뿐만 아니라 우리가 그 개입의 타이밍을 최적화하는 방법을 검토하는 것을 다시 실험해야 한다. CR 유사체와 같이 어떤 개입의 시작 연령은 그러한 중재의 장수 효과를 변화시키는 것에 중요하게 영향을 미치는 것으로 보인다. 어떤 경우에는 이른 개입이 늦은 개입보다 선호될 것이다. 몇 가지 중재는 오직 노년기의 특정한 건강을 증진시키거나 회복시키는 것에 영향을 미칠 것이다. 중요하게는, 우리는 필연적으로 유익하고 해로운 영향 사이에 발생하는 장단점에 대해 자세하게 살펴보아야 하고, 그렇게 함으로써 우리는 우리의 선택을 지능적으로 최적화할 수 있다.

9. 생물노년학 발견의 한계: 비평적인 지식 격차, 광범위한 기회

차세대 생물노년학자들은 그들의 연구영역과 관련이 있지만 그것을 뛰어넘는 초학문연구자들이 되어야만 한다. 노화 과정에 대한 우리의 이해의 상당한 발전 속에서, 우리는 네 가지 중요한 차이를 기회로 변화시킬 수 있을 것이다(Weaver et al., 2006).

① 상당히 다른 속도로 노화하는 개개인을 정확하게 식별할 수 있는 생체지표를 발견하는 것이 중요하다. 최근의 주된 관심은 염증 생체지표에 초점을 두고 있다. 10년 전에 Franceschi, Bonafe와 동료들(2000)은 노인들의 염증 전 상태를 명확하게 설명하는 'inflammaging'이라는 용어를 만들었다. 그 이후 많은 연구가 IL-6 및 TNF 알파와 같은 염증성 사이토카인의 수준이 고령층에서 증가하였으며, 노화는 선천적으로 염증 전(pro-inflammatory)이라는 가설을 보고하였다(Danesh et al., 2008). 그러나 다른 연구자들은 염증 증가가 절대적 표현형인지에 대하여 조사하였으며, 노인의 염증 전 상태는 비만, 동맥경화증 및 다른 동반된 질환들처럼 생활 방식 요인들의 축적을 반영하는 것일 가능성을 제시하였다(Ferrucci et al., 2005). 노화 속도를 느리게 하는 엄격한 중재 평가에서 생체지표의 유효성 검사는 필수적인 단계다(Nakamura, Lane, Roth, & Ingram, 1998). 그러한 단계들 없이는, 연

구자들은 비현실적으로 오래 사는 종들 연구처럼 인간 수명에만 의존해야 할 것이다. 노화 검증 생체지표의 부재 또한 사람들에게 노화 방지 개입의 근거 없는 요구에 공세를 받을 것이다.

② 노화를 연구하기 위해 사용되는 모델 시스템에 대한 우려가 있다. 기껏해야 동물 및 세포 모델은 인간 노화의 모방이다. 연구자들은 그들이 사용하는 실험 모델 시스템의 강점과 한계를 이해하고 자유롭게 의사소통을 하는 것이 필수적이다. 동물 모델 실험이 인간을 대상으로 하는 연구 질문을 조정해서는 안 된다. 대신, 특정 연구 질문은 가장 적절한 동물 모델의 선택에 의해 결정한다(Waters, Bostwick, & Murphy, 1998). 인간 노화와 관련된 중요한 가설을 실험하기 위해 새(Holmes & Austad, 1995), 유대류(Austad, 1997) 및 다른 포유류(Miller et al., 1999)를 포함한 모델 시스템의 광범위한 개발을 인식할 필요가 있다. 『ILAR Journal』의 최근 호는 인간 수명에 관한 동물 모델의 현재 시각을 표준화하는 데 할애하고 있다(Sprott, 2011; Waters, 2011).

③ 중요한 가설을 실험하는 데 사용될 수 있는 일관된 연구 체제가 필요하다. 유용한 개념 모델은 노화와 장수를 구별해야 한다. 노화는 복잡하며 노화 과정은 의심할 여지 없이 여러 메커니즘에 의해 조절된다. 따라서 우리가 핵심 개념을 통합하고 잠재적으로 300여 가지를 초과하는 경쟁 이론의 광대한 수에 의해 생성된 지적 마비를 회피할 수 있도록 합리적인 시스템을 적용해야 한다. 합의 체계의 발전은 의심할 여지 없이 연구자가 가설을 가정하는 모든 문제의 가장 근본적인 대답을 하기 위한 실험을 제안하는 데 도움이 될 것이다. 노쇠한 조직은 왜 질병 감염이 높아지는 것일까? 이것은 느려진 노화 속도가 예외적인 장수를 결정하는 중요한 요소라는 가설을 또한 실험할 수 있게 한다.

④ 수명의 결정 요인 연구에 생애 관점을 적용하는 것은 좋은 의미가 있다. 대부분의 건강 결정 요인은 초년기의 생활 방식과 경험들에 의해

형성되기 때문에 생물노년학은 노화된 유기체를 연구하는 데 국한되어서는 안 된다. 또한 성공적인 노화의 결정을 찾기 위한 현대적인 접근 방식은 생리적 항상성과 노화 관련 기능적 감소의 궤도를 수정하는 방법을 심리적 요인에 통합해야 한다. 우리는 시기와 순서의 정도를 분석하는 것을 시작해야 할 뿐만 아니라 노화 궤적에 영향을 주는 경험과 노출의 강도 및 기간도 함께 분석해야 한다. 이러한 통합적 접근법의 사용은 어린 시절 잘못된 생활 습관이 성인기 건강에 중요하게 영향을 미친다는 획기적인 연구 결과에 의해 설명된다(Brown et al., 2010; Brown et al., 2009; Felitti et al., 1998). 결과적으로 인생과정 동안에 후생적 리프로그램의 주의 깊은 연구들은 유해건강 결과를 최우선 순위로 두면서 예방 또는 환경에 의한 것을 반전시키는 데 활용되어야 한다(Weaver et al., 2006).

참고문헌

Aguilera, O., Fernández, A. F., Muñoz, A., & Fraga, M. F. (2010). Epigenetics and environment: A complex relationship. *Journal of Applied Physiology, 109,* 243-251.

Anson, R. M., Guo, Z., de Cabo, R., Iyun, T., Rios, M., Hagepanos, A., ... Mattson, M. (2003). Intermittent fasting dissociates beneficial effects of dietary restriction on glucose metabolism and neuronal resistance to injury from calorie intake. *Proceedings of the National Academy of Sciences of the United States of America, 100,* 6216-6220.

Arking, R. (1988). Successful selection for increased longevity in *Drosophila:* Analysis of the survival data and presentation of a hypothesis on the genetic regulation of longevity. *Experimental Gerontology, 22,* 199-220.

Austad, S. N. (1993). Retarded senescence in an insular population of Virginia opossums. *Journal of Zoology (London), 229,* 695-708.

Austad, S. N. (1997). Comparative aging and life histories in mammals. *Experimental Gerontology, 32,* 23-38.

Auyeung, T. W., Lee, J. S. Leung, J., Kwok, T., Leung, P. C., & Woo, J. (2010). Survival in older men may benefit from being slightly overweight and centrally obese—a 5-year follow-up study in 4,000 older adults using DXA. *Journal of Gerontology Series A: Biological Sciences and Medical Sciences, 65,* 99-104.

Bakaysa, S. L., Mucci, L. A., Slagboom, P. E., Boomsma, D. I., McClearn, G. E., Johansson, B., & Pedersen, N. L. (2007). Telomere length predicts survival independent of genetic influences. *Aging Cell, 6,* 769-774.

Bartke, A. (2008). Impact of reduced insulin-like growth factor-1/insulin signaling on aging in mammals: Novel findings. *Aging Cell, 7,* 285-290.

Bartke, A., Brown-Borg, H. M., Bode, A. M., Carlson, J., Hunter, W. S., & Bronson, R. T. (1998). Does growth hormone prevent or accelerate aging? *Experimental Gerontology, 33,* 675-687.

Barzilai, N., Atzmon, G., Schechter, C., Schaefer, E. J., Cupples, A. L., Lipton, R., ... Shuldiner, A. (2003). Unique lipoprotein phenotype and genotype associated with exceptional longevity. *Journal of the American Medical Association, 290,* 2030-2040.

Beckman, K. B., & Ames, B. N. (1998). The free radical theory of aging matures. *Physiological Reviews, 78,* 547-581.

Bhasin, S., Cunningham, G. R., Hayes, F. J., Matsumoto, A. M., Snyder, P. J., Swerdloff, R. S., & Montori, V. M. (2010). Testosterone therapy in men with androgen deficiency syndromes: An endocrine society clinical practice guideline. *Journal of Clinical Endocrinology and Metabolism, 95,* 2536-2559.

Binstock, R. H. (2004). Anti-aging medicine and research: A realm of conflict and profound societal implications. *Journal of Gerontology Series A: Biological Sciences and Medical Sciences, 59,* B523-B533.

Blackman, M. R., Sorkin, J. D., Münzer, T., Bellantoni, M. F., Busby-Whitehead, J., Stevens, T. E., ... Harman, S. M. (2002). Growth hormone and sex steroid administration in healthy aged women and men: A randomized controlled trial. *Journal of the American Medical Association, 288,* 2282-2292.

Blumberg, J. B. (2000). Free radical theory of aging. In J. E. Morley, H. J. Armbrecht, R. M. Coe, & B. Vellas (Eds.), *The science of geriatrics* (Vol. 1, pp. 57-74). New York, NY: Springer Publishing.

Brown, D. W., Anda, R. F., Felitti, V. J., Edwards, V. J., Malarcher, A. M., Croft, J. B., & Giles, W. H. (2010). Adverse childhood experiences are associated with the risk of lung cancer: A prospective cohort study. *BMC Public Health, 10,* 20.

Brown, D. W., Anda, R. F., Tiemeier, H., Felitti, V. J., Edwards, V. J., Croft, J. B.,

Giles, W. H. (2009). Adverse childhood experiences and the risk of premature mortality. *American Journal of Preventive Medicine, 37,* 389-396.

Butler, R. N., Austad, S. N., Barzilai, N., Braun, A., Helfand, S., Larsen, P. L., ... Warner, H. R. (2003). Longevity genes: From primitive organisms to humans. Journal of Gerontology Series *A: Biological Sciences and Medical Sciences, 58,* 581-584.

Campisi, J. (1996). Replicative senescnece: An old lives' tale? Cell, 84, 497-500.

Carney, J. M., Starke-Reed, P. E., Oliver, C. N., Landum, R. W., Cheng, M. S., Wu, J. F., & Floyd, R. A. (1991). Reversal of age-related increase in brain protein oxidation, decrease in enzyme activity, and loss in temporal and spatial memory by chronic administration of the spin-trapping compound N-tertbutyl-alpha-phenylnitrone. *Proceedings of the National Academy of Sciences of the United States of America, 88,* 3633-3636.

Chan, J. M., Stampfer, M. J., Giovannucci, E., Gann, P. H., Ma, J., Wilkinson, P., ... Pollak, M. (1998). Plasma insulin-like growth factor-I and prostate cancer risk: A prospective study. *Science, 279,* 563-566.

Chiang, E. C., Shen, S., Kengeri, S. S., Xu, H., Combs, G. F., Jr., Morris, J. S., ... Waters, D. J. (2010). Defining the optimal dose of selenium for prostate cancer risk reduction: Insights from the U-shaped relationship between selenium status, DNA damage, and apoptosis. *Dose Response, 8,* 285-300.

Christensen, K., Johnson, T. E., & Vaupel, J. W. (2006). The quest for genetic determinants of human longevity. *Nature Review. Genetics, 7,* 436-448.

Clancy, D. J., Gems, D., Harshman, L. G., Oldham, S., Stocker, H., Hafen, E., ... Partridge, L. (2001). Extension of life span by loss of CHICO, a Drosophila insulin receptor substrate protein. *Science, 292,* 104-106.

Colman, R. J., Anderson, R. M., Johnson, S. C., Kastman, E. K., Kosmatka, K. J., Beasley, T. M., ... Weindruch, R. (2009). Caloric restriction delays disease onset and mortality in rhesus monkeys. *Science, 325,* 201-204.

Cooley, D. M., Schlittler, D. L., Glickman, L. T., Hayek, M., & Waters, D. J. (2003). Exceptional longevity in pet dogs is accompanied by cancer resistance and delayed onset of major diseases. *Journal of Gerontology Series A: Biological Sciences and Medical Sciences, 58,* B1078-B1084.

Cristofalo, V. J., Allen, R. G., Pignolo, R. J., Martin, B. G., & Beck, J. C. (1998). Relationship between donor age and the replicative life span of human cells in culture: A reevaluation. *Proceedings of the National Academy of Sciences of the Untied States of America, 95,* 10614-10619.

Cristofalo, V. J., & Pignolo, R. J. (1993). Replicative senescence of human fibro-blast-like cells in culture. *Physiological Reviews, 73,* 617-638.

Cuervo, A. M. (2010). Chaperone-mediated autophagy: Selectivity pays off. Trends in *Endocrinology and Metabolism, 21,* 142-150.

Danesh, J., Kaptoge, S., Mann, A. G., Sarwar, N., Wood, A., Angleman, S. B., ... Gudnason, V. (2008). Long-term interleukin-6 levels and subsequent risk of coronary heart disease: Two new prospective studies and a systematic review. *PLoS Medicine, 5,* e78.

Davalos, A., Coope, J., Campisi, J., & Desprez, P. (2010). Senescent cells as a source of inflammatory factors for tumor progression. *Cancer Metastasis Reviews, 29,* 273-283.

Debacq-Chainiaux, F., Erusalimsky, J. D., Campisi, J., & Toussaint, O. (2009). Protocols to detect senescence-associated beta-galactosidase (SA-betagal) activity, a biomarker of senescent cells in culture and in vivo. *Nature Protocols, 4,* 1798-1806.

Dee, B. J., & Wolf, N. S. (1994). Studying longevity and morbidity in giant and small breeds of dogs. *Veterinary Medicine (Suppl.), 89,* 702-713.

Deelen, J., Beekman, M., Uh, H., Helmer, Q., Kuningas, M., Christiansen, L., ... Slagboom, P. (2011). Genome-wide association study identifies a single major locus contributing to survival into old age; the APOE locus revisited. *Aging Cell, 10,* 686-698.

Dekker, P., Maier, A. B., van Heemst, D., de Koning-Treurniet, C., Blom, J.,

Dirks, R. W., ... Westerndorp, R. G. (2009). Stress-induced responses of human skin fibroblasts in vitro reflect human longevity. *Aging Cell, 8,* 595-603.

Dimri, G. (2005). What has senescence got to do with cancer? *Cancer Cell, 7,* 505-512.

Dimri, G. P., Lee, X., Basile, G., Acosta, M., Scott, G., Roskelley, C., ... Pereira-Smith, O. (1995). A biomarker that identifies senescent human cells in culture and in aging skin in vivo. *Proceedings of the National Academy of Sciences of the United States of America, 92,* 9363-9367.

Epel, E. S., Blackburn, E. H., Lin, J., Dhabhar, F. S., Adler, N. E., Morrow, J. D., & Cawthon, R. M. (2004). Accelerated telomere shortening in response to life stress. *Proceedings of the National Academy of Sciences of the United Sates of America, 101,* 17312-17315.

Evert, J., Lawler, E., Bogan, H., & Perls, T. (2003). Morbidity profiles of centenarians: Survivors, delayers, and escapers. *Journal of Gerontology Series A: Biological Sciences and Medical Sciences, 58,* 232-237.

Felitti, V. J., Anda, R. F., Nordenberg, D., Williamson, D. F., Spitz, A. M., Edwards, V., ... Marks, J. S. (1998). Relationship of childhood abuse and household dysfunction to many of the leading causes of death in adults. The Adverse Childhood Experiences (ACE) Study. *American Journal of Preventive Medicine, 14,* 245-258.

Ferrucci, L., Corsi, A., Lauretani, F., Bandinelli, S., Bartali, B., Taub, D. D., ... Longo, D. (2005). The origins of age-related proinflammatory state. *Blood, 105,* 2294-2299.

Finch, C. E. (1990). *Longevity, senescence and the genome.* Chicago, IL: University of Chicago Press.

Finch, C. E. (1998). Variations in senescence and longevity include the possibility of negligible senescence. *Journal of Gerontology Series A: Biological Sciences and Medical Sciences, 53A,* 232-237.

Finch, C. E. (2009). Update of slow aging and negligible senescence—a minireview. *Gerontology, 55,* 307-313.

Finch, C. E., & Austad, S. N. (2001). History and prospects: Symposium on organisms with slow aging. *Experimental Gerontology, 36,* 593-597.

Finch, C. E., & Kirkwood, T. B. L. (2000). Chance, *development and aging.* New York, NY: Oxford University Press.

Finch, C. E., Morgan, T. E., Longo, V. D., & de Magalhaes, J. P. (2010). Cell resilience in species life spans: A link to inflammation? *Aging Cell, 9,* 519-526.

Floyd, R. A., Hensley, K., Forster, M. J., Kelleher-Andersson, J. A., & Wood, P. L. (2002). Nitrones, their value as therapeutics and probes to understand aging. *Mechanisms of Ageing and Development, 123,* 1021-1031.

Franceschi, C., Bonafè, M., Valensin, S., Olivieri, F., De Luca, M., Ottaviani, E., & De Benedictis, G. (2000). Inflamm-aging. An evolutionary perspective on immunosenescence. *Annals of the Neuro Academy of Sciences, 908,* 244-254.

Franceschi, C., Motta, L., Valensin, S., Rapisarda, R., Franzone, A., Berardelli, M., ... Baggio, G. (2000). Do men and women follow different trajectories to reach extreme longevity? *Aging (Milano), 12,* 77-84.

Freedman, D. M., Ron, E., Ballard-Barbash, R., Doody, M. M., & Linet, M. S. (2006). Body mass index and all-cause mortality in a nationwide US cohort. *International Journal of Obesity, 30,* 822-829.

Fries, J. F. (2003). Measuring and monitoring success in compressing morbidity. *Annals of Internal Medicine, 139,* 455-459.

Giovannucci, E., Pollak, M. N., Platz, E. A., Willett, W. C., Stampfer, M. J., Majeed, N., ... Hankinson, S. E. (2000). A prospective study of plasma insulin-like growth factor-1 and binding protein-3 and risk of colorectal neoplasia in women. *Cancer Epidemiology, Biomarkers and Prevention, 9,* 345-349.

Grandison, R. C., Piper, M. D., & Partridge, L. (2009). Amino acid imbalance explains extension of life span by dietary restriction in Drosophila.

Nature, 462, 1061-1064.

Granger, M. P., Wright, W. E., & Shay, J. W. (2002). Telomerase in cancer and aging. *Critical Reviews in Oncology/Hematology, 41,* 29-40.

Gravina, S., & Vijg, J. (2010). Epigenetic factors in aging and longevity. *Pflügers Arch: European Journal of Physiology, 459,* 247-258.

Hamilton, M. L., Van Remmen, H., Drake, J. A., Yang, H., Guo, Z. M., Kewitt, K., ... Richardson, A. (2001). Does oxidative damage to DNA increase with age? *Proceedings of the National Academy of Sciences of the Untied States of America, 98,* 10469-10474.

Harding, C., Pompei, F., & Wilson, R. (2011). Peak and decline in cancer incidence, mortality, and prevalence at old ages. *Cancer, 118,* 1371-1386. DOI: 10.1002/cncr.26376

Harman, D. (1956). Aging: A theory based on free radical and radiation chemistry. *Journal of Gerontology, 11,* 298-300.

Harper, J. M., Leathers, C. W., & Austad, S. N. (2006). Does caloric restriction extend life in wild mice? *Aging Cell, 5,* 441-449.

Harper, J. M., Slmon, A. B., Leiser, S. F., Galecki, A. T., & Miller, R. A. (2007). Skin-derived fibroblasts from long-lived species are resistant to some, but not all, lethal stresses and to the mitochondrial inhibitor rotenone. *Aging Cell, 6,* 1-13.

Hass, B. S., Lewis, S. M., Duffy, P. H., Ershler, W., Feuers, R. J., Good, R. A., ... Hart, R. W. (1996). Dietary restriction in humans: Report on the Little Rock conference on the value, feasibility, and parameters of a proposed study. *Mechanisms of Ageing and Development, 91,* 79-94.

Hayflick, L. (1976). The cell biology of human aging. New England Journal of *Medicine, 295,* 1302-1308.

Hayflick, L. (1998). How and why we age. *Experimental Gerontology, 33,* 639-653.

Hayflick, L., & Moorhead, P. S. (1961). The serial cultivation of human diploid cell strains. *Experimental Cell Research, 25,* 585-621.

Hodes, R., McCormick, A., & Pruzan, M. (1996). Longevity assurance genes: How do they influence aging and life span? *Journal American Geriatric Society, 44,* 988-991.

Holmes, D. J., & Austad, S. N. (1995). Birds as animal models for the comparative biology of aging: A prospectus. *Journal of Gerontology Series A: Biological Sciences and Medical Sciences, 50,* B59-B66.

Huang, T., Carlson, E., Gillespie, A., Shi, Y., & Epstein, C. (2000). Ubiquitous over-expression of CuZn superoxide dismutase does not extend life span in mice. *Journal of Gerontology Series A: Biological Sciences and Medical Sciences, 55,* B5-B9.

Hyland, P., Duggan, O., Turbitt, J., Coulter, J., Wikby, A., Johansson, B., ... Barnett, Y. (2002). Nonagenarians from the Swedish NONA Immune Study have increased plasma antioxidant capacity and similar levels of DNA damage in peripheral blood mononuclear cells compared to younger control subjects. *Experimental Gerontology, 37,* 465-473.

Jordan, V. C. (2004). Selective estrogen receptor modulation: Concept and consequences in cancer. *Cancer Cell, 5,* 207-213.

Kim Sh, S. H., Kaminker, P., & Campisi, J. (2002). Telomeres, aging and cancer: In search of a happy ending. *Oncogene, 21,* 503-511.

Kimura, K. D., Tissenbaum, H. A., Liu, Y., Ruvkun, G. (1997). daf-2, an insulin receptor-like gene that regulates longevity and diapause in *Caenorhabditis elegans. Science, 277,* 942-946.

Kirkwood, T. B. (1977). Evolution of ageing. *Nature, 270,* 301-304.

Kirkwood, T. B. (1990). The disposable soma theory of aging. In D. E. Harrison, (Ed.), *Genetic effects on aging* (Vol. 2, pp. 9-19). Caldwell, NJ: Telford Press.

Kirkwood, T. B. L. (2005). Understanding the odd science of aging. *Cell, 120,* 437-447.

Kivipelto, M., Helkala, E-L., Laakso, M. P., Hänninen, T., Hallikainen, M., Alhainen, K., ... Nissinen, A. (2001). Midlife vascular risk factors and

Alzheimer's disease in later life: Longitudinal, population based study. *British Medical Journal, 322,* 1447-1451.

Kizer, J., Arnold, A., Jenny, N., Cushman, M., Strotmeyer, E., Ives, D., ... Newman, A. (2011). Longitudinal changes in adiponectin and inflammatory markers and relation to survival in the oldest old: The cardiovascular health study all stars study. *Journal of Gerontology Series A: Biological Sciences and Medical Sciences, 66,* 1100-1107.

Koga, H., Kaushik, S., & Cuervo, A. M. (2011). Protein homeostasis and aging: The impotrance of exquisite quality control? *Aging Research Reviews, 10,* 205-215.

Krause, W., Mueller, U., & Mazur, A. (2005). Testosterone supplementation in the aging male: Which questions have been answered? *Aging Male, 8,* 31-38.

Lamberts, S. W., van den Beld, A. W., & van der Lely, A. J. (1997). The endocrinology of aging. *Science, 278,* 419-424.

Lee, B., Han, J., Im, J., Morrone, A., Johung, K., Goodwin, E., ... Hwang, E. (2006). Senescence-associated β-galactosidase. *Aging Cell, 5,* 187-195.

Liao, C. Y., Rikke, B. A., Johnson, T. E., Diaz, V., & Nelson, J. F. (2010). Genetic variation in the murine life span response to dietary restriction: From life extension to life shortening. *Aging Cell, 9,* 92-95.

Liao, C. Y., Rikke, B. A., Johnson, T. E., Gelfond, J. A. L., Diaz, V., & Nelson, J. F. (2011). Fat maintenance is a predictor of the murine life span response to dietary restriction. *Aging Cell, 10,* 629-639.

Lin, Y. J., Seroude, L., & Benzer, S. (1998). Extended life span and stress resistance in the *Drosophila mutant methuselah. Science, 282,* 943-946.

Ljungquist, B., Berg, S., Lanke, J., McClearn, G. E., & Pedersen, N. L. (1998). The effect of genetic factors for longevity: A comparison of identical and fraternal twins in the Swedish Twin Registry. *Journal of Gerontology Series A: Biological Sciences and Medical Sciences, 53,* M441-M446.

Love, R. R., Mazess, R. B., Barden, H. S., Epstein, S., Newcomb, P. A., Jordan, V. C.,

... DeMets, D. L. (1992). Effects of tamoxifen on bone mineral density in postmenopausal women with breast cancer. *New England Journal of Medicine, 326,* 852-856.

Maier, A. B., Cessie, S., Koning-Treurniet, C., Blom, J., Westendorp, R. G. J., & Heemst, D. (2007). Persistence of high-replicative capacity in cultured fibroblasts from nonagenarians. *Aging Cell, 6,* 27-33.

Martin, B., Pearson, M., Brenneman, R., Golden, E., Keselman, A., Iyun, T., ... Mattson, M. P. (2008). Conserved and differential effects of dietary energy intake on the hippocampal transcriptomes of females and males. *PLoS One, 3,* e2398.

Martin, B., Pearson, M., Brenneman, R., Golden, E., Wood III, W., Prabhu, V., ... Maudsley, S. (2009). Gonadal transcriptome alterations in response to dietary energy intake: Sensing the reproductive environment. *PLoS One, 4,* e4146.

Martin, G. M. (1978). Genetic syndromes in man with potential relevance to the pathobiology of aging. In D. Bergsma & D. E. Harrison (Eds.), *Genetic effects on aging* (vol. 14, pp. 5-39). New York, NY: Alan R. Liss.

Martin, G. M., Austad, S. N., & Johnson, T. E. (1996). Genetic analysis of ageing: Role of oxidative damage and environmental stresses. *Nature Genetics, 13,* 25-34.

Martin, G., Sprague, C., & Epstein, C. (1970). Replicative life span of cultivated human cells. Effects of donor's age, tissue, and genotype. *Lab Investigation, 23,* 86-92.

Mason, J. B., Cargill, S. L., Anderson, G. B., & Carey, J. R. (2009). Transplantation of young ovaries to old mice increased life span in transplant recipients. *Journal of Gerontology SeriesA: Biological Sciences and Medical Sciences, 64,* 1207-1211.

Masoro, E. J. (2003). Subfield history: Caloric restriction, slowing aging, and extending life. *Scientific Aging Knowledge Environment, 8,* RE2. Review.

Mather, K. A., Jorm, A. F., Parslow, R. A., & Christensen, H. (2011). Is telomere length a biomarker of aging? A review. *Journal of Gerontology Series A: Biological Sciences and Medical Sciences, 66,* 203-213.

McCay, C., Crowell, M., & Maynard, L. (1935). The effect of retarded growth upon the length of life span and upon the ultimate body size. *Journal of Nutrition, 10,* 63-79.

McGue, M., Vaupel, J. W., Holm, N., & Harvald, B. (1993). Longevity is moderately heritable in a sample of Danish twins born 1870-1880. *Journal of Gerontology, 48,* B237-B244.

Medvedev, Z. A. (1990). An attempt at a rational classification of theories of aging. *Biological Reviews of the Cambridge Philosophical Society, 65,* 375-398.

Melov, S., Ravenscroft, J., Malik, S., Gill, M. S., Walker, D. W., Clayton, P. E., ... Lithgow, G. J. (2000). Extension of life span with superoxide dismutase/catalase mimetics. *Science, 289,* 1567-1569.

Migliaccio, E., Giorgio, M., Mele, S., Pelicci, G., Reboldi, P., Pandolfi, P. P., ... Pelicci, P. G. (1999). The p66shc adaptor protein controls oxidative stress response and life span in mammals. *Nature, 402,* 309-313.

Miller, R. A., Austad, S., Burke, D., Chrisp, C., Dysko, R., Galecki, A., ... Monnier, V. (1999). Exotic mice as models for aging research: Polemic and prospectus. *Neurobiology of Aging, 20,* 217-231.

Miller, R. A., Williams, J. B., Kiklevich, J. V., Austad, S., & Harper, J. M. (2011). Comparative cellular biogerontology: Primer and prospectus. *Ageing Research Reviews, 10,* 181-190.

Miquel, J. (1992). An update on the mitochondrial-DNA mutation hypothesis of cell aging. *Mutation Research, 275,* 209-216.

Monteiro, H., & Stern, A. (1996). Redox modulation of tyrosine phosphorylation-dependent signal transduction pathways. *Free Radical Biology Medicine, 21,* 323-333.

Morris, J. Z., Tissenbaum, H. A., & Ruvkun, G. (1996). A phosphatidylinositol-

3-OH kinase family member regulating longevity and diapause in Caenorhabditis elegans. *Nature, 382,* 536-539.

Munhoz, C., Sorrells, S., Caso, J., Scavone, C., & Sapolsky, R. (2010). Glucocorticoids exacerbate lipopolysaccharide-induced signaling in the frontal cortex and hippo-campus in a dose-dependent manner. *Journal of Neuroscience, 30,* 13690-13698.

Nakamura, E., Lane, M. A., Roth, G. S., & Ingram, D. K. (1998). A strategy for identifying biomarkers of aging: Further evaluation of hematology and blood chemistry data from a calorie restriction study in rhesus monkeys. *Experimental Gerontology, 33,* 421-443.

Olshansky, S. J., Hayflick, L., & Carnes, B. A. (2002). Position statement on human aging. *Journal of Gerontology Series A: Biological Sciences and Medical Sciences, 57,* B292-B297.

Orr, W., & Sohal, R. (1994). Extension of life span by overexpression of superoxide dismutase and catalase in *Drosophila melanogaster. Science, 263,* 1128-1130.

Parker, W. H., Broder, M. S., Chang, E., Feskanich, D., Farguhar, C., Liu, Z., ... Manson, J. (2009). Ovarian conservation at the time of hysterectomy and long-term health outcomes in the Nurses' Health Study. *Obstetrics and Gynecology, 113,* 1027-1037.

Parkes, T. L., Elia, A. J., Dickinson, D., Hilliker, A. J., Phillips, J. P., & Boulianne, G. L. (1998). Extension of Drosophila life span by overexpression of human SOD1 motorneurons. *Nature Genetics, 19,* 171-174.

Patronek, G. J., Waters, D. J., & Glickman, L. T. (1997). Comparative longevity of pet dogs and humans: Implications for gerontology research. Journal of Gerontology Series *A: Biological Sciences and Medical Sciences, 52,* B171-B178.

Pawlikowska, L., Hu, D., Huntsman, S., Sung, A., Chu, C., Chen, J., ... Study of Osteoporotic Fractures. (2009). Association of common genetic variation in the insulin/IGF1 signaling pathway with human longevity. *Ag-*

ing Cell, 8, 460-472.

Pérez, V. I., Buffenstein, R., Masamsetti, V., Leonard, S., Salmon, A. B., Mele, J., ... Chaudhuri, A. (2009). Protein stability and resistance to oxidative stress are determinants of longevity in the longest-living rodent, the naked mole-rat. *Proceedings of the National Academy of Sciences of the United States of America, 106,* 3059-3064.

Perls, T., Alpert, L., & Frett, R. (1997). Middle aged mothers live longer. *Nature, 389,* 133.

Perls, T., & Hutter-Silver, M. (1999). *Living to 100: Lessons* in *living to your maximum potential at any age.* New York, NY: Basic Books.

Perls, T., Levenson, R., Regan, M., & Puca, A. (2002). What does it take to live to 100? *Mechanisms of Ageing and Development, 123,* 231-242.

Perls, T. T., Wilmoth, J., Levenson, R., Drinkwater, M., Cohen, M., Bogan, H., ... Puca, A. (2002). Life-long sustained mortality advantage of siblings of centenarians. *Proceedings of the National Academy of Sciences of the United States of America, 99,* 8442-8447.

Piper, M. D., Partridge, L., Raubenheimer, D., & Simpson, S. J. (2011). Dietary restriction and aging: A unifying perspective. *Cell Metabolism, 14,* 154-160.

Piper, M. D., Selman, C., McElwee, J. J., & Partridge, L. (2008). Separating cause from effect: How does insulin/IGF signalling control life span in worms, flies, and mice? *Journal of Internal Medicine, 263,* 179-191.

Powers, E. T., Morimoto, R. I., Dillin, A., Kelly, J. W., & Balch, W. E. (2009). Biological and chemical approaches to diseases of proteostasis deficiency. *Annual Review of Biochemistry, 78,* 959-991.

Puca, A. A., Daly, M. J., Brewster, S. J., Matise, T. C., Barrett, J., Shea-Drinkwater, M., ... Perls, T. T. (2001). A genome-wide scan for linkage to human exceptional longevity identifies a locus on chromosome 4. *Proceedings of the National Academy of Sciences of the United States of America, 98,* 10505-10508.

Pugh, T. D., Oberley, T. D., & Weindruch, R. (1999). Dietary intervention at middle age: Caloric restriction but not dehydroepiandrosterone sulfate increases life span and lifetime cancer incidence in mice. *Cancer Research, 59,* 1642-1648.

Ramsey, M., Ingram, R., Cashion, A., Ng, A., Cline, J., Parlow, A., & Sonntag, W. (2002). Growth hormone-deficient dwarf animals are resistant to dimethylbenzanthracene (DMBA)-induced mammary carcinogenesis. *Endocrinology, 143,* 4139-4142.

Rea, S. L., Wu, D., Cypser, J. R., Vaupel, J. W., & Johnson, T. E. (2005). A stress-sensitive reporter predicts longevity in isogenic populations of Caenorhabditis elegans. *Nature Genetics, 37,* 894-898.

Ristow, M., Zarse, K., Oberbach, A., Klöting, N., Birringer, M., Kiehntopf, M., ... Blüher, M. (2009). Antioxidants prevent health-promoting effects of physical exercise in humans. *Proceedings of the National Academy of Sciences of the United States of America, 106,* 8665-8670.

Roberts, S. B., Pi-Sunyer, X., Kuller, L., Lane, M. A., Ellison, P., Prior, J. C., & Shapses, S. (2001). Physiologic effects of lowering caloric intake in non-human primates and nonobese humans. Journal of Gerontology Series *A: Biological Sciences and Medical Sciences, 56,* 66-75.

Rocca, W. A., Grossardt, B. R., de Andrade, M., Malkasian, G. D., & Melton III, L. J. (2006). Survival patterns after oophorectomy in postmenopausal women: A population-based cohort study. *Lancet Oncology, 7,* 821-828.

Rodier, F., & Campisi, J. (2011). Four faces of cellular senescence. *Journal of Cell Biology, 192,* 547-556.

Rudman, D., Feller, A. G., Nagraj, H. S., Gergans, G. A., Lalitha, P. Y., Goldberg, A. F., ... Mattson, D. E. (1990). Effects of human growth hormone in men over 60 years old. *New England Journal of Medicine, 323,* 1-6.

Salmon, A. B., Richardson, A., & Pérez, V. I. (2010). Update on the oxidative stress theory of aging: Does oxidative stress play a role in aging or healthy aging? *Free Radical Biology & Medicine, 48,* 642-655.

Schächter, F., Faure-Delanef, L., Guénot, F., Rouger, H., Froguel, P., Lesueur-Ginot, L., & Cohen, D. (1994). Genetic associations with human longevity at the APOE and ACE loci. *Nature Genetics, 6,* 29-32.

Schernhammer, E. S., Holly, J. M., Pollak, M. N., & Hankinson, S. E. (2005). Circulating levels of insulin-like growth factors, their binding proteins, and breast cancer risk. *Cancer Epidemiology, Biomarkers and Prevention, 14,* 699-704.

Shumaker, S. A., Legault, C., Rapp, S. R., Thal, L., Wallace, R. B., Ockene, J. K., ... WHIMS Investigators. (2003). Estrogen plus progestin and the incidence of dementia and mild cognitive impairment in postmenopausal women: The Women's Health Initiative Memory Study: A randomized controlled trial. *Journal of the American Medical Association, 289,* 2651-2662.

Smith, D. W. E. (1996). Cancer mortality at very old ages. *Cancer, 77,* 1367-1372.

Sohal, R. S., Sohal, B. H., & Brunk, U. T. (1990). Relationship between antioxidant defenses and longevity in difference mammalian species. *Mechanisms of Ageing and Development, 53,* 217-227.

Song, Z., von Figura, G., Liu, Y., Kraus, J. M., Torrice, C., Dillon, P., ... Lenhard Rudolph, K. (2010). Lifestyle impacts on the aging-associated expression of biomarkers of DNA damage and telomere dysfunction in human blood. *Aging Cell, 9,* 607-615.

Sprott, R. L. (2011). Introduction: Animal models of aging: Something old, something new. *The ILAR Journal, 52,* 1-3.

Stanta, G., Campagner, L., Cavallieri, F., & Giarelli, L. (1997). Cancer of the oldest old. What we have learned from autopsy studies. *Clinics Geriatric Medicine, 13,* 55-68.

Strong, R., Miller, R. A., Astle, C. M., Floyd, R. A., Flurkey, K., Hensley, K. L., ... Harrison, D. E. (2008). Nordihydroguaiaretic acid and aspirin increase life span of genetically heterogeneous male mice. *Aging Cell, 7,* 641-

650.

Suh, Y., Atzmon, G., Cho, M.-O., Hwang, D., Liu, B., Leahy, D. J., ... Cohen, P. (2008). Functionally significant insulin-like growth factor I receptor mutations in centenarians. *Proceedings of the National Academy of Sciences of the Untied States of America, 105,* 3438-3442.

Tang, M. X., Jacobs, D., Stern, Y., Marder, K., Schofield, P., Gurland, B., ... Mayeux, R. (1996). Effect of oestrogen during menopause on risk and age at onset of Alzheimer's disease. *Lancet, 348,* 429-432.

Terry, D. F., Sebastiani, P., Anderson, S. L., & Perls, T. T. (2008). Disentangling the roles of disability and morbidity in survival to exceptional old age. *Archives of Internal Medicine, 168,* 277-288.

Thinggaard, M., Jacobsen, R., Jeune, B., Martinussen, T., & Christensen, K. (2010). Is the relationship between BMI and mortality increasingly U-shaped with advancing age? A 10-year follow-up of persons aged 70-95 years. *Journal of Gerontology. Series A: Biological Sciences and Medical Sciences, 65,* 526-531.

van Vliet, P., van de Water, W., de Craen, A. J. M., & Westendorp, R. G. J. (2009). The influence of age on the association between cholesterol and cognitive function. *Experimental Gerontology, 44,* 112-122.

Varady, K. A., & Hellerstein, M. K. (2007). Alternate-day fasting and chronic disease prevention: A review of human and animal trials. *American Journal of Clinical Nutrition, 86,* 7-13.

Waters, D. J. (2011). Aging research 2011: Exploring the pet dog paradigm. *The ILAR Journal, 52,* 97-105.

Waters, D. J., Bostwick, D. G., & Murphy, G. P. (1998). Conference summary: First International Workshop on Animal Models of Prostate Cancer. *Prostate, 36,* 47-48.

Waters, D. J., Kengeri, S. S., Clever, B., Booth, J. A., Maras, A. H., Schlittler, D. L., & Hayek, M. G. (2009). Exploring mechanisms of sex differences in longevity: Lifetime ovary exposure and exceptional longevity in dogs.

Aging Cell, 8, 752-755.

Waters, D. J., & Wildasin, K. S. (2006). Cancer clues from pet dogs. *Scientific American, 295,* 94-101.

Weaver, I. C. G., Cervoni, N., Champagne, F. A., D'Alessio, A. C., Sharma, S., Seckl, J. R., ... Meaney, M. (2004). Epigenetic programming by maternal behavior. *Nature Neuroscience, 7,* 847-854.

Weaver, I. C. G., Meaney, M. J., & Szyf, M. (2006). Maternal care effects on the hippocampal transcriptome and anxiety-mediated behaviors in the offspring that are reversible in adulthood. *Proceedings of the National Academy of Sciences of the United States of America, 103,* 3480-3485.

Williams, G. (1957). Pleiotropy, natural selection, and the evolution of senescence. *Evolution, 11,* 398-411.

Wong, E., & Cuervo, A. M. (2010). Integration of clearance mechanisms: The proteasome and autophagy. *Cold Spring Harbor Perspectives in Biology, 2,* a006734.

Wu, D., Cypser, J. R., Yashin, A. I., & Johnson, T. E. (2008). The U-shaped response of initial mortality in Caenorhabditis elegans to mild heat shock: Does it explain recent trends in human mortality? *Journal of Gerontology Series A: Biological Sciences and Medical Sciences, 63,* 660-668.

Wu, L. L., Chiou, C. C., Chang, P. Y., & Wu, J. T. (2004). Urinary 8-OHdG: A marker of oxidative stress to DNA and a risk factor for cancer, atherosclerosis and diabetics. *Clinical Chimica Acta, 339,* 1-9.

Zuliani, G., Cavalieri, M., Galvani, M., Volpato, S., Cherubini, A., Bandinelli, S., ... Ferrucci, L. (2010). Relationship between low levels of high-density lipoprotein cholesterol and dementia in the elderly. The InChianti study. *Journal of Gerontology Series A: Biological Sciences and Medical Sciences, 65,* 559-564.

제3장

인지 기능 노화에 대한 이해

Gerontology: Perspectives and Issues

제3장

인지 기능 노화에 대한 이해

Jacgueline Mogle and Martin Sliwinski

인지 기능 약화로 인한 독립적 생활 능력의 상실은 노년층의 주요 관심사다(Reese, Cherry, & Norris, 1999). 독립적 생활능력 유지와 상실의 차이는 바로 노인들이 얼마나 건강하고 능동적인 생활을 유지하느냐에 달려있다. 노인들의 인지 기능의 약화는, 사회 활동 참여 기회의 축소 및 기본적인 자기관리 활동의 손상 그리고 일상 과제들을 다루는 능력의 저하 등으로 연결되면서 행복 추구에 심각한 부정적인 영향을 끼칠 수 있다. 2002년도의 경우 70세 이상 노인들의 22%에 해당하는 약 540만 명이 치매 증상 없는 인지 기능 손상을 겪은 바 있다(Plassman et al., 2008).

이번 장에서는 인지 기능 노화 연구에 대한 작금의 여러 문제를 개괄해 봄으로써 독자들에게 이러한 분야의 현 상황에 대한 이해를 제공하고자 한다. 먼저 연령에 따른 기능 쇠퇴 측정 방식과 여러 분야에서 발생하는 인지 기능 쇠퇴의 기존 양상들에 대한 논의로 시작해서, 그다음에 연구자들의 연령에 따른 인지 기능 손상을 설명하려는 시도의 토대가 되는 이론적 틀을 설명한 뒤, 노년에도 인지 기능을 유지할 수 있는 인지 기능 훈련 방법을 검토해 보는 것으로 마무리하게 될 것이다.

1. 상황 속의 인지 기능 노화

인지 기능 노화 분야의 중요한 한 가지 흐름은 '상황 속 노화'를 강조하는 것으로, 이는 최근 노화에 대한 제반 국가단위 연구에 반영되고 있다. 즉, 학자들이 노화에 따른 인지 기능 저하 양상을 기술하고 설명하는 일에 점점 더 많은 관심을 보이고 있을 뿐 아니라, 인지적 · 사회적 · 육체적 · 정서적 건강 등을 포함한 다양한 기능 분야들 간의 연결고리 형성에도 관심을 갖게 되었다는 것이다. 미국 중년 연구(Midlife in the United States: MIDUS), 건강과 은퇴 연구(Health and Retirement Study: HRS), 호주 노화 종단 연구(Australia Longitudinal Study of Ageing: ALSA), 국민건강과 노화 흐름 연구(National Health and Ageing Trends Study: NHATS) 등은 인구 집단 기반 표본들을 통해 다양한 심리학적 · 생리학적 · 사회학적 변수들을 포착하고자 한다. 인지력이 이러한 연구들의 일차적인 동기가 아니기는 하지만, 이 연구들은 대규모 국가 간 표본들 속에서 드러나는 기억이나 기획과 같은 보편적인 인지 수행력을 포착하기도 한다. 이러한 연구들의 중요성은 전 연령에 걸친 육체적 건강, 심리적 행복, 인구통계학적 요인들, 신경학적 온전 상태, 인지 기능 등 사이의 관계망을 평가해 주는 데 있다. 뿐만 아니라 이러한 연구들에 내포된 종단 연구 요소들은 인지 수행 면에서의 연령에 따른 차이들뿐 아니라 인지 수행력에서의 연령에 따른 변화들을 평가해 줄 수 있게 해준다. 이는 이어지는 내용에서 보다 상세히 설명될 것이다.

위에서 언급한 연구들은 보다 규모가 크고 대표적인 표본들을 담아내기 위해 영역을 확대함으로써 인지 기능 노화에 대한 기존 연구의 지평을 넓혀 주고 있다. 시애틀 종단 연구(Seattle Longitudinal Study)나 빅토리아 종단 연구(Victoria Longitudinal Study) 같은 선도적 연구들은 지역적 제한으로 인한 표본 수집의 한계에 직면해 있던 여러 정보의 폭을 확대 제공해 주었다. 인지 수행력 측정 방법에 인구 집단 기반 조사를 도입함으로써, 보다 다양해진 노화 경로들이 노화로 인한 여러 쇠퇴 양상들 간의 상호관계뿐 아니라 제반 분야들 속에서 밝혀질 수 있게 된다. 이러한 연구들을 통해 연구자들은 사회기능의 변화가 인지 기능의 변화와 어떻게 연결되는가를 탐색할 수 있게 된다. 미국 중년 연구(MIDUS)에서 Seeman과 동료들(2011)은 10년 이상 지속된 사회관계 수의 증가는 기획력이나 의사 결정력 같은 실행 기능의 수행성 함양 및 전 연령에 걸친 기억 작업 함양과 깊은 관계가 있음을 발견하게 되었다. 이러한 연관성들을 탐색하기 위해서는 인지력과의 이론화된 연관성에 단순히 초점을 맞추기보다는 다양하고 폭넓은 기능 측정 방식들을 도입하는 일이 중요하다.

더 나아가 이러한 인구 집단 기반 연구들에서는 일상적인 인지 기능 자기 측정 방식들을 통해서뿐 아니라 행동 수행 과업을 통해서도 인지력을 설명한다. 연구자들이 실험실 밖에서 발생하는 연령 관련 인지 수행 변화를 이해하고자 노력할수록, 이러한 연구들은 전통적인 실험실 내 인지력 측정 방식들을 일상생활에서의 인지 기능에 대한 인식과 각 연령 단위에서의 변화 양상에 연결시킨다는 점에서 매우 유효하다. 인지 기능에 대한 이해가 실험실 내 평가와 종종 연결되지 않을 수 있다 해도, 어떤 연구에서는 인지력에 대한 설문 측정 방식들을 통해 치매와 신경기능장애의 초기 증세를 파악할 수 있다고 주장하기도 한다(van der Flier et al., 2004). 그렇기 때문에 이러한 주관적인 인식력 측정 방식들이 정상적으로 노령화되어 가는 인구군 사이에 어떻게 통용되는가 하는 문제에 대한 이해뿐 아니라, 주관적 측정 방식들과 객관적 측정 방식들 사이의 연계성에 대한 이해는 무척이나 중요하게 된다.

앞서 언급한 연구들은 다양한 상황 속에서의 인지 노령화를 탐색하는 방향으로 자리 잡고 있다. 이러한 연구를 통해 연구자들은 인지 수행 능력 감퇴의 전조와 증세를 하나로 묶어 주는 이론, 구성 개념 그리고 측정 방식들을 결합하게 되었다. 이러한 연구의 중요성은 전 연령에 걸친 인지 수행력의 연령별 변화 양상과 연령별 차이들을 이해할 수 있도록 종단 연구 방법론과 횡단 연구 방법론을 결합하는 데 있다. 이러한 방법론과 이를 통한 인식 노령화에 대한 이해는 다음 절에서 보다 상세히 논의될 것이다.

2. 인식 노령화 이해 방법론

인식 노령화 분야의 일차적 관심은 노령화에 따른 지적 기능의 변화(보통 쇠퇴)를 밝혀내고 설명하는 일에 있다. 개괄적으로 말하자면, 횡단적 연령 차이들과 장기적 연령 변화들을 측정하기 위해 각각 다른 연구 계획을 수립할 수 있다. 인지 수행의 **연령 차이들**은 젊은 층과 노년층이 어느 한 시점에서 어느 특정한 능력(또는 일련의 능력)에 있어 어떠한 차이를 보이는가를 밝혀 준다. 반대로 **연령 변화들**은 한 개인의 인지 수행력이 나이가 들수록 어떻게 변화하는가(또는 안정적으로 유지되는가)를 보여 준다.

1) 횡단 연구

상이한 연령의 성인들을 비교하는 횡단 연구(cross-sectional research)는 인식 능력 노화 연구의 가장 일반적인 접근 방식이다. 결과물을 도출하기 위해서 상당한 기간이 요구되는 종단 연구와 달리 횡단 연구에서는 연구자들이 어느 특정한 능력 또는 일련의 능력이 젊은 층과 노년층 간에 달라지는가 아닌가에 대한 질문에 신속히 답할 수 있게 된다. 또한 무엇보다 노년층이 경험하게 되는 인식 능력 저하를 간파할 수 있게 해 준다. 특별히 경험적 연구에서 인식 수행력의 기저가 되는 메커니즘을 검토하는 일, 다시 말하면 노년층 그룹과 젊은 층 그룹을 비교하는 일은 전 연령에 걸친 인식 수행력의 양적 · 질적 차이를 결정짓기 위해 폭넓은 연령대를 필요로 하게 된다. 여러 능력을 소과정 단계별로 분류함으로써 연구자들은 인지 수행력이 감퇴되는 어느 특정 단계들에 끼치는 연령의 영향들을 검토해 볼 수 있다. 예를 들어, 어떤 사람이 일련의 어휘를 잘 습득하기 위해서는 그 어휘 목록을 학습하고(기호화), 기억 속에 정보를 유지하며(보존), 적절한 시기에 그 정보를 불러들일(회수) 수 있어야 한다. 연구자들은 어휘 목록을 학습하기 위해 활용되는 집중화 과정이 기호화 과정 간격을 줄이거나 늘림으로써 젊은 층에서만큼 노년층에서도 효과적인가를 결정할 수 있게 된다.

2) 종단 연구

횡단 연구와 달리 종단 연구(longitudinal research)는 장기간에 걸쳐 한 개인에게 발생하는 인지 수행력 변화를 추적한다. 이러한 연구의 대상자들은 노령화가 특정한 인식 능력에 끼치는 영향들을 밝혀내기 위해 다양한 시간대별(월 단위에서부터 연 단위)로 테스트를 받는다. 동일 시점에서 여러 연령 단계의 개인을 비교함으로써 노령화 결과를 측정하기보다는 한 개인을 집중 추적한다. 이러한 연구들은 한 개인을 연구 대상으로 삼으면서, 인지 능력 변동이 없는 개인적 차이들과 동세대 효과들(예: 같은 연도에 태어난 사람들이 공유하는 경험들의 효과)을 배제하고자 한다. 그렇게 함으로써 연구자들은 노령화에 우선적으로 기인하는 수행 능력의 특정한 변화 양상들을 분리해 낼 수 있게 된다. 이러한 연구는 상대적으로 비용이 더 많이 소요됨에도 불구하고, 노령화에 따른 인지 수행 능력의 변화에 대한 가치 있고 독특한 정보를 도출할 수 있게 해 준다. 종단 연구의 부가적 이점은 원인-결과 관계를 설정하는 데 있어 단면적 비교보다는 보다 유용한 변수들 간의 순차적 관계를 파악해 내는 데 있기도 하다.

어떤 연구들은 횡단 연구 방법과 종단 연구 방법을 결합하기도 한다. 이러한 연구의 대상자들은 기준선 측정 시 다양한 연령대별로 분포되어 있고 동시에 장기간 지속적으로 추적된다. 그러나 이러한 연구들에서 도출된 데이터에 기초한 분석을 시행할 때 실제 연령에 따른 변화 양상들과 횡단적 연령 차이들을 구분해 내기 위해서 통계적 문제에 특별히 조심해야 한다. Sliwinski와 동료들(Sliwinski, Hoffman, & Hofer, 2010; Sliwinski & Mogle, 2008)은 기준선 상의 서로 다른 연령별 표본들을 포함하는 종단 연구에서 도출된 결과물들은 때때로 횡단적 연령 차이들을 우선적으로 반영하기도 하고 연령별 변화 양상들에 대해서는 상대적으로 적은 정보를 제공해 준다고 주장하고 있다.

Nesselroade(1991)는 자신이 주도한 보다 최근의 방법론에서 일정 시기의 개인의 능력 수준을 밝혀내기 위한 단발적 평가 방식을 지양할 것을 주장한다. 그 대신 '연발' 측정 방식으로 단기간(예: 며칠간) 단위로 여러 차례 평가를 하고, 이러한 집중적인 측정법 격발은 보다 장기적 간격으로(예: 매 6개월 단위 또는 매 10년 단위) 반복되도록 한다. 개개인들의 수행력은 매일 달라질 수 있다는 점을 고려해서 어떤 연구자들은 개인의 내적 변이성(즉, 단기간에 걸쳐 한 개인의 수행력이 얼마나 달라지는가 하는 것)뿐 아니라 한 개인의 인식 수행력 단계를 더 잘 포착하기 위해 연발 측정 방식을 채택한다. 개인의 내적 변이성의 증가는 또 다른 노령화 특징으로 인식되고 있으며, 인식 능력 수준의 저하와 유사하게 연령에 따른 손상 정도를 반영한다고 여겨지기도 한다(Hultsch & MacDonald, 2004). 어떤 연구는 더 나아가 개인의 내적 변이성은 특히 나이가 들수록 신경학적 기능장애와 관련이 있다고 주장하기도 한다(Li, Lindenberger, & Sikstrom, 2001). 종단 연구 방식처럼, 연발 측정 방식은 비용도 많이 들고 참여자들의 부담도 더 증가된다. 그러나 이러한 측정 방식은 인식 기능의 노령화 연구에 새롭고도 중요한 정보를 제공해 줄 수 있다. Sliwinski와 동료들(Sliwinski, Smyth, Hofer, & Stawski, 2006)은 노인들이 스트레스가 없는 날보다 스트레스가 많은 날에 보다 저조한 인식 수행력을 보인다는 점을 발견하게 되었다. 이는 단발적 평가 방식들에 의한 인식 수행력 평가는 정확도가 떨어질 수 있음을 말해 준다. 즉, 추적 과정에서 '나쁜' 인식력을 보이는 날 측정을 하게 되면 연령에 따른 기능 변화 정도를 과대평가할 수 있고, 반대로 '좋은' 정신적 기능을 보이는 날 측정을 하게 되면 그 변화를 과소평가할 수도 있다는 것이다. 여러 다양한 날에 평가를 하게 되면 어느 특정 시기의 개개인의 능력 측정이 보다 더 정확해질 수 있다.

어느 연구 영역에서나 구성 요소들 간의 관계를 가장 잘 보여 줄 수 있는 방법은 반복이다. 상이하고 다양한 표본들을 활용하는 다변적 연구에서 동일한 연관성을 발견하는 일은 설득력, 방향성 그리고 인식력 노화의 경우에 있어, 발달 과정의 시간별 추이 등을 강화시키게 된다. 국립노령화연구소(National Institutes on Aging)가 지원하는 종단 노령화 연구 통합 분석(The Integrative Analysis of Longitudinal Studies of Aging: IALSA)은 전 세계 30개 이상의 종단 연구들을 하나로 모으고 있다. 이러한 주도적 연구를 통해 단기간에 가능한 복잡한 발달 가설 측정 분석들을 반복시행하면서, 다양한 데이터 세트의 가설을 테스트할 수 있게 된다. 이러한 유형의 분석을 통해 여러 문화권에서 드러나는 변화 패턴들, 변화의 공통 분모들(예: 건강 지표) 그리고 모든 연구에서 다루는 인식력 쇠퇴 방지 가능 요소들 등을 밝혀낼 수 있게 된다. 통합적 분석의 한 가지 단점은 여기에는 모든 연구에 통용될 수 있는 일관된 인식 수행력 평가 방식이 결여되어 있다는 점이다. 그래서 연구자들은 현재 IALSA 같은 앞으로의 협동 연구들에 통용될 수 있는 측정 도구들을 일치시키는 작업을 함께 진행하고 있다.

3. 노년의 인식력 결함

인식력 노화의 초점은 노화 과정의 실질적 차이 그리고 젊은 층과 노년층이 특정한 인식 과업에서 어떻게 상이한 수행력을 보여 주는가 하는 점에 맞춰진다. 일반적으로 모든 노년층은 단순히 모든 인식 능력상의 결함을 겪게 되는가? 아니면 노년에도 인식 수행력이 유지되는 영역이 존재하는가?

1) 지각력 결함

노화에는 청력 손실이 수반된다는 것은 전형적인 현상이다. 실제로 65세 이상 성인의 약 30%가 노화에 따른 청력 손실을 경험하게 되고 80세 이상이 되면 이 비율이 거의 50%에 이르게 된다. 청력 손실이 옷 입기 같은 기본적인 자기관리 활동에는 거의 영향을 끼치지 않지만, 쇼핑이나 사교 활동 같은 보다 복잡한 일상 활동에는 심각한 영향을 끼치게 된다. 노화에 따른 청력 변화는 음질 구분 능력을 떨어뜨릴 뿐만 아니라, 주파수 진행, 소리의 위치, 소리 끊김 탐지 능력 등에서의 결함을 야기하기도 한다. 이러한 기능들은 일상생활의 중심 요소인 정보 교류에 무척 중요한 것들이다. 그리고 이러한 기능의 손실은 노년층의 삶의 질을 손상시키게 된다(Dalton et al., 2003).

청력 문제에서처럼 시각과 시력의 손실은 노년층에게 무척이나 흔한 일이고 이들의 30% 이상이 이러한 문제를 겪는다. 그러나 청력 문제와 달리 시력 손실은 옷 입기부터 약 복용에 이르기까지 보다 광범위한 영역의 기능 장애와 연관된다(Wallhagen, Strawbridge, Shema, Kurata, & Kaplan, 2001). 일부 연구에 따르면 시각장애는 자각적인 우울증이나 불안감과 관련이 있으며, 이러한 우울증이나 불안감은 인식 수행력에 손상을 끼치기도 한다. 시각장애 증세는 시력을 떨어뜨리는 데 국한되지 않는다. 색채 구별 능력 감소나 시야 수축 현상처럼 시각적 집중력이나 민감성도 노령화에 따라 악화된다. 시야 수축 문제는 노인들이 운전을 하거나 홀로 효율적인 기능을 수행하는 능력에 특히 악영향을 끼친다(Anstey & Wood, 2011).

2) 기억력 결함

노인들의 주요 관심사는 기억력 손실이다. 인지심리학자들은 실험실 연구에서 젊은 층에 비해 노년층은 삽화적 기억에서 조망적 기억에 이르기까지 광범위한 영역에서 기억 작업 수행력이 현저히 떨어짐을 지속적으로 증명해 보이고 있다.

삽화적 기억, 즉 사건이나 정보에 대한 연구에서 노년층은 회상 단계에서 도움이 제공되지 않는다면 그 기능이 현저히 손상된다는 점이 밝혀지고 있다. 삽화적 기억을 테스트하는 데 있어 연구자들은 전형적으로 단어나 그림 같은 일련의 기억해야 할 자극들을 제시하고, 참여자들은 시간을 두고 그러한 자극들을 회상하거나 기억하도록 한다. 젊은 층은 기억된 정보를 자유롭게 회상하게 하는 과업에서 노년층보다 훨씬 뛰어난 수행력을 보인다. 참여자들이 단지 그 자극들을 기억한 세트의 일부로 보느냐 아니냐를 밝혀내야 하는 상황에서는 연령 차이가 상대적으로 적다(Craik & McDowd, 1987). 이는 노년층은 필요할 때는 중요한 정보를 인식할 수 있다는 점을 말해 준다. 그러나 똑같은 정보를 자의적으로 발생해 내는 능력은 나이가 들면서 감소한다.

조망적 기억은 의도적인 것들에 대한 기억이나 장래 어느 시점에서 어떤 과업을 완료해야 하는 것에 대한 기억을 말한다. 이러한 능력은 일상적 기능 수행 면에서 특별히 중요하다(McDaniel & Einstein, 2007). 약을 복용하거나 청구서를 지불하는 일, 장을 보는 일 등은 의도의 형성 그리고 적절한 순간 그 의도의 실행을 요구한다. 실험실 연구에 따르면, 삽화적 기억에서처럼 노년층은 젊은 층과 비교해서 조망적 기억 수행 능력의 결함을 보여준다(Kliegel, Jager, & Phillips, 2008). 그러나 조망적 기억의 특이한 점은 실험실 밖에서의 조망적 기억 과업 완수시 노년층이 보다 탁월한 수행력을 보여 준다는 점이다(Henry, MacLeod, Philips, & Crawford, 2004). 연구자들은 노년층은 이러한 유형의 과업들을 완수하기 위한 전략을 개발하고 그러한 전략들을 실험실 밖의 새로운 과업 관련 일들을 더 잘 수행한다고 가정한다(Henry et al., 2004). 이러한 과업의 중요성이 독립적 생활능력에 연결되면, 실험실의 통제된 환경 밖에서 노년층이 이러한 인식적 요청들에 응하기 위해 주변의 지원 요소들을 활용할 수 있게 된다는 점은 놀랄 일이 아니다.

일상적 기억 결핍에 대한 최근 연구를 통해 기억력 노화에 대한 새로운 견해가 밝혀지고 있다. Neupert 연구팀은 기억 기능에 대한 자기측정법을 개발하여 7일에서 10일간 지속적으로 매일 연구 대상자들에게 측정서를 기록하도록 하였다(Neupert, Almeida, Mroczek, & Spiro, 2006a, 2006b; Whitbourne, Neupert, & Lachman, 2008). 앞서 언급한 실험실 연구와 달리, 이러한 연구들은 기억 기능에 대한 연령 관련 감소가 거의 없음을 보여주었다. 비록 자기측정적 기억 수행은 기억 능력 정도를 잘 지적해 주지 못한다고 여겨지고 있지만(Hertzog, Park, Morrell, & Martin, 2000), 일별 자기보고를 통해 매일의 기억 기능 정도나 매일의 기억 요구들을 충족할 수 있는 개인들의 능력을 포착할 수 있는 증거를 제시해 준다. 또한 보다 빈번히 발생하는 일상적 기억 실패는 뇌의 해마상 기능 장애와 관련이 있음을 알 수 있고(Striepens et al., 2010), 인식력 결함이 전통적인 실험실 테스트에 의해 밝혀지기 앞서 발전적 치매의 가능성을 예고해 준다(Johansson, Allen-Burge, & Zarit, 1997; Tobiansky, Blizard, Livingston, & Mann, 1995). 기억 기능에 대한 생태학적으로 유효한 측정 방식의 발전은 연구자들이 인식 능력에 대한 효과적으로 구성된 실험실 모델들이 실제 상황 속에서 얼마나 잘 기능을 발휘하는가를 검토해 볼 수 있는 기회를 제공해 준다.

3) 결정화된 사고력과 유동적 사고력

노년층은 기억력 쇠퇴에 대한 두려움과 함께 실제 일어난 일들과 어휘들을 회상할 수 있는 능력에 대해서도 많은 관심을 가진다. 노년층에서 흔히 지속적으로 발생하는 인식력 노화의 한 가지 영역은 결정화된 사고력, 즉 지식과 경험을 활용하는 능력이다. 횡단 연구에서 보면 노년층은 어휘와 일반적인 실생활 지식에 대한 테스트에서 젊은 층을 능가하기도 한다. 종단 연구에서 어휘와 실생활 지식은 단지 죽음의 순간에 다다른 말기 노년 단계에서만 감퇴하기 시작한다는 점을 알 수 있다(Rabbitt, Lunn, & Wong, 2008). 어떤 연구자들은 어휘와 같은 지식을 평생 꾸준히 연습하면 그것을 노년에도 유지할 수 있게 된다고 주장하기도 한다. 게다가 결정화된 사고력은 연령에 따른 인식력 감퇴에 대한 완충제 역할을 할 수도 있다. 어떤 연구자들은 어휘와 어휘 관련 지식은 인식력 저장소—노화 과정에서 발생하는 인식력 쇠퇴를 방지하거나 늦춰 주는 경험적으로 습득된 자원—의 토대를 형성해 줄 수도 있다는 점을 주장하기도 한다(Rabbitt et al., 2008).

인식력 노화 과정을 연구하는 연구자들이 주목하는 두 번째 사고력 영역은 유동적 사고력이다. 새로운 해결책을 개발하거나 유연하게 사고하는 능력으로 정의되는 유동적 사고력은 나이가 들면서 쇠퇴하는 기억력 및 인식 기능과 유사한 과정을 따르게 된다. 유동적 사고 능력은 기본적인 학습 과정의 기반이 되고, 이러한 능력의 손실은 새로운 상황에서의 문제 해결 능력을 감퇴시킨다. 유동적 사고력에 대한 종단 연구들을 통해 노화에 따른 이러한 능력의 쇠퇴가 증명되고 있다(Der, Allerhand, Starr, Hofer, & Deary, 2009; Gerstorf, Ram, Hoppmann, Willis, & Schaie, 2011). 어떤 학자들은 기억력에 대한 연구보다 이러한 분야에서 더욱 커다란 변이성을 발견하기도 하였다(Der et al., 2009). 이는 유동적 능력은 노화 과정에 있는 모든 사람에게 동일한 비율로 변화되지 않음을 말해 준다. 즉, 어떤 사람들은 다른 사람들에 비해 나이가 들수록 쇠퇴가 덜할 수도 있다는 것이다.

4. 인식력 노화에 대한 설명

인식력 노화에 대한 제반 이론들은 본원적 인식력, 즉 여러 복잡한 인식 기능의 토대를 형성해 주는 기본적인 인식 과정의 붕괴에 초점을 맞추는 경향이 있다. 고등 인식기능의 쇠퇴라는 점에 전형적으로 내포되어 있는 본원성에는 ① 감각적 · 지각적 결함, ② 보다 더딘 진행 속도, ③ 보다 빈약한 실행 기능의 세 가지 유형이 있다. 이러한 모델들은 일반적으로 고등 인식 결함은 기능이 약화될 때 이러한 단순한 진행 과정을 기반으로 한다는 점을 말해 주는 단계적 가설들을 제시해 준다.

1) 감각 및 지각 결함

감각 또는 지각 결함은 보다 빈약한 고등 인식 능력 수행성을 촉발한다. 모든 인식 수행 과업은 자극을 수용하고 처리하는 일에 의존하기 마련이다. 그리고 그러한 자극들은 통상적으로 시각적 또는 (보다 드물게) 청각적인 것들이다. 이러한 영역의 감각적 결함은 그 질과 자극 인식 속도를 떨어뜨린다. 효율적으로 처리되지 않는 자극들은 어떠한 고등 인식 과정에서도 효력을 상실하게 된다. 예를 들어, 연구 대상자들이 어휘 회상 과업으로부터 어휘들을 적절히 인식하거나 암호화 할 수 없게 되면, 그러한 어휘들을 회상하는 능력들은 손상된다. 더불어 예전부터 노년의 감각적 결함과 지각적 결함은 인식 능력의 쇠퇴, 특별히 추론과 공간 기능의 쇠퇴를 반영해 준다고 여겨져 왔다(Horn, 1987). 횡단 연구에 따르면 인식 수행력 변이성의 거의 70%는 청각 과업과 시각 과업 수행력이 차지한다(Baltes & Lindenberger, 1997). 이러한 높은 비율은 감각 기능 변화의 기저에는 공통 요소가 존재한다는 가설 그리고 노년에는 인식 수행력이 쇠퇴한다는 가설을 뒷받침한다. 그러나 이러한 결과물은 감각 기능이나 인식 기능에 있어서의 연령 변화 분석보다는 연령 차이 분석에 의거한다고 할 수 있다.

최근에 이르러, 연구자들은 시각과 청각의 연령별 변화가 시간의 흐름에 따른 한 개인의 인식 수행력 변화와 상관관계가 있는지에 대한 연구를 진행하고 있다. 호주 노화 종단 연구에서 Anstey, Hofer와 Luszcz(2003)는 8년간의 연구 기간 동안 시각 능력의 변화는 기억력 변화와 유관하다는 점을 발견하였다. 그러나 청각 기능 손실은 어떠한 인식 수행력 변수들과 관계가 없으며, 시각 능력의 변화는 처리 속도와 같은 다른 인식 기능들과도 관계가 없다. 게다가 연령과 성별을 고려해 보면, 시각 기능 변화는 기억력 변화와 전혀 관계가 없었다. 이와 유사하게, Lindenberger와 Ghisletta(2009)는 청력 감퇴는 다른 인식 기능들의 변화와 관계가 없는 반면 시각 능력은 관계가 있음을 발견하였다. 이러한 시력과의 관련성들은 연령, 여생 그리고 치매 정도 등을 고려해 보면 무척 중요하게 된다. 이는 비록 감각 기능의 쇠퇴가 인식 기능의 변화와 관련 있다 해도 그 관련성은 연령 차이를 활용하는 연구들에서는 과대평가된 감이 있다. 장기간에 걸친 한 개인의 이러한 능력들의 상호 간 변화 양상들을 검토해 볼 때, 이러한 연관성은 시각 기능 손상에 의해 촉진된다. 게다가 감각 기능 변화의 원인은 대체로 인식력 변화 변수의 단지 8% 정도에 그칠 뿐이다. 그리고 다른 진행 과정들은 인식기능의 연령에 따른 쇠퇴 양상의 기저를 이룬다.

2) 진행 속도

인식력 노화에 흔히 포함되는 두 번째 요인은 진행 속도, 즉 한 개인이 정보를 수용하고 활용하는 속도다. 이러한 진행 속도 가설 이면에 존재하는 전제는 노년층은 어떤 주어진 과업에 내포된 각각의 인식 과정을 수행하는 데 더 오랜 시간이 걸린다는 점이다. 예를 들어, 단순한 결정 과업에서 연구 대상자는 두 개의 자극이 같은 것인지 아니면 다른 것인지 판단을 내려야 한다. 진행 속도 저하를 주장하는 연구자들은 노년층은 자극들을 인식하고, 이 자극들의 유사성을 판단하며, 답을 얻기 위한 발동 반응을 시작하는 데 보다 더디다는 것을 주장한다. 과업이 다음 단계로 진행될수록 젊은 층에 비해 노년층의 속도는 더 느려진다. 이러한 이론에 따르면 노년층은 광범위한 속도 관련 인식 과업 진행에서 젊은 층에 비해 속도가 떨어진다(Verhaeghen & Cerella 2008). 횡단 연구에 따르면, 여타 인식 과업에서 나이와 수행력의 상관관계는 진행 속도 면에서 거의 무의미할 정도로 줄어든다(Salthouse, 1996). 종단 연구 결과물은 설득력이 덜하지만, 진행 속도와 복잡한 인식 기능 면에서의 연령별 저하 양상의 공통 분모를 뒷받침해 주기도 한다(Lemke & Zimprich, 2005; Sliwinski & Buschke, 1999, 2004; Zimprich & Martin, 2002). 예를 들어, Zimprich와 Martin(2002)은 유동적 사고 변화 변이성의 28%는 진행 속도 변화와 관련이 있다는 것을 발견하였다. 종단 연구 분석이 내놓은 상대적으로 허약한 결과물들로 인해, 최근에 연구자들은 진행 속도를 인식력 노화의 근본 원인이 아니라 나이가 들면서 변하는 또 다른 구성 요소로 간주하면서 인식력 노화의 진행속도 이론에 대한 의존도를 줄이게 되었다(Finkel, Reynolds, McArdle, & Pederson, 2007; Salthouse & Ferrer-Caja, 2003).

3) 실행 기능

인식력 노화의 전두엽 가설에 따르면 전두엽에 의존하는 인지 기능들은 특히 노화 효과들과 밀접한 관계가 있다. 전두엽에 의존하는 인지 과업들은 전형적으로 실행 기능(EF), 즉 반응 억제, 다중 작업, 행동 진행 등에 제한되지는 않지만 이들을 포함하는 복잡한 행동을 모니터하고 통제하는 정신적 과정을 통해 평가되기 마련이다. 이러한 과정들은 일련의 인식적 요인으로 간주되는데, 이는 퇴화과정의 다른 능력들에서 발견되듯 연령 관련 쇠퇴를 야기하게 된다. 예를 들어, Salthouse와 동료들은 전통적인 신경정신학적 EF 측정 방식들이 유동적 사고력과 삽화적 기억 측정 실행에 있어서의 대부분 또는 모든 연령 관련 변이성을 설명해 준다는 것을 발견하였다(Salthouse, Atkinson, & Berish, 2003). 더 나아가 일부 종단 연구에서는 EF 쇠퇴는 기억력 감퇴에 선행한다는 점이 발견되기도 하였다(Carlson, Xue, Zhou, & Fried, 2009). 그러나 이 연구에서는 EF를 광범위하게 규정하고 있고, 어떤 연구자들은 흔히 EF로 여겨지는 특정 과정의 쇠퇴에 초점을 맞추면서 이를 인식력 노화에 대한 설명으로 간주하기도 한다.

Hasher와 동료들은 주의력 조절 능력은 노년층에서 보이는 제반 결함들의 기저가 된다고 주장한다(Hasher & Zacks, 1988; Hasher, Zacks, & May, 1999). 노년층은 주의력 분산과 무의미한 정보 진행억제에 큰 어려움을 겪는다. 무의미한 정보의 진행은 자원들을 소모할 뿐이며, 필수적인 자극들에만 집중하는 데 필요한 것들을 제한하게 된다. 이러한 이론에 발맞춰 횡단 연구에서는 노년층은 더 많은 실수를 범하게 되고 혼란스러운 정보를 걸러 내는 일을 필요로 하는 과업 진행 속도가 더디다는 점이 발견된다(Darowski, Helder, Zacks, Hasher, & Hambrick, 2008). 종단 연구에서의 주의력 조절 이론에 대한 연구가 아직은 미비해 주의력 조절 능력이 어떤 개인에게서 쇠퇴하기 시작하는 시점이나 이러한 능력들의 변화가 여타의 인식력 변수에 대한 나이의 영향을 매개해 주는지 아닌지 하는 점은 명확하지가 않다.

인식력 노화 등의 쇠퇴에 연관된 또 다른 EF 과정은 작동기억 능력이다. 작동기억이란 기억 과정에서의 근접 정보를 유지하고 필요할 경우 새로운 정보를 도입하여 기존의 것을 업데이트하는 능력을 말한다. 젊은 층은 작동기억의 내용을 업데이트하는 것뿐 아니라 작동기억에서 정보를 소환하는 데 있어서도 훨씬 신속하고 정확하다(Chen & Li, 2007; Gilchrist, Cowan, & Naveh-Benjamin, 2008). 이와 유사하게 종단 연구 분석도 작동기억 능력은 나이가 들면서 쇠퇴한다는 것을 밝혀주고 있다(Hertzog, Dixon, Hultsch, & MacDonald, 2003; Schaie, 2005). Hertzog 등(2003)은 작동기억 수행력의 변화는 6년 단위의 연령에 따른 기억력 변화의 중개 역할을 한다는 것을 발견하였다.

인식력 노화를 설명해 주는 이러한 다양한 요인들에 대한 각각의 설명에도 불구하고 연구 결과물들은 여전히 일관성이 결여되어 있다. Salthouse 등(2003)은 EF는 단지 부분적으로만 연령과 기억 사이의 관계를 중개할 뿐이고, 진행 속도에 대한 연령의 영향은 측정된 모든 EF 능력을 고려해 볼 때 지속적으로 유의미해질 수 있음을 발견하였다. 이는 진행 속도는 노년에 발생하는 EF 쇠퇴의 영향을 받지 않는 별개의 인지 능력을 대변해 준다는 점을 시사한다. 게다가 각각의 이러한 평가들은 종단 연구 데이터를 활용하여 철저히 검증되어야 할 것이다. 앞에서 언급한 바와 같이, 연구자들은 횡단적 관계들은 장기적 추세를 과대평가하고 있음을 알게 되었다. 비록 작동기억 능력이 시간이 흐름에 따라 변화하고 삽화적 기억의 연령 관련 변화를 중개하고 있기는 하지만, 귀납적 추론 또한 기억 수행력의 변화를 중개하고 있는 것이다. 이러한 상이한 결과물들은 하나 이상의 과정이 인식력 노화화에 연루될 수 있으며 연령 관련 인식력 쇠퇴의 여러 단계를 설명해 주는 데 서로 다른 과정들이 필요하다는 점을 시사해 준다.

5. 연령 관련 두뇌 변화

나이가 들면서 발생하는 뇌의 변화를 기록한 중요한 연구물이 있다(Park & Reuter-Lorenz, 2009). 구조상 노년층의 두뇌에는 소뇌, 해마상 융기, 전두엽 피질이 축소되어 있다(Raz, Rodrigue, Head, Kennedy, & Acker, 2004). 해마상 융기와 전두엽 피질은 인식력 수행과 연관이 있고 전두엽 부분의 쇠퇴는 특히 작동기억과 실행 기능 과업에 관련된 것으로 알려져 왔다(Gunning-Dixon & Raz, 2003; Salat, Kaye, & Janowsky, 2002). 일부 연구에서는 기억 기능과 해마상 융기의 크기 간의 관련성이 전혀 없다고 주장하기도 하였지만(Tisserand, Visser, van Boxtel, & Jolles, 2000), 다른 연구에서는 그 관련성을 주장하기도 하였다(Rosen et al., 2003). 중요한 것은 어떤 연구는 해마상 융기의 크기와 자기측정적인 기억 기능 사이의 관련성을 발견하고(Striepens et al., 2010; van der Flier et al., 2004), 기능 지각 작용들이 신경학적 기능 장애와 연관이 있다고 주장하기도 한다는 점이다. 뇌의 두 번째 중요한 변화는 노화에 따라 발생하는 두뇌 백질의 감소 현상이다(Head et al., 2004). 백질은 두뇌의 여러 부분을 연결하는 축색돌기 고리들이다. 백질의 감소는 노년층에서 이러한 시스템들이 정보 처리를 위한 신경학적 신호들을 보낼 때 효율성이 떨어지게 되면 전체적인 속도가 감소하는 현상에 대한 한 가지 가능한 설명이 될 수 있다(Park & Reuter-Lorenz, 2009). Gunning-Dixon과 Raz(2003)는 백질의 원상태 또한 실행 기능 수행력과 연관이 있다고 주장한다. 이와 유사하게 Charlton 등(2006)은 빈약한 작동기억 수행력은 빈약한 백질 기능과 관련이 있다는 점을 발견하였다. 흥미롭게도 이러한 구조적 변화들은 단기간에도 발생한다는 것이다. Resnick과 동료들(2003)은 뇌의 회백질과 백질은 단지 2년 만에 손상될 수도 있고 인지적 수행과 관련된 부분들에서 손상이 가장 심하게 일어난다는 점을 발견하였다(Resnick, Pham, Kraut, Zonderman, & Davatzikos, 2003).

신경학적 기능에 대한 수많은 연구에서 젊은 층은 인지 과업을 완수하기 위해 뇌의 특정한 외접 부분들을 활용하는 경향이 있는 반면, 노년층은 뇌의 여러 다양한 부분을 활성화한다는 점이 증명되었다. Reuter-Lorenz와 동료들은 젊은 층은 언어 작동기억 과업을 완수하기 위해 좌전두엽 부분을 활용한다는 점을 밝혀냈다(Reuter-Lorenz et al., 2000). 반대로 노년층은 같은 부분의 좌우 뇌반구 모두를 활성화한다. 이는 노년층은 작동기억 과업을 완수하기 위해 뇌의 여러 부분들을 활용하고 있음을 의미한다. 이러한 가설을 뒷받침하기 위한 노년층을 대상으로 한 최근 여러 연구에서 좌우 양측 활성화가 더 잘될수록 노년층은 범주학습 개발(Fera et al., 2005)이나 시야 분할(Cherry, Adamson, Duclos, & Hellige, 2005)을 더 잘해낸다는 점이 밝혀졌다. 이는 노화 과정의 뇌 기능은 힘든 과업들을 완수하기 위해 여러 자원을 활용하는 식으로 회백질과 백질 손상을 보충하려 하는 쪽으로 움직인다는 점을 의미한다.

6. 노령기 인지 훈련

인지 수행력의 연령 관련 쇠퇴 현상에 대한 수많은 연구 결과를 바탕으로, 여러 가지 학습을 통한 이러한 쇠퇴 현상들의 회복가능성에 대한 연구들이 진행되고 있다. 어떤 프로그램은 특정한 인지 능력 훈련을 통한 직접적인 인지 수행 중재에 집중한다. 다른 중재 프로그램은 체력 훈련을 통한 인지 수행력 개선을 시도하기도 한다. 이러한 중재 현상들의 효율성에 대한 연구는 아직은 제한적이지만 점차 증가하고 있다.

인지 훈련 프로그램은 삽화적 기억(Verhaeghen, 2000)과 유동적 사고력(Baltes & Willis, 1982)에서부터 진행 속도(Edwards et al., 2005)와 주의력

통제(Bherer et al., 2006) 등 보다 기본적인 인식력에 이르기까지 광범위한 인지 능력들을 대상으로 한다. 치료 프로그램의 효율성은 ① 장기간에 걸친 효과 유지, ② 훈련 상황 너머로의 훈련 효과 확대의 두 가지 결과물로 결정된다. 여러 상황에서 일정 기간 훈련 효과를 유지하는 연구 결과도 있다. Dahlin, Nyberg, Backman과 Neely(2008)는 노년층이 과업을 계속 업데이트하면서 작동기억에 대한 훈련 효과를 훈련 후 18개월까지 유지할 수 있음을 발견하였다. 이와 유사하게 Ball, Edwards와 Ross(2007)는 진행 속도 훈련의 개선 효과는 최소한 2년은 유지될 수 있음을 발견하였다. 훈련 효과 전이를 입증하는 논문은 아직 흔치 않다. 전이와 확대를 입증하기 위해 연구자들은 원래의 훈련을 통한 능력 그 이상의 영역에서 인지 과업이 개선되는 것을 밝히고자 한다. 젊은 층은 작동기억 훈련을 통해 다른 인지 수행 과업이 아닌 바로 다른 작동기억 관련 과업으로의 전이를 입증해 보인다. 그러나 노년층은 다른 과업으로의 전이를 거의 보여 주지 못한다(Dahlin et al., 2008; Li et al., 2008). 전이를 보여 주는 한 가지는 진행 속도 훈련과 일상적 기능에 대한 것이다. 진행 속도 훈련을 받은 노년층은 일상생활에서의 독립적 행동들뿐 아니라 운전 시험 등에서도 개선된 면모를 보여 준다(Edwards et al., 2005; Roenker, Cissell, Ball, Wadley, & Edrards, 2003). 인지 훈련이 반드시 다른 인지 과업들에 대한 수행력 개선을 보여 주는 것은 아니지만, 일상 기능을 유지하는 데 도움이 되기는 한다.

두 번째 중재 프로그램은 체력 훈련을 통한 인지 수행력 개선을 목표로 하는 것이다. 연구자들은 달리기와 같은 심혈관 운동을 더 많이 할수록 노년에 전두엽이나 두정엽 같은 뇌의 주요 부분의 축소가 감소한다는 것을 발견하였다(Raz, 2000). 이는 광범위한 영역에서의 인지 과업 성공으로 연결된다. Colcombe와 Kramer(2003)는 체력 훈련에 대한 메타분석을 시행한 결과 진행 속도, 실행 기능, 공간 · 시각 처리 과정 등의 제반 과업의 수행력이 개선됨을 보여 주었다. 이와 비슷하게 Etnier와 동료들이 행한 분석

(2006)도 노년층에서의 공간 추론 과업과 같은 여타 인지 과업 개선을 보여 주었다(Etnier, Nowell, Landers, & Sibley, 2006). 치료 개선 효과가 장기간 유지될 수 있는지와 지속적인 신체 활동을 통해 유지될 수 있는지는 그리 확실하지 않다.

7. 요약

인지 기능 노화 연구자들은 인지 수행력에 대한 연령의 영향을 밝혀내기 위해 다양한 연구방법론을 취한다. 횡단 연구는 젊은 층과 노년층의 수행력을 비교하면서 연령 차이에 집중한다. 반대로 종단 연구는 어떤 특정한 사람에게서 발생하는 연령 관련 쇠퇴 현상들을 포착하기 위해 장기간 그 사람을 추적한다. 횡단 연구의 결과물들은 인지 기능에서의 연령 관련 변화를 종종 과대평가하는 경향이 있다. 인지 수행 과업들은 인구 집단위적 종단 연구에 포함되기 때문에, 대규모 대표 표본들에서의 인지 수행력에 대한 연령 관련 변화들을 잘 이해할 수 있게 된다.

기존의 인지 수행력 결함들을 들여다보면 노년층은 광범위한 영역에서 인지 능력 손상을 경험하고 있다. 실험실 연구에서 노년층은 삽화적 기억, 조망적 기억, 진행 속도, 실행 기능, 유동적 사고력 등의 수행 결함을 보여 준다. 그러나 실험실 밖 연구에서는 노년층은 조망적 기억을 유지하고 있음을 보여 주는데, 이는 자기보고적 기억 기능 상황과 일치하는 결과물이다. 이와 유사하게 노년층은 최노년에 이를 때까지 결정화된 사고력 감퇴의 증거를 그리 잘 보여 주지 않는다. 노년의 독립성을 유지하는 데 있어서의 일상 기능의 중요성 견지에서 볼 때, 실험실 밖에서의 수행력을 더 잘 이해하기 위한 방향으로 연구가 진행되는 경향이 있다.

수많은 본원적 인식력이 노년의 인지력 감퇴에 대한 여러 설명과 관련이 있다. 진행 속도, 감각 기능, 실행 기능력 등의 모든 것이 나이가 들면서 쇠퇴한다. 그리고 몇몇 이러한 변화는 기억 결함과 유동적 사고력 결함에 있어서의 상당한 부분의 변이성을 설명해 준다. 그러나 한 가지 이론이 인지 수행력의 연령 관련 변화 양상들을 다 설명해 주지는 못한다. 그리고 몇몇 진행 과정은 모든 노년층이 경험하는 일반적인 인지 변화 양상들에 달려 있기도 하다.

노화 진행 과정에서 인지력 쇠퇴 방지와 인지 능력 개선 등에 초점을 맞춘 연구들이 진행되고 있다. 여러 연구를 통해 인지 훈련 패러다임은 장기간에 걸친 수행력을 개선해 준다는 점을 알게 된다. 그러나 실험실에서는 이러한 개선책이 다른 인지 능력들에 적용되지는 않는다.

이러한 개선방안들이 실생활에서의 인지과업에 실제로 적용되기도 하는데, 이는 실험실 밖에서도 기능 유지 효용성이 있다는 것이다. 체력훈련이 어떻게 일상의 기능을 개선해 주는가에 대해서는 덜 알려져 있지만, 심혈관 훈련이 실험실 내 인식과업 개선에 효과가 있다는 것은 지속적으로 알려져 왔다. 일상의 인지기능 개선을 위한 훈련의 효과를 완벽하게 탐색하기 위해 훈련 패러다임에 대한 보다 정밀한 연구가 요구된다.

인지기능 노화에 대한 연구는 계속해서 진화하고 있다. 여러 분야에 걸쳐 연구의 폭이 넓어지면서 연구자들은 노화 과정을 여러 다른 도움이 되는 변수들에 연결할 수 있게 되었다. 연령은 실제로 발생하는 신체 기능, 정신 기능, 인지 기능 변화의 기저를 이루는 다른 진행들을 대변해 주는 것이다. 나아가 개개인에 끼치는 영향들을 더 잘 이해하기 위해서는 연령에 따라 변화하는 진행과정과 인지 수행 능력의 손상을 설명해 줄 종단 연구가 필요하다.

참고문헌

Anstey, K. J., Hofer, S. M., & Luszcz, M. A. (2003). A latent growth curve analysis of late-life sensory and cognitive function over 8 years: Evidence for specific and common factors underlying change. *Psychology and Aging, 18,* 714-726.

Anstey, K. J., & Wood, J. (2011). Chronological age and age-related cognitive deficits are associated with an increase in multiple types of driving errors in late life. *Neuropsychology, 25,* 613-621.

Ball, K., Edwards, J. D., & Ross, L. A. (2007). The impact of speed of processing training on cognitive and everyday functions. *Journal of Gerontology: Psychological Sciences, 62B,* 19-31.

Baltes, P. B., & Lindenberger, U. (1997). Emergence of a powerful connection between sensory and cognitive functions across the adult life span: A new window to the study of cognitive aging? *Psychology and Aging, 12,* 12-21.

Baltes, P. B., & Willis, S. L. (1982). Plasticity and enhancement of intellectual functioning in old age: Penn State's Adult Development and Enrichment Project (ADEPT). In F. Craik & S. Trehub (Eds.), *Aging and cognitive processes* (pp. 353-390). New York, NY: Plenum Press.

Bherer, L., Kramer, A. F., Peterson, M. S., Colcombe, S., Erickson, K., & Becic, E. (2006). Testing the limits of cognitive plasticity in older adults: Application to attentional control. *Acta Psychologica, 123,* 261-278.

Carlson, M. C., Xue, Q. L., Zhou, J., & Fried, L. P. (2009). Executive decline and dysfunction precedes declines in memory: The Women's Health and Aging Study II. Journal of Gerontology: *Medical Sciences, 64A,* 110-117.

Charlton, R. A., Barrick, T. R., McIntyre, D. J., Shen, Y., O'Sullivan, M., Howe, F. A., ... Markus, H. S. (2006). White matter damage on diffusion tensor imaging correlates with age-related cognitive decline. *Neurology, 66,* 217-222.

Chen, T., & Li, D. (2007). The roles of working memory updating and processing speed in mediating age-related differences in fluid intelligence. Aging, *Neuropsychology, and Cognition, 14,* 631-646.

Cherry, B. J., Adamson, M., Duclos, A., & Hellige, J. B. (2005). Aging and individual variation in interhemispheric collaboration and hemispheric asymmetry. Aging, *Neuropsychology, & Cognition, 12,* 316-339.

Colcombe, S., & Kramer, A. F. (2003). Fitness effects on the cognitive function of older adults: A meta-analytic study. *Psychological Science, 14,* 125-130.

Craik, F. I. M., & McDowd, J. M. (1987). Age differences in recall and recognition. *Journal of Experimental Psychology: Learning, Memory, & Cognition, 13,* 474-479.

Dahlin, E., Nyberg, L., Backman, L., & Neely, A. S. (2008). Plasticity of executive functioning in younger and older adults: Immediate training gains, transfer, and long-term maintenance. *Psychology and Aging, 23,* 720-730.

Dalton, D. S., Cruickshanks, K. J., Klein, B. E. K., Klein, R., Wiley, T. L., & Nondahl, D. M. (2003). The impact of hearing loss on quality of life in older adults. *The Gerontologist, 43,* 661-668.

Darowski, E. S., Helder, E., Zacks, R. T., Hasher, L., & Hambrick, D. Z. (2008). Age-related differences in cognition: The role of distraction control. *Neuropsychology, 22,* 638-644.

Der, G., Allerhand, M., Starr, J. M., Hofer, S. M., & Deary, I. J. (2009). Age-related changes in memory and fluid reasoning in a sample of healthy older people. *Aging, Neuropsychology, and Cognition, 17,* 55-70.

Edwards, J. D., Wadley, V. G., Vance, D. E., Wood, K., Roenker, D. L., & Ball, K.

K. (2005). The impact of speed of processing training on cognitive and everyday performance. *Aging & Mental Health, 9,* 262-271.

Etnier, J. L., Nowell, P. M., Landers, D. M., & Sibley, B. A. (2006). A meta-regression to examine the relationship between aerobic fitness and cognitive performance. *Brain Research Review, 52,* 119-130.

Fera, F., Weickert, T. W., Goldberg, T. E., Tessitore, A., Hariri, A., Das, S., ... Mattay, V. S. (2005). Neural mechanisms underlying probabilistic category learning in normal aging. *Journal of Neuroscience, 25,* 11340-11348.

Finkel, D., Reynolds, C. A., McArdle, J. J., & Pederson, N. L. (2007). Age changes in processing speed as a leading indicator of cognitive aging. *Psychology and Aging, 22,* 558-568.

Gerstorf, D., Ram, N., Hoppmann, C., Willis, S. L., & Schaie, K. W. (2011). Cohort differences in cognitive aging and terminal decline in the Seattle Longitudinal Study. *Developmental Psychology, 47,* 1026-1041.

Gilchrist, A. L., Cowan, N., & Naveh-Benjamin, M. (2008). Working memory capacity for spoken sentences decreases with adult ageing: Recall of fewer but not smaller chunks in older adults. *Memory, 16,* 773-787.

Gopinath, B., Schneider, J., McMahon, C. M., Teber, E., Leeder, S. R., & Mitchell, P. (2012). Severity of age-related hearing loss is associated with impaired activities of daily living. *Age and Ageing, 41,* 195-200.

Gunning-Dixon, F. M., & Raz, N. (2003). Neuroanatomical correlates of selected executive functions in middle-aged and older adults: A prospective MRI study. *Neuropsychologia, 41,* 1929-1941.

Hasher, L., & Zacks, R. T. (1988). Working memory, comprehension, and aging: A review and a new view. In G. H. Bower (Ed.), *The psychology of learning and motivation: Advances in research and theory* (Vol. 22, pp. 193-225). San Diego, CA: Academic Press.

Hasher, L., Zacks, R. T., & May, C. P. (1999). Inhibitory control, circadian arousal, and age. In D. Gopher & A. Koriat (Eds.), *Attention and per-*

formance XVII: Cognitive regulation of performance: Interaction of theory and application (pp. 653-675). Cambridge, MA: MIT Press.

Head, D., Buckner, R. L., Shimony, J. S., Williams, L. E., Akbudak, E., Conturo, T. E., ... Snyder, A. Z. (2004). Differential vulnerability of anterior white matter in nondemented aging with minimal acceleration in dementia of the Alzheimer type: Evidence from diffusion tensor imaging. *Cerebral Cortex, 14,* 410-423.

Henry, J. D., MacLeod, M. S., Philips, L. H., & Crawford, J. R. (2004). A meta-analytic review of prospective memory and aging. *Psychology and Aging, 19,* 27-39.

Hertzog, C., Dixon, R. A., Hultsch, D. F., & MacDonald, S. W. S. (2003). Latent change models of adult cognition: Are changes in processing speed and working memory associated with changes in episodic memory? *Psychology and Aging, 18,* 755-769.

Hertzog, C., Park, D. C., Morrell, R. W., & Martin, M. (2000). Ask and ye shall receive: Behavioural specificity in the accuracy of subjective memory complaints. *Applied Cognitive Psychology, 14,* 257-275.

Hofer, S. M., & Piccinin, A. M. (2010). Toward an integrative science of life-span development and aging. *The Journal of Gerontology: Psychological Sciences, 65B,* 269-278.

Horn, J. L. (1987). A context for understanding information processing: Studies of human abilities. In P. A. Vernon (Ed.), *Speed of information processing and intelligence* (pp. 201-238). Norwood, NJ: Ablex.

Hultsch, D. F., & MacDonald, S. W. S. (2004). Intraindividual variability in performance as a theoretical window onto cognitive aging. In R. A. Dixon, L. Bäckman, & L.-G. Nilsson (Eds.), *New frontiers in cognitive aging* (pp. 65-88). Oxford: Oxford University Press.

Johansson, B., Allen-Burge, R., & Zarit, S. H. (1997). Self-reports on memory functioning in a longitudinal study of the oldest old: Relation to current, prospective, and retrospective performance. *Journal of Geron-*

tology: Psychological Sciences, 52B, 139-146.

Kliegel, M., Jager, T., & Phillips, L. H. (2008). Adult age differences in event-based prospective memory: A meta-analysis on the role of focal versus nonfocal cues. *Psychology and Aging, 23,* 203-208.

Lemke, U., & Zimprich, D. (2005). Longitudinal changes in memory performance and processing speed in old age. *Aging, Neuropsychology, and Cognition, 12,* 57-77.

Li, S-C., Lindenberger, U., & Sikstrom, S. (2001). Aging cognition: From neuromodulation to representation. *Trends in Cognitive Science, 5,* 479-486.

Li, S-C., Schmiedek, F., Huxhold, O., Rocke, C., Smith, J., & Lindenberger, U. (2008). Working memory plasticity in old age: Practice gain, transfer, and maintenance. *Psychology and Aging, 23,* 731-742.

Lindenberger, U., & Ghisletta, P. (2009). Cognitive and sensory declines in old age: Gauging the evidence for a common cause. *Psychology and Aging, 24,* 1-16.

McDaniel, M. A., & Einstein, G. O. (2007). *Prospective memory: An overview and synthesis of an emerging field.* Thousand Oaks, CA: Sage Publications.

Nesselroade, J. R. (1991). The warp and woof of the developmental fabric. In R. Downs, L. Liben, & D. Palarmo (Eds.), *Visions of development, the environment, and aesthetics: The legacy of Joachim F. Wohlwill* (pp. 213-240). Hillsdale, NJ: Erlbaum.

Neupert, S. D., Almeida, D. M., Mroczek, D. K., & Spiro, A. (2006a). Daily stressors and memory failures in a naturalistic setting: Findings from the VA Normative Aging Study. *Psychology and Aging, 21,* 424-429.

Neupert, S. D., Almeida, D. M., Mroczek, D. K., & Spiro, A. (2006b). The effects of the Columbia shuttle disaster on the daily lives of older adults: Findings from the VA Normative Aging Study. *Aging & Mental Health, 10,* 272-281.

Park, D. C., & Reuter-Lorenz, P. (2009). The adaptive brain: Aging and neuro-cognitive scaffolding. *Annual Review of Psychology, 60,* 173-196.

Plassman, B. L., Langa, K. M., Fisher, G. G., Heeringa, S. G., Weir, D. R., Ofstedal, M. B., ... Wallace, R. B. (2008). Prevalence of cognitive impairment without dementia in the Untied States. *Annals of Internal Medicine, 148,* 427-434.

Rabbitt, P., Lunn, M., & Wong, D. (2008). Death, dropout, and longitudinal measurements of cognitive change in old age. *Journals of Gerontology: Psychological Sciences, 63B,* P271-P278.

Raz, N. (2000). Aging of the brain and its impact on cognitive performance: Integration of structural and functional findings. In F. Craik & T. Salthouse (Eds.), *The handbook of aging and cognition* (pp. 1-90). Hillsdale, NJ: Erlbaum.

Raz, N., Rodrigue, K. M., Head, D., Kennedy, K. M., & Acker, J. D. (2004). Differential aging of the medial temporal lobe: A study of a five-year change. *Neurology, 62,* 433-438.

Reese, C. M., Cherry, K. E., & Norris, L. E. (1999). Practical memory concerns of older adults. *Journal of Clinical Geropsychology, 5,* 231-244.

Resnick, S. M., Pham, D. L., Kraut, M. A., Zonderman, A. B., & Davatzikos, C. (2003). Longitudinal magnetic resonance imaging studies of older adults: A shrinking brain. *Journal of Neuroscience, 23,* 3295-3301.

Reuter-Lorenz, P. A., Jonides, J., Smith, E. E., Hartley, A., Miller, A., Marshuetz, C., & Koeppe, R. A. (2000). Age differences in the frontal lateralization of verbal and spatial working memory revealed by PET. *Journal of Cognitive Neuroscience, 12,* 174-187.

Roenker, D. L., Cissell, G. M., Ball, K. K., Wadley, V. G., & Edwards, J. D. (2003). Speed-of-processing and driving simulator training result in improved driving performance. *Human Factors, 45,* 218-233.

Rosen, A. C., Prull, M. W., Gabrieli, J. D., Stoub, T., O'Hara, R., Friedman, L., ... deToledo-Morrell, L. (2003). Differential associations between entorhinal and hippocampal volumes and memory performance in older adults. *Behavioral Neuroscience, 117,* 1150-1160.

Salat, D. H., Kaye, J. A., & Janowsky, J. S. (2002). Greater orbital prefrontal volume selectively predicts worse working memory performance in older adults. *Cerebral Cortex, 12,* 494-505.

Salthouse, T. A. (1996). The processing speed theory of adult age differences in cognition. *Psychological Review, 103,* 403-428.

Salthouse, T. A., Atkinson, T. M., & Berish, D. E. (2003). Executive functioning as a potential mediator of age-related cognitive decline in normal adults. *Journal of Experimental Psychology: General, 132,* 566-594.

Salthouse, T. A., & Ferrer-Caja, E. (2003). What needs to be explained to account for age-related effects on multiple cognitive variables? *Psychology and Aging, 18,* 91-110.

Schaie, K. W. (2005). *Developmental influences on adult intelligence: The Seattle longitudinal study.* New York, NY: Oxford University Press.

Seeman, T. E., Miller-Martinez, D. M., Stein Merkin, S., Lachman, M. E,. Tun, P. A., & Karlamangla, A. S. (2011). Histories of social engagement and adult cognition: Midlife in the U.S. study. *The Journal of Gerontology: Psychological Sciences, 66B,* i141-i152.

Sliwinski, M., & Buschke, H. (1999). Cross-sectional and longitudinal relationships among age, cognition, and processing speed. *Psychology and Aging, 14,* 18-33.

Sliwinski, M., & Buschke, H. (2004). Modeling intraindividual cognitive change in aging adults: Results from the Einstein Aging Studies. *Aging, Neuropsychology, and Cognition, 11,* 196-211.

Sliwinski, M. J., Hoffman, L., & Hofer, S. M. (2010). Evaluating convergence of within-person change and between-person age differences in age-heterogeneous longitudinal studies. *Research in Human Development, 7,* 45-60.

Sliwinski, M. J., & Mogle, J. (2008). Time-based and process-based approaches to analysis of longitudinal data. In S. M. Hofer & D. F. Alwin (Eds.), *Handbook of cognition aging: Interdisciplinary perspectives* (pp. 477-491). Thousand Oaks, CA: Sage.

Sliwinski, M. J., Smyth, J. M., Hofer, S. M., & Stawski, R. S. (2006). Intraindividual coupling of daily stress and cognition. *Psychology and Aging, 21,* 545-557.

Striepens, N., Scheef, L., Wind, A., Popp, J., Spottke, A., Cooper-Markhorn, D., ... Jessen, F. (2010). Volume loss of the medial temporal lobe structures in subjective memory impairment. *Dementia and Geriatric Cognitive Disorders, 29,* 75-81.

Tisserand, D. J., Visser, P. J., van Boxtel, M. P., & Jolles, J. (2000). The relation between global and limbic brain volumes on MRI and cognitive performance in healthy individuals across the age range. *Neurobiology of Aging, 21,* 569-576.

Tobiansky, R., Blizard, R., Livingston, G., & Mann, A. (1995). The Gospel Oak Study stage IV: The clinical relevance of subjective memory impairment in older people. *Psychological Medicine, 25,* 779-786.

van der Flier, W. M., van Buchem, M. A., Weverling-Rijnsburger, A. W., Mutsaers, E. R., Bollen, E. L., Admiraal-Behloul, F., ... Middelkoop, H. A. (2004). Memory complaints in patients with normal cognition are associated with smaller hippocampal volumes. *Journal of Neurology, 251,* 671-675.

Verhaeghen, P. (2000). The interplay of growth and decline: Theoretical and empirical aspects of plasticity of intellectual and memory performance in normal old age. In R. D. Hill, L. Backman, & A. Stigsdotter Neely (Eds.), *Cognitive rehabilitation in old age* (pp. 3-22). New York, NY: Oxford University Press.

Verhaeghen, P., & Cerella, J. (2008). Everything we know about aging and response times: A meta-analytic integration. In S. M. Hofer & D. F. Alwin (Eds.), *Handbook on cognitive aging: Interdisciplinary perspectives* (pp.

477-491). Thousand Oaks, CA: Sage.

Wallhagen, M. I., Strawbridge, W. J., Shema, S. J., Kurata, J., & Kaplan, G. A. (2001). Comparative impact of hearing and vision impairment on subsequent functioning. *Journal of the American Geriatrics Society, 49,* 1086-1092.

Whitbourne, S. B., Neupert, S. D., & Lachman, M. E. (2008). Daily physical activity: Relation to everyday memory in adulthood. *Journal of Applied Gerontology, 27,* 331-349.

Zimprich, D., & Martin, M. (2002). Can longitudinal changes in processing speed explain longitudinal age changes in fluid intelligence? *Psychology and Aging, 17,* 690-695.

제4장

의사소통장애와 노화

제4장

의사소통장애와 노화

Susan Kemper and Ellen Rozek

미국, 캐나다, 중국 또는 한국이든 간에, 노인들은 소통하는 데 어려움을 겪는 것으로 여겨진다(Ryan, Jin, Anas, & Luh, 2004; Ryan, See, Meneer, & Trovato, 1992). 그들은 얘기를 하다가 자신이 무슨 말을 하고 있었는지를 잊어버린다거나, 시끄러운 환경에서 상대방의 말을 듣고 이해하는 것을 어려워한다거나, 대화를 장악하고 그리고 다른 사람들이 더 큰 목소리로 더 느리게 얘기하고 반복을 더 많이 하기를 필요로 한다고들 여겨진다. 이같이 노인들의 소통 능력에 대한 부정적인 인식은 노인들과 연관된 부정적인 편견들과 깊이 연관되어 있는데, 이는 노인들이 건망증이 심하다거나, 건강이 나쁘다거나, 외관이 보기 좋지 않다거나, 쓸모없다거나, 외롭다거나, 남에게 의지해야만 살아갈 수 있다는 것과 같은 편견들이다(Hummert, Garstka, Shaner, & Strahm, 1994; Hummert, Mazloff, & Henry, 1999; Hummert & Ryan, 1996). 이 장에서는 노화와 오감의 퇴화와 치매 그리고 뇌졸중 등이 노인들의 소통의 어려움을 어떻게 가중시키는지 살펴봄으로써 이와 같은 인식들이 객관적인 토대가 있는지에 대해 살펴볼 것이다. 그리고 노인들의 대화 특성으로 흔히들 생각되는 두 가지의 소통 방식의 문제(맞는 단어를 찾기 위해 망설이는 것과 말을 많이 하는데 대화의 내용과 초점이 맞지 않는 것)를 집중적으로 살펴볼 것이다. 이 장은 나이 들어 간다는 것에 대한 (사람들의) 관념들이 어떻게 노인들의 소통 문제를 더 심화시키는지 그리고 노인들과 소통을 더 잘 하기 위해서 취할 수 있는 방법들로는 무엇이 있는지에 대해 이야기하면서 마무리할 것이다.

1. 노화가 의사소통장애에 미치는 영향

소통의 어려움은 노화에 따라 발생하는 다수의 병환과 관련해서 일어나는데, 그 예로 감각의 퇴화, 뇌손상 그리고 점진적인 신경 퇴화가 있다. 그 결과, 노인들은 말할 때 힘겨워하거나 실수가 많거나 논리정연하지 않을 수도 있고 다른 사람들의 말에 대한 그들의 이해 또한 느리고 혼란스러울 수 있다.

1) 감각 감퇴의 양상

귀가 먹는 것은 70세 또는 그 이상의 노인들의 거의 2/3가 겪는 일이다(Lin, Thorpe, Gordon-Salant, & Ferrucci, 2011). 시력의 감퇴 또한 흔한 일로 콘택트렌즈 사용을 감안하더라도 70대 이상 노인들의 20~25%에게 나타나며, 86세에서 89세 사이의 노인들 중 11%는 법적으로 맹인이다. 감각 감퇴는 나이가 들어 가는 사람들의 감정적 · 신체적 · 사회적인 건강에 영향을 크게 미치고 우울, 불안, 사회적 고립 그리고 건강 쇠약으로 이어진다. 청력과 시각의 나이 관련 감퇴에 대하여 Schneider와 Pichora-Fuller(2000)는 청력과 시각과 다른 감각과 관련된 능력들이 인식과 연관되어 있다고 이야기하였다. 청각과 시각 기능은 노후의 인식적 상태에 대하여 강력한 예언을 하는 변수들이다.

(1) 청각

가장 흔한 청각 감퇴 증상은 노인성 난청으로 점진적으로 높은 주파수의 소리를 듣지 못하게 되는 증상이다. 지속적으로 소리에 노출되면서 발현되는 다른 종류의 청각 감퇴 증상도 노인들에게서 나타난다. 노인들은 상대방의 목소리를 알아듣는 데 더 어려움을 느끼고, 특히 아이들의 목소리나 타국 억양이 섞인 목소리, 시끄럽고 많이 울리는 장소에서의 목소리, 녹음되었거나 기계적인 음색의 목소리 또는 빠른 대화를 이해하는 데 어려움을 느낀다. 이명도 생길 수 있는데, 이는 한쪽 또는 양쪽 귀가 울리는 증상이다. 노인들의 경우, 가족, 친구, 서비스 종사자와의 대화는 점점 힘겨워진다.

(2) 시각

시각 감퇴는 당뇨, 백내장, 녹내장, 시력 감퇴 등의 의학적 이유에서 발생할 수 있다. 수정체가 탄력을 잃으면서 가깝고 먼 사물들을 동시에 볼 수 있는 능력을 상실하고, 동공의 운동성이 떨어지면서 조도에 따라 확대되거나 수축되는 기능이 떨어지며, 원추체(cone)가 소실되고, 망막은 얇아진다. 다른 증상들은 시야가 흐려지고 색상에 대한 민감성이 변화하며 색상 대비에 대한 민감성이 쇠퇴하는 것이다. 이와 같은 변화들은 사물의 위치, 발견, 인식 그리고 식별에 영향을 미치는데, 이는 신호등이나 사람 얼굴에 대한 인식, 동체 시력, 거리 감각 등을 아우른다. 시각 감퇴가 일어난 노인들은 사회적인 교류나 사람과 대면해서 대화할 때뿐만 아니라(Wahl & Tesch-Romer, 2001), 자신을 돌보는 활동을 포함한 일상적인 활동조차 수행하는 데 어려움을 느낀다(Whal, Schilling, Oswald, & Heyl, 1999).

2. 뇌졸중과 제한적 뇌손상

뇌졸중은 매년 50만~70만 명 사이의 미국인에게 발병하며, 이 중 75%가 65세 이상의 노인들에게서 발병한다(Stroke Center, 2011). 뇌졸중은 흔히 대화 장애로 이어지는데, 이 장애의 성격과 강도는 뇌손상의 위치와 정도에 따라 달라진다. 구언 장애는 호흡과 발음과 목소리 울림에 영향을 준다. 구언 장애가 있는 사람은 목이 쉬거나 발음이 새거나 흐려질 수 있다. 실인증은 팬터마임이나 표현력이 풍부한 몸짓을 비롯한 몸의 움직임에 영향을 줄 수 있다. 뇌졸중의 결과 다양한 실용 장애들이 나타날 수 있는데, 얼굴 표정을 읽어 내는 능력이나, 반어법이나 비유같이 완곡한 대화를 이해하는 능력이나, 운율을 읽어 내는 능력이 떨어질 수 있다. 특히 우뇌와 관련된 능력일수록 더욱 그렇다.

뇌졸중에 걸린 사람의 40%가 호소하는, 뇌졸중의 증상 중 제일 잘 알려진 증상은 실어증(aphasia)이다. 대부분이 65세 이상인 8만 명가량의 미국인들이 매년 실어증에 걸리고, 현재 100만 명을 넘는 사람들이 실어증에 걸려 있다(APHASIA, 2011). 실어증은 전형적으로 좌대뇌 피질의 손상에 의해 발생한다. 증상의 심한 정도는 천차만별이고 증상의 조합들 또한 다양하다. 흔한 증상은 다음과 같다.

실명사증(anomia)은 올바른 단어를 상기해 내는 것을 어려워하는 증상으로, 단어를 기억에서 추출해 내는 능력과 관련해 발생한다. Goodglass와 Wingfield(1997)는 실명사증에 걸린 사람이 자신이 받은 심장 판막 치환 수술에 대해 묘사하는 다음과 같은 사례를 제시한다. "나는… 내가 받은… 하나 둘 셋… 그 하나가… 내가 받은 그… 그… 내가 정확한 부분을 알아… 음… 내가 판… 그 심… 우… 그건 치환되었어."

착어증(paraphrasia)은 한 음소를 다른 음소로 치환하거나(예: 'boat'를 'boot'로 치환) 한 단어를 다른 단어로 치환하는(예: 'plate'를 'boel'로, 혹은 'telephone'을 'television'으로 치환) 등으로 나타난다. 뿐만 아니라 '하모니카'라는 단어를 "콘, 카카, 카마트, 몬, 노…"라는 식으로 이야기하는 조어증(neologism)도 있고, '수도관'을 "뚝뚝 떨어지는 그거"라는 식으로 묘사하는 돌려말하기(circumlocution)도 있다.

실문법증(agrammatism)은 전치사, 접속사, 조동사나 정관사 같은 문법소들을 창출해 내거나 이해하기 어려워하는 증상으로, 수동태나 관계사절과 같은 복잡한 구조의 창출과 이해에도 어려움을 보인다. Goodglass와 Wingfield(1997)는 실문법증에 걸린 사람이 자신이 병원에 온 이유를 설명하는 다음과 같은 사례를 제시한다. "아… 월요일… 아빠… 폴… 그리고 아빠… 병원… 두, 음, 의사들… 그리고… 30분… 그렇지… 병원… 그리고, 음… 수요일… 수요일… 9시… 그리고, 음… 목요일… 10시… 의사들… 두, 두 의사들."

실독증(alexia)과 실서증(agraphia)은 읽고 쓰는 능력에 영향을 미친다. 대부분의 경우 읽고 쓰는 데 있어 문제가 있다면 말하는 데나 상대방을 이해하는 데에도 문제가 있지만, 몇몇 사람의 경우에는 실독증이나 실서증의 증상 하나만 나타날 수도 있다.

브로카와 베르니케 실어증을 포함해 다양한 실어증 증상이 알려져 있다. 브로카 실어증은 흔히 좌측 전두엽(left frontal lobe)이 손상되면서 발생하는데, 비문법적으로 더듬으면서 말하게 되나 그에 비해 이해력은 상대적으로 덜 영향을 받는 편이다. 베르니케 실어증은 좌측 전두엽의 뒤편에 손상을 입을 때 발생하는데, 말은 유창하게 하나 착어증 증세를 보이며 또한 이해력이 낮은 편이다. 다른 종류의 실어증 증상 가운데 전도성 실어증(conduction aphasia)이 있는데, 이는 말을 반복하는 데 어려움을 느끼나 말을 즉시 생성해 내는 능력이나 이해력이 반드시 영향을 받는다고 볼 수는 없는 증상이다. 또한 연결피질 실어증(transcortial aphasia)도 있는데, 이는 말을 반복하는 능력과 이해력은 상대적으로 잘 유지되나 말 자체를 하는 능력이 크게 떨어지는 증상이다. Peach와 Shapiro(2011)는 언어장애 관련 증상에 대한 훌륭한 안내서를 제공한다.

1) 치매

치매(dementia)는 소통을 다양한 방면에서 저해할 수 있지만, 치매의 퇴행적 성격 때문에 초기 영향들은 강도가 낮고 발견하기 쉽지 않으며, 특히 실명사증이나 관련 없는 이야기를 장황하게 얘기하는 등 다른 노화에 따른 소통 문제들로 착각될 여지가 있다. 노인성 치매는 학계에서 깊이 있게 다뤄지고 있으나 다른 종류의 치매는 아직 연구가 부족한 실정이다. Kempler(2005)는 뇌 관련 인식장애와 노화에 대해 훌륭한 리뷰를 제공한다.

(1) 노인성 치매

대략 540만 명의 미국인들은 노인성 치매(Alzheimer's dementia)에 시달린다(Centers for Disease Control, 2011). 65~74세 사이의 노인들의 5%는 노인성 치매를 가지고 있고, 85세나 그 이상인 노인들의 거의 50%는 노인성 치매를 가지고 있을 수 있다. 노인성 치매는 단어의 의미나 사물이 가리키는 바에 의지하는 언어나 소통 방식에 큰 영향을 끼친다(Bayles & Kaszniak, 1987). 흔히들 노인성 치매의 초기 증상 중 하나는 대화할 때 알맞은 단어를 찾는 것이 부쩍 어려워지는 증상으로, 사람들은 단어를 알 것 같은데 제대로 떠오르지 않는다거나 사물을 '그것'이라는 대명사로 대체한다거나 "내가 무슨 얘기하는지 알잖아."라는 등 메타언어적 서술들을 사용하게 된다. 진단을 받을 시, 대부분의 노인성 치매 환자는 그림에 이름을 붙이는 테스트에서 평균 이하의 성적을 보이고 이러한 어려움은 시간이 지나면서 심화된다. 전형적인 오류는 비슷한 어의 범주에서 다른 단어를 가져다 붙이는 것('기린' 대신 '말'이라고 함) 또는 범주 이름을 가져오는 것('동물'이라든가 '공구'라든가)을 들 수 있으나, 시각적 오류 또는 대답하지 못하는 것 등 다른 종류의 오류가 발생하기도 한다. 그러나 의미에 대한 구조적 지식은 치매가 심각해지기 전까지는 살아남아 있어서, 환자들은 어의 범주에 따라 그림들을 분류한다거나 특정 사물이 어느 어의 범주에 포함되는지 식별하는 것에는 별 어려움을 느끼지 않는다. 여러 그림 중 특정하게 쓰인 또는 말한 단어와 관련된 그림을 고르는, 단어와 그림을 짝짓는 테스트에 대한 능력 또한 그림에 그려진 단어를 직접 말하는 능력에 비해서는 잘 보존되어 있다. 이는 특히 답이 아닌 다른 그림들과 답인 그림이 비슷하지 않을 때 더욱 도드라지게 나타난다.

노인성 치매는 대화 중에 알맞은 단어를 찾는 데 어려움을 느끼게 만들고 그림에 묘사된 사물의 이름을 대는 것을 어렵게 만드는데, 이는 단어의 의미를 상기하는 것이 점차적으로 어려워지고 단어의 의미 자체가 퇴화되어 가는 경험을 겪기 때문이다. 돌려말하기에서 부분적인 의미들은 유지되는 것을 볼 수 있는데, 예를 들어 '말'이라는 단어를 기억하지 못하는 환자도 "그것을 탈 수는 있어, 가죽으로 만들어진 무엇인가를 등 위에 올려놓고 그것을 탈 수 있어. 그것으로 경주시키기도 해."라고 말할 수 있다. 노인성 치매는 단어 찾기에서 대상을 좁히는 능력을 훼손시켜서 개념적으로 비슷한 단어들(예: 말, 사슴, 소, 당나귀)을 대신 꺼내올 수 있게 만든다. 이 같은 대체적 단어들은 서로 언급되기 위하여 충돌을 벌이고 결과적으로 알맞은 단어를 찾는 과정 자체를 붕괴시킨다. 치매가 진행되면서 단어들의 의미 자체도 퇴화되기 시작한다. 그럼에도 불구하고 자주 사용되거나 친숙한 개별적 단어들은 유지될 수 있고, 말을 할 수 있는 능력의 손상에 비해 말을 이해할 수 있는 능력은 그나마 더 온전히 유지되는 편이다.

가볍거나 중간 정도의 노인성 치매 증상을 보이는 사람들의 말은 흔히들 '내용 없는 말(empty speech)'이라고 불리나, 실제 노인성 치매가 있는 환자들이 문맥에 어울리지 않는 단어들을 섞어 사용하거나 대화 주제에 맞지 않는 단어들을 엮어서 말한다거나 비문법적인 표현을 쓴다거나 하는 것은 치매가 매우 심화된 이후에서나 발생하는 현상이다. 반면, 노인성 치매가 있는 사람의 대화할 때의 언사를 보면 '그것'이라든가 '뭐시기' 등의 포괄적인 명사를 평균보다 더 많이 사용하고, 동사도 '하다'나 '가져오다' 등 포괄적인 동사를 많이 사용하는 편이며, 대명사에 매우 많이 의존한다. 이 같은 현상은 전달하는 정보의 양을 줄이고, 대화 자체의 이해도를 전반적으로 저해함으로써 대화를 이어 나가거나 따라가는 데 어려움을 발생시킬 수 있다(Dijkstra, Bourgeois, Allen, & Burgio, 2004; Dijkstra, Bourgeois, Petrie, Burgio, & Allen-Burge, 2002, Ripich, 1994; Ripich & Terrel, 1988). 그럼에도 불구하고 노인성 치매에서 문장을 구성하는 기본적 건축물들은 상대적으로 온전히 유지된다. 문장은 명사와 동사를 포함하며 복잡한 문법적 구성을 띠기도 한다(Kempler, Curtiss, & Jackson, 1987). 따라서 노인성 치매가 심화되기 이전의 대화는 상대적으로 명료한 편이다. 치매가 심화되면서 적합한 언어를 사용하는 능력이 떨어지고 행동은 갈수록 자제되지 않게 된다. 원래 성격이 유순했던 치매 환자들조차 말투가 거칠어지기도 한다. 소통을 할 필요성 또한 경감되면서 말하는 횟수 자체가 줄어들기도 한다. 점진적으로 대화하려는 시도 자체가 사라지고 결국 의사소통을 피하게 된다.

(2) 파킨슨병

파킨슨병(parkinsonian dementia)은 말을 하는 데 있어 상대방이 들을 수 있도록 전달하는 능력을 떨어뜨리는 병으로, 조그맣고 발음이 새는 목소리와 느리고 불분명한 발음이 특징이다. 개별 환자에 따라 말하는 속도는 달라지는데, 일부 환자는 평균보다 더 빠른 속도로 말하기도 하고 다른 환자들은 평균적인 속도로 말하기도 한다. 많은 경우 파킨슨병 환자들은 자신이 가진 언어장애에 대해 알지 못하며, 자신의 목소리가 다른 사람들에게는 거의 들리지도 않을 정도의 작은 목소리인데도 스스로는 소리치고 있다고 느낄 수 있다. 최근의 연구는 파킨슨병이 언어의 다른 측면에도 영향을 미친다는 사실을 밝혔는데, 이는 파킨슨병이 전두엽의 기능을 저해함으로써 부차적으로 언어장애를 일으키는 것이라는 추론에 근거하고 있다(Altman & Troche, 2011; Bastiaanse & Leenders, 2009; Dominey & Inui, 2009). 그 결과, 복잡한 구조의 문장을 생성해내거나 지문을 독해하는 것 같이 기억이나 실행기능과 관련한 언어적 영역에 어려움이 있을 확률이 높아진다(Colman et al., 2009).

(3) 전두측두엽 치매

전두측두엽 치매(frontotemporal dementia: FTD)는 언어와 소통 능력에 각기 다른 영향을 미치는 세 부류로 나뉜다(Gorno-Tempini et al., 2011). 이는 정면변형 FTD(frontal-variant FTD), 주 비유창성 실어증(primary nonfluent aphasia) 그리고 의미적 치매(semantic dementia)다. 정면변형 FTD는 사회적이고 행동학적인 측면에서 장애를 발생시킨다. 이 경우 언어능력은 상대적으로 온전히 유지되나, 환자의 성격, 판단력 그리고 사회성의 변화로 인해 대화나 다른 방식의 소통이 저해될 수 있다. 해당 환자는 무례하거나 상스러운 어휘를 쓰거나 다른 방식으로 상황에 맞지 않는 말을 할 수 있다.

주 비유창성 실어증은 주 진행형 실어증이라고도 불리는데, 이는 말을 하는 데 필요한 움직임을 제어하는 것이 점진적으로 어려워지는 증상이기 때문에, 발병 초기부터 심각한 구음장애 증상이 나타날 수 있다. 시간이 지나면서 말은 점차 느려지고 힘겨워지며, 중간중간에 올바른 단어를 찾기 위한 긴 침묵이 이어지거나 음소 착어증(phonemic paraphasia) 또는 왜곡이 일어날 수 있다. 발음 패턴 또한 퇴화되는데, 이는 말을 생성해 내는 데 어려움이 증폭되기 때문이거나 말하는 분량 자체가 줄어들기 때문이라고 추정된다. 주 비유창성 실어증 환자 대부분이 호소하는 첫 증상은 올바른 단어를 찾는 게 어려워지는 현상이다. 이는 단어들의 발음을 파악하고 생성하는 과정에서 어려움을 느끼기 때문인 것으로 보인다.

의미적 치매의 특징은 의미적 · 개념적 지식이 점진적으로 사라진다는 것이다. 따라서 이는 단어 의미를 떠올리거나 활용하는 모든 행위에 영향을 미치기 때문에, 올바른 그림과 단어를 짝짓는 행위나 유창하게 말하는 것에 심각한 제약이 가해지게 된다. 반면, 문법적 문장 구성 능력은 상대적으로 유지되나 알맞은 단어를 찾는 것의 어려움 때문에 제약될 수 있다. 이 장애는 의미론적인 지식뿐만 아니라 개념적인 지식 또한 훼손하기 때문에 의미적 치매가 있는 사람들은 망치나 빗처럼 일상적인 도구조차 쓰는 법을 제대로 모를 수도 있다. 특히 사물의 의미와 연관 지은 시각적 인식 능력(모양이나 상대적 크기)이 저해될 수 있는데, 그중 과일, 동물, 채소 등 생물 관련 분야가 제일 심하다. 문장을 이해하는 능력 또한 떨어지지만, 환자들은 자신이 가진 부분적 의미론적 지식을 이용하기 때문에 전체 문장의 의미를 유추해 낼 수는 있다.

(4) 그 밖의 치매

다른 종류의 치매가 소통에 미치는 영향에 대해서는 아직 연구가 부족하다. 언어 능력 관련 연구가 존재하는 다른 부류의 흔한 치매들 중에 두 가지를 들자면 '혈관성 치매(vascular dementia)'와 '루이체 질환(lewy body disease)'이 있다. 혈관성 치매는 신경 촬영 진단 없이는 노인성 치매와 구분하기 힘들다. 이들 치매가 걸린 환자들은 공통적으로 알맞은 단어를 찾는 것과 그림과 단어 짝짓기와 유창하게 단어들을 범주별로 분류하는 것에 어려움을 가진다. 노인성 치매 환자와 혈관성 치매 환자의 인지적 및 언어적 장애는 매우 유사하기 때문에 이들 두 치매 환자를 증상만으로 구분하는 방법은 아직 존재하지 않는다.

루이체 질환은 보편적으로 파킨슨병이나 노인성 치매와 함께 진행된다(Cummings, 2002). 루이체 질환과 노인성 치매는 그림이 묘사하는 단어를 말하는 행위나 어휘 유창성에서는 비슷한 정도의 어려움을 보이지만, 두 그룹의 즉흥적인 대화는 다른 양상을 보인다. 노인성 치매에서의 대화는 문법은 상대적으로 온전히 유지되나 의미가 거의 없는 양상을 보인다면, 반대로 루이체 질환에서의 대화는 공화증(confabulation, 없었던 일을 지어내서 확신을 가지고 말하는 증상)으로 점철된다. 그러나 혈관성 치매나 루이체 질환에서 언어 소통 문제를 연구한 논문은 거의 없다.

3. 노화 관련 의사소통 문제

여러 가지의 구체적이면서도 다양한 노화 관련 소통 문제들은 감각 쇠퇴, 뇌손상이나 뇌졸중이 원인이 아닌 것으로 판명되어 왔다. 이러한 '표준적인(normative)' 노화 관련 소통 문제들은 기억이나 의사 결정 능력이나 인지 능력의 자연스러운 감퇴에 의해 노인들이 언어를 이해하고 생성하는 능력이 제한되는 데에 따라 발생한다(Kemper, 2011). 이러한 노화 관련 소통 변화는 뇌 구조가 나이에 따라 변형되면서 노인들이 멀티태스킹이나 특정 행동을 하는 데 어려움을 느낄 수 있도록 만들고, 알맞은 어휘를 찾는 데 더 고민하게 만들며, 대화의 초점이 맞지 않는 수다스러움으로 이어진다.

1) 과업 상호작용

노인들은 이야기를 하거나 대화에 참여할 때 단독적인 상황인 경우가 드물다. 소통은 그들의 일상생활과 깊게 연관되어 있으며, 이들 일상적 행동이 요구하는 것에 얼마나 잘 부응하고 있는가에 영향을 받는다. 이러한 과업 상호작용들은 두 층위에서 바라볼 수 있다. 첫 번째 층위에서는 노화 관련 감각 쇠퇴는 다른 종류의 소통 문제를 야기할 수 있고, 두 번째 층위에서는 노인이 멀티태스킹을 할 때 각 일이 요구하는 능력이 서로 충돌하면서 문제가 발생할 수 있다.

(1) 노동력 부족 가설들

Wingfield, Tun과 McCoy(2005)는 시각 감퇴나 청력 감퇴는 노인들이 목소리를 듣고 분별하는 데 영향을 끼칠 뿐만 아니라 더 복잡한 사고를 하는 데도 영향을 미친다고 한다. 그들은 노인들이 가벼운 청력 감퇴조차 극복하기 위해서는 다른 고차원적 사고를 하는 데 투입해야 할 노력을 대신 투입하게 된다고 주장한다. 예를 들어, McCoy 등(2005)은 기억해야 할 목록의 단어를 하나하나 제시하다가 갑자기 제시를 멈추면서 마지막으로 들었던 세 단어를 기억해 보라고 요구했다. 젊은이도 노인도 마지막 들은 단어에 대해서는 매우 잘 기억했으나, 청력이 감퇴된 노인의 경우 그 전 두 단어에 대한 기억력은 크게 떨어졌다. 이 패턴은 청력이 감퇴된 노인들이 마지막 단어를 알아듣기 위해 정신을 집중하는 과정에서 그 전 단어들을 기억하는 데 투입해야 할 사고력이 소진되었다는 주장을 뒷받침한다.

이 같은 '노동력 부족 가설'(Rabbitt, 1965)은 '관련 없는 소음' 패러다임을 사용하는 연구 결과와 일맥상통하는데, 이는 실험 참여자가 시각적이나 청각적으로 제시된 것을 기억하는 와중에 관련 없는 말소리들을 삽입해서 정신을 혼란스럽게 하는 실험들이다. 이 가설을 훌륭하게 증명해 주는 실험에서, Tun, O'Kane와 Wingfield(2002)는 젊은이들과 노인들에게 관련 없는 소음은 무시한 채로 한 목록의 단어들을 들으라고 주문하였다. 이러한 실험은 관련 없는 소음들이 의미가 있는지(이 경우 영어로 읽었다) 아니면 무의미한지(이 경우 같은 사람이 네덜란드어로 읽었다)로 갈라졌다. 젊은이들은 관련 없는 소음들을 성공적으로 무시할 수 있었으나, 노인들의 경우 관련 없는 소음에 의하여 목록에 있었던 단어들을 기억해 내는 능력이 크게 떨어졌다. 이러한 관련 없는 소음의 효과는 그것이 영어일 경우 네덜란드어(영어와 비슷한 음색과 발음을 지니는 언어)일 때에 비해 크게 늘었는데, 이는 이러한 효과가 집중력과 감각의 두 분야에 영향을 미치는 것을 나타낸다. Tun 등(2002)은 노인들이 타깃 단어들을 기억해 내려고 하는 것을 관련 없는 소음이 저해하였다고 결론지었다. 이러한 주장에 따르면, 나이가 들면서 자연스럽게 생기는 증상들과 청력 감퇴가 미치는 영향들은 문장의 구조가 복잡해질수록 그리고 속도가 더 빨라질수록 더 두드러지고, 따라서 타깃 정보를 소화하는 데 더 어려움을 느끼도록 한다(Schneider, Daneman, & Murphy, 2005; Tun, McCoy, & Wingfield, 2009).

(2) 이중 과제

이러한 '노동력 부족 가설'은 노인들의 이중 혹은 멀티태스킹 능력과 관련하여 광범위한 의미를 함축하고 있다. 예를 들어, Stine, Wingfield와 Myers(1990)는 젊은이들과 노인들이 텔레비전 뉴스에서 들은 정보를 얼마나 기억하는지에 대하여 살펴보았는데, 첫 번째의 경우 청각적인 포맷으로만 뉴스가 제시되었고, 두 번째의 경우 청각적인 포맷과 함께 글로 적힌 포맷이 곁들여졌으며, 세 번째의 경우 원래 버전인 시각적인 포맷과 청각적인 포맷이 함께 제시되었다. 젊은이들의 경우 시각적 포맷이나 글로 적힌 포맷이 추가로 주어진 것이 정보를 기억하는 데 도움을 주었으나, 노인들의 경우 글로 적힌 포맷이 함께 주어져도 그로 인해 기억하는 데 도움을 받지 못했는데, 이는 노인들이 자신의 사고력을 청각과 시각에 분산할 수 없었다는 것을 유추할 수 있도록 만든다.

말을 생성해 내는 것과 이해하는 것은 단독적인 상황에서 일어나는 경우가 드물다. 동시에 일어나는 많은 행동은 소통에 영향을 미치고 소통 또한 이러한 행동들에 영향을 미친다. 그러한 예로 걷는 것이나 몸의 균형을 유지하는 것(Bootsma-van der Wiel et al., 2003; Camicioli, Howieson, Lehman, & Kaye, 1997; Shumway-Cook et al., 2007; Shumway-Cook & Woollacott, 2000), 길을 건너는 것(Neider et al., 2011), 운전하는 것(Becic et al., 2010; Hickson, Wood, Chaparro, Lacherez, & Marszalek, 2010)을 들 수 있다.

이와 관련된 연구들은 대부분 대화를 하는 것이 어떻게 넘어지거나 엉덩이뼈를 골절당하거나(Bootsma-van der Wiel et al., 2003) 운전 중 사고를 내는(Becic et al., 2010; Hickson et al., 2010) 확률을 높이는지에 치중해 있다. 그러나 반대의 경우도 가능하다. 걷는 것과 운전하는 것이 소통에 저해될 수 있고, 특히 노인들은 이렇게 멀티태스킹을 하는 것이 말을 생성하는 것과 이해하는 데 부정적인 영향을 미치는 것을 더 크게 느낀다. 손가락을 두드리는 것처럼 쉽고 익숙한 일(Kemper, Hoffman, & Lian, 2003) 혹은 움직이는 물체를 따라가는 것(Kemper, Hoffman, Schmalzried, Herman, & Kieweg, 2011)도 말 생성이나 이해를 방해한다. 이 같은 이중 과업으로 인한 비용은 젊은이들보다 노인들에게 더 크나, 젊은이들과 노인들은 자신의 자원을 어떻게 두 개 이상의 일에 배분하는지의 방법에 차이가 있을지도 모른다. 젊은이들은 지금 하고 있는 일의 퀄리티를 유지하기 위하여 자신이 대화를 유창하게 하는 데 필요한 정신적 자원을 일정 부분 희생하기로 결정할 수 있으나, 노인들은 대화를 유창하게 유지하기 위해 지금 하고 있는 일에 투자하는 정신적 자원을 희생하는 것을 선호할 수도 있다는 것이다(Kemper, Schmalzried, Herman, & Mohankumar, 2011). 따라서 다른 나이대의 사람들 간의 소통의 어려움의 이유 중 일부는 이같이 노인들과 젊은이들이 멀티태스킹 시 대화에 배분하는 자원의 정도가 다르기 때문일 수도 있다. 더 나아가서 이같이 이중 혹은 멀티태스킹을 하는 데 있어 드는 비용은 건강이 나빠지고 나이가 들고 감각이 감퇴되고 치매가 진행되면서 더욱 늘어나는 것으로 보인다.

2) 단어 찾기

알맞은 단어를 찾는 데 생기는 문제는 노인들이 호소하는 소통 문제 중 가장 흔한 것이다. 대화 중 머뭇거림과 돌려 말하기나 지시하는 바를 모르고 대명사들이 많은 '무의미한 말하기'나 다른 단어로 바꿔치기하는 현상은 언어적 정보를 뇌에서 찾아내고 끌어오는 능력이 노화 과정에서 손상되었기 때문으로 보이고(Cohen, 1979; Obler, 1980), 특히 단어를 구성하는 발음에 관한 정보일수록 더욱 그러하다(Burke, MacKay, Worthley, & Wade, 1991). 그 결과, 익숙한 단어가 순간적으로 기억이 나지 않는 경험들은 젊은 이들보다 노인들에게 더 많이 일어나고, 이러한 경험이 결국 그 단어를 기억해 내면서 끝나는 경우도 노인들의 경우에 더욱 적다.

Burke와 동료들(Burke & Laver, 1990; Burke et al., 1991)은 이렇게 단어를 기억해 내는 데 실패하는 것에 대한 설명을 제공한다. 그것은 '연결 불량 가설(transmission deficit hypothesis)'로, 나이가 들면서 기억력 내에서 특정 단어의 발음과 그 단어가 가리키는 바를 연결하는 연결 고리가 약화된다는 것이다. 개념과 발음 사이의 연결 고리가 끊어진다면, 말하는 사람은 말하고자 하는 개념에 대해서 알더라도 그것을 실제 입 밖에 단어로 낼 수는 없게 된다. 연결 불량 가설은 이러한 사물에 대한 개념과 사물을 지칭하는 단어의 발음 사이의 연결 고리가 끊어지는 상황을 가정하는데, 이는 발화자들은 말하고자 하는 단어의 개념에 대해 자세하게 알고 있을 뿐만 아니라 그 발음에 대해서도 부분적으로 알고 있는 경우가 많기 때문이다. 노인들은 이같이 원하는 단어를 불러내기가 더욱 힘들어질 수 있는데, 이는 모든 사고의 네트워크는 나이가 들면서 약해지기 때문이다. 개념보다 단어들에서 문제가 생기기 더 쉬운 이유는 단어들은 고유한 발음들의 연속을 정확히 발화해야 하기 때문이다. 고양이(cat)를 부분적으로만 맞게 발음한다면 모자(hat)가 될 수 있다. 반면, 개념들은 서로 긴밀하고 다층적으로 연결되어 있기 때문에 고양이를 기억하지 못한다고 하더라도 사자나 호랑이 또는 가필드를 생각할 수 있을 것이다.

James와 Burke(2000)는 단어를 상기하는 것에 대한 어려움은 비슷한 발음의 단어를 최근에 접했을 경우에 줄어든다고 보고한다. 예를 들어, 참여자들에게 '왕위에서 공식적으로 내려오다(abdicate)'라는 의미의 단어를 제시하라고 했을 때, 그들은 바로 직전에 'abstract'라는 단어를 읽었을 경우 'reread'라는 단어를 읽었을 때보다 올바른 답변을 하는 경우가 더 많았다. White와 Abrams(2002)는 타깃 단어와 첫 음절을 같이하는 단어들(abacus, abrogate)이 단어를 상기하는 데서의 어려움을 경감시키는 데 제일 효과적이고, 다른 종류의 발음 유사성을 지니는 단어들(indigent, handicap, educate, duplicate)은 효과적이지 않았다고 보고한다. Abrams, White와 Eitel(2003)은 노인들이 발음이 비슷한 단어들과 타깃 단어를 헛갈려서 다른 단어를 발음하는 경우가 젊은이들보다 높았다고 보고한다.

3) 관련 없는 내용에 대한 수다

'노동력 부족 가설'에서 주장했듯이, 집중력 부족은 노화가 소통에 미치는 영향을 가중시키는 것으로 보인다. Hasher와 Zacks(1988)는 노인들이 집중을 방해하는 요소에 더 취약한 것은 나이가 들어 가면서 뇌의 억제적 기제가 더 약해지기 때문이라고 한다. 관련 없는 생각들이나 개인적인 골똘한 생각 또는 갑작스러운 연상 작용들은 평소 환경에서든 실험실 환경에서든 노인들의 이해력과 기억력을 방해하고 훼손시킬 수 있다. Hasher와 Zacks는 이러한 결과 중 하나로 노인들이 관련 없는 내용에 대해서 장황하게 말하는 증상을 보일 수 있다고 주장한다.

관련 없는 내용에 대해서 장황하게 말하는 증상[off-target verbosity(OTV) 또는 off-target speech(OTS)]은 두 가지 큰 특징이 있다(Gold, Andres, Arbuckle, & Schwartzman, 1988). 첫째, 답변 내용들은 대화의 주제와 관련이 없거나 일관된 흐름을 보이지 않는다. 둘째, 발화자들은 너무 많은 단어를 발화하는데, 계속해서 했던 말을 반복하고 표현만 바꿔서 다시 하고 말의 초점을 잃는 등의 증상을 보인다. James, Burke, Austin과 Hulme(1998)은 세 번째 증상을 추가하는데, 발화자와 발화 내용에 대한 부정적인 평가다. OTS는 실험실 상황에서 보기 힘든 증상이지만, 노인들이 보통 말이 많고 발화에서의 집중력이 쉽게 저하되며 또한 말의 초점을 잃는 등의 세간의 평가에 기여한다. 이러한 평가는 노인들에 대한 다른 부정적인 평가들과 맥락을 같이하는데, 이는 노인들이 사회적 교류를 할 기회를 경감시키고 이들이 사회적으로 고립되고 인지적인 능력이 떨어지도록 만드는데 기여할 수 있다.

OTV는 계획된 인터뷰 중에 보이기도 하고(Gold et al., 1988) 가족 여행이나 개인적 취미에 관한 비공식적인 대화에서 보이기도 하며(James et al., 1998), 그림을 묘사할 때나(James et al., 1998), 소통 관련 과업을 수행할 때나(Arbuckle, Nohara-LeClair, & Pushkar, 2000), 처음 보는 사람과 대화를 나눌 시 보이기도 한다(Pushkar et al., 2000). OTV는 젊은 사람들보다 노인에게 더 많이 나타나며 나이가 들수록 발현될 확률이 높아진다(Gold & Arbuckle, 1995). 또한 노인성 치매인 노인들은 건강한 노인들에 비해 이러한 OTV 증상이 더 강하게 나타나는 것으로 보고된다(Dijkstra et al., 2004). 이같이 노화와 치매와 OTV 간의 상관관계를 밝히기 위하여 몇몇 가설이 제기되었다.

초창기에 OTV는 성격과 관련지어졌는데, '수다스러움'이라는 성격이 나이가 들어 가면서 점점 강화되는 것이라고 생각되었다. 외향성이나 사교성 또는 자신이 받는 스트레스에 대한 인지 같은 성격적 요소들은 실제 OTV

와 상관관계를 보였다(Arbuckle, Gold, & Andres, 1986). 그러나 대부분의 노인은 수다스러움이 증가되지 않았기 때문에, 연구자들은 어떤 식으로 인지 능력에 대한 개인의 차이가 OTV의 발병에 영향을 미칠지에 대해 연구하기 시작했다. OTV는 전두엽의 기능 그리고 그중 특히 절제가 나이가 들면서 감퇴하면서 생기는 현상이었다(Arbuckle & Gold, 1993). 억제적 기작의 동작 정도는 흔히 위스콘신 카드 분류 게임과 같은 과업을 통해 측정된다(Kimbergm, D'Esposito, & Farah, 2000). 이 실험에서 피험자는 색상이나 숫자나 모양이 각기 다른 카드들을 주어진 기준(예: 모양)에 따라 분류한다. 피험자들은 무슨 기준이 주어졌는지 듣지 못하지만 피드백을 받으면서 기준을 유추해 낼 수 있게 된다. 실험이 진행되다가 특정 시점에 이러한 주어진 기준은 변하고(예: 모양에서 색상으로), 피험자는 피드백을 다시 받으면서 새로운 분류 기준을 유추해 내야 한다. 이 실험에서 중요한 부분은 새로운 기준으로 변화했을 때 피험자가 몇 번이나 더 오류를 내면서까지 예전 기준의 분류 방법을 유지하는지다. 전두엽이 손상된 사람들이나 노인들은 이같이 예전 분류 방법을 유지하는 오류를 더욱 더 많이 범하는데, 이는 과거에 학습했던 반응들을 억제하는 기능이 훼손되었음을 말해 준다.

그러나 James 등(1998)과 Trunk, Abrams(2009)가 주장하는 것은 OTV가 억제력 결손에서 발생하는 것이 아니라 소통의 목적이 각기 다르기 때문에 발생하는 것으로, 이는 대화 내용이 무엇인지에 따라서 다변화된다는 것이다.

예를 들어, Trunk와 Abrams(2009)에 따르면, 젊은이와 노인들의 OTV 정도가 자신이 겪은 기억에 남는 휴가에 대해서 이야기할 때는 비슷한 수준이었으나, 자신이 아침에 매일 하는 일에 대해서 이야기할 때는 노인이 더욱 OTV 경향을 심하게 보였다고 한다. 젊은이들은 간단명료한 대화체를 선호하는 것일지도 모르고, 반면 노인들은 상대방을 즐겁게 하고 사교적인 분위기를 생성하고 지속시키기 위해 자서전적인 내용이 많이 들어가 있는 더 표현력이 풍부한 대화체를 선호하는 것일지도 모른다(Coupland &

Coupland, 1995). 이러한 관점 아래, 노인들은 특별히 더 수다스럽게 되는 것이 아니고 관련 없는 내용에 대해 이야기하는 것도 아니며, 다만 그들은 자서전적인 디테일이나 성찰이 많이 들어가 있는 '재미있는 이야기'를 하는 것일 뿐이다. 그러나 이러한 대화 목표는 정보를 많이 전달하되 간결하게 전달하는 것이 목표인 젊은이들의 대화 목표와 충돌할 수 있다.

4. 의사소통에서 노화 관련 변화를 수용하는 것

'노인 전용 화술(elderspeak)'이라는 특별한 언어 사용법(speech register)은 노인들과 소통하기 위한 일종의 언어적 적응법으로서 자리 잡아 왔다(Kemper, 1994; Ryan, Bourhis, & Knops, 1991; Ryan, Giles, Bartolucci, & Henwood, 1986). 이러한 대화법은 대개 간단한 언어 사용, 과장된 목소리의 높낮이나 발음, 단순한 문법과 제한된 단어 그리고 느린 발화 속도로 특징지을 수 있다. 이러한 말투의 사용은 노인들이 있는 다양한 환경에 적용되는 현상으로, 제작 클래스나 법 관련 세미나나 집단 식사나 치매 노인 및 비치매 노인들이 거주하는 양로원(Kemper, 1994) 등에서 나타나고, 그중에서도 특히 의료 시설이나 양로원 등과 깊이 연관돼 생각되고 있다(Ryanm, Hummert, & Boich, 1995).

Harwood, Giles와 Ryan(1995)은 이 같은 노인 전용 대화법의 사용이나 다른 나이에 따라 차별화되는 행동의 변형은 노인들이 스스로의 정체성에 '나이 많음'이라는 부분을 형성하게 만들고, 노인에 대한 부정적인 고정관념을 강화시키며 이들의 자존감을 떨어뜨린다고 주장한다. Ryan 등(1986)의 연구에 이어, 그들은 이러한 화술의 사용이 노인들의 말투가 더 간단해지도록 하는 계기가 됨으로써 이들의 사고력 저하와 사회적 고립을 재촉한다고 주장한다. Ryan 등(1986)은 이를 "노화에 있어서 대화와 관련된 어려움"이라고 부른다. 이러한 어려움은 노인 전용 화술이 노인들에 대한 과도한 배려이기에 노인들이 스스로의 소통 능력에 대한 평가와 실제 소통 능력이 저하되도록 하는 결과를 가져오는데, 이는 그 반대의 방향만큼이나 부정적인 결과를 가져올 수 있다. 다른 종류의 시뮬레이션 및 관찰 연구들은 미리 정해진 대화를 나누는 방식을 통해 노인 전용 화술이 상대방이 존중받지 못한다는 느낌을 가질 수 있게 하고 나눌 수 있는 대화를 제한시키며 상대방의 인지 능력이 손상되어 있다는 생각을 내포한다는 것을 밝힌다(Ryan et al., 1991; Ryan, Hamilton, & See, 1994).

실험적인 연구들을 통해 Kemper와 Harden(1999)은 대화에 있어서의 운율의 변화를 비롯한 다른 노인 전용 화술의 특징들, 그중 특히 말하기 속도의 효율성에 대하여 실험하였다. 이러한 실험들은 노인들에게 도움이 되지만 모욕적이거나 상대방을 낮추어 보는 식으로 받아들여지지 않고 상대방이 자신의 소통 능력에 대해 부정적으로 생각하게 만들지 않을 수 있는 종류의 화술을 개발하는 것이 가능하다는 사실을 보여 주었다. 이러한 종류의 화술은 부탁 또는 설명을 반복하거나 추가 설명을 함을 통해서 발화의 의미를 점진적으로 쌓아 나가야 할 것이다. 그리고 문법의 복잡성을 줄임으로써 상대방의 인지 능력에 걸린 과부하를 줄일 것이다. 문법적 복잡성은 그대로 유지시킨 채 문장 길이만 짧게 하는 것은 노인들의 이해도에 영향을 미치지 못했고 오히려 소통 문제를 더욱 악화시켰다. 지시 사항을 두 단어에서 다섯 단어 사이의 짧은 문장으로 잘라서 이야기하는 것은 노인들에게 도움을 주지 않고, 오히려 정보가 많은 문장에 흩어져 전달됨으로 인해 노인들의 기억력에 부하가 걸리게 만듦으로써 이해하는 데 저해하는 요소가 될 수도 있다. 노인 전용 화술의 과장된 운율 또는 억양은 노인들과의 지시적/설명적 의사소통을 실행하는 데 도움을 주지 않았을 뿐만 아니라 오히려 부정적으로 작용할 수도 있는 것으로 보인다. 느리게 말하는 것이나 높은 목소리로 말하는 것은 노인들이 자신의 소통 능력에 대해 낮게 평가하도록 만들 뿐만 아니라 발화자에 대해서도 낮게 평가하도록 만든다.

요양원 등에서 흔히 쓰이는 노인 전용 화술은 여러 가지 형태를 가지고 있을 수 있다(Williams, Kemper, & Hummert, 2004). 그것은 상대에 대한 관심과 연민의 의사를 담은 육아적 표현과 유사한 형태지만, 동시에 부적절할 정도의 과도한 친근함을 담고 있는 표현일 수도 있다. 예를 들면, "어머, 길을 잃어버렸나 보네요. 이렇게 헤매고 있으면 안 되겠지요, 그렇지요? 우리 같이 방을 찾아봐요. 이리 와요." 등의 말투를 들 수 있다. 노인 전용 화술은 또한 매우 명령조가 될 수 있는데, 이는 듣는 사람의 자율성에 대해서 거의 인정하지 않고 높은 정도의 통제력을 쥐고 있는 형태다. 예를 들면, "그 방은 그쪽 방이 아니잖아요. 그 방에 들어갈 권리가 없어요. 입소자들은 다른 입소자들의 방에 출입할 수 없습니다."를 들 수 있다. 반대로, 노인 전용 화술은 상대에 대한 통제과 돌봄을 적절히 조화하면서도 보다 긍정적인 말투를 쓸 수도 있다. 예를 들면, "길을 잃어버리셨나 보네요. 방을 찾으시는 데 어려움을 겪고 계시나요? 문들이 다 똑같이 생겨서 헷갈릴 수 있어요. 복도 저쪽이 찾으시는 방이에요. 방까지 제가 안내해 드릴게요."를 들 수 있다.

과도하게 육아적인 형태의 말투를 듣게 될 경우, 즉 'sweetie'라든가 'honey' 등의 표현이 가득한 짧고 간단한 문장들만 사용되고 '그렇지요?' 등의 따라붙은 질문들이 사용되며 '우리'라는 표현이 자주 등장하는 종류의 말투의 경우, 대상이 되는 노인들은 자신이 인지 능력이 손상되어 있고 소통 능력에 문제가 있다고 느끼게 된다. 그리고 과도한 명령조의 대화법 또한 노인들에게 자신들이 무능력하고 자신들은 누군가의 도움을 받아야만 한다는 관념을 주입할 수 있다. 심지어 치매가 있는 노인들조차도 이러한 화술의 사용 안에 내포되어 있는 부정적 함의에 대하여 감지한다. 요양원 직원들이 너무 육아적인 노인 전용 화술을 사용할 경우, 입소인들이 폭력성이나 다른 문제 행동을 일으킴으로써 저항한다는 것이다. William, Kemper

와 Hummert(2003, 2004)는 직원들이 덜 깔보는 어투를 쓰도록 하는 것이 돌봄의 퀄리티를 향상시키고 문제 행동을 줄이는 데 도움이 되리라고 주장한다.

노인들, 특히 치매 노인들과의 소통을 향상시키기 위하여 많은 종류의 훈련 프로그램이 개발되었다(Action, Yauk, Hopkins, & Mayhew, 2007; Bourgeois. Dijkstra, Burgio, & Allen, 2003; Burgio et al., 2001; Dijkstra, Bourgeois, Burgio, & Allen, 2002; Ripich, 1994; Williams, 2006; Williams, Ilten, & Bower, 2005). 흔한 특징들은 가족이나 집이나 애완동물이나 다른 자서전적으로 의미 있는 사진들을 엮은 책과 같은 기억을 촉진시키는 매체를 사용함으로써 소통을 촉진시킨다거나, 소통 시 반복하기, 더 자세히 말하기, 다른 방식으로 말하기 등의 방법들을 통하여 상대방이 이해하지 못했거나 무시한 메시지를 전달하는 소통 전략을 훈련하기, yes/no 질문들을 활용하기(예: "무엇을 드시길 원하시나요?" 같은 '무엇' 질문들을 활용하여 노인들이 자신이 원하는 단어를 생각해 내기 위해 노력해야 하는 것을 방지하기 위해, "바나나를 원하시나요?"와 같이 한 가지 또는 두 가지의 구체적인 대안을 제공하는 것), 또는 소통을 원활하게 하기 위해 불특정의 전략을 사용하는 것을 피하는 것(예: "음?" "뭐라고요?" "방금 뭐라고 하셨나요?" 등)이 있다. 소통 프로그램들은 직원들의 마음의 짐과 스트레스를 줄여 줄 뿐만 아니라, 돌봄의 퀄리티 자체를 높여 주고 입소자들의 삶의 질 또한 높여 준다(Brodaty, Draper, & Low, 2003; Finnema et al., 2005; Grau, Chandler, & Saunders, 1995; Kiely, Simon, Jones, & Morris, 2000).

5. 결론

노인들이 독립적인 삶을 살기 위해서도, 글이나 전자 기기나 방송을 통하여 건강과 법에 관련한 지식을 습득하기 위해서도, 그리고 가족, 친구들, 변호사들, 의사들, 서비스 제공자들 등과 일대일 대면 대화를 하거나 인터넷으로 대화를 할 때에도, 소통 능력은 꼭 필요하다. 노화는 감각과 인지 능력의 감퇴를 가져오고 이는 소통 능력을 저하시키고 노인들이 뇌졸중이나 신경퇴행성 질병과 같이 소통능력을 저하시키는 병에 걸릴 확률을 증가시킨다.

최근의 인지 개입에 대한 초점은, 사회적 교류와 인지적 자극과 일상적인 소통 관련 활동들을 적극 장려하고 도와주는 활동을 통하여, 노인들의 소통 문제가 줄어들거나 지연될 수 있다는 희망을 불러일으킨다(Hertzog, Kramer, Wilson, & Lindenberger, 2008; Stine-Morrow & Basak, 2011). 아동기에 언어적 능력이 뛰어났거나(Snowdon et al., 1996), 평상시 글을 많이 읽고 식자 수준이 높을 시(Manly, Touradji, Tang, & Stern, 2003), 그리고 글에 많이 노출될 시(Payne, Gao, Noh, Anerson, & Stine-Morrow, 2012), 평생에 걸쳐 도움이 될 수 있고 추후 인지 능력의 쇠퇴나 소통의 문제가 야기되는 것을 느리게 하거나 지연시킬 수 있다. 두 가지 이상의 언어를 유창하게 하는 경우도 노인성 치매를 지연시키고 장기적 이점을 제공할 수 있다(Bialystok, Craik, & Freedman, 2007; Bialystok, Craik, Klein, & Viswanathan, 2004). 이러한 예시가 보여 주듯이 평상시 하는 일에 소통이 많이 포함되어 있을 경우, 예를 들어 사람들과 카드 게임을 한다거나 자원봉사를 하는 것(Carlson et al., 2008)이 개인에게도 매우 의미 있는 활동이 될 뿐만 아니라 올바른 단어를 찾는 활동이나 멀티태스킹 및 다른 소통 능력들을 향상시킬 수 있다.

참고문헌

Abrams, L., White, K. K., & Eitel, S. L. (2003). Isolating phonological components that increase tip-of-the-tongue resolution. *Memory & Cognition, 31*(8), 1153-1162.

Acton, G. J., Yauk, S., Hopkins, B. A., & Mayhew, P. A. (2007). Increasing social communication in persons with dementia. *Research and Theory in Nursing Practice, 21*(1), 32-44.

Altmann, L. J. P., & Troche, M. S. (2011). High-level language production in Parkinson's disease: A review. *Parkinson's Disease,* Article ID 238956, 12 pages, 2011. doi:10.4061/2011/238956

APHASIA (2011). What is aphasia? Retrieved September 30, 2011 from http://www.aphasia.org/Aphasia%20Facts/aphasia_faq.html

Arbuckle, T., & Gold, D. P. (1993). Aging, inhibition, and verbosity. Journal of Gerontology: *Psychological Sciences, 48,* P225-P232.

Arbuckle, T. Y., Gold, D., & Andres, D. (1986). Cognitive functioning of older people in relation to social and personality variables. *Psychology and Aging, 1,* 55-62.

Arbuckle, T., Nohara-LeClair, M., & Pushkar, D. (2000). Effects of off-target verbosity on communication efficiency in a referential communication task. *Psychology and Aging, 15,* 65-77.

Baltes, P. B., & Lindenberger, U. (1997). Emergence of a powerful connection between sensory and cognitive functions across the adult life span: A new window to the study of cognitive aging? *Psychology and Aging, 12,* 12-21.

Bastiaanse, R., & Leenders, K. L. (2009). Language and Parkinson's disease, *Cortex, 45*(8), 912-914.

Bayles, K. A., & Kaszniak, A. W. (1987). *Communication and cognition in normal aging and dementia*. Boston, MA: College-Hill.

Becic, E., Dell, G. S., Bock, K., Garnsey, S. M., Kubose, T., & Kramer, A. F. (2010). Driving impairs talking. *Psychonomic Bulletin & Review, 17*(1), 15-21.

Bialystok, E., Craik, F. I. M., & Freedman, M. (2007). Bilingualism as a protection against the onset of symptoms of dementia. *Neuropsychologia, 45*(2), 459-464.

Bialystok, E., Craik, F. I. M., Klein, R., & Viswanathan, M. (2004). Bilingualism, aging, and cognitive control: Evidence from the Simon Task. *Psychology and Aging, 19*(2), 290-303.

Bootsma-van der Wiel, A., Gussekloo, J., de Craen, A. J., van Exel, E., Bloem, B. R., & Westendorp, R. G. (2003). Walking and talking as predictors of falls in the general population: The Leiden 85+ study. *Journal of the American Geriatrics Society, 51*(10), 1466-1471.

Bourgeois, M. S., Dijkstra, K., Burgio, L. D., & Allen, R. S. (2003). Communication skills training for nursing aides of residents with dementia: The impact of measuring performance. *Clinical Gerontologist: The Journal of Aging and Mental Health, 27*(1-2), 119-138.

Brodaty, H., Draper, B., & Low, L. (2003). Nursing home staff attitudes towards residents with dementia: Strain and satisfaction with work. *Journal of Advanced Nursing, 44*(6), 583-590.

Burgio, L. D., Allen-Burge, R., Roth, D. L., Bourgeois, M. S., Dijkstra, K., Gerstle, J., ... Bankester, L. (2001). Come talk with me: Improving communication between nursing assistants and nursing home residents during care routines. *The Gerontologist, 41*(4), 449-460.

Burke, D. M., & Laver, G. D. (1990). Aging and word retrieval: Selective age deficits in language. In E. A. Lovelace (Ed.), *Aging and cognition: Mental processes, self-awareness, and interventions* (pp. 281-300). New York, NY: Elsevier-North Holland.

Burke, D. M., MacKay, D. G., Worthley, J. S., & Wade, E. (1991). On the tip of the tongue: What causes word finding failures in young and older adults. *Journal of Memory and Language, 30,* 542-579.

Camicioli, R., Howieson, D., Lehman, S., & Kaye, J. (1997). Talking while walking: The effect of a dual task in aging and Alzheimer's disease. *Neurology, 48,* 955-958.

Carlson, M. C., Saczynski, J. S., Rebok, G. W., Seeman, T., Glass, T. A., McGill, S., ... Fried, L. P. (2008). Exploring the effects of an 'everyday' activity program on executive function and memory in older adults: Experience Corps. *The Gerontologist, 48,* 793-801.

Centers for Disease Control. (2011). Alzheimer's Disease. Retrieved September 30, 2011 from http://www.cdc.gov/aging/aginginfo/alzheimers.htm

Cohen, G. (1979). Language comprehension in old age. *Cognitive Psychology, 11,* 412-429.

Colman, K. S., Koerts, J., van Beilen, M., Leenders, K. L., Post, W. J., & Bastiaanse, R. (2009). The impact of executive functions on verb production in patients with Parkinson's disease. *Cortex, 45*(8), 930-942.

Coupland, N., & Coupland, J. (1995). Discourse, identity, and aging. In J. F. Nussbaum & J. Coupland (Eds.), *Handbook of communication and aging research* (pp. 79-103). Hillsdale, NJ: Lawrence Erlbaum Associates.

Cummings, J. L. (2002). *Neuropsychiatric aspects of Alzheimer's disease and other dementing illnesses.* New York, NY: Taylor and Francis.

Dijkstra, K., Bourgeois, M. S., Allen, R. S., & Burgio, L. D. (2004). Conversational coherence: Discourse analysis of older adults with and without dementia. *Journal of Neurolinguistics, 17*(4), 263-283.

Dijkstra, K., Bourgeois, M., Burgio, L., & Allen, R. (2002). Effects of a communication intervention on the discourse of nursing home residents with dementia and their nursing assistants. *Journal of Medical Speech-Language Pathology, 10*(2), 143-157.

Dijkstra, K., Bourgeois, M., Petrie, G., Burgio, L., & Allen-Burge, R. (2002). My recaller is on vacation: Discourse analysis of nursing-home residents with dementia. *Discourse Processes, 33*(1), 53-76.

Dominey, P. F., & Inui, T. (2009). Cortico-striatal function in sentence comprehension: Insights from neurophysiology and modeling. *Cortex, 45*(8), 1012-1018.

Finnema, E., Dröes, R., Ettema, T., Ooms, M., Adèr, H., Ribbe, M., & van Tilburg, W. (2005). The effect of integrated emotion-oriented care versus usual care on elderly persons with dementia in the nursing home and on nursing assistants: A randomized clinical trial. *International Journal of Geriatric Psychiatry, 20,* 330-343.

Gold, D. P., Andres, D., Arbuckle, T., & Schwartzman, A. (1988). Measurement and correlates of verbosity in elderly people. Journal of Gerontology: *Psychological Sciences, 43,* 27-33.

Gold, D. P., & Arbuckle, T. Y. (1995). A longitudinal study of off-target verbosity. *Journal of Gerontology: Psychological Sciences, 50B,* P307-325.

Goodglass, H., & Wingfield, A. (1997). Word-finding deficits in aphasia: Brain-behavior relations and clinical symptomatology. In H. Goodglass & A. Wingfield (Eds.), ANOMIA: *Neuroanatomical and cognitive correlates* (pp. 3-30). San Diego, CA: Academic Press.

Gorno-Tempini, M. L., Hillis, A. E., Weintraub, S., Kertesz, A., Mendez, M., Cappa, S. F., ... Grossman, M. (2011). Classification of primary progressive aphasia and its variants. *Neurology, 76*(11), 1006-1014.

Grau, L., Chandler, B., & Saunders, C. (1995). Nursing home residents' perceptions of the quality of their care. *Journal of Psychosocial Nursing, 33*(5), 34-41.

Hamilton, H. (1994). *Conversations with an Alzheimer's patient.* Cambridge, UK: Cambridge University Press.

Harwood, J., Giles, H., & Ryan, E. B. (1995). Aging, communication, and intergroup theory: Social identity and intergenerational communication. In J. Nussbaum & J. Coupland (Eds.), *Handbook of communication and aging research* (pp. 133-159). Hillsdale, NJ: Lawrence Erlbaum Associates.

Hasher, L., & Zacks, R. T. (1988). Working memory, comprehension, and aging: A review and a new view. In G. H. Bower (Ed.), *The psychology of learning and motivation* (Vol. 22, pp. 193-226). New York, NY: Academic.

Hertzog, C., Kramer, A. E., Wilson, R. S., & Lindenberger, U. (2008). Enrichment effects on adult cognitive development: Can the functional capacity of older adults be preserved and enhanced? *Psychological Science in the Public Interest, 9,* 1-65.

Hickson, L., Wood, J., Chaparro, A., Lacherez, P., & Marszalek, R. (2010). Hearing impairment affects older people's ability to drive in the presence of distracters. *Journal of the American Geriatrics Society, 58*(6) , 1097-1103.

Hummert, M. L., Garstka, T. A., Shaner, J. L., & Strahm, S. (1994). Stereotypes of the elderly held by young, middle-aged, and elderly adults. *Journals of Gerontology, 49*(5), P240-P249.

Hummert, M. L., Mazloff, D., & Henry, C. (1999). Vocal characteristics of older adults and stereotyping. *Journal of Nonverbal Behavior, 23*(2), 111-132.

Hummert, M. L., & Ryan, E. B. (1996). Toward understanding variations in patronizing talk addressed to older adults: Psycholinguistic features of care and control. *International Journal of Psycholinguistics, 12*(2), 149-169.

James, L. E., & Burke, D. M. (2000). Phonological priming effects on word retrieval and tip-of-the-tongue experiences in young and older adults. *Journal of Experimental Psychology: Learning, Memory, and Cognition, 26*(6), 1378-1391.

James, L. E., Burke, D. M., Austin, A., & Hulme, E. (1998). Production and perception of "verbosity" in younger and older adults. *Psychology and*

Aging, 13, 355-368.

Kemper, S. (1994). Elderspeak: Speech accommodations to older adults. *Aging and Cognition, 1,* 17-28.

Kemper, S. (2011). The effects of aging on language and communication. In R. K. Peach & L. P. Shapiro (Eds.), *Cognition and acquired language disorders: An information processing approach* (pp. 13-36). St. Louis, MO: Elsevier Mosby.

Kemper, S., & Harden, T. (1999). Disentangling what is beneficial about elderspeak from what is not. *Psychology and Aging, 14,* 656-670.

Kemper, S., Herman, R. E., & Lian, C. H. T. (2003). The costs of doing two things at once for young and older adults: Talking while walking, finger tapping, and ignoring speech or noise. *Psychology and Aging, 18,* 181-192.

Kemper, S., Hoffman, L., Schmalzried, R., Herman, R., & Kieweg, D. (2011). Tracking talking: Dual task costs of planning and producing speech for young versus older adults. *Aging, Neuropsychology, and Cognition, 18*(3), 257-279.

Kemper, S., Schmalzried, R., Herman, R., & Mohankumar, D. (2011). The effects of varying task priorities on language production by young and older adults. *Experimental Aging Research, 37*(2), 198-219.

Kempler, D. (2005). *Neurocognitive disorders in aging.* Thousand Oaks, CA: Sage Publications.

Kempler, D., Curtiss, S., & Jackson, C. (1987). Syntactic preservation in Alzheimer's disease. *Journal of Speech and Hearing Research, 30,* 343-350.

Kiely, D. K., Simon, M. A., Jones, R. N., & Morris, J. N. (2000). The protective effect of social engagement on mortality in long-term care. *Journal of the American Geriatrics Society, 48*(12), 1367-1372.

Kimberg, D. Y., D'Esposito, M., & Farah, M. J. (2000). Frontal lobes II: Cognitive issues. In M. J. Farah & T. E. Feinberg (Eds.), *Patient-based approaches to cognitive neuroscience* (pp. 317-326). Cambridge, MA: MIT Press.

Lighthouse Research Institute. (1995). *The Lighthouse National Survey on Vision Loss: The experiences, attitudes, and knowledge of middle-aged and older Americans*. New York, NY: The Lighthouse.

Lin, F. R., Thorpe, R., Gordon-Salant, S., & Ferrucci, L. (2011). Hearing loss prevalence and risk factors among older adults in the United States. *Journal of Gerontology: Biological Sciences and Medical Sciences, 66*(5), 582-590.

Lindenberger, U., & Baltes, P. B. (1994). Sensory functioning and intelligence in old age: A strong connection. *Psychology and Aging, 9,* 339-355.

Manly, J. J., Touradji, P., Tang, M.-X., & Stern, Y. (2003). Literacy and memory decline among ethnically diverse elders. *Journal of Clinical and Experimental Neuropsychology, 25,* 680-690.

McCoy, S. L., Tun, P. A., Cox, L. C., Colangelo, M., Stewart, R. A., & Wingfield, A. (2005). Hearing loss and perceptual effort: Downstream effects on older adults' memory for speech. *The Quarterly Journal of Experimental Psychology A: Human Experimental Psychology. Special Issue: Cognitive Gerontology: Cognitive Change in Old Age, 58A*(1), 22-33.

Neider, M. B., Gaspar, J. G., McCarley, J. S., Crowell, J. A., Kaczmarski, H., & Kramer, A. F. (2011). Walking and talking: Dual-task effects on street crossing behavior in older adults. *Psychology and Aging, 26*(2), 260-268.

Obler, L. K. (1980). Narrative discourse style in the elderly. In L. K. Obler & M. L. Albert (Eds.), *Language and communication in the elderly* (pp. 75-90). Lexington, MA: Heath & Company.

Payne, B. R., Gao, X., Noh, S. R., Anderson, C. J., & Stine-Morrow, E. A. L. (2012). The effects of print exposure on sentence processing and memory in older adults: Evidence for efficiency and reserve. *Aging, Neuropsychology, and Cognition, 19,* 122-149.

Peach, R. K., & Shapiro, L. P. (Eds.). (2011). *Cognition and acquired language disorders: An information processing approach*. St. Louis, MO: Elsevier Mosby.

Pushkar, D., Basevitz, P., Arbuckle, T., Nohara-LeClair, M., Lapidus, S., & Peled, M. (2000). Social behavior and off-target verbosity in elderly people. *Psychology and Aging, 15,* 361-374.

Rabbitt, P. (1965). Age differences in the ability to ignore irrelevant information. *Journal of Gerontology, 20,* 233-238.

Ripich, D. N. (1994). Functional communication with AD patients: A caregiver training program. *Alzheimer's Disease and Association Disorders, 8,* 95-109.

Ripich, D. N., & Terrell, B. Y. (1988). Patterns of discourse cohesion and coherence in Alzheimer's disease. *Journal of Speech and Hearing Disorders, 53,* 8-15.

Ryan, E. B., Bourhis, R. Y., & Knops, U. (1991). Evaluative perceptions of patronizing speech addressed to elders. *Psychology and Aging, 6*(3), 442-450.

Ryan, E. B., Giles, H., Bartolucci, G., & Henwood, K. (1986). Psycholinguistic and social psychological components of communication by and with the elderly. *Language and Communication, 6*(1-2), 1-24.

Ryan, E. B., Hamilton, J. M., & See, S. K. (1994). Patronizing the old: How do younger and older adults respond to baby talk in the nursing home? *International Journal of Aging and Human Development, 39*(1), 21-32.

Ryan, E. B., Hummert, M. L., & Boich, L. H. (1995). Communication predicaments of aging: Patronizing behavior toward older adults. *Journal of Language and Social Psychology, 14*(1-2), 144-166.

Ryan, E. B., Jin, Y., Anas, A. P., & Luh, J. J. (2004). Communication beliefs about youth and old age in Asia and Canada. *Journal of Cross-Cultural Gerontology, 19*(4), 343-360.

Ryan, E. B., See, S. K., Meneer, W. B., & Trovato, D. (1992). Age-based perceptions of language performance among younger and older adults. *Communication Research, 19*(4), 423-443.

Salive, M. E., Guralnik, J., Christen, W., Glynn, R. J., Colsher, P., & Ostfeld, A. M. (1992). Functional blindness and visual impairment in older adults from three communities. *Ophthalmology, 99,* 1840-1187.

Schneider, B. A., Daneman, M., & Murphy, D. R. (2005). Speech comprehension difficulties in older adults: Cognitive slowing or age-related changes in hearing? *Psychology and Aging, 20*(2), 261-271.

Schneider, B. A., & Pichora- Fuller, M. K. (2000). Implications of perceptual deterioration for cognitive aging research. In F. I. M. Craik & T. A. Salthouse (Eds.), *The handbook of aging and cognition* (2nd ed., pp. 155-219). Mahwah, NJ: Lawrence Erlbaum Associates.

Shumway-Cook, A., Guralnik, J. M., Phillips, C. L., Coppin, A. K., Ciol, M. A., Bandinelli, S., & Ferrucci, L. (2007). Age-associated declines in complex walking task performance: The Walking InCHIANTI Toolkit. *Journal of the American Geriatrics Society, 55*(1), 58-65.

Shumway-Cook, A., & Woollacott, M. (2000). Attentional demands and postural control: The effect of sensory context. *Journal of Gerontology: Medical Sciences, 55,* M10-M16.

Snowdon, D. A., Kemper, S. J., Mortimer, J. A., Greiner, L. H., Wekstein, D. R., & Markesbery, W. R. (1996). Cognitive ability in early life and cognitive function and Alzheimer's disease in late life: Findings from the Nun study. *Journal of the American Medical Association, 275,* 528-532.

Stine, E. L., Wingfield, A., & Myers, S. D. (1990). Age differences in processing information from television news: The effects of bisensory augmentation. *Journals of Gerontology, 45*(1), P1-P8.

Stine-Morrow, E. A. L., & Basak, C. (2011). Cognitive interventions. In K. W. Schaie & S. L. Willis. *Handbook of the psychology of aging* (7th ed., pp. 153-171). San Diego, CA: Elsevier.

Stroke Center. (2011). Stroke statistics. Retrieved September 30, 2011 from http://www.strokecenter.org/patients/stats.htm

Trunk, D. L., & Abrams, L. (2009). Do younger and older adults' communicative goals influence off-topic speech in autobiographical narratives? *Psychology and Aging, 24*(2), 324-337.

Tun, P. A., McCoy, S., & Wingfield, A. (2009). Aging, hearing acuity, and the attentional costs of effortful listening. *Psychology and Aging, 24*(3), 761-766.

Tun, P.-A., O'Kane, G., & Wingfield, A. (2002). Distraction by competing speech in young and older adult listeners. *Psychology and Aging, 17*(3), 453-467.

Wahl, H.-W., Schilling, O., Oswald, F., & Heyl, V. (1999). Psychosocial consequences of age-related visual impairment: Comparison with mobility impaired older adults and long-term outcome. *Journal of Gerontology: Psychological Sciences, 54,* 304-316.

Wahl, H.-W., & Tesch-Romer, C. (2001). Aging, sensory loss, and social functioning. In N. Charness, D. Parks, & B. A. Sabel (Eds.), *Communication, technology, and aging* (pp. 108-126). New York, NY: Springer.

White, K. K., & Abrams, L. (2002). Does priming specific syllables during tip-of-the-tongue states facilitate word retrieval in older adults? *Psychology and Aging, 17*(2), 226-235.

Williams, K. (2006). Improving outcomes of nursing home interactions. *Research in Nursing and Health, 29,* 121-133.

Williams, K., Herman, R., Gajewski, B., & Wilson, K. (2009). Elderspeak communication: Impact on dementia care. *American Journal of Alzheimer's Disease & Other Dementias, 24,* 11-20.

Williams, K., Ilten, T., & Bower, H. (2005). Meeting communication needs: Topics of talk in the nursing home. *Journal of Psychosocial Nursing and Mental Health Services, 43,* 38-45.

Williams, K., Kemper, S., & Hummert, M. L. (2003). Improving nursing home communication: An intervention to reduce elderspeak. *The Gerontolo-*

gist, 43(2), 242-247.

Williams, K., Kemper, S., & Hummert, M. L. (2004). Enhancing communication with older adults: Overcoming elderspeak. *The Journal of Gerontological Nursing, 30,* 1-10.

Wingfield, A., Tun, P. A., & McCoy, S. L. (2005). Hearing loss in older adulthood: What it is and how it interacts with cognitive performance. *Current Directions in Psychological Science, 14*(3), 144-148.

제5장

운동, 영양 및 노화

제5장

운동, 영양 및 노화

Michael G. Flynn and Laura K. Stewart

제1장에서 Ferraro는 '노년학에 대한 시각'을 개발해야 한다고 주장했다. 이 새로운 인식의 7대 원칙 중에서 노화의 원인이 나이와 관련된 모든 현상이 아니며, 오히려 노화는 이질성과 연관되어 있고 노화 속도 감소에는 상당한 개인 차이가 있다는 새로운 인식을 상기시켜 주었다. 운동과학 연구자들은 신체적 기능이 뛰어난 노인들을 자주 볼 수 있으며, 개개인의 서로 다른 노화 속도 차이를 이해하는 세심한 이해력을 가지고 있다. 운동과학자들은 성인이 신체적인 활동성을 유지하거나 혹은 노인이 신체적으로 더욱 더 활동적이 될 때 어떻게 변화하는지에 대한 상상력을 연구할 수 있다.

평생 동안 신체 단련 활동을 수행한 노인의 놀라운 신체적 기량의 사례가 있다. 2011년 10월 11일 Fauja Singh는 토론토 워터프런트 마라톤을 완주하였으며, 그때 그의 나이는 100세였다! 이러한 수행은 대체로 오랫동안 헌신적으로 꾸준히 해 온 신체 단련과 건강한 유전자의 조합으로 가능하다. 우리가 물려받은 유전자에 대해서는 아무것도 할 수 없지만, 운동 훈련은 노년기의 기능 능력, 건강 및 행복감에 현저하게 영향을 미칠 수 있다. 100세 이상 노인들에게서도 운동 적응 능력이 효과적으로 향상될 수 있지만, 노화와 관련된 생물학적 변화를 완화시키기 위한 운동 잠재력의 핵심 문제까지 파고들지 않는다. 건강과 만성 질환 예방에 긍정적인 영향을 미치는 운동의 잠재력을 알지만, 고강도 신체 활동에 참여하는 75세 이상의 노인은 오직 6%뿐이다. 이러한 신체 활동 참여 비율은 65~74세에서 약 13%, 45~65세에서 약 21%로 증가한다. 또한 노인 남성의 약 35%와 노인 여성(75세 이상)의 45%는 비활동적으로 간주된다(USDHHS, 2002).

운동은 신체 기능 유지 또는 회복에 중요한 영향을 미친다. 마라톤을 완주한 100세 이상의 노인들의 예는 뉴스 헤드라인에서 볼 수 있지만, 보통 사람들이 자신의 삶 전반에 걸쳐 체력 활동에 투자한 예 혹은 노년기에 운동에 열광하게 된 사람들의 이야기가 노년기에 운동이 주는 건강과 기능에 인상적인 예시를 제공한다. 그러므로 보통의 노인들은 노화 과정에서 신체 활동이 미치는 잠재적 효과를 이해하는 것이 매우 중요하다.

운동과 노화 분야의 연구는 오랫동안 탄탄히 진행되어 왔으며, 지난 20년 동안 운동과 노화의 연구는 극적인 발전을 이루고 있다. 연구 결과는 노년학 분야에 크게 기여하고 있다. 무엇보다도 연구자들은 질병 예방과 치료를 위한 의료 요법들과 저가의 보완대체 요법 및 삶의 질 향상과 건강 관리법을 제공하였다. 이 장에서는 빠르게 성장하고 있는 운동, 영양, 노화에 관한 연구의 문헌 고찰을 제공한다. 이 장의 주제가 너무 광범위하기 때문에 몇 가지 흥미로운 주제가 다루어지고 있긴 하지만, 여러 가지 하위 주제까지 자세하게 다루어질 수 없는 부분도 있다.

운동과학자들은 노년학 연구에서 다학문적이라는 한 가지 용어를 사용하여 요약할 수 있다. 운동과학 연구자는 광범위한 학문 연구를 포함하는 다양한 연구 방법과 함께 노년학에 대하여 조사한다. 예를 들면, 운동생리학자들은 운동이나 신체 활동이 생리학적 시스템(예: 심장 혈관, 근육, 내분비, 면역, 골격)에 미치는 영향을 조사하거나 또는 운동이 어떻게 영양 섭취와 질병 위험을 변화시키고 재활 과정을 개선시키는지를 연구한다.

지난 20년간, 운동과학 분야와는 직접적으로 관련이 없는 것으로 보이던 노화 분야의 연구자들이 운동 변수를 점차 많이 도입하여 사용하고 있다. 운동이 만성 질환과 장애 예방 치료에 중요한 잠재성을 가지고 있다는 점은 운동과학 및 노년학 연구 전반에 걸쳐 좋은 소식이다. 이전에는 이러한 질병이나 장애가 노화 때문이라고 간주되었지만, 지금은 종종 신체 활동 부족과 관련이 있다고 보고되고 있다. 저명한 운동과학자인 A. H. Ismail은 "운동은 자연의 약"이라고 자주 말하곤 하였다. 때때로 이러한 단정적인 개념은 운동이 누구에게나 그리고 '모든 것에 유익하다'는 잘못된 생각으로 이어지기도 한다. 생물의학 및 행동 연구자는 운동의 긍정적인 면을 점차적으로 밝혀내면서, 동시에 '운동이 만병통치약이 아니다'라는 사실을 일깨워 주고 있다.

1. 근육감소증

근육감소증은 말 그대로 '빈곤의 살', 나이와 관련된 골격 근육량의 감소로 정의된다. 근육감소증은 여러 가지 원인이 있는데, 만성적인 저단계 염증이 동반되는 단백질 합성 감소, 동화 자극 감소, 이화 자극 증가(Beyer, Njemini, Bautmans, Demanet, & Mets, 2012; Roubenoff, 2003), 그리고 노화에 함께 발생하는 속근섬유(type II muscle fibers)의 선택적인 신경 제거가 있다(Beyer et al., 2012; Carlson, 1997; [그림 5-1] 참조). 염증 인자 및 보호용 분자(예: 열충격 단백질)는 높은 빈도의 근육 손실과 기능적 능력의 발병률과 관련이 있지만, 이러한 분자들의 상호작용은 상당히 복잡하다(Beyer et al., 2012). 항염증 약물(예: NSAIDS)과 근육 기능 사이의 잠재적인 상호작용은 이 장의 뒷부분에서 언급할 것이다.

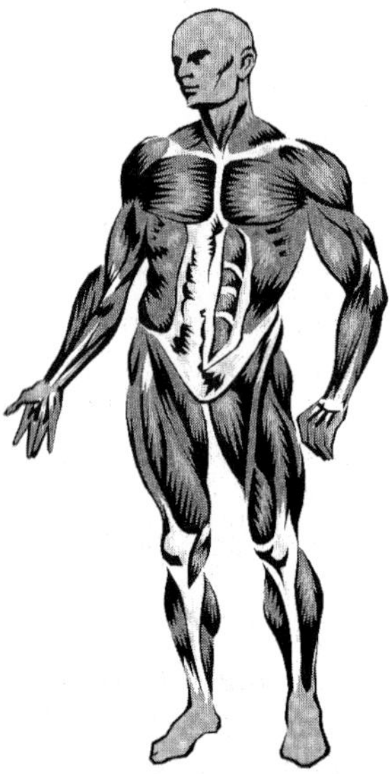

동화작용
- 운동 또는 신체활동
- 내분비계: 성장 호르몬, 테스토스테론, 에스트로겐
- 적절한 식이

이화작용
- 신체활동 부족
- 염증: TNF-α
- CNS 입력 감소: α 운동 뉴런 손실, 운동단위 활성화 감소

[그림 5-1] 근골격계 증가와 손실에 영향을 주는 요인들

출처: Roubenoff(2003).

근육감소증은 젊고 건강한 대상자의 평균 근육량 비율보다 표준편차 2배 이상 낮은 경우를 말한다(Roubenoff, 2003). 근육감소증의 유병률은 70~74세에서 11%, 75~79세에서 17%, 80세 이상에서 22%의 증가율로 보고되었다(Morley, Baumgartner, Roubenoff, Mayer, & Nair, 2001). 반면에 또 다른 연구에서는 상당히 높은 근육감소증 유병률(60세 이상에서 30%)을 보였다(Doherty, 2003). 이러한 유병률의 차이는 근육감소증을 측정하기 위해 사용되는 방법에 따라 달라질 수 있다. 또한 일부 연구자는 비만인들을 대상으로 한 근육감소증은 불충분하게 연구되고 있다고 언급하였다(Rolland et al., 2009). 유병률과 상관없이 근육감소증은 심각한 신체 기능 저하 및 의료 의존성 증가와 관련이 있다(Rolland et al., 2009). 예를 들면, 근육감소증과 관련된 의료 지출은 2000년도에 180억 이상 되었다(Rolland et al., 2009).

노화와 관련된 근육량 감소는 그 자체로 매우 중요하지만, 연령이 증가함에 따라 근육질의 감소가 있을 수도 있다(Kehayias, Fiatarone, Zhuang, & Roubenoff, 1997; Newman et al., 2003). 예를 들면, Newman과 동료들(2003)은 체지방과 근력 감소 간의 높은 상관관계를 보고하였는데, 근섬유 내의 높은 지방 함량이 체지방을 부수적으로 증가시키며 결과적으로 근력의 힘을 감소시키는 데 영향을 미친다고 제시하였다. 또한 노화와 관련된 근육단백질 합성 감소, 세포 질량 감소, 속근섬유의 선택적인 감소 및 근섬유정렬각(pennation angle)의 감소를 보고하였다(Kehayias et al., 1997; Suetta et al., 2008). 이러한 변화 중 일부는 저항 훈련과 적절한 영양 섭취로 개선될 수 있다(Fielding et al., 2002). 예를 들면, 저항 훈련은 근육의 형태나 기능적 테스트에 미비한 영향만을 주는 전기 자극이나 표준 재활치료보다 훨씬 크게 기능적 능력과 근섬유정렬각을 복원하는 것으로 나타났다(Suetta et al., 2008).

근육감소증은 신체 장애율을 증가시키는 것과 상관관계가 있다(즉, 개인 돌봄, 가사 노동 또는 보행에 도움이 필요한 경우). 예를 들면, 보통의 근육량을 가진 대상자에 비해 근육감소증을 가지고 있는 남성과 여성이 지팡이 혹은 보행기를 더 많이 사용하거나 낙상 유병률이 대략 3~4배 높은 것으로 보고되고 있다(Baumgartner et al., 1998). 근육감소증과 장애 사이의 관계는 특히 비만인들 사이에서 주목할 만하다(Rolland et al., 2009). 노인들에게서 자주 발생되는 근육 감소와 체지방 증가는 연구자들로 하여금 '저근육형 비만'이라는 신조어를 만들게 하였으며, 이러한 현상은 근육량 감소, 적어도 부분적인 근육질 손실 때문에 발생되는 근력의 감소 및 비만의 조합이다(Stenholm et al., 2008). 저근육형 비만은 질병과 조기 사망에 위험이 있을 수 있으며, 물리적 어려움 또는 기능 상실을 가질 수 있게 한다. 사실상 Rolland와 동료들(2009)은 근육감소증 노인 여성이 건강한 체성분을 가진 여성들과 비교하여 신체 기능적인 차이를 보이지는 않았지만, 같은 연령대의 저근육형 비만 여성이 계단 오르기에서 2.6배 그리고 이동의 어려움에서 1.54배 더 높다고 보고하였다. 연구자들은 저근육형 비만을 명확하게 정의하기 위해 노력하면서 근육 손실이 동반된 비만 상태가 근육 손실만 있을 때보다 훨씬 더 위험하다고 분명히 보고하고 있다. 따라서 근육감소증은 운동과 올바른 식습관으로 단순하게 치료될 수 있지만, 그 원인이 여러 가지이기 때문에 어떤 치료법을 선택할지를 결정하는 일은 쉽지 않다.

2. 운동과 노인

1) 저항 운동과 근력 발달

신체 활동 증가의 긍정적인 효과는 과학 및 의료 분야에서 오랫동안 중요하게 인식되었지만, 고령자에 대한 운동 효과 연구는 서서히 발달했다. 1984년까지만 해도 연구자들은 저항운동 훈련이 '연금 수급자들'에게 유익한지에 대해서 의문을 제기했다(Aniansson, Ljungberg, Rundgren, & Wetterqvist, 1984). 향후 몇 년 동안, 연구자들은 저항 훈련 프로그램이 노인들의 근력과 근육 크기 및 기능적 능력 향상을 증가시킨다는 것을 발견했다(Aniansson et al., 1984; Fielding et al., 2002; Reid et al., 2008). 터프츠 대학 연구에서 90세가 넘은 노쇠한 노인들이 저항 훈련을 통해서 근력과 근육 크기를 증가시킨다고 보고하였다(Fiatarone et al., 1990). 이 연구에서 연구자들이 '높은 강도'의 저항 훈련을 실시한 사실은 대단히 흥미롭다. 예를 들면, 연구 대상자들은 기존의 저항 운동 기구를 사용하여 교육을 받고 있는 대학생들과 비슷한 수준의 운동 강도로 훈련을 받았다. Fiatrarone과 동료들(1990)의 연구가 노인들의 운동 강도 관련 연구에 대한 관심을 크게 증가시키는 자극제가 되었다.

근력은 30세 이후 10년마다 대략 7~8% 정도 감소한다. 일부 연구자는 근력이 50세 이후 급격하게 감소하며, 70세 이후에는 더 현격하게 감소한다고 주장하였다. 이러한 서로 다른 연구 결과와 상관없이 노화와 관련된 근력 감소는 명백하다(Danneskiold-Samsoe et al., 1984). 25년 전, Framingham 데이터는 대부분의 65세 이상 노인은 4.5kg(10파운드)보다 무거운 무게를 들어 올릴 수 없다는 것을 보여 주었다(Jette & Branch, 1981). 사실상 조사에 응답한 여성의 약 40%와 남성의 60%가 이러한 무게를 들어 올릴 수 있다고 하였다.

노화로 인한 근력 감소로 단정 짓기 쉽겠지만, 신체적으로 활동적인 사람은 주로 좌식 생활을 하는 사람들만큼 동일한 근육 기능 장애가 발생하지 않는다. 노화와 함께 발생하는 근력 감소의 상당 부분은 신체 활동 부족과 관련이 있으며, 노화 과정 그 자체 때문만은 아니다. 또한 저항 훈련은 모든 연령대와 90세 이상까지 근력과 근비대를 증가시킨다고 보고되고 있다(Peterson et al., 2003). 따라서 저항운동 훈련(근력 운동)을 통하여 근력 감소의 상당 부분을 예방 또는 개선시킬 수 있다.

역연령 증가에 따른 근력 감소는 원인과 상관없이 활동성과 일상생활을 수행할 수 있는 능력, 독립적인 활동 기간, 전반적인 건강 관리 비용에도 상당히 영향을 미친다(Potter, Evans, & Duncan, 1995; Rolland et al., 2009). 예를 들면, 근력은 보행 속도와 상관관계가 있으며, 보행 속도는 일상생활(activities of daily living)을 수행할 수 있는 능력과 높은 관련이 있다(Potter et al., 1995). 저항운동 훈련은 근력 감소를 예방하고, 고령자 스스로 건강을 관리할 수 있는 능력을 향상시키며, 독립적으로 살아갈 수 있는 기간을 연장시킬 수 있다.

골격근은 저항 훈련에 대하여 크게 반응한다. 선행 연구들은 저항운동 훈련 프로그램에 참여한 노인들의 근력 향상에 대하여 일관성 있는 연구 결과들을 보고하였다. 이러한 근력 증가는 신체적 기능을 향상시키고(Latham, Bennett, Stretton, & Anderson, 2004) 낙상으로부터의 위험을 감소시키는

(Chang et al., 2004) 것과 관련이 있다.

대부분의 연구자가 사용한 저항 운동 강도는 대학생들이 근력을 증가시키기 위해 사용된 프로그램 강도와 유사하다는 것에 주목해야 한다. 다시 말해서, 노인들은 젊은 성인과 유사한 운동 강도에서 저항 운동을 수행할 때 마찬가지로 반응을 잘한다. 그러나 1회 최대근력(one repetition maximum 또는 1 RM)으로 근력 훈련을 수행할 시에 노인들의 부상 위험을 증가시킬 수 있다(Pollock et al., 1991). 7~10회(7~10 RM testing)를 반복할 수 있는 무게로 수행된 1세트는 1회 최대근력 테스트를 할 수 있는 합리적인 대안을 제공한다(Braith, Graves, Leggett, & Pollock, 1993).

2) 파워 훈련

저항 훈련 프로그램은 노인 운동 참여자들의 근력, 근육의 크기 및 기능적 능력을 향상시킨다. 이러한 연구의 대부분이 기존의 웨이트트레이닝을 사용하여 수행되었기 때문에, 현재의 연구에서는 노인들을 위한 새로운 저항 훈련 방법에 초점을 두고 있다. 저항 훈련을 새롭게 보완하려는 이러한 시도는 다양한 부하, 속도 및 긍정적인 운동 결과를 달성하기 위해 필요한 최소한의 효과적인 운동량을 평가하기 위해서다. 최근 파워 훈련(높은 속도에서 낮은 강도의 훈련)의 효과와 전통적인 저항 훈련을 비교하는 연구들이 등장하기 시작했다(Bean et al., 2010; Reid et al., 2008; Tschopp, Sattelmayer, & Hilfiker, 2011). 파워 훈련 효과를 실험하기 위한 이론적 근거로서 노화로 인해 발생하는 운동 기능과 행동양식의 변화와 함께 속근섬유의 선택적 손실을 보여 주는 선행 연구들이 있다(Carmeli & Reznick, 1994). 또한 노인들에게 있어 근육 파워는 근력보다 빠르게 감소한다(Metter, Conwit, Tobin, & Fozard, 1997). 종합적으로 이러한 변화들은 운동 기능적 수행 능력에 손상을 미치며, 특정 훈련이 이러한 기능을 회복시키고 향상시킬 것이라고 기대하게 한다.

노화에 따른 급속한 파워의 감소에도 불구하고, 파워 훈련 연구는 파워 측정 향상과 기능적 능력의 회복과 관련해서 복합적으로 연구되었다(Fielding et al., 2002; Reid et al., 2008). 예를 들면, Tschopp와 동료들(2011)은 메타분석을 하였는데 그들의 제외 기준으로 인해 매우 적은 수의 연구 결과들을 메타분석에 포함시켰다. 기능적 결과를 고려할 때 파워 훈련이 전통적인 근력 훈련에 비해 '적은 장점'을 가지고 있다고 보고하였다. 따라서 여러가지 파워 훈련들의 연구 결과를 종합적으로 분석한 결과, 파워 훈련이 기능적 향상과 낙상 위험의 감소 가능성과 관련이 있다는 새로운 가능성이 대두되고 있다(Granacher, Muehlbauer, Zahner, Gollhofer, & Kressig, 2011).

3) 지구성 운동과 노화

지금까지 저항운동 훈련이 이 장의 초점이었지만, 걷기, 수영, 또는 크로스컨트리 스키와 같은 동적, 지구성 운동의 긍정적인 효과들이 과소평가되어서는 안 된다. 노화와 관련된 지구성 능력 저하의 일부는 저항 운동으로 유지되거나 증가될 수 있는 제지방 체중의 감소(Rosen, Sorkin, Goldberg, Hagberg, & Katzel, 1998; Tracy et al., 1999)에 있다. 그럼에도 불구하고 지구성 운동은 심혈관 위험 감소, 산소 소비 증가, 심혈관 발달 및 혈압 변화의 개선을 촉진하는 데 더 자주 설명된다(Pescatello et al., 2004; Talbot, Morrell, Metter, & Fleg, 2002).

최대산소섭취량(VO_{2max}) 실험은 교환(폐), 배달(심장과 혈액) 및 산소 사용(미토콘드리아 조직)에 대한 개인의 능력을 최대운동 동안 측정할 수 있게 하였다. 이러한 측정은 운동 강도를 증가시키면서 수행되는 동적 운동(예: 트레드밀 걷기)을 통해서 측정되며, 심폐 체력의 기준을 제공한다. 최대산소소비량과 신체적 기능은 중요한 상관관계가 있다. 그러므로 지구성 운동이 노인들의 최대유산소성 능력(VO_{2max})을 향상시킨다는 여부를 확인하는 연구가 짧은 역사를 가지고 있다는 것은 놀라운 사실이다. 젊은이들을 대상으로 최대산소섭취량을 향상시키기 위한 훈련에 관한 질문은 수십 년 전에 해답을 얻었다. 유산소성 능력은 나이를 불문하고 지구성 훈련에 의해 향상될 수 있다는 주장을 뒷받침할 수 있는 몇몇의 연구가 있다(Denis et al., 1986; Kohrt et al., 1991).

최대산소섭취량의 점진적 감소(10년마다 8~10%)는 노화와 함께 발생한다는 확실한 증거가 있다(Ohkawara, Tanaka, Miyachi, Ishikawa-Takata, & Tabata, 2007; Rosen et al., 1998). 그러나 같은 연령대의 좌업 생활을 하는 사람과 비교했을 때 활동적인 사람이 높은 최대산소섭취량을 가지고 있다. 또한 유산소성 능력의 임계 수준(15~18ml/kg/min)은 노인들의 독립성을 유지하기 위해 요구되는 것으로 알려져 있다(Paterson, Cunningham, Koval, & St Croix, 1999). 따라서 운동 훈련과 신체 활동 부족이 노인들에게 이러한 측정에 어떠한 영향을 미치는가를 연구하는 것이 중요하다. 몇몇의 연구자는 노화와 관련하여 건강한 사람들의 최대산소섭취량이 좌업 생활을 하는 사람들과 비교하여 적게 감소한다고 보고하였다(Ohkawara et al., 2007). 또 다른 연구자들은 감소의 비율이 비슷하다고 보고하였으며(Rosen et al., 1998), 10년마다 감소하는 상대적 비율은 잘 훈련된 사람과 좌업 생활을 하는 사람들 모두 같다고 보고하였다(~9%). 그러나 가장 중요한 것은 최대산소섭취량은 모든 연령에서 훈련하지 않은 대상자들보다 훈련한 대상자들이 높다는 것이다.

일반적으로 지구성 운동 훈련을 통한 최대산소섭취량의 상대적 향상은 젊은이와 노인 대상자들에게 10~30% 범위 내에서 유사하다(Denis et al., 1986; Kohrt et al., 1991). 젊은이들과 노인 집단 대상자 간에 지구성 훈련에 대한 적응 메커니즘은 여러 가지 미묘한 차이가 있다(Lawrenson, Hoff, & Richardson, 2004). 예를 들면, 노화는 동맥 탄력성 감소와 동맥 경직도 증가와 관련이 있지만, 이러한 차이점들이 운동 훈련을 마친 후에 발생되는 최대산소섭취량의 향상을 상쇄하지 않는다(Lawrenson et al., 2004). 또한 유산소 훈련을 통한 혈압 감소, 인슐린 민감성 향상, 고밀도 지단백 콜레스테롤 증가, 미토콘드리아 기능 증가, 심근 강화와 같은 여러 가지 유익한 점들은 유산소성 프로그램에 참여한 노인들에게 나타난다(Rimbert et al., 2004; Ryan, Pratley, Elahi, & Goldberg, 1995). 다시 말해서 노인은 지구성 운동 적응을 위한 서로 다른 메커니즘에 의존할 수 있을 수 있으나, 규칙적인 운동 훈련의 장점은 젊은 운동 참여자들만의 특권은 아니다.

4) 노인들을 위한 지구성 훈련 대 저항 훈련

여가 시간의 부족은 운동 참여에 있어서 잠재적인 장벽으로 인식된다(Clark, 1999). 운동 프로그램을 시작한 후에도 제한된 시간 안에 지구성 운동과 저항 운동 중 하나를 선택해야 할 경우도 있다. 따라서 '노인들에게는 어떤 운동 유형이 가장 이상적인가?' 하는 어려운 질문이 있다. 간단한 해답으로는 이상적인 운동 유형은 없으나, 신체 활동 유형 또는 빈도를 증가시키는 것이 바람직할 것이다. 그러나 노인들을 위한 몇 가지 흥미로운 고려사항은 있다.

지구성 운동은 체지방 감소, 심폐 기능, 혈중 지질 상태, 인슐린 민감성 또는 혈압을 개선시키고자 바라는 사람들에게 오랜 기간 동안 고려되었으나, 점차 저항 운동의 유익한 점들도 새롭게 대두되고 있다. 저항 운동이 지구성 운동과 마찬가지로 많은 부분에서 동일한 운동 효과를 가진다는 연구 결과들이 밝혀졌다(Chernoff, 2004, Ryan et al., 2001; Ryan, Pratley, Goldberg, & Elahi, 1996). 또한 위에서 언급한 바와 같이, 노인들에게 있어서 근력 감소와 신체적 기능의 손실은 지구성 운동에 참여하는 것을 어렵게 만들 수도 있다. 예를 들면, 허약한 노인은 걷기 프로그램을 시작하기에 충분한 근력을 가지고 있지 않을 수 있으나, 저항운동 프로그램으로부터 생성된 근력의 혜택을 가질 수 있을 것이다. 저항운동 훈련은 걸을 수 있는 능력을 회복시키거나, 이전에 힘들었던 일을 수행하게 하거나 또는 신체 활동을 증가시킨다.

저항운동 훈련의 또 다른 장점으로는 체중 감소가 있으며, 더 정확하게 말하자면 지방 감소다. 최근 십 년 전까지는 체중/지방 감소를 위한 운동 처방으로 주로 지구성 활동을 포함시켰다. 이러한 처방은 걷기, 자전거 타기 또는 달리기와 같은 지속적인 동적 운동이 간헐적인 고강도 저항 운동(세트 사이의 긴 회복 시간)보다 더 많은 칼로리를 소비(분당)한다는 논리에서 수행되었다. 운동 중의 칼로리 소비 논쟁은 변화하지 않았다. 그러나 연구자들은 낮은 근육량(대사활성 조직의 낮은 양)을 가진 노인들은 체중/지방을 감소하는 데 어려움을 겪는다고 보고하였다. 결과적으로 저항 훈련으로 생성된 근육량은 대사활성 조직의 양을 증가시킨다고 하였다. 대사적으로 활성된 조직을 더 많이 가질수록 체지방 축적을 감소시키는 확률이 증가된다. 몇몇 연구는 이러한 주장에 신빙성을 더해 주었다(Bouchard, Soucy, Senechal, Dionne, & Brochu, 2009; Peterson, Sen, & Gordon, 2011; Ryan et al., 1995). 연구자들은 또한 저항 훈련은 칼로리 제한식을 하는 사람들에게 나타나는 낮은 신진대사 감소를 상쇄할 수 있음을 보여 주었다(Ryan et al., 1995). 칼로리 제한과 함께 수행된 지구성 운동은 근육 조직을 유지하는 저항 운동에 비해 덜 효과적이다(Weinheimer, Sands, & Campbell, 2010).

과거에 일부 사람은 저항 운동으로 만들어진 큰 근육은 미적으로 아름답지 않거나 혹은 체중 증가의 원인이 된다고 두려워하였다. 오늘날 대부분의 사람은 체중 자체로는 전반적인 건강의 지표로서 부족하며, 체지방 감소와 근육 증가가 체성분의 긍정적인 변화를 반영해 준다는 것을 알고 있다. 또한 연구자들과 대중매체들과의 효과적인 소통을 통하여 노인들에게 저항 운동의 긍정적인 운동 효과와 강한 근육은 실질적인 근육 크기와 크게 관련이 없다는 것을 알리는 데 주력하고 있다. 더욱이 근육이 많아서 겪게 되는 고통보다 더 많은 노인들이 기능장애와 관련이 있는 근육감소증을 겪고 있다. 따라서 근육을 '거대'하게 만드는 것에 관한 우려는 사라졌지만, 저항운동 훈련과 관련된 몇몇의 잘못된 편견을 '없앨' 부가적인 교육이 필요하다.

우리는 지금 저항 훈련이 지구성 훈련과 비교하여 많은 이점을 제공하며, 지구성 훈련에서 파생되지 않는 추가적인 혜택이 있음을 알고 있다. 또한 저항 운동은 지구성 훈련과 함께 할 때 상승 효과를 가져올 것이다(Ferrara, McCrone, Brendle, Ryan, & Goldberg, 2004). 결과적으로 이러한 사실들은 저항 운동의 잠재적인 이익을 노인들에게 '인식'시키는 데 더욱더 용이하게 만들었다.

3. 운동 훈련의 장점

1) 운동 훈련과 낙상의 위험

근육량 감소와 노화에 의해 발생되는 근력의 부수적인 손실은 장애와 낙상의 위험을 증가시킨다. 근력 감소가 낙상의 여러 요인 중에서 한 가지 요인이 될 수 있는 것처럼 낙상의 위험에는 많은 요인이 있다(Chang et al., 2004; McMurdo, Millar, & Daly, 2000). 감각 기관, 환경적 위험, 균형과 걸음걸이, 약물 상호작용과 같은 몇 가지 잠재적인 기여 요인에 초점을 맞춘 프로그램은 낙상의 위험을 더욱더 감소시킬 것이다(Chang et al., 2004).

낙상의 다양한 요인은 몇몇의 중요한 연구를 설명하는 데 도움을 줄 수 있다(Buchner et al., 1997b; McMurdo et al., 2000). 장애를 가진 사람들과 이미 낙상을 경험한 사람들에게서 신체 균형과 낙상의 위험은 쉽게 변화할 것이다. 다시 말해, 연구를 위한 대상자가 건강하게 보행하는 노인들일 경우 운동이 낙상의 위험과 균형에 미치는 영향을 측정하는 것은 더욱더 어려울 것이다. 그럼에도 불구하고 건강하게 보행할 수 있는 대상자를 중재하였을 때 몇몇의 연구자는 여전히 운동 효과를 관찰할 수 없었다(McMurdo et al., 2000). 반면에 몇몇의 연구자는 운동 중재 후에 신체 균형의 향상과 낙상 위험의 감소를 보고하였다(Buchner et al., 1997b; LaStayo, Ewy, Pierotti, Johns, & Lindstedt, 2003). 지구성 혹은 저항 운동과 함께 약물 상호작용 및 감각 기관 요인과 같은 다수의 낙상 요인들을 개선하기 위해 설계된 프로그램은 낙상을 예방하는 데 가장 효과적이었다(Chang et al., 2004).

저항 훈련과 신체균형 훈련을 결합하면 보다 효과적으로 낙상 위험을 감소시킬 것이다. 예를 들면, 연구자들은 운동 중재로 운동과 명상을 함께 수행하는 태극권 운동이 낙상의 두려움과 위험을 효과적으로 감소시킨다고 보고하였다(Wolf et al., 2003). 또한 근력 운동을 동반하지 않는 간단한 걷기 운동도 부분적으로 신체 균형을 향상시키는 것으로 나타났다(Buchner et al., 1997a). 걷기는 매우 분명하게 노인들의 신체균형 훈련을 제공하지만 근력을 크게 향상시키지는 않는다. 따라서 신체균형 훈련 없이 향상된 근력은 균형 감각을 향상시킬 수 있는 기회를 감소시키며 또한 낙상 위험을 감소시킬 기회를 떨어뜨린다.

2) 운동과 인슐린 민감성

미국을 비롯한 전 세계에서 과체중과 비만으로 분류된 아동과 성인의 수가 크게 증가하고 있다. 비만은 제2형 당뇨병 및 심혈관 질환 등 여러 가지 합병증 증가와 관련이 있다(Haffner & Cassells, 2003). 청소년기 제2형 당뇨병의 발생이 무섭게 증가하는 동안, 제2형 당뇨병의 유병률은 노인들에게 또한 증가했다. 운동이 인슐린 저항성을 개선시킨다는 것은 잘 알려져 있다. 또한 이러한 효과 발휘는 의외로 적은 운동량을 필요로 한다(Kishimoto et al., 2002).

운동 효과가 인슐린 저항성에 미치는 상당 부분은 세포질에서 세포막으로 글루코스를 이동시키는 포도당 수송단백질의 움직임이 증가하는 데서 발휘된다(Reynolds, Brozinick, Rogers, & Cushman, 1997). 인슐린과 운동이 포도당 수송을 '활성화'하지만, 운동이 인슐린과는 다른 경로를 통해 효과를 발휘하는 것으로 현재 알려져 있다. 인슐린 수용체와 인슐린 신호전달 경로에서 제2형 당뇨병을 가진 사람들은 결함이 있는 것으로 나타났다. 그럼에도 불구하고 당뇨병과 상관없이 대체 경로인 'AMP-kinase'가 있다(Musi, Yu, & Goodyear, 2003). 운동 연구자들은 운동이 이러한 대체 경로의 '수축-자극' 활성화를 통해서 인슐린과 같은 효과를 발휘한다는 것을 보고하였다(Musi et al., 2003). 요약하자면, 운동은 당뇨 환자들에게 인슐린 민감성 결함을 피하면서 세포 포도당 흡수를 향상시킬 수 있게 한다. 이러한 '대체 경로'는 운동과 당뇨병 연구를 위한 흥미로운 연구 주제를 제공한다.

1회의 지구성 운동조차도 몸 전체의 인슐린에 대한 민감성을 상당히 개선시킨다. 지구성 운동은 오랫동안 제2형 당뇨병의 예방 또는 치료에 효과적인 것으로 알려져 있다. 최근 연구 결과들에 따르면 저항운동 훈련에도 유사한 이점이 있으며, 『Journal of the American Medical Association』에 게재된 대규모 임상 실험에서도 헤모글로빈 A1C 수준으로 정의된 혈당 조절에서 지구성 운동과 저항 운동을 함께 수행했을 때 가장 큰 향상을 나타낸다고 보고하였다(Church et al., 2010).

3) 운동과 노화 면역 시스템

인간의 면역 체계는 질병과 병원균으로부터 보호하게 설계되었으며, 나이가 들어 감에 따라 약해진다. **면역성 노화(immunosenescence)**라는 용어는 노화와 관련된 면역 기능을 설명하기 위해 만들어졌다. 앞에서 언급한 바와 같이, 규칙적인 운동은 생리학적 시스템에 긍정적인 영향을 미칠 수 있다. 따라서 운동이 특히 손상된 면역 체계를 가진 노인들에게 긍정적인 영향을 미친다는 가정은 논리적이다. 하지만 이러한 가정을 뒷받침할 증거들은 분명하지 않다.

자연살해 세포 활성과 마이토겐(mitogen)에 반응하여 증식하는 림프구의 기능과 같은 세포성 면역은 장시간의 과격한 활동에서 감소된다는 몇 가지 연구 보고가 있다(Pedersen et al., 1999). 따라서 일반적으로 운동 후 1~6시간 동안에 관찰되는 면역 기능 억제(Nieman, Johanssen, Lee, & Arabatzis, 1990; Pedersen et al., 1999)가 노인 운동 참여자들에게 부정적인 것인가를 결정하는 것이 중요하다.

마라톤 완주와 같은 격렬한 운동은 상기도 감염에 쉽게 걸릴 수 있는 '기회의 창'을 제공하는 것으로 나타났다(Nieman et al., 1990). 더욱이 주당 100분 이상 훈련하는 장거리 운동선수들은 상기도 감염에 걸릴 확률이 두 배가 된다(Heath et al., 1991). 주당 100분의 중강도에서 고강도 운동은 현재 체력을 개선하고 운동이 주는 잠재적 혜택(150분/주당)을 받기엔 부족하기 때문에, 체력 향상을 위하여 운동 시간을 늘리는 것은 상기도 질병의 예방 측면에선 결코 더 좋다고 할 수 없다.

몇몇 연구자는 급성 운동이 나이 든 대상자들에게 '열려 있는 창' 효과를 유도할 수 있는지 여부를 조사하였다. 젊은 대상자들에게 장기간 또는 격렬한 운동은 '열려 있는 창'을 유도하기 위해 필요하지만, 노인들을 대상자로 한 이러한 연구는 수행되지 않았다. 일반적으로 면역 기능에 부정적으로 영향을 미칠 만큼의 지나친 고강도 운동을 장시간 동안 참여하는 일은 드물기 때문에, 노인 대상자들에게 있어서 일회성 고강도 저항 운동과 같은 새로운 활동은 면역 기능 지표에 부정적인 영향을 미치지 않는다(Flynn et al., 1999). 따라서 젊은 사람들의 경우 장시간 격렬한 운동 후에 발생되는 면역 억제 유도가 체육관을 한 번 가거나 공원을 한 번 걸을 때 나타날 수 있다는 증거는 거의 없다. 고강도 또는 장시간 운동이 노인들에게 비슷한 반응을 유도할 수 있지만 아직까지 명확하게 규명되지 않았다.

면역력을 향상시키는 운동 훈련에 관한 질문의 대답은 의외로 어렵다. 주요 문제는 면역 체계의 복잡성에 있다. 다시 말해서 면역 체계로부터 보호받는 다양한 면을 평가하기 위한 시간과 비용을 말하는 것이다(Cannon, 1993). 단순한 예를 들면, 운동 후 자연살해 세포의 기능을 측정하는 것이 면역의 다른 측면 대응에 대한 통찰력을 제공하지 않는다. 따라서 백업 시스템이 상향 조절되는 동안, 운동 후에 면역 체계의 한 부분이 억제될 수 있다는 것이다.

반면에 운동 훈련이 생체 방어에 있어서 노인 대상자들에게 긍정적인 영향을 미친다는 연구 보고가 있다(Kostka, Berthouze, Lacour, & Bonnefoy, 2000; Nieman et al., 1993; Yan et al., 2001). 예를 들면, 고령의 올림픽 출전자들의 세포성 면역은 좌식 활동을 하는 나이 든 여자보다 더 높으며(Nieman et al., 1993), 신체 활동이 활발한 노인 대상자들의 호중구는 노화와 관련하여 기능이 낮아지는 것을 피할 수 있고(Yan et al., 2001), 노인대상자들의 전염성 에피소드와 증상의 발생일 수는 신체활동 점수와 반대로 관련이 있다(Kostka et al., 2000). 이러한 긍정적인 연구 결과가 있음에도 불구하고, 적은 대상자가 참여한 일부 연구 결과로서 생체 방어에 대한 규칙적인 운동 효과에 대하여 확고한 결론을 내릴 수 없다. 운동의 방어 효과에 대한 확고한 대답은 많은 대상자 수를 장기간 동안 중재한 연구에 의하여 해답을 얻을 수 있다. 따라서 노화 면역체계와 관련하여 운동의 부정적인 측면을 보여 주는 극소수의 연구가 있으나, 규칙적인 운동과 관련된 여러 가지 다른 장점들을 고려할 때 규칙적인 운동을 수행할 것을 제안한다.

4) 노화와 염증 – 운동은 염증을 감소시킬 수 있는가

염증은 조직 손상, 병원체 침입, 또는 국소면역 반응에 의해 발생하는 체액, 백혈구 및 혈액단백질의 국소 축적을 의미한다(Janeway, Traver, Walport, & Schlomchik, 2001). 오늘날 면역학자들은 '좋은' 염증과 '나쁜' 염증을 구별하기 위해 노력하고 있다. '좋은' 염증은 감염이나 부상이 원인이 되는 선천적 면역 반응의 일시적인 결과이면서 회복을 용이하게 한다. '나쁜' 염증은 면역 질환 혹은 면역 조절 이상이 원인이 되는 만성적인 것이며(Brod, 2000), 몇 주, 몇 달 혹은 무기한 동안 지속될지도 모른다. 염증은 심장병([그림 5-2] 참조), 제2형 당뇨병, 근육감소증, 악액질 또는 기타 소모성 질환과 같은 질병을 악화시키거나, 만성 질환의 원인이 되게 할 수 있다(Roubenoff, 2003; Schulze et al., 2004).

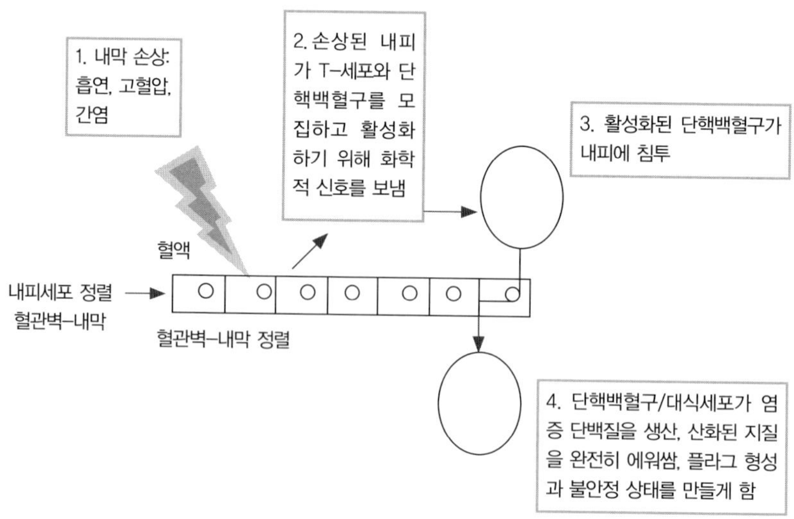

[그림 5-2] 아테로마 생성에 영향을 미치는 면역세포와 염증 인자의 단순 모형

출처: Smith(2001).

염증과 만성 질환에 영향을 미치는 원인들은 지난 15년 동안 생물의학 연구의 활발한 분야가 되어 왔다. 노화 혹은 신체 활동 부족과 관련이 있는 심혈관 질환, 제2형 당뇨병(비만 개시 당뇨병), 골다공증, 노인 악액질(소모성 질환의 한 형태), 알츠하이머 질환과 더불어 여러 가지 다른 질병은 염증의 병인학을 가지고 있는 것으로 나타났다(Brod, 2000; Sutherland et al., 2003).

염증단백질(cytokines)이 인간과 동물에서 연령과 함께 증가한다는 상당한 증거들이 보고되었다(Ershler & Keller, 2000; Rosas, Zieman, Donabedian, Vandegaer, & Hare, 2001). 노인들의 염증성 사이토카인의 증가는 정상적인 노화의 결과가 아닌 방치된 질병의 결과라는 주장이 있다(Beharka et al., 2001). 따라서 염증성 사이토카인의 증가가 질병의 원인이거나 혹은 질병에 의해 발생하는 것인지에 대해서는 확인되지 않았지만, 노인 대상자들의 염증단백질 증가에 관한 연구 결과는 보고되고 있다(Riancho, Zarrabeitia, Amado, Olmos, & Gonzalez-Macias, 1994; Roubenoff et al., 1998). 염증성 사이토카인의 높은 수준은 이환율 및 사망률의 위험 증가와 관련이 있는 것으로 알려져 있다(Ershler & Keller, 2000; Schumacher et al., 2002). 이러한 연구 결과들은 노인들에게 전신 염증을 감소하기 위하여 비용이 적게 드는 중재들이(low-cost interventions) 긍정적인 영향을 제공한다는 점을 시사한다(Stenholm et al., 2008).

몇몇 연구자는 운동 훈련의 항염증 효과를 관찰하였다(Flynn, McFarlin, Phillips, Stewart, & Timmerman, 2003; Greiwe, Cheng, Rubin, Yarasheski, & Semenkovich, 2001; Smith, Dykes, Douglas, Krishnaswamy, & Berk, 1999). 예를 들면, Greiwe와 동료들(2001)은 저항 훈련이 노인 대상자들의 염증단백질 TNF-α의 골격근 생산을 감소시킨다는 사실을 발견했다. 여러 가지 역할 중에서 TNF-α는 인슐린 수용체 기능을 억제하는 능력에 대해 알려져 있다(Rosenzweig et al., 2002). 몇몇 연구 팀에서 운동 훈련이 염증

단백질을 생산하기 위한 단핵백혈구의 능력을 감소시킨다는 것을 보고하였다(Flynn et al., 2003; Smith et al., 1999). 이러한 연구들은 더 많은 연구를 통해 확인되어야겠지만, 만성 염증과 염증성 질환을 예방하기 위하여 운동이 여러 가지 긍정적인 면을 제공할 수 있다는 점을 시사한다. 현재 운동의 항염증 효과에 대하여 부족한 부분은 메커니즘이다. 예를 들면, 운동은 일반적으로 류머티스성 관절염의 진행을 개선하지만, 운동과 관련된 메커니즘은 잘 알려지지 않았다. 운동이 염증단백질 신호전달 단백질의 하향 조절에 의해 염증성 사이토카인의 생산을 무디게 한다고 가정되며, 운동이 염증단백질 신호전달(toll-like receptor)에 중요한 수용체 표출을 감소시킨다는 것을 발견하였다(Flynn et al., 2003). 그러나 확증적인 결론에 도달하기 전에 이 분야에 관련된 많은 후속 연구들이 필요하다.

내장지방은 염증성 사이토카인의 적극적인 생산자로 알려져 있지만, 규칙적인 운동은 우선적으로 내장지방의 저장을 줄일 수 있다(Giannopoulou et al., 2005). 운동 훈련은 칼로리 지출이 전체 체지방의 유의한 감소를 유도하기에 충분하지 않을 때조차도 내장지방을 감소시킨다. 따라서 운동이 내장지방 축적을 크게 감소시키는 능력은 과다 염증성 사람들이나 혹은 질병 상태와 관련된 염증에서 운동의 잠재성을 말하는 또 다른 메커니즘일 것이다.

(1) 항염증 약물과 근비대/기능

처방전 없이 살 수 있는 항염증약과 운동의 급성 반응을 연구한 일부 초기 연구에서 이러한 약물들은 단백질 합성을 손상시키거나 저항 훈련의 긍정적인 영향을 잠재적으로 방해한다고 알려져 있다(Weinheimer et al., 2007). 이러한 결과는 근육 소모가 염증과 관련이 있다면, 약물이나 또는 염증을 감소시키는 다른 중재들이 근육 발달을 촉진시킬 수 있다는 개념과 반대되는 개념이다. 같은 연구팀(Trappe et al., 2011)에서의 후속 훈련 연구에서 더 나은 연구 결과를 제공했다. Trappe와 동료들(2011)은 아세타미노

펜(acetaminophen)과 이부프로펜(ibuprofen)이 노인들의 저항 훈련과 관련된 적응을 방해하지 못함을 발견했다. 반면에 노인 병동에 입원한 급성 감염 환자는 근육 기능 개선에 대한 비스테로이드성 항염증 약물(NSAID) 치료(piroxicam)에 호의적인 반응을 보였다. 이러한 개선들은 염증성 사이토카인의 이른 감소와 상관관계가 있으며, 복원 기능은 열충격단백질과 같은 보호분자 내의 긍정적인 변화와 또한 관련이 있다(Beyer et al., 2012). Trappe 연구에 참여한 대상자들은 일반적으로 건강한 노인들이었으며, 노인 병동에 있는 급성 감염 노인들과의 대조적인 반응의 불일치를 설명해 줄 것이다. 현재의 연구는 약물이나 염증을 감소시킬 수 있는 다른 중재들로부터 잠재적으로 근육 발달에 긍정적인 효과를 줄 수 있는 것에 초점을 맞추고 있다.

5) 운동과 인지 기능

규칙적인 운동이 뇌유래 신경영양인자(BDNF)와 함께 중요한 인지 기능에 영향을 미친다는 관심은 상당히 증가하고 있다. 노인들에게 있어서 책을 읽거나 십자말풀이를 하거나 혹은 다양한 환경에 거주하는 것이 인지 기능의 감소를 줄여 주는 데 도움이 될 것이라는 보고가 있다. 그러나 운동이 BDNF를 증가시켜 기억력과 인지 능력을 향상시키기 위한 강력한 자극을 더 많이 제공하는 것으로 나타났다. 예를 들면, 1년 동안의 운동 훈련은 노인들의 해마 부피를 증가시켰으며, 이러한 변화는 BDNF와 상관관계가 있는 것으로 나타났다(Erickson et al., 2011). 노인들의 경우 해마 부피가 일반적으로 급속히 감소하기 때문에 이러한 결과는 매우 중요한 의미를 가진다.

오랜 기간 동안의 운동 훈련이 뇌의 기능에 영향을 미친다는 것은 놀라운 사실이 아니지만, 더불어 1회성 운동이 기억력과 학업 성과를 향상시킬 수 있다는 증거가 있다. 아일랜드에서 발표한 최근 연구에서는 30분 운동 후에

표정 인식(facial recognition)을 하는 기억력 테스트에서 상당한 개선을 보이는 것으로 나타났다(Griffin et al., 2011). BDNF가 좌식 생활을 하는 대조군에 비해 운동하는 젊은 성인들에서 유의하게 높게 나타났지만, 단기적 효과에 대한 잠재적인 메커니즘을 연구하는 것 또한 중요하다. 일반적으로 BDNF는 느린 신경 재생과 함께 신경 발달과 신경 회복에 장기적인 효과를 가질 수 있을 것으로 예상된다. 따라서 운동 후 기억력의 일시적인 향상은 뇌혈류 증가 가능성과 같은 또 다른 메커니즘 때문일 것이다.

운동으로 인해 증가된 BDNF는 신경 발생과 뇌 기능 향상을 이끌어 낼 수 있는 가능성이 있음에도 불구하고 BDNF 단일염기 다형성(SNP, val-66met; 뇌유래 신경영양인자 66번 위치에 메티오닌 대체를 위한 발린)은 숙련된 운동 과제 수행에서 더 빠른 감소와 관련이 있을지도 모른다. 이러한 SNP 증상을 가지고 있는 조종사들(40~69세)은 비행 모의 수행에서 상당히 감소하는 것으로 나타났다(Sanchez et al., 2011). 이 연구에서 SNP를 가진 고령의 일부 조종사의 뇌 영상에서는 이들이 상당히 낮은 해마 부피를 가지고 있는 것으로 밝혀졌다. 반면에 다른 연구자들은 알츠하이머 환자들에게서 SNP와 관련하여 빠른 감소율을 보이는 것을 찾을 수 없었다(Chuu et al., 2006). 따라서 인지 기능 및 뇌 질환에서 SNP의 중요성은 더 많은 연구가 필요하다.

4. 운동 참여 시 노인을 위한 실제적인 고려 사항

대부분의 저항 운동 기구들은 노인들을 염두에 두고 설계되지 않았다. 이러한 문제들 중에는 특히 상체 운동의 시작 중량이 무겁게 지정되어 있거나, 훈련 초기 단계에서 무게를 증가시키는 중량 단위가 너무 높게 설정되는 경우가 있다. 몇몇 저항성 운동 훈련 장비들은 이러한 문제점들을 조정할 수 있다. 예를 들면, 근력 향상 후에 가벼운 무게로 시작할 수 있게 하거나 중량을 단계적으로 무리가 가지 않도록 증가시킬 수 있게 하는 기구(클립식 또는 자석)를 구입 또는 제작할 수 있다. 예를 들면, '거의 0'으로 시작해서 작은 단위로 증가(0.45kg)하는 공기로 채운 저항 운동 기구도 있다.

저항 운동 기구는 비교적 안전하고 쉽게 사용할 수 있기 때문에 자유중량 운동(free weights)에 비해 더 선호된다. 그럼에도 불구하고 근육과 신경체계는 어떻게 과부화가 되었는지 모른다. 오히려 근력과 근육의 크기를 증가시킴으로써 임의의 적절한 과부하에 적응한다. 즉, 자유중량 운동과 근력 밴드, 모래로 채워진 양말 혹은 크기가 큰 통조림 캔을 사용한 훈련 모두 근육을 발달시키는 데 적절한 자극을 제공할 수 있다. 예를 들면, 최근 연구에서 저항 운동 장비 또는 탄력 튜브로 훈련을 받은 노인들에게서 근육 활성화에 예상치 못했던 비슷한 훈련 효과가 튜브 밴드 운동에서도 관찰되었다. 위 연구에서 튜빙 운동의 장점은 전도 속도의 증가였다(Melchiorri & Rainoldi, 2011). 요약하자면, 적절한 신체 활동 범위(예: 정원 가꾸기, 계단 오르기)에서 신경근골격계에 부하를 주는 것은 근력을 유지하거나 향상시키는 데 도움을 줄 수 있다.

1) 운동 방해 요소

신체 활동 부족과 건강하지 못한 식습관은 매년 40만 명 이상의 실제 사망 원인으로 추정된다(Mokdad, Marks, Stroup, & Gerberding, 2004). 노인들에게 있어 신체적 활동 유지의 중요성을 인식함에도 불구하고 나이가 들어 감에 따라 신체 활동 수준은 낮아지고 있다(van der Bij, Laurant, & Wensing, 2002). 『Healthy People 2010』(USDHHS, 2000)에 따르면, 75세 이후 여성의 약 50%와 남성의 35%가 규칙적인 신체 활동에 참여하지 않고 있다. 낮은 사회경제적 지위와 소수민족에게서 신체 활동 참여 상황은 더욱더 적을 것으로 전망된다.

안타깝게도 공식적인 운동 프로그램을 시작하는 것은 장기적으로 보았을 때 기대만큼 효과가 없을 수 있다고 사료된다. 예를 들면, 노인 대상자들에게 운동 프로그램을 중단시켰을 때 자발적인 신체 활동의 증가를 유도하지 않는 것으로 나타났다. 또한 훈련된 대상자들은 좌식 생활을 하는 사람들과 단기간에 구분이 되지 않았다(Dorner, Friedrich, & Posthauer, 2010). 참가자의 일상에서 신체 활동의 양을 증가시키기 위해 노력하는 프로그램은 장기간에 걸쳐 노인들의 활동성을 유지시키는 데 효과적일 수 있다.

모든 연령층의 대다수의 사람은 신체적으로 활동적인 삶을 유지하는 데 잠재적인 방해 요소가 있지만 노인들에게는 더 큰 장벽을 제공하는 몇몇의 요인이 있다. 동기적인 장벽으로는 안전, 부상의 두려움, 고통, 허약한 건강 상태, 지식의 부족, 시간 부족이 있으며, 기술 또는 환경과 같은 장벽(인도가 없거나 범죄 또는 나쁜 날씨)이 있다(Clark, 1999). 요약하자면 운동 참여를 제한하거나 방해하는 많은 요소가 있지만, '하나의 방해 요소가 모든 것에 적용된다'는 것과 구별하는 것은 어려울 것이다. Clark(1999)는 특정 집단에 운동 참여의 기회를 감소시키는 몇몇의 합쳐진 방해 요소들이(barrier clusters) 있다고 주장하였다.

노인 운동 참여자들의 행동 문제에 대한 논의는 이 장의 주제 밖에 있지만, 부상의 두려움과 질병 때문에 생기는 노년기 운동 참여의 방해 요소를 논하는 것이 더욱더 중요하다. 이러한 문제점들은 국립노화연구소(National Institute on Aging)의 안내서에 명확하고 간단하게 언급되었다(USDHHS, 2001). 국립노화연구소(NIA) 안내서를 요약하면, 의학 문제 때문에 노인들의 신체 활동을 늘리는 것을 못하게 하는 경우는 적으며, "노인들이 운동을 하는 것보다 하지 않았을 경우 더욱더 아프거나 장애를 겪게 된다"(USDHHS, 2001, p. 19). 따라서 관리될 수 있는 질병을 가진 대상자들을 위하여 안전한 운동이 권고되어야 한다. 그렇기 때문에 격렬한 운동이 위험한 몇몇의 조건(예: 대동맥류, 대동맥 협착증, 불안정 만성심부전)이 있으며, 정확하지 않다면 의사의 자문을 얻어야 한다. NIA 안내서의 저자들은 운동을 시작하기에 늦은 나이도 없으며 운동하기에 노쇠하다고 여겨지는 사람도 없다고 우리에게 상기시켜 주었다. 일반적으로 운동은 안전하며, 운동하지 않는 것이 안전하지 않다!

운동과 신체 활동을 더욱더 생활화하기 위한 권고 사항은 노인들에게 있어 운동을 실천하는 동기부여를 증가시키는 데 효과적인 방법이 될 수 있다. 그러나 비교적 적은 의료진이 이러한 권고 사항을 만들고 있다고 보고하였다(Honda, 2004). 긍정적인 면으로는 가장 필요로 하는 사람들(높은 체질량 지수 혹은 좌식 생활)을 위한 권고 사항은 증가했다.

2) 통제된 운동 대 가정기반 운동 – 장소가 중요한가

운동 시설이나 피트니스 센터를 찾는 노인들은 운동 전문가들이 구성한 기구들을 자주 보게 될 것이다. 실제로 젊고 건강한 젊은이들로 가득 찬 운동 시설에 가는 노인은 불안 증세 혹은 acrylophobia(스판덱스의 두려움)를 경험할지도 모른다. 후자는 피트니스 시설에 들어가는 노인 운동 참여자가 경험할 수 있는 두려움을 재미있게 묘사하였다. 그러나 이러한 문제는 우리가 노인들의 운동 참여를 증가시킬 때 고려되어야 할 필요가 있다.

일부 노인은 운동할 공간이 있거나 혹은 함께 운동할 사람이 있을 경우 동기부여가 될 수 있을 것이다. 반면에 다른 노인들은 가정에서 운동할 수 있어야만 동기부여가 생길 것이다. 연구자들은 가정기반 운동 프로그램이 참여를 촉진시키는 데 있어 통제된 운동 프로그램과 비슷한 효과가 있다고 하였지만, 가정기반 운동이 근력 증강과 다른 건강 요소들을 동등하게 향상시킨다는 효율성에 있어서는 추후 지속적인 연구가 필요하다고 보고하였다(van der Bij et al., 2002). 이전에 입원했던 경험이 있는 사람들을 무작위로 단체 훈련과 가정기반 운동 그룹에 배정하여 훈련을 시킨 결과, 가정기반 운동 그룹보다 단체 훈련 대상자들이 무릎 신근의 강도, 걷는 속도 및 균형 운동에서 더 좋은 결과를 나타냈다(Timonen et al., 2002). 가정기반 운동 프로그램이 미비하게 성공했던 연구들이 보고된 바 있지만(Capodaglio et al., 2002), 연구에 참여했던 총 대상자의 수가 적었다. 따라서 현재까지 연구 결과에서 가정기반 운동이 단체 운동과 통제된 운동 프로그램에 비해 전반적으로 효과적이라는 명확한 권고 사항을 만들기에는 불충분하다.

5. 노화와 관련된 식이 요법

운동은 건강한 노화 과정의 필수 조건이지만, 적절한 영양 섭취가 이러한 장점을 극대화하는 데 요구된다. 근육량 감소와 지방량 증가를 야기하는 에너지 섭취와 소비의 불균형이 정상적인 노화 과정의 결과다(Lichtenstein, Rasmussen, Yu, Epstein, & Russell, 2008). 이러한 에너지 항상성을 통제할 수 없는 능력은 일상생활의 신체 활동 수준을 증가시키면서 지연시킬 수 있다. 또한 대부분의 75세 이상 노인은 운동 참여 기간 동안 근육량을 증가시킬 때 필요한 충분한 영양소를 섭취하지 않는다(Fielding et al., 2002). 영양 결핍이 운동의 장점을 감소시킬 수 있음을 감안할 때, 건강한 노화를 촉진하는 적절한 식습관의 역할을 제시하는 것이 중요하다.

1) 영양실조

생리적 요구 사항을 충족할 수 있는 다량 혹은 미량 영양소의 불충분한 섭취로 정의되는 영양실조는 노인들에게 있어 가장 중요한 문제 중의 하나다(Chen, Schilling, & Lyder, 2001). 영양실조는 전반적인 삶의 질을 감소시키고 감염 및 신체와 인지 기능을 손상시키는 부정적인 결과를 증가시킬 뿐만 아니라 사망률에도 직접적인 관련이 있다. 예를 들면, 지방 및/또는 설탕을 많이 섭취하는 노인들은 지방이 적고 과일, 정백하지 않은 곡식 및 닭고기와 생선과 같은 건강한 음식을 많이 섭취하는 노인들에 비해 1.4배 높은 사망 위험률을 보고하였다(Anderson et al., 2011). 메타분석을 요약한 자료에서 전 세계 4,507명의 노인들 중(평균 82.3세)에 영양실조 발병률은 22.8%였다(Kaiser et al., 2010). 이러한 비율은 개개인의 생활환경에 따라 크게 달라질 수 있으며, 지역사회(5% 내지 10%)와 비교하여 병원(60%)과 장기 요양 시설(35~85%)에서 더 높은 영양실조 발생률이 보고되었다(Furman, 2006).

고령자의 영양실조 원인은 여러 가지 생리학적 요인과 관련이 있다. 간략하게 요약하자면, 노화와 관련된 신체 조성의 변화, 특히 지방량 증가와 근육량 감소는 에너지 요구량과 대사율의 감소를 초래할 수 있다. 실제로 10년마다 기초대사량이 1~2% 감소한다는 것은 잘 알려져 있으며, 이러한 변화는 체성분 변화가 원인이다(Keys, Taylor, & Grande, 1973; Webb, 1981). 또한 노화 과정을 동반한 위장관의 구조와 기능에 상당한 변화가 발생한다. 예를 들면, 틀니나 치아가 없는 것과 관련된 구강 상태의 문제는 음식 섭취를 감소시킬 수 있으며, 감소된 위장관 운동과 위액 생산량은 엽산, 칼슘, 아연 등과 같은 몇몇의 중요한 영양소를 흡수하지 못하게 할 수 있다(Brownie, 2006). 또한 여성 노인 826명을 대상으로 한 틀니 사용과 영양실조의 관계를 규명하는 연구에서 63.5%가 틀니를 사용하는 것으로 나타났다. 틀니를 사용하는 11.6%가 주로 음식을 씹거나 삼키는 데 불편함을 경험하였으며, 결과적으로 상당히 낮은 25-하이드록시비타민 D 수준과 5년 낮은 생존율을 보였다(Semba et al., 2006). 또한 맛과 냄새와 같은 감각 기능을 변화시켜 식욕 부진을 일으킬 수 있게 하였다. 사실상 저명한 연구에서 대상자(65~80세)들 중에 60% 이상이 후각 기능 감소를 경험하였다고 보고하였다(Doty et al., 1984). 후속 연구는 식욕을 위한 감각과 식욕 동기의 저하는 상당한 체중 감소와 더불어 이환율과 사망률을 증가시킨다고 보고하였다(Donini, Savina, & Cannella, 2003). 게다가 노인들에게는 탈수 및 저하된 신장 기능과 관련된 문제들이 있다. 죽상 동맥경화증, 뇌졸중, 골다공증, 암 등과 같은 만성질환은 건강한 영양 상태를 유지하는 것을 어렵게 한다. 이러한 질환은 민첩성 감소를 가져올 뿐만 아니라 약물 섭취로 인하여 많은 필수 영양소의 흡수와 활용을 변화시키는 중요한 역할을 하게 된다(Brownie, 2006). 노인의 영양실조 발전에 중요한 생리학적 역할이 있지만, 인지, 기분 장애, 사회적 고립, 재정 부족 및 개인적인 독립까지 포함된 심리적 요소까지 규명되어야 할 필요가 있다(Brownie, 2006).

2) 다량 영양소의 권장 사항

노인들은 젊은이들에 비해 에너지 수요가 낮으며 비활동적인 경향이 있다. 불충분한 다량 영양소의 소비에 대한 몇 가지 위험 인자는 고령 나이(85세 이상), 식욕 감퇴, 음료의 접근성과 소비(삼키기)의 문제점, 의사소통 문제 및 인식 장애를 포함한다. 노인들에게 있어서 적절한 칼로리 소비와 충분한 수분 섭취가 중요할 뿐만 아니라, 그들은 밀도가 높은 영양소를 또한 섭취해야 한다. 다량 영양소는 탄수화물, 지방, 단백질로 정의되며 충분한 영양 섭취는 성장, 적절한 연료 분배와 지방과 근육의 건강한 유지가 중요하다(Bonjour, 2005; Lichtenstein et al., 1998). 현재 가장 중요한 영양 권장 사항 중 일부는 전체 칼로리와 수분 섭취, 다량영양소(탄수화물, 지방, 단백질), 특정 비타민 소비와 칼슘과 비타민 D를 포함한 미량영양소와 건강 보조식품에 중점을 두고 있다.

노인들에게 탈수의 위험이 증가한다는 것은 잘 보고된 바가 있다. 탈수는 체중의 2% 이상 감소된 상태로 정의되며, 예를 들어 150파운드 성인에게서 오직 3파운드에 해당되는 양이다(Ferry, 2005). 이러한 현상은 주로 노인들이 갈증을 느끼는 감각이 감소되어 탈수가 되었을 때 갈증을 인식하지 못하여 충분한 수분 섭취를 못하게 된다고 보고된 바 있다(Popkin, D'Anci, & Rosenberg, 2010). 따라서 탈수 위험이 있는 노인들에게 수분 섭취를 쉽게 할 수 있도록 제공하며 목마르지 않더라도 수분 섭취를 해야 한다는 교육이 필요하다(Ferry, 2005). 이 문제가 광범위하게 논의되고 있지만, 일부는 노인들의 물 소비는 하루에 적어도 700ml에서 800ml 정도 되어야 한다고 제안하고 있다(Ferry, 2005).

2010년 미국 식사 지침서에서는 밀도가 높은 탄수화물과 함께 각 서빙 접시에 야채와 과일이 반을 차지하는 영양 식단을 제안하였다. 또한 옥수수, 고과당, 메이플 시럽, 자당과 포도당이 첨가된 추가 성분을 제한하는 것을 권고하였다. 그리고 식이섬유가 풍부한 식단을 권고하였으며, 노인들이 통곡물과 야채, 콩류, 과일, 견과류의 풍부한 섭취가 중요하다고 보고하였다(USDA, 2010).

총 지방 소비는 전체 칼로리에서 10% 미만이 되어야 하며, 이것은 노인들에게 감소된 에너지 수요를 보충해 준다. 포화지방 섭취를 제한함으로써 대부분의 지방은 액체 또는 오일 형태로 소비되어야 한다는 것이 일반적으로 받아들여지고 있다(Russell, Rasmussen, & Lichtenstein, 1999). 생선과 호두 기름에 있는 오메가-3 지방산은 인지 기능과 치매의 위험을 감소시키는 데 중요한 관련성이 있다(Issa et al., 2006).

단백질은 성장, 면역 기능 및 근육량을 유지하는 데 필수적이다. 조사연구는 건강한 몸을 유지하는 데 있어서 노인들이 일일 영양권장량(RDA)보다 체중당 0.8g의 단백질이 더 필요하다고 제안하였다. 따라서 적어도 매일 체중당 1.0g의 단백질을 더 섭취할 경우 근육량 유지, 감염 예방 및 상처를 치료하는 데 도움을 줄 수 있게 한다. 또한 문헌 연구 보고에 의하면 저항 훈련을 하는 노인들의 단백질 소비량은 하루 1.0~1.3g이 되어야 적절한 에너지 공급이 유지된다고 보고하였다(Lucas & Heiss, 2005).

3) 신체 활동과 관련된 특정 비타민과 미네랄

칼슘은 혈관, 신경 기능, 근육의 수축 및 세포 내 신호의 중요한 역할을 한다(Lichtenstein et al., 2008). 혈중 칼슘 농도는 엄격하게 조절되며 영양 섭취에 의해 영향을 받지 않는 반면, 뼈는 칼슘 저장소의 역할과 일정 수준 항상성을 유지하는 데 도움을 준다. 노인들의 뼈에서 칼슘 흡수는 종종 칼슘 섭취보다 능가하며, 이러한 결과는 특히 폐경기 이후 여성들의 골다공증 위험을 증가시킨다. 적어도 70세 이상 노인들은 하루에 1,000mg 칼슘 섭취가 권장된다(USDA, 2010). 우유, 치즈, 요구르트는 칼슘의 가장 일반적인 식품이다(Peacock, 2010).

비타민 D는 칼슘 흡수 및 골밀도 개선에 필수적인 역할을 한다. 비타민 D 함량은 지방이 많은 생선과 간에 풍부하며, 미국에서는 대부분의 시리얼, 곡물, 오렌지 주스, 유제품이 비타민 D 강화 식품들이다(Norman & Bouillon, 2010). 충분한 영양 섭취를 하여도 대부분의 사람은 낮은 비타민 D 수준을 가지고 있다(Webb, 2006). 의학연구소(Institute of Medicine: IOM)에서는 70세 이상 노인은 하루 800IU의 일일 권장 섭취량을 권고하였다. 다른 연구자들은 충분한 25-하이드록시비타민 D(비타민 D 지표 vitamin D status)를 유지하기 위해서 노인들은 매일 25mcg(1000IU)를 섭취해야 한다고 제안했다(Norman & Bouillon, 2010). 최근 노인을 대상으로 한 연구에서는 비타민 D 보충제는 근력을 증가시킬 것이라고 보고하였다(Hamilton, 2010). 비타민 D는 근육에 의해 생성되는 힘을 증가시키는 것과 관련이 있으며(Janssen, Samson, & Verhaar, 2010), 다른 연구자들은 증가된 25-OHD 수준이 제지방체중과 긍정적인 상관관계가 있다고 보고하였는데(Gilsanz, Kremer, Mo, Wren, & Kremer, 2010), 이러한 것들에는 근육,

뼈, 세포 조직이 포함된다(Kyle et al., 2001).

비타민 B_{12}는 DNA 합성, 적혈구 형성 및 신경 기능에 필수적이다. 이러한 비타민은 음식에서 단백질과 결합하고, 위에서 산과 단백질 분해 효소와 접촉하여 분비된다. 노인들에게서 위산과 장 기능이 감소한다는 것을 고려할 때, 노인들의 1~15%가 비타민 B_{12} 부족에서 오는 증가된 위험성을 가지고 있는 것으로 나타났다(Baik & Russell, 1999). 그 결과, 2010년 미국 식이지침에서 50세 이상 노인들은 비타민 B_{12}가 강화된 식품을 소비해야 한다고 권고하였다.

4) 비타민과 보조식품 사용

미국 식품의약국(Food and Drug Administration: FDA)에 따르면, 건강 보조식품은 개인의 규칙적인 식사에 영양학적 가치를 성분에 첨가한 식품이다(USDHHS, 2009). 이들 제품은 비타민, 미네랄, 허브, 아미노산, 농축, 대사 산물 또는 추출물을 포함하며, 분말, 정제 또는 소프트 젤이 있다. 대다수의 노인은 음식으로 충분한 필수 영양소를 섭취하지 못하며, 60세 이상 노인들의 60% 이상이 정기적으로 종합비타민제 또는 미네랄 보충제를 섭취하고 있는 것으로 나타났다(Ness, Cirillo, Weir, Nisly, & Wallace, 2005). 이러한 보충제는 충분한 영양소를 섭취할 수 있는 비율을 상당히 증가시키는 것으로 나타났다(Sebastian, Cleveland, Goldman, & Moshfegh, 2007). 그러나 최근의 연구에서는 이러한 보충제를 복용하는 것이 항상 유익하지는 않을 수 있다고 보고하였다. 예를 들면, 2011년 연구에서 종합비타민, 엽산, 철, 마그네슘, 아연, 구리 등의 일반적인 건강 보조식품은 사망의 위험을 증가시키는 것과 관련이 있다고 보고하였다(Mursu, Robien, Harnack, Park, & Jacobs, 2011). 더 많은 연구에서 이러한 현상을 설명할 필요가 있지만, 이러한 결과는 연구 참여자들의 전반적인 건강과 관련이 있을지도 모른다. 질병이 있거나 사망의 위험이 높은 사람들은 질병 위험률을 감소시키기 위한 노력으로 이러한 보충제를 더 섭취할 가능성이 있다. 이러한 행동은 사망률과 보충제 사용 간의 긍정적인 관계를 설명해 줄 수 있을 것이다.

지난 10여 년간, 노인들은 허브나 건강 보조식품을 더 자주 섭취하고 있다(Wu, Wang, & Kennedy, 2011). 일부 보충제는 규제시험이나 혹은 FDA의 승인을 받은 제품들이 아닐 수 있으며 이러한 제품들을 섭취할 때에는 주의해야 한다. 특히 케르세틴, 글루코사민과 콘드로이틴, 에키네시아, 크롬피콜리를 포함하여 노인들을 대상으로 판매되는 일반적인 보충제들은 효능에 있어서 충분한 과학적인 증거를 가지고 있지 않다.

5) 실용적 영양의 고찰

노인에 대한 실제적인 중재 개입으로 의료 및 지역사회에서 적절한 영양섭취에 대한 조기 영양검사를 실시하는 것을 포함한다(Stechmiller, 2003). 또한 목표가 있는 개인 건강 관리와 영양 계획에 중점을 둔 노인들의 영양 상담 개입은 영양 상태 개선에 긍정적인 결과를 가져올 것이다(Bandayrel & Wong, 2011). 현재 미국영양학협회(American Dietetic Association)에서는 영양학 기술자와 영양사가 노인들 개개인의 영양 보조평가와 실행을 지원해야 한다고 권고한다(Dorner et al., 2010).

6. 결론

건강한 영양 프로그램과 함께하는 운동이 노인들에게 신체 기능, 질병 예방 및 전반적인 건강에 중요한 영향을 미친다는 것이 보고되었다. 운동, 영양 및 노년학 연구 문헌에서는 지구성 혹은 저항운동 훈련과 건강한 식습관의 혜택과 적응을 위한 명확한 시작 기준이 되는 나이가 없다는 것을 보여준다. 또한 일반적으로 나이가 들어 감에 따라 발생하는 신체적 혹은 생물학적인 변화는 신체 활동 부족과 영양 부족이 원인이다.

운동노년학 연구자들은 근력 증강이 어떻게 신체적 장애를 감소시키고, ADL 수행의 능력을 증가시키며, 낙상의 위험을 감소시키는지에 대한 다른 영역에도 상당한 진전을 만들었다. 오랜 기간 동안의 지구성 훈련은 심혈관 질환의 위험을 감소시키고, 인슐린 민감성을 증가시키는 것으로 고려되었지만 점차 저항운동 훈련의 중요성도 함께 대두되고 있다. 저항 훈련은 근육량을 유지하고 근력을 증가시키는 추가적인 이점을 보완하면서, 운동 프로그램에 참여하는 데 제한이 있는 사람들에게 신중한 선택을 할 수 있게 한다. 마지막으로 우리는 지금 운동 훈련은 감염과 만성 질환에 영향을 미친다는 것을 알고 있다. 젊은 대상자들의 면역 기능에 부정적인 영향을 미칠 장기적인 격렬한 운동은 놀라운 연구 결과이지만, 노인 운동 참여자들을 대상으로 한 연구는 전무한 실정이다. 긍정적인 측면에서 체력을 향상시키도록 설계된 운동 강도는 젊은 대상자들조차도 면역 억제를 보여 주지 않고 있다. 또한 오랜 운동 훈련은 젊은 대상자와 노인들에게 생체 방어에 긍정적인 영향을 미친다고 여겨지지만 특히 나이 든 대상자들에 한해서는 결론에 이르지 못하였다. 운동 훈련은 나이가 들어 감에 따라 발생할 수 있는 비정상적인 염증 반응의 일부를 완화시킬 수도 있으며, 이러한 현상은 심장 질환, 당뇨, 류머티스 관절염과 같은 만성 질환에 대한 긍정적인 효과를 설명하는 데 도움을 줄 수 있다. 따라서 운동의 항염증 효과가 노화와 신체 활동 부족과 관련이 있는 여러 만성 질환의 과정에 영향을 줄 수 있다.

노인 개개인이 신체활동 프로그램에 모든 이점을 가지기 위해서는 식생활도 함께 고려해야 한다. 연구자와 임상 연구자 모두 칼슘과 비타민 D와 같은 특정 비타민과 다량의 영양소를 합친 전반적인 고영양 칼로리와 수분 섭취를 위하여 영양 권장 사항을 제공하고 있다. 영양 보조식품의 사용이 노인들에게 증가하고 있지만, 영양 보조식품 담당 기관에서는 과대허위 광고나 FDA 승인이 없을 수 있기 때문에 주의해야 한다. 노인들에게 영양사와의 상담은 건강한 식단과 건강과 관련된 목표를 극대화하기 위한 가장 효율적인 대체 방법이다.

결론적으로 운동과 영양 노년학자들의 연구는 매우 중요하며, 생물학적 노화와 관련된 변화를 완화시킬 수 있는 가능성을 보여 준다. 운동과 영양 노년학 분야가 빠르게 성장하고 있으며, 운동 개입 분야가 빠르게 발전하고 있고, 더불어 점점 더 많이 적용되고 있다. 운동과 건강한 식생활은 저렴한 비용으로 여러 가지 부가적인 긍정적인 효과가 있으며, 많은 노인이 실천할 수 있다.

참고문헌

Anderson, A. L., Harris, T. B., Tylavsky, F. A., Perry, S. E., Houston, D. K., Hue, T. F., ... Sahyoun, N. R. (2011). Dietary patterns and survival of older adults. *Journal of the American Dietetic Association, 111*(1), 84-91. doi: 10.1016/j.jada.2010.10.012

Aniansson, A., Ljungberg, P., Rundgren, A., & Wetterqvist, H. (1984). Effect of a training programme for pensioners on condition and muscular strength. *Archives of Gerontology and Geriatrics, 3*(3), 229-241.

Baik, H. W., & Russell, R. M. (1999). Vitamin B12 deficiency in the elderly. *Annual Review of Nutrition, 19,* 357-377. doi: 10.1146/annurev.nutr.19.1357

Bandayrel, K., & Wong, S. (2011). Systematic literature review of randomized control trials assessing the effectiveness of nutrition interventions in community-dwelling older adults. *Journal of Nutrition Education and Behavior, 43*(4), 251-262. doi: 10.1016/j.jneb.2010.01.004

Baumgartner, R. N., Koehler, K. M., Gallagher, D., Romero, L., Heymsfield, S. B., Ross, R. R., ... Lindeman, R. D. (1998). Epidemiology of sarcopenia among the elderly in New Mexico. *American Journal of Epidemiology, 147*(8), 755-763.

Bean, J. F., Kiely, D. K., LaRose, S., Goldstein, R., Frontera, W. R., & Leveille, S. G. (2010). Are changes in leg power responsible for clinically meaningful improvements in mobility in older adults? *Journal of the American Geriatrics Society, 58*(12), 2363-2368. doi: 10.1111/j.1532-5415.2010.03155.x

Beharka, A. A., Meydani, M., Wu, D., Leka, L. S., Meydani, A., & Meydani, S. N. (2001). Interleukin-6 production does not increase with age. *Journals of Gerontology. Series A, Biological Sciences and Medical Sciences,*

56(2), B81-B88.

Beyer, I., Njemini, R., Bautmans, I., Demanet, C., & Mets, T. (2012). Immunomodulatory effect of NSAID in geriatric patients with acute infection: Effects of piroxicam on chemokine/cytokine secretion patterns and levels of heat shock proteins. A double-blind randomized controlled trial. (ISRCTN58517443). *Cell Stress and Chaperones, 17*(2), 255-265. doi: 10.1007/s12192-011-0304-4

Bonjour, J. P. (2005). Dietary protein; An essential nutrient for bone health. *Journal of the American College of Nutrition, 24(6 Suppl), 526S-536S.*

Bouchard, D. R., Soucy, L., Senechal, M., Dionne, I. J., & Brochu, M. (2009). Impact of resistance training with or without caloric restriction on physical capacity in obese older women. *Menopause, 16*(1), 66-72. doi: 10.1097/gme.0b013e31817dacf7

Braith, R. W., Graves, J. E., Leggett, S. H., & Pollock, M. L. (1993). Effect of training on the relationship between maximal and submaximal strength. *Medicine and Science in Sports and Exercise, 25*(1), 132-138.

Brod, S. A. (2000). Unregulated inflammation shortens human functional longevity. *Inflammation Research, 49*(11), 561-570.

Brownie, S. (2006). Why are elderly individuals at risk of nutritional deficiency? *International Journal of Nursing Practice, 12*(2), 110-118. doi: 10.1111/j.1440-172X.2006.00557.x

Buchner, D. M., Cress, M. E., de Lateur, B. J., Esselman, P. C., Margherita, A. J., Price, R., & Wagner, E. H. (1997a). A comparison of the effects of three types of endurance training on balance and other fall risk factors in older adults. *Aging, 9*(1-2), 112-119.

Buchner, D. M., Cress, M. E., de Lateur, B. J., Esselman, P. C., Margherita, A. J., Price, R., & Wagner, E. H. (1997b). The effect of strength and endurance training on gait, balance, fall risk, and health services use in community-living older adults. *Journals of Gerontology. Series A, Biological*

Sciences and Medical Sciences, 52(4), M218-M224.

Cannon, J. G. (1993). Exercise and resistance to infection. *Journal of Applied Physiology, 74*(3), 973-981.

Capodaglio, P., Facioli, M., Burroni, E., Giordano, A., Ferri, A., & Scaglioni, G. (2002). Effectiveness of a home-based strengthening program for elderly males in Italy. A preliminary study. *Aging Clinical and Experimental Research, 14*(1), 28-34.

Carlson, B. M. (1997). Skeletal muscle regeneration during aging and after long-term denervation. *Tsitologiia, 39*(10), 965-968.

Carmeli, E., & Reznick, A. Z. (1994). The physiology and biochemistry of skeletal muscle atrophy as a function of age. *Proceedings of the Society for Experimental Biology and Medicine, 206*(2), 103-113.

Chang, J. T., Morton, S. C., Rubenstein, L. Z., Mojica, W. A., Maglione, M., Suttorp, M. J., ... Shekelle, P. G. (2004). Interventions for the prevention of falls in older adults: Systematic review and meta-analysis of randomised clinical trials. *British Medical Journal, 328*(7441), 680. doi: 10.1136/bmj.328.7441.680

Chen, C. C., Schilling, L. S., & Lyder, C. H. (2001). A concept analysis of malnutrition in the elderly. *Journal of Advanced Nursing, 36*(1), 131-142.

Chernoff, R. (2004). Protein and older adults. *Journal of the American College of* Nutrition, 23(6 Suppl), 627S-630S.

Church, T. S., Blair, S. N., Cocreham, S., Johannsen, N., Johnson, W., Kramer, K., ... Earnest, C. P. (2010). Effects of aerobic and resistance training on hemoglobin A1c levels in patients with type 2 diabetes: A randomized controlled trial. *Journal of the American Medical Association, 304*(20), 2253-2262. doi: 10.1001/jama.2010.1710

Chuu, J. Y., Taylor, J. L., Tinklenberg, J., Noda, A., Yesavage, J., & Murphy, G. M., Jr. (2006). The brain-derived neurotrophic factor Val66Met polymorphism and rate of decline in Alzheimer's disease. *Journal of Alzheimer's Disease, 9*(1), 43-49.

Clark, D. O. (1999). Physical activity and its correlates among urban primary care patients aged 55 years or older. Journals of Gerontology. Series B, Psychological Sciences and Social Sciences, 54(1), S41-48.

Danneskiold-Samsoe, B., Kofod, V., Munter, J., Grimby, G., Schnohr, P., & Jensen, G. (1984). Muscle strength and functional capacity in 78-81-year-old men and women. *European Journal of Applied Physiology and Occupational Physiology, 52*(3), 310-314.

Denis, C., Chatard, J. C., Dormois, D., Linossier, M. T., Geyssant, A., & Lacour, J. R. (1986). Effects of endurance training on capillary supply of human skeletal muscle on two age groups (20 and 60 years). *Journal de Physiologie, 81*(5), 379-383.

Doherty, T. J. (2003). Invited review: Aging and sarcopenia. *Journal of Applied Physiology, 95*(4), 1717-1727. doi: 10.1152/japplphysiol.00347.2003.

Donini, L. M., Savina, C., & Cannella, C. (2003). Eating habits and appetite control in the elderly: The anorexia of aging. *International Psychogeriatrics, 15*(1), 73-87.

Dorner, B., Friedrich, E. K., & Posthauer, M. E. (2010). Position of the American Dietetic Association: Individualized nutrition approaches for older adults in health care communities. *Journal of the American Dietetic Association, 110*(10), 1549-1553.

Doty, R. L., Shaman, P., Applebaum, S. L., Giberson, R., Siksorski, L., & Rosenberg, L. (1984). Smell identification ability: Changes with age. *Science, 226*(4681), 1441-1443.

Erickson, K. I., Voss, M. W., Prakash, R. S., Basak, C., Szabo, A., Chaddock, L., ... Kramer, A. F. (2011). Exercise training increases size of hippocampus and improves memory. *Proceedings of the National Academy of Sciences of the United States of America, 108*(7), 3017-3022. doi: 10.1073/pnas.1015950108

Ershler, W. B., & Keller, E. T. (2000). Age-associated increased interleukin-6 gene expression, late-life diseases, and frailty. *Annual Review of Med-*

icine, 51, 245-270. doi: 10.1146/annurev.med.51.1.245

Ferrara, C. M., McCrone, S. H., Brendle, D., Ryan, A. S., & Goldberg, A. P. (2004). Metabolic effects of the addition of resistive to aerobic exercise in older men. *International Journal of Sport Nutrition and Exercise Metabolism, 14*(1), 73-80.

Ferry, M. (2005). Strategies for ensuring good hydration in the elderly. *Nutrition Reviews, 63*(6 Pt 2), S22-S29.

Fiatarone, M. A., Marks, E. C., Ryan, N. D., Meredith, C. N., Lipsitz, L. A., & Evans, W. J. (1990). High-intensity strength training in nonagenarians. Effects on skeletal muscle. *Journal of the American Medical Association, 263*(22), 3029-3034.

Fielding, R. A., LeBrasseur, N. K., Cuoco, A., Bean, J., Mizer, K., & Fiatarone Singh, M. A. (2002). High-velocity resistance training increase skeletal muscle peak power in older women. *Journal of the American Geriatrics Society, 50*(4), 655-662.

Flynn, M. G., Fahlman, M., Braun, W. A., Lambert, C. P., Bouillon, L. E., Brolinson, P. G., & Armstrong, C. W. (1999). Effects of resistance training on selected indexes of immune function in elderly women. *Journal of Applied Physiology, 86*(6), 1905-1913.

Flynn, M. G., McFarlin, B. K., Phillips, M. D., Stewart, L. K., & Timmerman, K. L. (2003). Toll-like receptor 4 and CD14 mRNA expression are lower in resistive exercise-trained elderly women. *Journal of Applied Physiology, 95*(5), 1833-1842. doi: 10.1152/japplphysiol.00359.2003

Furman, E. F. (2006). Undernutrition in older adults across the continuum of care: Nutritional assessment, barriers, and interventions. *Journal of Gerontological Nursing, 32*(1), 22-27.

Giannopoulou, I., Ploutz-Snyder, L. L., Carhart, R., Weinstock, R. S., Fernhall, B., Goulopoulou, S., & Kanaley, J. A. (2005). Exercise is required for visceral fat loss in postmenopausal women with type 2 diabetes. *Journal of Clinical Endocrinology and Metabolism, 90*(3), 1511-1518. doi:

10.1210/jc.2004-1782

Gilsanz, V., Kremer, A., Mo, A. O., Wren, T. A., & Kremer, R. (2010). Vitamin D status and its relation to muscle mass and muscle fat in young women. *Journal of Clinical Endocrinology and Metabolism, 95*(4), 1595-1601. doi: 10.1210/jc.2009-2309

Granacher, U., Muehlbauer, T., Zahner, L., Gollhofer, A., & Kressig, R. W. (2011). Comparison of traditional and recent approaches in the promotion of balance and strength in older adults. *Sports Medicine, 41*(5), 377-400. doi: 10.2165/11539920-000000000-00000

Greiwe, J. S., Cheng, B., Rubin, D. C., Yarasheski, K. E., & Semenkovich, C. F. (2001). Resistance exercise decreases skeletal muscle tumor necrosis factor alpha in frail elderly humans. *FASEB Journal, 15*(2), 475-482. doi: 10.1096/fj.00-0274com

Griffin, E. W., Mullally, S., Foley, C., Warmington, S. A., O'Mara, S. M., & Kelly, A. M. (2011). Aerobic exercise improves hippocampal function and increases BDNF in the serum of young adult males. *Physiology and Behavior, 104*(5), 934-941. doi: 10.1016/j.physbeh.2011.06.005

Haffner, S. J., & Cassells, H. (2003). Hyperglycemia as a cardiovascular risk factor. *American Journal of Medicine, 115*(Suppl 8A), 6S-11S.

Hamilton, B. (2010). Vitamin D and human skeletal muscle. Scandinavian *Journal of Medicine and Science in Sports, 20*(2), 182-190. doi: 10.1111/j.1600-0838.2009.01016.x

Heath, G. W., Ford, E. S., Craven, T. E., Macera, C. A., Jackson, K. L., & Pate, R. R. (1991). Exercise and the incidence of upper respiratory tract infections. *Medicine and Science in Sports and Exercise, 23*(2), 152-157.

Honda, K. (2004). Factors underlying variation in receipt of physician advice on diet and exercise: Applications of the behavioral model of health care utilization. *American Journal of Health Promotion, 18*(5), 370-377.

Issa, A. M., Mojica, W. A., Morton, S. C., Traina, S., Newberry, S. J., Hilton, L. G., ...

Maclean, C. H. (2006). The efficacy of omega-3 fatty acids on cognitive function in aging and dementia: A systematic review. *Dementia and Geriatric Cognitive Disorders, 21*(2), 88-96. doi: 10.1159/000090224

Janeway, C. A. Jr., Traver, P., Walport, M., & Shlomchik, M. (2001). *Immunobiology: The immune system in health and disease*. New York, NY: Garland Publishing.

Janssen, H. C., Samson, M. M., & Verhaar, H. J. (2010). Muscle strength and mobility in vitamin D-insufficient female geriatric patients: A randomized controlled trial on vitamin D and calcium supplementation. *Aging Clinical and Experi*mental *Research, 22*(1), 78-84.

Jette, A. M., & Branch, L. G. (1981). The Framingham Disability Study: II. Physical disability among the aging. *American Journal of Public Health, 71*(11), 1211-1216.

Kaiser, M. J., Bauer, J. M., Ramsch, C., Uter, W., Guigoz, Y., Cederholm, T., ... Sieber, C. C. (2010). Frequency of malnutrition in older adults: A multinational perspective using the mini nutritional assessment. *Journal of the American Geriatrics Society, 58*(9), 1734-1738. doi: 10.1111/j.1532-5415.2010.03016.x

Kehayias, J. J., Fiatarone, M. A., Zhuang, H., & Roubenoff, R. (1997). Total body potassium and body fat: Relevance to aging. *American Journal of Clinical Nutrition, 66*(4), 904-910.

Keys, A., Taylor, H. L., & Grande, F. (1973). Basal metabolism and age of adult man. *Metabolism: Clinical and Experimental, 22*(4), 579-587.

Kishimoto, H., Taniguchi, A,. Fukushima, M., Sakai, M., Tokuyama, K., Oguma, T., ... Nakai, Y. (2002). Effect of short-term low-intensity exercise on insulin sensitivity, insulin secretion, and glucose and lipid metabolism in non-obese Japanese type 2 diabetic patients. *Hormone and Metabolic Research, 34*(1), 27-31. doi: 10.1055/s-2002-19963

Kohrt, W. M., Malley, M. T., Coggan, A. R., Spina, R. J., Ogawa, T., Ehsani, A. A., ... Holloszy, J. O. (1991). Effects of gender, age, and fitness level on response of VO2max to training in 60-71 yr olds. *Journal of Applied Physiology, 71*(5), 2004-2011.

Kostka, T., Berthouze, S. E., Lacour, J., & Bonnefoy, M. (2000). The symptomatology of upper respiratory tract infections and exercise in elderly people. *Medicine and Science in Sports and Exercise, 32*(1), 46-51.

Kyle, U. G., Genton, L., Hans, D., Karsegard, V. L., Michel, J. P., Slosman, D. O., & Pichard, C. (2001). Total body mass, fat mass, fat-free mass, and skeletal muscle in older people: Cross-sectional differences in 60-year-old persons. *Journal of the American Geriatrics Society, 49*(12), 1633-1640.

LaStayo, P. C., Ewy, G. A., Pierotti, D. D., Johns, R. K., & Lindstedt, S. (2003). The positive effects of negative work: Increased muscle strength and decreased fall risk in a frail elderly population. *Journals of Gerontology. Series A, Biological Sciences and Medical Sciences, 58*(5), M419-M424.

Latham, N. K., Bennett, D. A., Stretton, C. M., & Anderson, C. S. (2004). Systematic review of progressive resistance strength training in older adults. *Journals of Gerontology. Series A, Biological Sciences and Medical Sciences, 59*(1), 48-61.

Lawrenson, L., Hoff, J., & Richardson, R. S. (2004). Aging attenuates vascular and metabolic plasticity but does not limit improvement in muscle VO(2) max. *American Journal of Physiology - Heart and Circulatory Physiology, 286*(4), H1565-1572. doi: 10.1152/ajpheart.01070.2003

Lichtenstein, A. H., Kennedy, E., Barrier, P., Danford, D., Ernst, N. D., Grundy, S. M., ... Booth, S. L. (1998). Dietary fat consumption and health. *Nutrition Reviews, 56*(5 Pt 2), S3-S19; discussion S19-S28.

Lichtenstein, A. H., Rasmussen, H., Yu, W. W., Epstein, S. R., & Russell, R. M. (2008). Modified MyPyramid for older adults. *Journal of Nutrition, 138*(1), 5-11.

Lucas, M., & Heiss, C. J. (2005). Protein needs of older adults engaged in resistance training: A review. *Journal of Aging and Physical Activity, 13*(2), 223-236.

McMurdo, M. E., Millar, A. M., & Daly, F. (2000). A randomized controlled trial of fall prevention strategies in old peoples' homes. *Gerontology, 46*(2), 83-87.

Melchiorri, G., & Rainoldi, A. (2011). Muscle fatigue induced by two different resistances: Elastic tubing versus weight machines. *Journal of Electromyography and Kinesiology, 21*(6), 954-959. doi: 10.1016/j.jelekin.2011.07.015

Metter, E. J., Conwit, R., Tobin, J., & Fozard, J. L. (1997). Age-associated loss of power and strength in the upper extremities in women and men. *Journals of Gerontology. Series A, Biological Sciences and Medical Sciences, 52*(5), B267-276.

Mokdad, A. H., Marks, J. S., Stroup, D. F., & Gerberding, J. L. (2004). Actual causes of death in the United States, 2000. *Journal of the American Medical Association, 291*(10), 1238-1245. doi: 10.1001/jama.291.10.1238

Morley, J. E., Baumgartner, R. N., Roubenoff, R., Mayer, J., & Nair, K. S. (2001). Sarcopenia. *Journal of Laboratory and Clinical Medicine, 137*(4), 231-243. doi: 10.1067/mlc.2001.113504

Mursu, J., Robien, K., Harnack, L. J., Park, K., & Jacobs, D. R., Jr. (2011). Dietary supplements and mortality rate in older women: The Iowa Women's Health Study. *Archives of Internal Medicine, 171*(18), 1625-1633. doi: 10.1001/archinternmed.2011.445

Musi, N., Yu, H., & Goodyear, L. J. (2003). AMP-activated protein kinase regulation and action in skeletal muscle during exercise. *Biochemical Society Transactions, 31*(Pt 1), 191-195. Retrieved from http://www.biochemsoctrans.org/bst/031/0191/bst0310191.htm, http://www.ncbi.nlm.nih.gov/pubmed/12546683?dopt=Citation

Ness, J., Cirillo, D. J., Weir, D. R., Nisly, N. L., & Wallace, R. B. (2005). Use of complementary medicine in older Americans: Results from the Health and Retirement Study. *Gerontologist, 45*(4), 516-524.

Newman, A. B., Haggerty, C. L., Goodpaster, B., Harris, T., Kritchevsky, S.,

Nevitt, M., ... Visser, M. (2003). Strength and muscle quality in a well-functioning cohort of older adults: The Health, Aging and Body Composition Study. *Journal of the American Geriatrics Society, 51*(3), 323-330.

Nieman, D. C., Henson, D. A., Gusewitch, G., Warren, B. J., Dotson, R. C., Butterworth, D. E., & Nehlsen-Cannarella, S. L. (1993). Physical activity and immune function in elderly women. *Medicine and Science in Sports and Exercise, 25*(7), 823-831.

Nieman, D. C., Johanssen, L. M., Lee, J. W., & Arabatzis, K. (1990). Infections episodes in runners before and after the Los Angeles marathon. *Journal of Sports Medicine and Physical Fitness, 30*(3), 316-328.

Norman, A. W., & Bouillon, R. (2010). Vitamin D nutritional policy needs a vision for the future. *Experimental Biology and Medicine (Maywood), 235*(9), 1034-1045. doi: 10.1258/ebm.2010.010014

Ohkawara, K., Tanaka, S., Miyachi, M., Ishikawa-Takata, K., & Tabata, I. (2007). A dose-response relation between aerobic exercise and visceral fat reduction: Systematic review of clinical trials. *International Journal of Obesity (Lond), 31*(12), 1786-1797. doi: 10.1038/sj.ijo.0803683

Paterson, D. H., Cunningham, D. A., Koval, J. J., & St Croix, C. M. (1999). Aerobic fitness in a population of independently living men and women aged 55-86 years. *Medicine and Science in Sports and Exercise, 31*(12), 1813-1820.

Peacock, M. (2010). Calcium metabolism in health and disease. *Clinical Journal of the American Society of Nephrology, 5*(Suppl 1), S23-30. doi: 10.2215/CJN.05910809

Pedersen, B. K., Bruunsgaard, H., Jensen, M., Toft, A. D., Hansen, H., & Ostrowski, K. (1999). Exercise and the immune system—influence of nutrition and ageing. *Journal of Science and Medicine in Sport, 2*(3), 234-252.

Pescatello, L. S., Franklin, B. A., Fagard, R., Farquhar, W. B., Kelley, G. A., &

Ray, C. A. (2004). American College of Sports Medicine position stand. Exercise and hypertension. *Medicine and Science in Sports and Exercise, 36*(3), 533-553.

Peterson, J. M., Trappe, T. A., Mylona, E., White, F., Lambert, C. P., Evans, W. J., & Pizza, F. X. (2003). Ibuprofen and acetaminophen: Effect on muscle inflammation after eccentric exercise. *Medicine and Science in Sports and Exercise, 35*(6), 892-896. doi: 10.1249/01.MSS.0000069917.51742.98

Peterson, M. D., Sen, A., & Gordon, P. M. (2011). Influence of resistance exercise on lean body mass in aging adults: A meta-analysis. *Medicine and Science in Sports and Exercise, 43*(2), 249-258. doi: 10.1249/MSS.0b013e3181eb6265

Pollock, M. L., Carroll, J. F., Graves, J. E., Leggett, S. H., Braith, R. W., Limacher, M., & Hagberg, J. M. (1991). Injuries and adherence to walk/jog and resistance training programs in the elderly. *Medicine and Science in Sports and Exercise, 23*(10), 1194-1200.

Popkin, B. M., D'Anci, K. E., & Rosenberg, I. H. (2010). Water, hydration and health. *Nutrition Reviews, 68*(8), 439-458. doi: 10.1111/j.1753-4887.2010.00304.x

Potter, J. M., Evans, A. L., & Duncan, G. (1995). Gait speed and activities of daily living function in geriatric patients. *Archives of Physical Medicine and Rehabilitation, 76*(11), 997-999.

Reid, K. F., Callahan, D. M., Carabello, R. J., Phillips, E. M., Frontera, W. R., & Fielding, R. A. (2008). Lower extremity power training in elderly subjects with mobility limitations: A randomized controlled trial. *Aging Clinical and Experimental Research, 20*(4), 337-343.

Reynolds, T. H., 4th., Brozinick, J. T., Jr., Rogers, M. A., & Cushman, S. W. (1997). Effects of exercise training on glucose transport and cell surface GLUT-4 in isolated rat epitrochlearis muscle. *American Journal of Physiology, 272,* (2 Pt 1), E320-325.

Riancho, J. A., Zarrabeitia, M. T., Amado, J. A., Olmos, J. M., & Gonzalez-Macias, J.

(1994). Age-related differences in cytokine secretion. *Gerontology, 40*(1), 8-12.

Rimbert, V., Boirie, Y., Bedu, M., Hocquette, J. F., Ritz, P., & Morio, B. (2004). Muscle fat oxidative capacity is not impaired by age but by physical inactivity: Association with insulin sensitivity. *FASEB Journal, 18*(6), 737-739. doi: 10.1096/fj.03-1104fje

Rolland, Y., Lauwers-Cances, V., Cristini, C., Abellan van Kan G., Janssen, I., Morley, J. E., & Vellas, B. (2009). Difficulties with physical function associated with obesity, sarcopenia, and sarcopenic-obesity in community-dwelling elderly women: The EPIDOS (EPIDemiologie de l'Osteoporose) Study. American *Journal of Clinical Nutrition, 89*(6), 1895-1900. doi: 10.3945/ajcn.2008.26950

Rosas, G. O., Zieman, S. J., Donabedian, M., Vandegaer, K., & Hare, J. M. (2001). Augmented age-associated innate immune responses contribute to negative inotropic and lusitropic effects of lipopolysaccharide and interferon gamma. *Journal of Molecular and Cellular Cardiology, 33*(10), 1849-1859. doi: 10.1006/jmcc.2001.1448

Rosen, M. J., Sorkin, J. D., Goldberg, A. P., Hagberg, J. M., & Katzel, L. I. (1998). Predictors of age-associated decline in maximal aerobic capacity: A comparison of four statistical models. *Journal of Applied Physiology, 84*(6), 2163-2170.

Rosenzweig, T., Braiman, L., Bak, A., Alt, A., Kuroki, T., & Sampson, S. R. (2002). Differential effects of tumor necrosis factor-alpha on protein kinase C isoforms alpha and delta mediate inhibition of insulin receptor signaling. *Diabetes, 51*(6), 1921-1930.

Roubenoff, R. (2003). Sarcopenia: Effects on body composition and function. *Journals of Gerontology. Series A, Biological Sciences and Medical Sciences, 58*(11), 1012-1017.

Roubenoff, R., Harris, T. B., Abad, L. W., Wilson, P. W., Dallal, G. E., & Dinarello, C. A. (1998). Monocyte cytokine production in an elderly population:

Effect of age and inflammation. *Journals of Gerontology. Series A, Biological Sciences and Medical Sciences, 53*(1), M20-M26.

Russell, R. M., Rasmussen, H., & Lichtenstein, A. H. (1999). Modified Food Guide Pyramid for people over seventy years of age. *Journal of Nutrition, 129*(3), 751-753.

Ryan, A. S., Hurlbut, D. E., Lott, M. E., Ivey, F. M., Fleg, J., Hurley, B. F., & Goldberg, A. P. (2001). Insulin action after resistive training in insulin resistant older men and women. *Journal of the American Geriatrics Society, 49*(3), 247-253.

Ryan, A. S., Pratley, R. E., Elahi, D., & Goldberg, A. P. (1995). Resistive training increases fat-free mass and maintains RMR despite weight loss in postmenopausal women. *Journal of Applied Physiology, 79*(3), 818-823.

Ryan, A. S., Pratley, R. E., Goldberg, A. P., & Elahi, D. (1996). Resistive training increases insulin action in postmenopausal women. *Journals of Gerontology. Series A, Biological Sciences and Medical Sciences, 51*(5) , M199-M205.

Sanchez, M. M., Das, D., Taylor, J. L., Noda, A., & Yesavage, J. A., & Salehi, A. (2011). BDNF polymorphism predicts the rate of decline in skilled task performance and hippocampal volume in healthy individuals. *Translational Psychiatry, 1,* e51. doi: 10.1038/tp.2011.47

Schulze, M. B., Rimm, E. B., Li, T., Rifai, N., Stampfer, M. J., & Hu, F. B. (2004). Creactive protein and incident cardiovascular events among men with diabetes. *Diabetes Care, 27*(4), 889-894.

Schumacher, A., Seljeflot, I., Sommervoll, L., Cristensen, B., Otterstad, J. E., & Arnesen, H. (2002). Increased levels of markers of vascular inflammation in patients with coronary heart disease. *Scandinavian Journal of Clinical and Laboratory Investigation, 62*(1), 59-68.

Sebastian, R. S., Cleveland, L. E., Goldman, J. D., & Moshfegh, A. J. (2007). Older adults who use vitamin/mineral supplements differ from nonusers in nutrient intake adequacy and dietary attitudes. *Journal of the American Dietetic Association, 107*(8), 1322-1332. doi: 10.1016/j.jada.2007.05.010

Semba, R. D., Blaum, C. S., Bartali, B., Xue, Q. L., Ricks, M. O., Guralnik, J. M., & Fried, L. P. (2006). Denture use, malnutrition, frailty, and mortality among older women living in the community. *Journal of Nutrition Health and Aging, 10*(2), 161-167.

Smith, J. K., Dykes, R,. Douglas, J. E., Krishnaswamy, G., & Berk, S. (1999). Long-term exercise and atherogenic activity of blood monocuclear cells in persons at risk of developing ischemic heart disease. *Journal of the American Medical Association, 281*(18), 1722-1727.

Smith, J. K. (2001). Exercise and atherogenesis. *Exercise and Sport Science Reviews, 29*(2), 49-53.

Stechmiller, J. K. (2003). Early nutritional screening of older adults: Review of nutritional support. *Journal of Infusion Nursing, 26*(3), 170-177.

Stenholm, S., Harris, T. B., Rantanen, T., Visser, M., Kritchevsky, S. B., & Ferrucci, L. (2008). Sarcopenic obesity: Definition, cause and consequences. *Current Opinion in Clinical Nutrition and Metabolic Care, 11*(6), 693-700. doi: 10.1097/MCO.0b013e328312c37d

Suetta, C., Andersen, J. L., Dalgas, U., Berget, J., Koskinen, S., Aagaard, P., ... Kjaer, M. (2008). Resistance training induces qualitative changes in muscle morphology, muscle architecture, and muscle function in elderly postoperative patients. *Journal of Applied Physiology, 105*(1), 180-186. doi: 10.1152/japplphysiol.01354.2007

Sutherland, M. K., Brady, H., Gayo-Fung, L. M., Leisten, J., Lipps, S. G., McKie, J. A., ... Stein, B. (2003). Effects of SP500263, a novel selective estrogen receptor modulator, on bone, uterus, and serum cholesterol in the ovariectomized rat. *Calcified Tissue International, 72*(6), 710-716. doi: 10.1007/s00223-002-1029-2

Talbot, L. A., Morrell, C. H., Metter, E. J., & Fleg, J. L. (2002). Comparison of cardiorespiratory fitness versus leisure time physical activity as predictors of coronary events in men aged less than or = 65 years and greater than 65 years. *American Journal of Cardiology, 89*(10), 1187-1192.

Timonen, L., Rantanen, T., Ryynanen, O. P., Taimela, S., Timonen, T. E., & Sulkava, R. (2002). A randomized controlled trial of rehabilitation after hospitalization in frail older women: Effects on strength, balance and mobility. *Scandinavian Journal of Medicine and Science in Sports, 12*(3), 186-192.

Tracy, B. L., Ivey, F. M., Hurlbut, D, Martel, G. F., Lemmer, J. T., Siegel, E. L., ... Hurley, B. F. 91999). Muscle quality. II. Effects of strength training in 65- to 75-year-old men and women. *Journal of Applied Physiology, 86*(1), 195-201.

Trappe, T. A., Carroll, C. C., Dickinson, J. M., LeMoine, J. K., Haus, J. M., Sullivan, B. E., ... Hollon, C. J. (2011). Influence of acetaminophen and ibuprofen on skeletal muscle adaptations to resistance exercise in older adults. *American Journal of Physiology Regulatory, Integrative and Comparative Physiology, 300*(3), R655-R662. doi: 10.1152/ajpregu.00611.2010

Tschopp, M., Sattelmayer, M. K., & Hilfiker, R. (2011). Is power training or conventional resistance training better for function in elderly persons? A meta-analysis. *Age and Ageing, 40*(5), 549-556. doi: 10.1093/ageing/afr005

USDA. (2010). *Dietary guidelines for Americans*. Washington, D.C.: U.S. Government Printing Office.

USDHHS. (2000). *Healthy people 2010: Understanding and improving health*. Washington, DC: U.S. Government Printing Office.

USDHHS. (2001). *National Institute on Aging: A guide from the National Institutes on Aging*. Public Information Office.

USDHHS. (2002). *Physical activities and older Americans: Benefits and strategies*.

USDHHS. (2009). *U.S. Food and Drug Administration: What is a dietary supplement?*. Retrieved from http://www.fda.gov/AboutFDA/Transparency/Basics/ucm195635.htm

van der Bij, A. K., Laurant, M. G., & Wensing, M. (2002). Effectiveness of physical activity interventions for older adults: A review. *American Journal of Preventive Medicine, 22*(2), 120-133.

Webb, A. R. (2006). Who, what, where and when-influences on cutaneous vitamin D synthesis. *Progress in Biophysics and Molecular Biology, 92*(1), 17-25. doi: 10.1016/j.pbiomolbio.2006.02.004

Webb, P. (1981). Energy expenditure and fat-free mass in men and women. *American Journal of Clinical Nutrition, 34*(9), 1816-1826.

Weinheimer, E. M., Jemiolo, B., Carroll, C. C., Harber, M. P., Haus, J. M., Burd, N. A., ... Trappe, T. A. (2007). Resistance exercise and cyclooxygenase (COX) expression in human skeletal muscle: Implications for COX-inhibiting drugs and protein synthesis. *American Journal of Physiology—Regulatory, Integrative and Comparative Physiology, 292*(6), R2241-2248. doi: 10.1152/ajpregu.00718.2006

Weinheimer, E. M., Sands, L. P., & Campbell, W. W. (2010). A systematic review of the separate and combined effects of energy restriction and exercise on fat-free mass in middle-aged and older adults: Implications for sarcopenic obesity. *Nutrition Reviews, 68*(7), 375-388. doi: 10.1111/j.1753-4887.2010.00298.x

Willey, K. A., & Singh, M. A. (2003). Battling insulin resistance in elderly obese people with type 2 diabetes: Bring on the heavy weights. *Diabetes Care, 26*(5), 1580-1588.

Wolf, S. L., Barnhart, H. X., Kutner, N. G., McNeely, E., Coogler, C., & Xu, T. (2003). Selected as the best paper in the 1990s: Reducing frailty and falls in older persons: An investigation of tai chi and computerized balance training. *Journal of the American Geriatrics Society, 51*(12), 1794-1803.

Wu, C. H., Wang, C. C., & Kennedy, J. (2011). Changes in herb and dietary supplement use in the US adult population: A comparison of the 2002 and 2007 National Health Interview Surveys. *Clinical Therapeutics, 33*(1), 1749-1758. doi: 10.1016/j.clinthera.2011.09.024

Yan, H., Kuroiwa, A., Tanaka, H., Shindo, M., Kiyonaga, A., & Nagayama, A. (2001). Effect of moderate exercise on immune senescence in men. *European Journal of Applied Physiology and Occupational Physiology, 86*(2), 105-111.

제6장

성인기의 사회 및 정서 발달

제6장

성인기의 사회 및 정서 발달

Karen L. Fingerman, Nicholas A. Turiano,
Eden Davis, and Susan T. Charles

21세기를 사는 노인들은 Match.com, 가족, 페이스북, 교회, 자원봉사, 브리지 클럽 등을 통하여 다양하고 풍부한 사회적 네트워크와 연결되어 있다. 20세기 이전, 농경 사회였던 미국에서는 확대가족이 지배적이었다. 20세기 동안, 사회정서적 노화에 관한 초기 연구에서는 노인이 외로운지 혹은 그들이 가족과 친구들에게 여전히 속해 있는지에 관한 것을 질문하였다. 전반적으로 사회과학에서는 가족이 노인을 저버린다는 가정을 반박하고 있다(Coontz, 2000). 더욱이 이 이슈를 검토하는 과정에서 노년학(gerontology) 분야는 노년기의 복잡한 사회 및 정서 세계를 이해하는 지식을 축적하여 왔다.

실제로 연구 결과들은 노년기의 특징으로 긍정적인 정서와 끈끈한 인간관계에 대해 알려 주고 있다. 일반적인 믿음과 달리, 소수의 노인만이 높은 수준의 외로움을 보고하고 있을 뿐이고, 노인들의 외로움 수준은 지난 몇십 년 동안 조금씩 감소하고 있는 중이다(Dykstra et al., 2005). 오히려 노인들은 갈등이 거의 없는(Fingerman & Charles, 2010) 따뜻하고 보람 있는 관계(Charles & Carstensen, 2010)를 맺고 있었다. 나이가 들면서, 성인들은 더 많은 즐거움과 감소된 부정적인 감정(Charles & Carstensen, 2010), 그리고 일상생활에서 오는 스트레스 감소 경험에 대해서 이야기하고 있다(Birditt, Fingerman, & Almeida, 2005; Stawski, Sliwinski, Almeida, & Smyth, 2008; Rook, 2003). 사람들은 성인 초기에 가장 큰 불안과 불행을 경험한다. 성인 초기에는 너무 많은 선택의 여지와 불확실한 미래로 인하여 고통을 받는다. 사람들은 사회적인 역할을 잃고 미래가 얼마 남지 않은 인생의 후반부에 가서 더 행복해진다.

더욱이 사회적 환경에는 상당한 다양성이 있다. 개인의 인간 관계는 일생에 걸쳐 구조, 과정, 결과가 다르다(Fingerman & Lang, 2004). 노년학자들은 노년기의 사회적 네트워크(예: 배우자, 친구, 손자녀)를 고려함으로써 어떻게 사회적 파트너들이 서로 상호작용하는지 그리고 다른 연령대의 개인에게 이러한 인간 관계가 이익인지 손해인지와 같은 이슈를 연구해 왔다. 지난 십여 년 동안 학자들은 정서적인 노화에도 많은 흥미를 가지게 되었다. 이 분야에서 그들은 긍정적 및 부정적 정서의 균형, 정서 조절, 대처에 대해서 연구해 왔다. 이러한 현상은 우리가 여기에서 검토할 사회정서적 노년학의 핵심을 이루는 것이다.

1. 사회 및 정서적 노화에 대한 다학문적 견해

사회학자들은 최초로 노년기의 인간 관계를 연구하였다(Rosow, 1970; Shanas & Streib, 1965). 20세기 초기와 중기에는 노화의 인지 변화에 관심을 가진 심리학자와 여러 분야의 학자들이 부분적으로 노년기의 정서를 연구하였다. 그러나 21세기에 와서는 여러 학문 분야의 학자들이 노년의 사회적 및 정서적 측면에 대해서 연구하기 시작했다. 이 주제에 대한 연구들은 여전히 사회학적 혹은 심리학적 성격을 띠고 있지만 문화인류학자, 사회사업가, 간호사, 공중건강 전문가 그리고 인문학자들도 여기에 공헌을 하고 있다.

사회정서적 노화에 관한 연구에서는 거시적 및 미시적 측면에서 이 주제를 연구하고 있다. 거시적 측면에서 연구자들은 어떻게 노인들의 관계가 부여된 특징(예: 성별, 인종, 사회계층), 획득된 특징(예: 교육과 직업), 사회 기관(예: 경제, 가족), 코호트 멤버십(예: 베이비부머), 역사적 시대의 기능에 따라 다양한지를 연구한다. 사회적 맥락은 이러한 관계 내에서 관계와 행동의 질에 영향을 미친다. 예를 들어, 노년기의 가족의 지지에 대한 인종 간의 차이에 관한 연구는 흑인 중년이 백인 중년보다 자신의 부모를 더 지지한다는 것을 발견했다(Fingerman, VanderDrift, Dotterer, Birditt, & Zarit, 2011; Sarkisian & Gerstel, 2004; Suitor, Sechrist, & Pillemer, 2007). 수입에 있어서의 인종 간 차이나 부모의 장애 비율의 차이와 같은 구조적 요인이 이러한 차이를 설명하는 데 도움이 된다.

연구자들은 또한 나이 든 부모를 돕는 것에 대한 감정과 도움을 주는 것에서 오는 정서적 보람과 같은 심리적 요인들도 이러한 차이를 설명한다는 것을 발견하였다. 예를 들어, 문화인류학자들은 미국에서 소수민족(예: 멕시칸 아메리칸, 필리피노) 사이에서는 도움의 상호적인 패턴이 있다는 것을 찾아내었다(Becker, Beyene, Newsom, & Mayen, 2003). 사회정서적 노화에 영향을 줄 수 있는 다른 사회적 구조와 문화는 이 책의 다른 부분에서 논의될 것이다(제7, 9, 10장 참조).

노년학자는 같은 돈을 가지고 유사한 건강 상태에 있어도 왜 어떤 노인은 다른 노인보다 행복한가와 같은 개인의 다양성을 설명하는 미시적인 수준의 과정에 대해 연구했다. 심리학자들은 객관적으로 좋지 않은 상황에서도 노인들이 기능을 최대화하는 데 사용하는 행동을 검토하였다. 연구에서는 발달 단계, 동기, 사회적 인지, 성격, 개인 간 상호작용, 정서와 같은 개인적인 요소 또한 노화 과정에 영향을 준다는 것을 발견하였다. 예를 들어, 심리학자들은 다른 유형의 관계를 유지하려는 동기(예: Carstensen, Fung,

& Charles, 2003; Charles & Carstensen, 2010), 다른 연령대에서 받는 지원의 유형(예: Antonucci et al., 2002; Fingerman, Miller, Birditt, & Zarit, 2009; Martini & Busseri, 2010) 그리고 어떻게 긍정적이고 부정적인 감정이 성인기에 다른지(Charles, Reynolds, & Gatz, 2001; Urry & Gross, 2010)를 검토하였다.

연구자들은 또한 최근에는 노화의 사회정서적 측면을 추적하는 생리적 지표에 관심을 가지기 시작했다. 새로운 측정 기법은 정서적 반응과 사회적 상호작용의 물리적 증거를 평가할 수 있는 안구 운동과 응시(Isaacowitz, Toner, & Neupert, 2009), 타액 호르몬 수준(Wrosch, Miller, Lupien, & Pruessner, 2008) 혹은 MRI를 통해 캡처된 뇌의 이미지(Mather et al., 2004)가 포함되어 있다.

이 장에서 우리는 비록 우리의 견해가 근본적으로 심리학적인 것이기는 하지만 노년학자가 노년기의 사회적 및 정서적 과정에 관해 다양한 학문 분야에서 하는 질문과 그들이 이제까지 발견한 대답을 제시한다. 다른 분야에서 온 학자들은 노화의 사회적 및 정서적인 측면에 흥미를 느끼고 있지만, 그들은 같은 연구에서 거의 협력하고 있지 않다. 여기에서 우리는 다양한 학문으로부터 온 견해들이 노인의 사회 및 정서 세계에 관해 우리에게 무엇을 이야기하는지에 대해 고려할 것이다. 우선, 우리는 노년기의 사회적 유대와 성인기의 정서 발달에 관해 알려진 것을 검토할 것이다. 그리고 우리는 앞으로의 후속 연구에서 사용될 수 있는 사회정서적 반응의 사회적 입력 모델(social input model)을 소개할 것이다.

2. 노년기의 사회적 유대에 대한 이해

노년학 연구에서는 노년기가 개인이 사회적 세계에서의 손실을 경험하는 시기라고 인식하고 있다. 노인은 은퇴하고 더 이상 직무상의 역할이 없다. 배우자는 죽고, 친구들은 장애를 경험하며, 부모로서의 역할도 더 이상 일과가 되지 않고, 그들의 공헌에 대한 사회의 인정도 최소한이 될 것이다. 그러나 노인들은 일반적으로 그렇게 우울하지 않다. 노년이 잘 준비되어 있고, 여행을 다니며, 자원봉사를 하는 행복한 노인의 예를 생각해 보는 것은 쉬운 일이다. 실제로 연구 결과는 사회적 세계가 노년기에 풍부하고 보람이 있는 것일 수 있다는 것을 알려 주고 있다.

1) 사회정서적 선택 이론

앞에서 언급했듯이 노인들은 대체로 젊은 성인보다 사회적 파트너가 적다. 초기 이론에서는 축소된 네트워크가 노인들이 나이를 먹으면서 세상과의 연결로부터 멀어지려고 하기 때문이라고 하였다. Cumming과 Henry(1961)는 노인이 피할 수 없는 상실과 죽음에 대응하기 위하여 대인 관계를 줄이려는 수단으로 사람들과 멀어지려고 한다고 하였다. 그러나 이와 같은 탈참여 이론(disengagement theory)은 노인이 젊은 성인보다 개인적 관계에 더 만족한다는 연구 결과를 제대로 설명해 주지 못한다. 이와 마찬가지로 우리의 연구에서도 나이가 많을수록 살아 있는 친척 수가 적기는 하지만, 젊은 성인들도 또한 결혼을 하지 않았거나 아직 자녀가 없어서 적은 수의 가족을 가지고 있기 때문에 노년기의 더 작은 사회적 집단을 전적으로 죽음의 탓으로 돌릴 수는 없다(Fingerman & Birditt, 2003). 그래서 이것은 죽음이나 탈참여가 노년기의 작은 사회환경을 설명하지 못한다는 것을 의미한다.

실제로 노인은 부분적으로 사회적 유대를 잃을 수 있지만 가까운 사회적 파트너와 관계를 유지한다. 미국, 일본, 프랑스, 독일 간 비교 연구에서 Antonucci와 동료들(2002)은 다른 연령대에 속하는 성인의 사회적 네트워크를 비교하였다. 노인들은 전반적으로 적은 수의 사회적 파트너가 있었지만, 현존하는 사회적 파트너들은 가까운 가족과 친구였다(Antonucci et al., 2002). Carstensen과 동료들은 노인의 감소된 수의 사회적 유대를 설명하기 위하여 사회정서적 선택 이론(socioemotional selectivity theory)을 발전시켰다(Carstensen, Issacowitz, & Charles, 1999; Charles & Carstensen, 2010). 이 이론에 따르면, 성인들은 소수의 남아 있는 사회적 파트너로부터 보람을 최대화하기 위하여 노년기에 선택적으로 그들의 네트워크를 제한한다. 그들은 가깝지 않은 사회적 파트너와 지인들을 정리함으로써 가까운 친구와 가족과의 관계에 더 많은 노력과 주의를 기울일 수 있게 한다.

일반적으로 사회적 접촉에 대한 동기는 시간적 측면에 따라 다양하게 나타난다. 미래를 확장되고 개방적인 것으로 지각하면(좀 더 젊은 시기라면), 그들은 정보 탐색 목표에 의하여 동기화되고 새로운 인간 관계를 만들려고 노력할 것이다. 그러나 미래를 짧고 폐쇄된 것으로 지각한다면(주로 나이가 많을 때), 그들은 정서적 보람을 찾고 사회적 파트너와 긍정적인 경험을 최대화할 것이다(Charles & Carstensen, 2010). 사회정서적 선택 이론은 죽음을 앞둔 사람들이 회사에서 시간을 보내는 것보다 가족이나 친구들과 더 많은 시간을 보내고 싶어 한다는 오래된 속담을 떠올리게 한다.

많은 데이터가 사회정서적 선택 이론을 지지한다. 특히 나이가 아닌 시간이 새로운 파트너보다 정서적으로 가까운 사회적 파트너를 더 좋아하게 한다고 한다. 몇몇 연구에서 죽음을 알려 주거나 미래에 대한 확실성을 조절할 수 있게 해 주면, 젊은 성인들은 노인과 유사하게 사회적 파트너에 대한 선호도를 보인다. 한 예에서 연구자들은 1997년 영국에서 중국으로 통치권이 넘어갈 때 홍콩의 사회정치적 불안이 이양에 앞서 즉각적으로 사람들에게 시간감을 축소시킬 것이라는 가설을 세웠다(Fung, Carstensen, & Lutz, 1999). 실제로 이양 1년 전과 이양 1년 후, 나이 든 홍콩 주민은 친숙한 사회적 파트너를 선호했고, 젊은 홍콩 주민은 새로운 사회적 파트너를 선호했다. 그러나 이양 두 달 전에는 젊은 홍콩 주민과 나이 든 홍콩 주민 모두가 친숙한 사회적 파트너를 선호하였다. 젊은 성인들은 또한 9 · 11 사태와 홍콩의 사스 사태 때 즉시 파트너에 대한 선호도의 변화를 보였다. 이 둘은 미래에 대한 불확실성을 나타낸다(Fung & Carstensen, 2006). 중요한 것은 Carstensen과 동료들이 파트너 선호도의 이동이 반대로도 일어날 수 있다는 것을 보여 주었다는 것이다. 나이 든 성인이 기대했던 것보다 건강하게 20년을 더 살 것이라는 소식을 의사로부터 들었을 때, 그들은 젊은 성인의 평균적인 반응인 새로운 사회적 파트너와 상호작용하려는 욕구를 보였다(Fung et al., 1999).

요약하면, 노인은 그들이 사랑하는 파트너와 보내는 시간을 원하기 때문에 적은 수의 사회적 파트너를 가진다는 것이다. 더욱이 사회적 파트너를 바꾸고 싶은 동기는 연령 그 자체보다는 줄어든 시간과 관련이 있다는 것이다.

2) 관계의 긍정적인 측면

성인기와 마찬가지로 노년기의 밀접한 인간 관계는 다양한 긍정적인 결과와 관련이 있다. 여러 나라의 사회적 네트워크를 연구한 결과는 밀접한 사회적 유대의 지지적인 네트워크를 갖는 것이 우울증의 위험을 줄이는 것과 연관되어 있다고 한다(Antonucci et al., 2002). 40세 이상의 성인을 대상으로 한 종단 연구에서는 건강한 나이 든 성인이 더 긍정적인 인간 관계를 가지고 있고, 19세 때보다 더 낮은 수준의 갈등을 경험할 때 생존율이 증가한다는 것을 발견했다(Birditt & Antonucci, 2008).

밀접한 사회적 유대와 신체적 및 정서적 안녕 사이의 긍정적인 연관을 설명하는 데 많은 메커니즘이 고려되어 왔다(Berkman, Glass, Brisette, & Seeman, 2000). 이러한 메커니즘에는 친구와 가족으로부터 개인이 받는 사회적 지지, 스트레스 완화, 긍정적 정서 경험이 포함된다. 최근 Krause

(2010)는 또한 가까운 관계의 맥락에서 일어나는 개인적 의미에 초점을 맞추고 있다. 젊은 성인처럼 노인은 목표의식, 성취감, 생에 있어서의 의미를 획득하는 데 동기화되어 있다. 노년기에 이러한 동기는 특히 신체적 및 정서적 건강과 관련이 있다는 것을 보여 준다. 더욱이 생의 의미와 건강을 연결시킨 연구에서는 밀접한 관계가 노인에게 의미를 부여하는 데 중요한 역할을 한다는 것을 보여 주고 있다. Krause(2004)는 스트레스, 사회적 지지, 생의 의미의 관계를 연구하였다. 그는 큰 가치가 있는 역할에 대한 스트레스가 개인의 의미감을 상실하게 함으로써 건강에 부정적인 영향을 미친다는 것을 발견했다. 그러나 다른 사람으로부터의 정서적 지지는 이러한 스트레스의 부정적인 영향을 완충시켰다.

더욱이 Krause(2007)는 다양한 유형의 사회적 지지와 그것이 의미의 측면에서 삶에 대한 노인의 견해에 주는 영향을 구분하는 방법을 찾았다. 그는 사회적 지지의 세 구성 요소[받고 있는 지지(enacted support), 기대된 지지(anticipated support), 부정적 상호작용(negative interaction)]를 측정하였다. Krause는 생의 의미는 노인이 가족과 친구들로부터 받은 사회적 지지의 성격에 따라 다르게 연관되어 있다는 것을 발견했다. 모든 유형의 사회적 지지가 생의 의미와 관련되어 있지만, 기대된 지지(중요한 타자가 미래에 도와줄 것이라는 믿음)를 경험한 노인은 이러한 사회적 지지를 경험하지 못한 노인보다 깊은 의미감을 가지고 있었다.

연구는 또한 노년기에 갖는 사회적 유대의 성격의 다양성이 신체적 및 심리적 안녕과 어떻게 연관되어 있는지에 대해 조사하였다. 어떤 노인은 사회적 유대를 거의 갖지 않고 있다. 어떤 노인은 사회적 세계가 가족 구성원 간에는 끈끈하게 연결되어 있다. 그러나 그 외의 가족, 친구, 지엽적인 관계를 포함하는 다양한 네트워크는 노인의 안녕감에 좋은 것이 될 수 있다. 미국, 유럽, 아시아에서 수행된 네트워크의 다양성에 관한 연구는 지엽적인 유대관계에 의해 보완된 밀접한 가족 간의 유대(예: 배우자, 자녀)는 노년기

최고의 정서적 및 신체적 건강을 제공함을 발견하였다(Fiori, Antonucci, & Cortina, 2006; Litwin, 2009; Litwin & Shiovitz-Ezra, 2006). 그러므로 노인이 강한 가족 간의 유대감을 가지는 것은 중요하지만, 가족 이외의 다른 개인과 유대감을 형성하는 것은 혜택을 더하는 것이 된다.

더욱이 노인은 사촌과 가족 모임, 이전 룸메이트, 대학 친구들과 가끔씩 만나는 것으로 기쁨을 누린다. 예를 들어, 명절에 받는 카드에 대한 성인의 반응을 생각해 보자(예: Fingerman & Griffiths, 1999). 많은 카드를 받은 나이 든 성인은 비록 그 카드가 몇 년 동안 만나지 못했던 지엽적인 사회적 파트너한테 온 것이라고 해도 사회적으로 소속되어 있고, 그들이 과거와 연관되어 있다는 것을 느낀다.

요약하면, 노년기의 밀접한 관계는 노인에게 많은 좋은 결과를 안겨 준다. 사회적 유대감으로부터 오는 지지는 자신을 표현하고 의미감과 생의 목표를 발달시키도록 도와줄 뿐 아니라 노인을 부정적인 스트레스로부터 보호해 준다. 비록 노인이 젊은 성인보다 적은 수의 사회적 파트너를 가지기는 하지만 그들은 대체로 많은 친한 사회적 파트너를 가진다. 그들은 또한 네트워크가 가족과 친구를 포함할 때, 거리가 먼 유대로부터도 혜택을 이끌어 낸다. 다양한 사회적 파트너와 잘 지내는 능력은 다양한 곳에서 혜택을 받도록 한다.

3) 관계의 부정적 측면

물론 사회적 파트너가 항상 유익한 것만은 아니다. 친구와 가족 구성원은 부탁을 하고, 비판하며, 요구하고, 원하지 않는 충고를 하며, 갑자기 늦은 시간에 저녁을 먹으러 오기도 한다. 사회적 파트너는 일생을 통하여 대립이나 불일치로 인하여 슬픔, 분노, 화, 좌절과 같은 부정적인 감정을 포함하는 강한 정서적 반응을 유발한다. 또한 성인들은 성장한 자녀가 이혼을 하거나 직장을 잃거나(Fingerman, Cheng, Birditt, & Zarit, 2011; Pillemer & Suitor, 1991, 2002), 배우자가 질병을 앓는 것처럼(Berg & Upchurch, 2007), 사회적 파트너의 개인적 문제로 인해 고통을 받기도 한다.

그러나 노인들은 대체로 사회적 파트너와 개인 간 문제가 거의 없다고 이야기하고(예: Akiyama, Antonucci, Takahashi, & Langfahl, 2003; Rook, 1984), 일상적으로도 그렇다(Birditt et al., 2005). 이러한 결과는 부모와 자녀(Fingerman, 1996; Fingerman, Chen, Hay, Cichy, & Lefkowitz, 2006; Umberson, 1989), 조부모와 손자녀(Fingerman, 1998) 그리고 형제자매 사이(Bedford, 1989)의 관계에서 분명하다. 노년기에는 힘든 결혼 생활에서의 갈등도 줄어든다(Levenson, Carstensen, & Gottman, 1993; Story et al., 2007).

우리는 성인의 긍정적인 사회적 유대와 적은 갈등을 설명하기 위하여 사회정서적 노화에 대한 사회적 투입 모델(social input model of socioemotional aging: SIMS)을 개발하였다. 이 모델은 노인의 행동과 사회적 파트너의 행동을 고려한 것이다(Fingerman & Charles, 2010). 이 모델은 또한 사회정서적 노화에 미치는 구조적 · 심리내적 그리고 사회적 파트너의 영향을 고려하였다. 구조적 요소는 개인 간 문제에 있어서 연령 차이를 설명하는 데 도움이 된다. 나이 든 성인과 젊은 성인은 다른 유형의 사회적 파트너와 상호작용한다. 젊은 성인에 비해 나이 든 성인은 혼자 사는 경향이 더 많고, 덜 일하고, 의료 전문가를 만날 기회가 더 많이 있다. Akiyama와 동료들(2003)은 일본과 미국의 13~99세 사람들을 연구하였다. 그들은 개인 간의 문제는 두 나라 모두 주거 공간을 공유하는 데에서 가장 큰 것으로 나타났다. 우리의 연구 결과에서도 사회적 파트너의 기능으로서 문제를 보고하는 데 있어서 연령의 차이를 설명하였다(Fingerman, Hay, & Birditt, 2004). 모든 연령대의 사람들은 자신과 가까운 사람, 문제가 있는 사람, 둘 다 해당하는 사람의 목록을 만들었다. 문제가 있다고 생각되는 사회적 파트너는 동료, 교사, 클럽 멤버, 이웃이었다. 노인들은 이와 같은 사회적 파트너를 피하는 것이 젊은 성인보다 더 자유로울 수 있다.

더욱이 참여자와 그들의 사회적 파트너의 연령은 매우 높은 상관이 있다. 나이 든 사람들은 젊은 성인보다 오래된 친구와 가족을 가지고 있다(예: Antonucci et al., 2002). 나이 든 성인의 관계는 오래되었고, 그들을 화나게 했던 갈등과 문제를 겪었다. 그래서 전반적인 사회적 네트워크는 나이 든 성인이 좋은 편이다.

정서 조절과 행동에 있어서 연령과 관련된 차이(Ury & Gross, 2010)는 나이 든 성인이 일반적으로 이익이 되는 방식으로 그들의 관계를 지각하도록 한다. 나이 든 성인은 대체로 화를 덜 내기 때문에 사회적 파트너에게 화가 나거나 그들의 화를 북돋는 일이 적다(Birditt & Fingerman, 2003). 그들이 사회적 파트너에게 화가 났을 때, 나이 든 성인은 사회적 파트너와 대립하거나 그들을 화나게 할 가능성이 적다. 그들은 이러한 경우, 아무것도 하지 않거나 흥분을 가라앉힌다고 하는 반면, 젊은 성인은 다투고 다른 사람과 대립한다(Birditt & Fingerman, 2005; Birditt et al., 2005). 이와 유사하게, Blanchard-Fields와 동료들은 젊은 성인과 나이 든 성인에게 쉽게 풀거나 감정적으로 격하게 되는 이야기를 완성해 달라고 요청했다(Blanchard-Fields, Jahnke, & Camp, 1995). 문제가 쉬울 때에는 참여자의 해결책에 있어서 연령 차이가 거의 없었다. 문제가 감정적으로 격한 경우에는 나이 든 성인이 젊은 성인보다 그러한 상황을 피하거나 화가 나는 것을 피하려고 노력하였다(Blanchard-Fields, 2007). 이러한 전략은 최후의 수단으로 나타나지 않는다. 부정적인 사회적 상황에 반응하는 가장 좋은 방법에 대해 사람들에게 질문하였을 때, 나이 든 성인들은 최선의 방법으로 수동적인 전략을 제시하는 반면, 젊은 성인들은 좀 더 적극적인 전략을 추천하였다(Charles, Carstensen, & McFall, 2001).

마지막으로 나이 든 성인들은 친구와 가족에게 더 상냥하고 긍정적인 반응을 유발한다. 피드백 과정에서 나이 든 성인은 그들의 관계에서 많은 투자를 하고 침착하다. 그리고 그들의 파트너들은 받은 대로 반응한다. 모녀에 관한 연구는 이러한 현상의 예를 제공한다. 엄마(평균 연령 76세)와 딸(평균 연령 44세)에 관한 심층 연구에서 중년의 여성은 그들의 관계가 강하다는 것을 보여 주는 것으로 나타났다(Fingerman, 1996, 2001). 홀로 인터뷰를 했을 때, 딸들은 엄마에 대한 불평을 최소 하나 정도 하였다. 나중에 엄마와 딸이 함께 인터뷰를 할 때, 딸들은 긍정적으로 행동했고 그들이 엄마에 대해 불평했던 것을 부인했다(Fingerman, 1998; Lefkowitz & Fingerman, 2003). 딸 중 일부는 엄마가 나이를 많이 먹었고, 영원히 살지 않을 것이기 때문에 불쾌했던 일들로부터 엄마를 보호하기 원한다고 이야기하였다.

다른 연구에서는 사람들이 사회적 실수를 하는 사람의 나이에 따라 그가 한 사회적 실수에 대한 반응이 다르다는 것을 보여 주고 있다. 한 연구에서는 참여자에게 자신과 가까운 나이 든 사회적 파트너와 젊은 사회적 파트너가 자신을 화나게 하는 것을 상상하도록 하였다(Fingerman, Miller, & Charles, 2008). 참여자의 나이와 상관없이 참여자들은 젊은 파트너에게는 공격적으로 맞서지만 나이 든 사회적 파트너에게는 맞서는 것을 피하는 경향이 있었다(성별, 화나게 하는 말들의 전형성, 관계의 질과 같은 요소들을 통제한 후에도). 또 다른 연구에서는 삽화를 포함하고 참여자에 따라 가해자의 연령을 바꾸어 보았다(Miller, Charles, & Fingerman, 2009). 참여자는 실수를 한 사람이 젊은 성인일 때 화가 난 사람이 그 사람과 맞설 것이라고 한 반면, 실수를 한 사람이 나이 든 사람이면 화가 난 사람은 갈등을 피할 것이라고 했다.

관찰된 선호적인 대우는 인지적 노화에 관한 편견과 경멸적인 신념을 반영하는 것일 수 있다. 예를 들어, Erber와 동료들은 참여자에게 모자 값을 지불하지 않고 가게를 떠난 사람에 관한 이야기를 읽도록 하였다(Erber, Szuchman, & Prager, 2001). 참여자들은 실수를 한 노인을 덜 비난하고 그가 같은 실수를 한 젊은 성인보다 심하지 않은 처벌을 받기를 원했다. 참여자들은 노인은 잘 잊어버린다는 그들의 신념으로 인해 이러한 반응을 한 것이다.

요약하면, 나이 든 성인은 그들이 만나는 사회적 파트너의 유형, 정서 조절과 사회 인지에서의 향상을 포함하는 사회적 파트너와 여러 가지 이유로 문제를 적게 경험한다. 더욱이 사회적 파트너는 갈등을 피하는 방식으로 반응한다.

4) 사회정서적 노화에 대한 내용 요약

대인 관계는 젊은 성인과 나이 든 성인에게 모두 이로운 것이다. 나이 든 성인은 젊은 성인의 네트워크보다 작은 사회적 네트워크를 가지는 경향이 있지만, 이러한 사회적 파트너와의 관계를 매우 많이 즐기고 있다. 나이 든 성인은 또한 젊은 성인보다 사회적 파트너와 적은 문제를 가지고 있다. 전체적으로 사람과의 관계는 나이를 먹으면서 좋아진다(Luong, Charles, & Fingerman, 2011 참조).

그러나 여기에서 언급되지 않았지만 고려해야 할 것은 사회적 문제를 가진 나이 든 성인이 연구에 참여하기를 거부했을 가능성에 관한 것이다. 비록 우리는 이것이 젊은 성인에게도 마찬가지일 것이라고 생각하지만, 다양한 건강 상태는 연구 참여에 있어서 연령 차이에 영향을 미칠 수 있다. 건강이 좋지 않은 나이 든 성인은 일반적으로 개인 간 관계의 연구에 참여하지 않는다. 그래서 연령 차이는 표본에서 오는 편견일 수 있다. 건강 문제를 경험한 나이 든 성인은 건강이 좋은 나이 든 성인보다 사회적 파트너와 더 많은 문제에 직면하고 있다.

마지막으로 심리학적 견해에서 볼 때, 관계는 개인 간 과정이나 맥락만을 반영하지는 않는다. 오히려 다양한 연구는 나이 든 성인이 그들의 관계에 관한 감정을 향상시키는 방식으로 정서를 조절한다고 한다(예: Birditt & Fingerman, 2003; Carstensen et al., 2003). 노인은 그들이 젊었을 때보다 친구나 가족에게 화를 덜 낼 수 있다. 우리는 다음에서 이러한 과정들을 고려할 것이다.

3. 성인기의 정서 발달

정서는 노화 과정과 사회적 관계에서 중요한 기능을 한다. Charles와 Mavandadi(2004)는 정서가 개인적 관계가 노년기의 건강에 영향을 미치는 주요 메커니즘이라고 하였다. 그들은 ① 정서 조절이 사회적 관계를 건강과 연결시키는 핵심적인 메커니즘이고, ② 정서 조절은 생리적 · 인지적 · 행동적 과정을 포함하고, 이 세 과정은 모두 건강에 영향을 미치며, ③ 사회정서적 과정은 일생 동안 건강에 영향을 미치지만, 사람들이 가장 신체적으로 취약한 인생 초기와 인생 후기에 확실하게 더 많은 영향을 미친다고 하였다. 정서에 관한 이러한 견해에 의거하여 개인은 사건을 경험하고 해석하고 사건에 정서적으로 반응을 한다. 이것이 개인의 건강과 안녕에 영향을 미치는 정서적 반응이다.

1) 긍정적 정서와 노화

노년기는 종종 더 정서적으로 긍정적으로 그려진다. 일반적으로 연구에서는 젊은 성인과 중년의 성인을 비교했을 때, 부정적인 영향이 연령이 증가하면서 감소하고 긍정적인 영향의 경우 높아지지 않으면 현상 유지가 되는 것으로 나타나고 있다(Charles & Carstensen, 2010 참조). 65세 이상의 노인을 대상으로 한 연구에서는 비록 많은 연구들이 60세, 70세, 80세를 비교해 볼 때 정서적 안녕이 지속적으로 증가하는 것을 보여 주기는 하지만, 연구 결과들은 다양하다(예: Carstensen et al., 2011). 정서에 대한 연령 차이 연구에서는 횡단적 자료에 의존하고 있다. 그래서 이러한 차이가 정말로 연령이나 코호트와 관련된 것인지 분명하지 않다. 즉, 오늘날 더 긍정적인 노인은 그들이 젊은 성인이었을 때 더 긍정적이었을 수 있다는 것이다.

코호트들을 비교하는 종단 연구는 사회정서적 노화 분야에서 드물지만 하나의 예외가 있다. 그것은 Charles 등(2001)이 1971년부터 1994년까지 4세대의 가족 구성원들을 대표하는 2,804명의 사람들의 자료를 분석한 것이다. 이 연구 결과에 의하면, 성인들은 성장하면서 부정적인 정서가 적어지고, 그들의 행복에 대한 감정은 비교적 안정적이었다. 이러한 결과는 이 연구가 4세대를 포함하고 있고, 연령에 따라 긍정적 정서가 증가하는 것이 단순히 코호트의 영향이 아니라는 것을 보여 주기 때문에 중요하다. 이러한 연구 결과는 시간이 흘러도 각 세대가 유사하다는 것을 보여 준다.

긍정적인 정서는 주관적인 경험의 보고뿐만 아니라 어떻게 노인이 생애 사건을 기억하느냐를 반영한다. 예를 들어, 젊은 성인들은 나이 든 성인보다 자신의 환경의 부정적인 측면에 더 초점을 맞추고 그것을 기억한다. 연구실에서 실시한 연구에서는 젊은 성인과 중년의 나이 든 성인에게 컴퓨터의 이미지를 보고 나중에 그들이 본 것을 회상하도록 하였다(Charles, Mather, & Carstensen, 2003). 연령대가 높은 집단일수록 부정적인 이미지를 덜 회상하고 긍정적인 이미지를 더 많이 회상하였다. 긍정성 영향(positivity effect)으로 알려진 이러한 현상은 작동기억과 자서전적 회상을 연구하는 데에도 사용된다(Charles & Carstensen, 2010 참조).

연구자들은 정서를 조절하는 능력이 연령과 관련하여 증가하는 것, 부정적 정서가 일어날 때 이러한 상황을 피하려는 예방적 노력, 더 나은 대처 능력, 부정적 자극에 대한 감수성 감소, 부정적 정서를 다루는 능력의 감소, 부정적 및 긍정적 정서의 동시 발생, 부정적 정서 경험을 감소시키는 생리적 변화, 연령과 함께 증가하는 긍정성을 포함하는 연구 결과의 해석에 대해 검토하여 왔다. 뇌의 MRI를 사용한 연구에서는 소뇌의 편도체(정서와 관련된 뇌의 영역)의 활성화가 연령에 따라 다르다는 것을 발견했다. 젊은 성인(18~29세)과 나이 든 성인(70~90세)은 정서적으로 긍정적 · 부정적 · 중립적인 사진을 보았다. 나이 든 성인은 부정적인 사진을 보았을 때보다 긍정적인 사진을 보았을 때 편도체의 활성화 정도가 증가하였다. 그러나 이러한 차이는 젊은 성인에게서는 분명하지 않았다(Mather et al., 2004).

실제로 긍정적 정서는 노년기의 건강을 유지하는 데 중요한 역할을 하는 것으로 나타나고 있다(Ong, 2010). 긍정적 정서는 건강한 행동, 스트레스에 대한 적은 노출, 낮은 반응(사건에 강하게 반응할 가능성이 낮음), 스트레스를 받았을 때 그것으로부터의 빠른 회복과 관련되어 있다. 이러한 메커니즘을 통하여 긍정적 정서는 일상생활에서의 기능뿐만 아니라 장기간에 걸친 질병의 위험에 영향을 미치고 있다. 학자들은 일상생활에 근거해서 사람들의 경험을 조사하기 위하여 일기 연구(daily diary studies)로 노인의 긍정적 정서를 연구하여 왔다. 어떤 연구에서는 매일의 정서 변화를 수집해서 긍정적 정서의 영향이 부정적 정서가 혈압 수준과 같은 질병의 징후에 미치는 영향보다 크다는 것을 발견했다(Ong & Allaire, 2005; Ong, Bergeman, Bisconti, & Wallace, 2006). 모든 사람은 부정적 정서를 경험하지만, 긍정적 정서는 스트레스가 신체에 미치는 부정적 영향으로부터 사람을 보호할 수 있다. 이러한 영향은 특히 신체가 노년기에 갖는 스트레스로부터의 피해에 더 취약하기 때문에 노인에게 중요하다. 전반적으로 긍정적 정서는 노인이 부정적인 인생 경험에 어떻게 적응하느냐에 대한 중요한 예측변인이 된다.

물론, 성인의 정서 반응이 단순히 연령의 문제만은 아니다. 오히려 성격이 정서 경험에 있어서 중요한 역할을 한다. 외향성과 같이 혼자서 있기보다는 가까운 관계를 찾으려는 욕구가 긍정적 정서의 빈번한 경험과 관련이 있다. 사실 외향성 점수가 높은 사람은 그들이 나이를 먹으면서 더 긍정적인 정서를 보여 주는 경향이 있다(Charles et al., 2001). 신경증적 성격 점수가 높은 사람(즉, 일반적으로 부정적인 견해를 가진 사람)은 나이를 먹으면서 부정적 정서의 감소가 덜한 경향을 보인다. '기분 좋음(agreeableness)'이라는 성격 특성은 관계 결과의 강한 성격적 예측 요인의 하나이기 때문에 성인기에 관계를 유지하는 데 필수적이다. 기분 좋음의 수준이 높으면 관계가 덜 갈등적이고, 덜 불만족스러우며, 파경에 이르게 되는 경우가 적다(Graziano, Jensen-Campbell, & Hair, 1996).

정서적 경험에서 성격의 역할을 고려해 볼 때, 성격 변화(Helson, Kwan, John, & Jones, 2002; Roberts & Mroczek, 2008)는 연령에 따른 정서 경험의 변화와 유사하다(Mroczek, 2001). 일반적으로 사람들은 나이를 먹으면서 더 양심적이고 외향적이고 유순하고 정서적으로 안정적이 된다. 이러한 성격 변화는, 신경증의 증가가 사망의 위험을 증가시키는 것을 예측하는 것이 종단 연구를 통해 증명된 것처럼 건강에 있어서 엄청난 영향을 미친다(Mroczek & Spiro, 2007). 더욱이 심리적 안녕의 수준 변화나 긍정적 감정의 감소는 증가된 사망률과 연관이 있다(Mroczek & Spiro, 2005). 전반적으로 성격과 정서 변화는 나이가 들어서도 사회적 네트워크와 건강에 중요한 요소다.

마지막으로, 이론가들은 정서가 노년기에 단지 긍정적이거나 부정적인 것이 아니라고 한다(예: Carstensen, Pasupathi, Mayr, & Nesselroade, 2000; Ong & Bergeman, 2004). 연령 차이는 정서의 차원(예: 긍정적 대 부정적)뿐만 아니라 개인이 경험하는 정서의 조합에서도 존재한다. 사람이 나이를 먹음에 따라 부정적인 정서는 원래 긍정적인 사건을 잠식할 수 있다. 예를 들어, 손자녀의 결혼식에 참석한 나이 든 여자 노인은 결혼 축하와 더불어 더 이상 손자녀를 볼 수 있을 정도로 오래 살지 못할 것이라는 지각에 따른 상실감을 느낀다. 더욱이 어떤 학자들은 나이든 성인이 부분적으로 긍정적이고 부정적인 정서 경험을 통합할 수 있는 인지 능력을 상실하고 그 대신 부정적인 경험을 부정하기 때문에 이들이 노년기에는 복잡한 정서를 더 경험할 수 있다고 하였다(Laboubie-Vief, 2003). 시간이 지나면서 개인의 경험을 비교하는 개인 내적 측면으로부터 정서 경험의 복잡성은 노년기의 스트레스를 완화시킬 수 있다. 예를 들어, 배우자가 사망한 후 3개월간 34명의 미망인의 정서적 경험에 관한 연구에서는 그들이 긍정적인 정서를 경험할수록 우울증을 적게 경험했다고 하였다(Ong, Bergeman, & Bisconti, 2004). 그래서 정서 경험의 복잡성은 긍정적인 정서를 증가시키고 부정적인 정서를 감소시켜서 성공적이거나 만족스러운 노년기의 과정에 공헌하는 것으로 나타나고 있다.

2) 연령 증가에 따른 높은 정서적 웰빙의 예외

대부분의 나이 든 성인에게 정서적 웰빙은 연령이 증가하면서 향상되거나 비교적 안정적이 된다. 비록 삶의 만족도가 그들의 70대 이후 약간 감소하기는 하지만, 그들은 친구와의 강하고 만족스러운 관계에 대해 보고하고 있고, 그 비율은 80대나 40대와 유사한 정도다(Mroczek & Spiro, 2005). 그러나 다른 사람들은 이 긍정적인 궤도가 계속되지 않는다. 어떤 사람은 우울 증세가 증가하고(예: Davey, Halverson, Zonderman, & Costa, 2004), 삶의 만족도와 긍정적 영향의 포물선은 시간이 지나면서 감소한다(Charles et al., 2001; Mroczek & Spiro, 2005).

힘과 취약성 통합의 이론적 모델(SAVI)은 왜 어떤 사람들의 웰빙이 증가하고 다른 사람들은 감소의 궤도를 보이는지에 대해 설명하고 있다(Charles, 2010; Charles & Piazza, 2009). SAVI에 따르면, 연령이 증가할수록 정서 조절 전략을 채택하는 능력에 있어서 힘이 증가한다. 이러한 전략에는 사람들이 더 긍정적이고 덜 부정적인 환경을 선택할 수 있는 상황 선택, 사람들이 긍정적인 경험을 증가시키고 부정적인 경험을 감소시킬 수 있는 환경으로 변화시키려는 상황 수정, 사람들이 좀 더 환경의 긍정적인 측면에 주의를 기울이도록 하는 주의 할당, 사람들이 자신의 환경을 덜 부정적이고 더 긍정적인 것으로 지각하고 생각하도록 하는 인지 평가, 사람들이 이전 사건에서 부정적인 측면보다는 긍정적인 측면을 더 기억하는 기억 복원으로서의 사고와 행동과 같은 것이 포함된다.

SAVI에 따르면, 시간(앞으로 살 시간과 살았던 시간 모두)은 왜 연령이 정서 조절 전략에 있어서 힘과 관련이 있는지를 설명하고 있다. 앞으로 남은 시간은 노인이 사회정서적 선택에 의하여 설명된 정서적 목표를 우선순위로 동기화하는 데 변화를 제공한다(Blanchard-Fields, 2007). 이러한 경험은 자신과 환경에 관한 정보를 그들에게 제공하여 그들이 웰빙을 유지하거나 최적화할 수 있는 방식으로 그들의 행동을 수정하도록 한다. 일시적인 견해와 인생 경험은 노인에게 정서적 목표를 우선시하려는 동기를 제공하고, 목표를 향하여 노력하는 전문 지식을 제공한다. 결과적으로 노인들은 일반적으로 젊은 성인보다 환경의 긍정적인 측면에 더 초점을 맞추고, 상황을 덜 부정적으로 평가하고, 과거를 더 긍정적으로 기억한다(Chales & Carstensen, 2010 참조). 이러한 전략들은 다시 웰빙을 유지하고 증가시키는 역할을 한다.

대부분 나이 든 성인들은 이러한 전략을 채택하고 채택할 수 있다. 그러나 어떤 경우에 그들은 부정적인 경험을 피할 수 없거나 현재 진행되는 상황을 재평가할 시간이 없을 때도 있다. 이러한 시기에 노인들은 고조된 정서적 반응을 경험할 것이다. 이러한 시기에 연령과 관련된 생리적 융통성의 감소는 노인을 정서적 스트레스로부터 더욱 취약하게 만들 것이다. SAVI는 계속되는 통제가 불가능한 스트레스, 가까운 사람의 사망, 신경학적 조절 장애로 인하여 연령과 관련된 증가된 웰빙이 약해지거나 사라질 것이라고 했다.

불행하게도 위의 기준에 맞는 환경은 연령의 증가와 함께 더욱 많아진다. 예를 들어, 많은 만성 질환 조건의 존재는 예상치 못한 질병의 진행, 신체적 고통, 장애의 특징이다. 85세 이상의 대부분의 성인은 최소한 하나의 만성 질환을 가지고 있고, 많은 사람은 여러 장애로 고통받고 있다(Schoeni, Freeman, & Martin, 2008). 사회적 소속감의 손실을 보면 80대의 많은 사람들은 배우자, 친구, 어떤 경우에는 자녀와 같이 소속감을 주는 사람들을 잃은 경우가 대부분이다(Fingerman & Briditt, 2003). 더욱이 알츠하이머의 비율이 극적으로 증가하고 다른 이성을 마비시키는 상황을 포함하는 신체적 및 인지적 쇠퇴는 성인이 80대가 되면 가속화된다(Suthers, Kim, & Crimmins, 2003). 그 결과, 85세 이상의 노인들 집단은 특히 정서적 고통의 위험이 크다.

위에서 언급한 내용의 많은 부분은 사회정서적 선택 이론과 남은 시간의 역할에 초점을 맞추었다. 그러나 시간의 측면을 죽음의 과정과 분리시키는 것은 매우 중요한 일이다. 노년기에 아픈 사람은 분명히 짧아진 시간의 견해를 가지지만 사회정서적 선택성은 **터미널 드롭**(terminal drop)에서 다양함을 보여 주고 있다. 터미널 드롭은 죽기 전 1~4년에 앞서 죽어 가는 사람들한테 관찰되는 정서적 · 인지적 · 신체적 기능의 쇠퇴를 의미하는 용어다. 이때 삶의 만족도는 쇠퇴하고(Gerstorf et al., 2008; Mroczek & Spiro, 2005), 죽음을 둘러싼 상황은 정서적 웰빙을 최적화하려는 동기를 대신하게 된다.

4. 사회정서적 노화에 대한 후속 연구

후속 연구는 사회정서적 노화에 대하여 보다 통합적인 모델을 발달시키는 데 초점을 맞춰야 한다. 이 장의 처음에서 언급한 것처럼 다른 학문들이 사회적 및 정서적 노화의 다른 측면에 직관을 제공할 것이다. 보다 통합적인 연구를 하기 위하여 연구자들은 개인의 특성, 그들의 사회적 네트워크와 관계 특성, [그림 6-1]에서 보여 주는 사회정서적 반응에 대한 사회적 투입

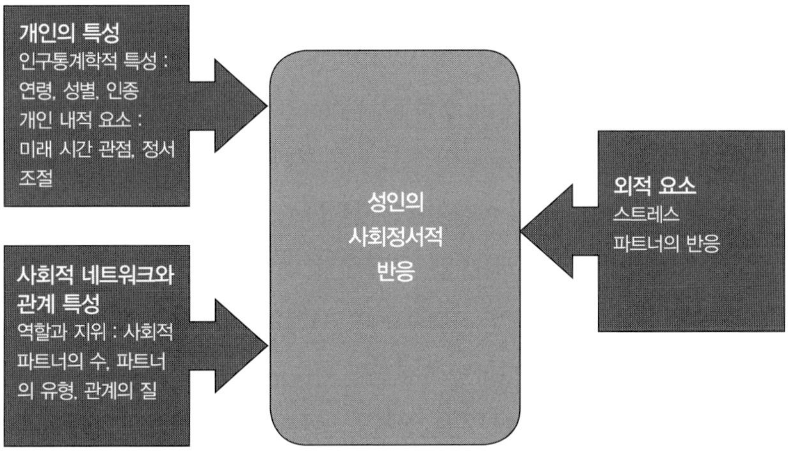

[그림 6-1] 사회정서적 반응에 대한 사회적 투입 모델

모델(social input model of socioemotional response)과 같은 외적인 요소를 포함하는 좀 더 포괄적인 모델을 고려해 볼 수 있을 것이다.

이 모델에서 개인의 특성은 성별이나 인종과 같은 인구통계학적 특징을 포함한다. 노년학 서적에서 연령은 학자들이 전형적으로 고려하는 중요한 변인이다. 더욱이 우리가 이 장에서 논의한 것처럼 사회정서적 노화를 이야기하는 이론들은 미래에 대한 지각과 정서 조절 능력과 같은 개인 내적 요소들을 고려한다. 사회적 네트워크와 관계의 특성은 또한 사회정서적 노화의 중요한 요소다. 이 분야에서 학자들은 개인을 서로 연결시키는 역할과 지위와 같은 이슈도 고려한다.

노년학에서 학자들은 사회적 파트너의 수와 유형, 이러한 유대의 정서적 질을 포함하는 사회적 네트워크의 구성에 흥미를 느끼고 있다. 마지막으로 외적 요소 또한 개인의 사회정서적 반응을 형성한다. 노년학에서 학자들은 그들이 경험하는 외적 스트레스뿐만 아니라 어떻게 사회적 파트너가 나이 든 성인을 대하는지를 검토한다. 선택적으로 이러한 요소들은 왜 나이 든 성인이 그러한 유형의 정서를 경험하는지와 그들의 관계에 대해 가지는 감정에 대하여 이해할 수 있게 해 준다. 그래서 이러한 모든 요소는 미래의 후속 연구를 고려하는 데 중요하다.

후속 연구에서 중요한 것은 개인 간 관계 경험과 관련하여 개인과 환경의 영향 사이에 존재하는 접점을 검토하는 것이다. 노년기의 웰빙에 공헌하는 관계의 유형에 있어서 연령 차이에 대해서는 앞으로 관심이 많아질 것이다. 분명히 사람들은 정서 조절, 사회 인지, 대처 행동을 통하여 자신의 사회적 경험에 공헌할 것이다. 사회적 파트너로부터의 반응을 연구하는 것도 중요하다. 연구자들은 사회적 파트너가 양로원에 사는 노인의 부족한 점과 쇠퇴를 격려해 준다는 것을 보여 주고 있다(Baltes, 1996). 그러나 사회적 세계로부터의 조언은 노년기의 긍정적 사회정서적 반응을 증가시키거나(Fingerman, 2001; Fingerman & Charles, 2010), 웰빙이 감소하도록 할 수 있다(Charles, 2010).

통합 모델을 연구 질문에 적용하기 위하여 모델의 특정 요소를 각 수준에서 규정할 필요가 있다. 예를 들어, 연구자들은 노인들이 은퇴함에 따라 그들의 경험을 고려할 수 있다. 우리의 초기 연구는 직장이 문제가 있는 사회적 파트너를 만나는 장소가 될 수 있다는 것을 알려 주고 있다(예: Fingerman et al., 2004). 학자들은 어떻게 사회적 네트워크 환경이 은퇴 전과 후에 변했는지를 검토함으로써 사회적 네트워크의 거시적이고 미시적인 구조적 요소를 통합해야만 한다. 이것은 가족에 대한 투자, 밀접한 유대관계에 대한 동기, 이러한 유대관계에 대한 정서적 보람을 포함하는 관계에 대한 개인의 심리적 반응의 변화와 관련이 있다.

은퇴하는 개인에 대한 사회적 파트너의 반응을 평가한다면, 이러한 연구들은 사회적 세계에 대한 이해를 증가시킬 것이다. 아동 발달 분야의 연구에서는 아동의 적응을 측정하기 위하여 교사의 보고서나 부모의 평가를 포함시킨다. 놀랍게도 성인 발달 연구에서는 이러한 관점을 측정하려는 연구가 거의 없다. 여기에서 제안하는 가설적인 연구에서 은퇴 이전의 평가는 직장에서의 스트레스를 측정한다. 만일 직장에서의 스트레스가 높으면, 은퇴 후에 노인은 편안하게 될 것이고, 그래서 가족과 친구로부터 좀 더 긍정적인 반응을 유발할 것이다. 만일 은퇴 전의 직장 분위기가 매우 사회적으로 보람이 있는 것이었으면, 은퇴는 노인에게 더 큰 적응 문제를 유발할 것이다. 그래서 연구자들은 사회적 파트너가 다양한 주제를 포함할 수 있도록 하는 방법을 사용해야만 한다. 여기에는 건강 문제가 노인의 사회적 관계에 미치는 영향, 사별 후 일 년 동안 나이 든 미망인의 사회적 통합의 다양성, 지원에 대한 젊은 노인과 나이 든 노인의 지각에 대한 연령 차이가 포함된다.

노년기의 많은 다른 주제가 사회적 맥락에서 조사될 수 있다. 예를 들어, 휴대폰, 문자, 이메일은 많은 연령 집단에서 사회적 접촉을 쉽게 하고 있다. 실제로 65~74세 성인의 21%가 현재 소셜 미디어(예: 페이스북)를 사용하고 있다(Pew Internet & American Life Project, 2010). 이 비율은 젊은 집단에서 높고 증가 추세에 있다. 소셜 미디어 포럼은 다양한 사회적 파트너의 평가를 허락함으로써 우리가 제안하는 사회정서적 노화를 연구하는 모델의 유형을 검증하는 풍부한 기회를 제공한다.

요약하면, 인간의 경험은 태어날 때부터 정서적 및 사회적 경험으로 구성된다. 인간은 선천적으로 그들을 둘러싼 세계와 상호작용의 기능을 하는 정서적 활성화 시스템을 가진 사회적 동물이다. 사회적 파트너, 신체적 기능, 인지 능력, 사회적 역할의 손실에도 불구하고 노년기는 성취와 보람의 시기가 될 수 있다. 연령과 관련된 관계 기술의 증가, 정서 조절의 향상, 부정적 상호작용의 감소는 나이 든 성인이 더 나은 웰빙을 경험할 수 있도록 해 준다. 불같고 시비를 따지는 것을 좋아하는 청소년의 갈등은 노년기에 부드럽고 멋진 정서적 보람으로 바뀐다. 인생의 마지막에는 손상이 누적되고 웰빙에 대한 감정이 쇠락할 수 있다. 그러나 노화의 다른 영역들은 그렇지 않다. 사회정서적 노화에 대하여 대부분의 개인은 가장 좋은 것은 아직 오지 않았다고 믿는다.

참고문헌

Akiyama, H., Antonucci, T., Takahashi, K., & Langfahl, E. S. (2003). Negative interactions in close relationships across the life span. *Journal of Gerontology: Psychological Sciences, 58B*, P70-P79.

Antonucci, T. C., Lansford, J. E., Akiyama, H., Smith, J., Baltes, M. M., Takahashi, K., ... Dartigues, J.-F. (2002). Differences between men and women in social relations, resource deficits, and depressive symptomatology during later life in four nations. *Journal of Social Issues, 58,* 767-783.

Baltes, M. M. (1996). *The many faces of dependency in old age*. New York, NY: Cambridge University Press.

Becker, G., Beyene, Y., Newsom, E., & Mayen, N. (2003). Creating continuity through mutual assistance: Intergenerational reciprocity in four ethnic groups. *Journal of Gerontology: Social Sciences, 58B,* S151-S159.

Bedford, V. H. (1989). Understanding the value of siblings in old age: A proposed model. *American Behavioral Scientist, 33,* 33-44.

Berg, C. A., & Upchurch, R. (2007). A developmental-contextual model of couples coping with chronic illness across the adult life span. *Psychological Bulletin, 133,* 920-954.

Berkman, L. F., Glass, T., Brisette, I., & Seeman, T. E. (2000). From social integration to health: Durkheim in the new millennium. *Social Science & Medicine, 51,* 843-857.

Birditt, K. S., & Antonucci, T. C. (2008). Life sustaining irritations? Relationship quality and mortality in the context of severe illness. *Social Science & Medicine, 67,* 1291-1299.

Birditt, K. S., & Fingerman, K. L. (2003). Age and gender differences in adults'emotional reactions to interpersonal tensions. *Journal of Ger-*

ontology: Psychological Sciences, 58B, P237-P245.

Birditt, K. S., & Fingerman, K. L. (2005). Do we get better at picking our battles? Age differences in descriptions of behavioral reactions to interpersonal tensions. *Journals of Gerontology: Psychological Sciences, 60B,* P121-P128.

Birditt, K. S., Fingerman, K. L., & Almeida, D. M. (2005). Age differences in exposure and reactions to interpersonal tensions: A daily diary study. *Psychology & Aging, 20,* 330-340. doi: 10.1037/0882-7974.20.2.330

Blanchard-Fields, F. (2007). Everyday problem solving and emotion: An adult development perspective. *Current Directions in Psychological Science, 16,* 26-31.

Blanchard-Fields, F., Jahnke, H. C., & Camp, C. (1995). Age differences in problem-solving style: The role of emotional salience. *Psychology and Aging, 10,* 173-180.

Carstensen, L. L., Fung, H. H., & Charles, S. T. (2003). Socioemotional selectivity theory and the regulation of emotion in the second half of life. *Motivation & Emotion, 27,* 103-124.

Carstensen, L. L., Isaacowitz, D. M., & Charles, S. T. (1999). Taking time seriously: A theory of socioemotional selectivity. *American Psychologist, 54,* 165-181.

Carstensen, L. L., Pasupathi, M., Mayr, U., & Nesselroade, J. R. (2000). Emotional experience in everyday life across the adult life span. *Journal of Personality and Social Psychology, 79,* 644-655.

Carstensen, L. L., Turan, B., Scheibe, S., Ram, N., Ersner-Hershfiled, H., Samanez-Larkin, G. R., ... Nesselroade, J. R. (2011). Emotional experience improves with age: Evidence based on over 10 years of experience sampling. *Psychology and Aging, 26,* 2-33.

Charles, S. T. (2010). Strength and vulnerability integration: A model of emotional well-being across adulthood. *Psychological Bulletin, 136,* 1068-1091.

Charles, S. T., & Carstensen, L. L. (2010). Social and emotional aspects of aging. *Annual Review of Psychology, 61,* 383-409.

Charles, S. T., Carstensen, L. L., & McFall, R. (2001). Problem-solving in the nursing home environment: Age and experience differences in emotional reactions and responses. *Journal of Clinical Geropsychology, 7,* 319-330.

Charles, S. T., Mather, M., & Carstensen, L. L. (2003). Aging and emotional memory: The forgettable nature of negative images for older adults. *Journal of Experimental Psychology, 132,* 310-324.

Charles, S. T., & Mavandadi, S. (2004). Social support and physical health across the life span: Socioemotional influences. In F. Lang & K. L. Fingerman (Eds.), *Growing together: Personal relationships across the life span.* (pp. 240-267). New York, NY: Cambridge University Press.

Charles, S. T., & Piazza, J. R. (2009). Age differences in affective well-being: Context matters. *Social & Personality Psychology Compass, 3,* 1-14.

Charles, S. T., Reynolds, C. A., & Gatz, M. A. (2001). Age related differences and change in positive and negative affect over 23 years. *Journal of Personality and Social Psychology, 80,* 136-151.

Coontz, S. (2000). Historical perspectives on family studies. *Journal of Marriage and the Family, 62,* 283-297.

Cumming, E., & Henry, W. (1961). *Growing old: The process of disengagement.* New York, NY: Basic Books.

Davey, A., Halverson, C. F. J., Zonderman, A. B., & Costa, P. T. J. (2004). Change in depressive symptoms in the Baltimore Longitudinal Study of Aging. *Journals of Gerontology: Series B: Psychological Sciences and Social Sciences, 59,* 270-277.

Dykstra, P. A., Kalmijn, M., Knijn, T. C. M., Komter, A. E., Liefbroer, A. C., & Mulder, C. H. (2005). *Codebook of the Netherlands Kinship Panel Study, a multi-actor, multi- method panel study on solidarity in family relationships, Wave 1* (NKPS Working Paper No. 4). The Hague, The Netherlands: Netherlands Interdisciplinary Demographic Institute.

Erber, J. T., Szuchman, L. T., & Prager, I. G. (2001). Ain't misbehavin': The effects of age and intentionality on judgments about misconduct. *Psychology and Aging, 16,* 85-95.

Fingerman, K. L. (1996). Sources of tension in the aging mother and adult daughter relationship. *Psychology and Aging, 11,* 591-606.

Fingerman, K. L. (1998). The good, the bad, and the worrisome: Complexities in grandparents' relationships with individual grandchildren. *Family Relations, 47,* 403-414.

Fingerman, K. L. (2001). *Aging mothers and their adult daughters: A study in mixed emotions.* New York, NY: Springer Publishing.

Fingerman, K. L., & Birditt, K. S. (2003). Do age differences in close and problematic social ties reflect the pool of available relatives? *Journal of Gerontology: Psychological Sciences, 58B,* P80-P87.

Fingerman, K. L., & Charles, S. T. (2010). It takes two to tango: Why older people have the best relationships. *Current Directions in Psychological Science, 19,* 172-176. doi: 10.1177/0963721410370297

Fingerman, K. L., Chen, P. C., Hay, E. L., Cichy, K. E., & Lefkowitz, E. S. (2006). Ambivalent reactions in the parent and offspring relationship. *Journals of Gerontology: Psychological Sciences, 61B,* 152-160.

Fingerman, K. L., Cheng, Y. P., Birditt, K., & Zarit, S. (2011). Only as happy as the least happy child: Multiple grown children's problems and successes and middle-aged parents' well-being. *The Journals of Gerontology, Series B: Psychological Sciences and Social Sciences, 67B,* 184-193. doi: 10.1093/geronb/gbr086

Fingerman, K. L., & Griffiths, P. C. (1999). Season's greetings: Adults' social contact at the holiday season. *Psychology and Aging, 14,* 192-205.

Fingerman, K. L., Hay, E. L., & Birditt, K. S. (2004). The best of ties, the worst of ties: Close, problematic, and ambivalent relationships across the life span. *Journal of Marriage and Family, 66,* 792-808.

Fingerman, K. L., & Lang, F. (2004). Coming together: A life span perspective on personal relationships. In F. Lang & K. L. Fingerman (Eds.), *Growing together: Personal relationships across the life spa*n (pp. 1-23). New York, NY: Cambridge University Press.

Fingerman, K. L., Miller, L. M., Birditt, K. S., & Zarit, S. (2009). Giving to the good and the needy: Parental support of grown children. *Journal of Marriage and Family, 71,* 1220-1233. doi: 10.1111/j.1741-3737.2009.00665.x. PMC:167414

Fingerman, K. L., Miller, L., & Charles, S. T. (2008). Saving the best for last: How adults treat social partners of different ages. *Psychology and Aging, 23,* 399-409.

Fingerman, K. L., VanderDrift, L. E., Dotterer, A., Birditt, K. S., & Zarit, S. (2011). Support of grown children and aging parents in Black and White families. *The Gerontology, 51,* 441-452. doi: 10.1093/geront/gnq114

Fiori, K. L., Antonucci, T. C., & Cortina, K. S. (2006). Social network typlogies and mental health among older adults. *Journal of Gerontology: Psychological Sciences, 61B,* P25-P32.

Fung, H. H., & Carstensen, L. L. (2006). Goals change when life's fragility is primed: Lessons learned from older adults, the September 11 attacks and SARS. *Social Cognition, 24,* 248-278.

Fung, H. H., Carstensen, L. L., & Lutz, A. M. (1999). Influence of time on social preferences: Implications for life-span development. *Psychology and Aging, 14,* 595-604.

Gerstorf, D., Ram, N., Esabrook, R., Schuff, J., Wagner, G. G., & Lindenberger, U. (2008). Life satisfaction shows terminal decline in old age: Longitudinal evidence from the German Socio-Economic Panel Study (SOEP). *Developmental Psychology, 44,* 1148-1159.

Graziano, W. G., Jensen-Campbell, L., & Hair, E. C. (1996). Perceiving interpersonal conflict and reacting to it: The case for agreeableness. *Journal of Personality and Social Psychology, 70,* 820-835.

Helson, R., Kwan, V. S. Y., John, O. P., & Jones, C. (2002). The growing evidence for personality change in adulthood: Findings from research with personality inventories. *Journal of Research in Personality, 36,* 287-306.

Isaacowitz, D. M., Toner, K., & Neupert, S. D. (2009). Use of gaze for real-time mood regulation: Effects of age and attentional functioning. *Psychology and Aging, 24,* 989-994.

Krause, N. (2004). Stressors in highly valued roles, meaning in life, and the physical health status of older adults. *Journal of Gerontology: Social Sciences, 59B,* S287-S297.

Krause, N. (2007). A longitudinal study of social support and meaning in life. *Psychology and Aging, 22,* 456-469.

Krause, N. (2010). Close companion friends, self-expression, and psychological well-being in late life. *Social Indicators Research, 95,* 199-213.

Labouvie-Vief, G. (2003). Dynamic integration: Affect, cognition, and the self in adulthood. *Current Directions in Psychological Science, 12*(6), 201-206.

Lefkowitz, E. S., & Fingerman, K. L. (2003). Positive and negative emotional feelings and behaviors in mother-daughter ties in late life. *Journal of Family Psychology, 17,* 607-617.

Levenson, R. W., Cartensen, L. L., & Gottman, J. M. (1993). Long-term marriage: Age, gender, and satisfaction. *Psychology & Aging, 8,* 301-313.

Litwin, H. (2009). Social networks and well-being: A comparison of older people in Mediterranean and non-Mediterranean countries. *Jounal of Gerontology: Social Sciences, 65B,* 599-608.

Litwin, H., & Shiovitz-Ezra, S. (2006). Network type and mortality risk in later life. *Gerontologist, 46,* 735-743.

Luong, G., Charles, S. T., & Fingerman, K. L. (2011). Better with age: Social relationships across adulthood. *Journal of Social & Personal Relationships, 28,* 9-23.

Martini, T. S., & Busseri, M. A. (2010). Emotion regulation strategies and goals as predictors of older mothers' and adult daughters' helping-related subjective well-being. *Psychology and Aging, 25,* 48-59. doi: 10.1037/a0018776

Mather, M., Canli, T., English, T., Whitfield, S., Wais, P., Ochsner, K., ... Carstensen, L. L. (2004). Amygdala responses to emotionally valenced stimuli in older and younger adults. *Psychological Science, 15,* 259-263.

Miller, L. M., Charles, S. T., & Fingerman, K. L. (2009). Perceptions of social transgressions in adulthood: Does age make a difference? *Journal of Gerontology: Psychological Sciences, 64B,* 551-559.

Mroczek, D. K. (2001). Age and emotion in adulthood. *Current Directions in Psychological Science, 10,* 87-89.

Mroczek, D. K., & Spiro, A. (2005). Change in life satisfaction during adulthood: Findings from the Veterans Affairs Normative Aging Study. *Journal of Personality and Social Psychology, 88,* 189-202.

Mroczek, D. K., & Spiro, A. (2007). Personality change influences mortality in older men. *Psychological Science, 18,* 371-376.

Ong, A. D. (2010). Pathways linking positive emotion to health. *Current Directions in Psychological Science, 19,* 358-362. doi: 10.1177/0963721410388805

Ong, A. D., & Allaire, J. (2005). Cardiovascular intraindividual variability in later life: The influence of social connectedness and positive emotions. *Psychology and Aging, 20,* 476-485.

Ong, A. D., & Bergeman, C. S. (2004). The complexity of emotions in late life. *Journal of Gerontology: Psychological Sciences, 59B,* P117-P122.

Ong, A. D., Bergeman, C. S., & Bisconti, T. L. (2004). The role of daily positive emotions during conjugal bereavement. *Journals of Gerontology: Psychological Sciences, 59B,* P168-P177.

Ong, A. D., Bergeman, C. S., Bisconti, T. L., & Wallace, K. (2006). Psychological resilience, positive emotions, and successful adaptation to stress in later life. *Journal of Personality and Social Psychology, 91,* 730-749.

Pew Internet & American Life Project. (2010). December 2010—Social side of the internet [Data file]. Retrieved from http://www.pewinternet.org/Shared-Content/Data-Sets/2010/December-2010-Social-Side-of-the-Internet.aspx

Pillemer, K., & Suitor, J. J. (1991). "Will I ever escape my child's problems?" Effects of adult children's problems on elderly parents. *Journal of Marriage and the Family, 53,* 585-594.

Pillemer, K., & Suitor, J. J. (2002). Explaining mothers' ambivalence toward their adult children. *Journal of Marriage & Family, 64,* 602-613.

Roberts, B. W., & Mroczek, D. (2008). Personality trait change in adulthood. *Current Directions in Psychological Science, 17,* 31-35.

Rook, K. S. (1984). The negative side of social interaction: Impact on psychological well-being. *Journal of Personality and Social Psychology, 46,* 1097-1108.

Rook, K. S. (2003). Exposure and reactivity to negative social exchanges: A preliminary investigation using daily diary data. *Journals of Gerontology: Series B: Psychological Sciences & Social Sciences, 58B,* P100-P111.

Rosow, I. (1970). Older people: Their friends and neighbors. *American Behavioral Scientist, 14,* 59-69.

Sarkisian, N., & Gerstel, N. (2004). Kin support among Blacks and Whites: Race and family organization. *American Sociological Review, 69,* 812-837. doi: 10.1177/000312240406900604

Schoeni, R. F., Freedman, V. A., & Martin, L. G. (2008). Why is late life disability declining? *The Milbank Quarterly, 86,* 47-89.

Shanas, E., & Streib, G. F. (Eds.). (1965). *Social structure and family: Generational relation.* Englewood Cliffs, NJ: Prentice Hall.

Stawski, R. S., Sliwinski, M. J., Almeida, D. M., & Smyth, J. M. (2008). Reported exposure and emotional reactivity to daily stressors: The roles of adult age and global perceived stress. *Psychology and Aging, 23,* 52-61.

Story, T. N., Berg, C. A., Smith, T,. Beveridge, R., Henry, N. A., & Pearce, G. (2007). Positive sentiment bias in middle and older married couples. *Psychology and Aging, 22,* 719-727.

Suitor, J. J., Sechrist, J., & Pillemer, K. (2007). Within-family differences in mothers' support to adult children in Black and White families. *Research on Aging, 29,* 410-435. doi: 10.1177/0164027507303636

Suthers, K., Kim, J. K., & Crimmins, E. (2003). Life expectancy with cognitive impairment in the older population of the United States. *Journal of Gerontology: Social Sciences, 58B,* S179-S186.

Umberson, D. (1989). Relationships with children: Explaining parents' psychological well-being. *Journal of Marriage and the Family, 51,* 999-1012.

Urry, H. L., & Gross, J. J. (2010). Emotion regulation in older age. *Current Directions in Psychological Science, 19,* 352-357. doi: 10.1177/0963721410388395

Wrosch, C., Miller, G. E., Lupien, S., & Pruessner, J. C. (2008). Diurnal cortisol secretion and 2-year changes in older adults' physical symptoms: The moderating roles of negative affect and sleep. *Health Psychology, 27,* 685-693.

제7장

연령 구조, 노령화 및 생애 과정

제7장

연령 구조, 노령화 및 생애 과정

Linda K. George

사회학자들은 '노년학'과 '사회노년학'이란 용어의 개념을 조금씩 변화 · 발전시켰다. 여기서 '노령화(aging)'라는 용어는 시간이 지나면서 공개되는 다단계적인 과정을 의미하며, 특히 시간과 장소를 뛰어 넘어 지속적으로 관찰되는 과정으로 정의되는 핵심 개념 중 하나다. 반면에 '생애 과정(life course)'이라는 용어는 연령과 노령화의 사회적 중요성에 대하여 생각하고 이해하는 데 필요한 주요 개념이다. 우리는 어휘에서 나타난 이러한 변화에 대해 어떻게 이해하고 있는가? '생애 과정'이라는 용어는 단지 하나의 전문용어일 뿐일까? 아니면 어휘에서 나타난 이러한 변화가 우리의 인간의 삶에 대한 사고와 연구방식에 있어서 더욱 근본적이며 심오하고 특징적인 무언가를 나타내는 신호인가?

이 장에서는 인간의 삶을 이해하는 데 있어서 근본적인 변화를 준 생애 과정의 관점을 다룰 것이다. 생애 과정의 관점은 다른 연구 전략들보다 인간의 삶에 대해 더 풍부하고, 더 역동적인 면을 부여한다. 이 장은 생애 과정 관점이 다른 연구 설계로 할 수 있는 것보다 사회 구조와 사회적 맥락의 역할들을 더 잘 부각시키는 확실한 증거들을 제공한다는 점에서 더욱 중요하다. 이 장은 4개의 절로 이루어져 있다. 첫 번째 절에서는 생애 과정의 원리들을 설명할 것이다. 두 번째 절에서는 생애 과정 연구에서 향후 노력이 필요한 단계들을 정하고, 이러한 연구에 계속 영향을 미칠 생애 과정과 관련된 사회학 연구의 기초가 되는 세 가지 연구 주제를 검토할 것이다. 세 번째 절에서는 현장에서 주로 다루는 주제들을 대표하는 동시에 또한 생애 과정 속에서 인간 삶에 대한 연구가 지니는 가치를 입증하는 네 가지 주제들을 검토할 것이다. 마지막 절에선 생애 과정 연구비를 추산하는 방법과 생애 과정 연구의 장점들을 집중적으로 다룰 것이다.

이 장의 주요 초점은 생애 과정 연구의 장점들에 맞춰져 있긴 하지만, 이외에도 노령화에 대한 중요한 연구 현안들을 담고 있다. 즉, 생애 과정의 관점은 노인들에 대해 동시대적이며 단기적인 종단 연구들로 제한된 연구들을 완전히 대체하지도 않을 것이며 그렇게 되지도 않을 것이다. 실제로 생애 과정의 관점은 많은 연구 현안들에는 불필요하거나 부적합하다. 다음 세 가지 예는 생애 과정의 관점과 방법들에는 불필요한 연구 현안들이 많다는 것을 보여준다. 첫째, 연구 목표가 노인들의 이질성을 이해하는 것일 뿐 그 이질성의 장기적 결정요소들을 파악하는 것이 중요하지 않을 때(예: 정책 연구들에 해당되는 경우), 장기간 진행되는 종단 연구들은 필요하지 않다. 둘째, 일부 현상은 노년기에만 집중적이거나, 거의 노년기에만 집중적인 현상들이다. 이러한 현상들을 이해하려는 노력들은 생애 초기 연구에 거의 영향을 미치지 못하며, 설사 영향을 미친다 하더라도 부정적 영향을 끼치며 생애 과정 연구의 초기 부분들에서 무시될 가능성이 높다. 예를 들어, 만약 우리가 노년기에 노인의 보호 시설 입소(institutionalization)나 호스피스 간호의 예측 요인들을 찾고자 한다면, 가장 강력한 예측 요인들은 연구 참가자들의 유년기 시절과 청년기 초반 시절들에 대한 데이터가 없는 상태에서 찾을 가능성이 높다. 셋째, 노인들의 복지(well-being) 수준을 높이도록 설계된 개입 조치들의 영향을 평가하는 연구는 생애 과정에 대한 데이터가 없는 상태에서도 설득력 높은 증거들을 내놓을 수 있다.

사회노년학과 생애 과정 사회학 사이에는 명확한 어떤 경계도 없다는 점에 유의하자. 더욱이 생애 과정에 대한 연구는 노년학과 다른 사회학적 전통들을 기반으로 하고 있기 때문에, 결과적으론 노년학 연구에 더욱 풍부한 자료를 제공하며 노년학 연구에 변화를 가져오고 있다. 이는 두 연구를 구분하는 인위적 이분법(dichotomy)의 적용가능성보다는, 노령화에 대한 우리의 이해가 시간이 지남에 따라 어떻게 진화해 왔는지를 보여 주는 실례인 것이다.

1. 생애 과정 관점: 핵심 원리

전통적인 노년학 연구와 다른 사회학적 전통들보다는 생애 과정 관점이 사회학의 연구 분야에 어떤 영향을 끼쳤는지 살펴보자. 이때 어떤 통일된 생애 과정 이론도 존재하지 않을 뿐만 아니라 존재해서는 안 된다는 것을 인식하는 것이 중요하다. 생애 과정의 관점은 그 어떤 생애 과정이론에도 의존하지 않은 채 일련의 핵심 원리에만 의지한다. 생애 과정의 관점이 가지는 핵심적인 특징들 모두에 대해 학계에서 의견 일치가 있는 것은 아니지만, 적어도 네 가지 원리들은 일관되게 학계에서 중심 원리로 간주되고 있다(Elder, Geroge, & Shanahan, 1996). 각 원리를 간단하게 기술하면 다음과 같다.

1) 장기적 차원에서 시간성 강조

생애 과정 연구에서 가장 명확한 원리는 인간의 삶이 오랜 시간에 걸쳐 펼쳐지며, 생애 과정 초기의 경험과 조건들이 장기적인 결과를 내놓은 작용 과정을 설정한다는 것이다. 예를 들어, 개인의 생애 초기를 고려하지 않은 채 노년기를 이해하는 것은 불가능하다. 이 기본적 원리들은 수십 년간 노년학 연구자들이 인정한 것이었다. 실제로 1955년에 이뤄진 듀크대학의 1차 노령화 종단 연구(The First Duke Longitudinal Study of Aging)는 65세 이상의 노인들을 표본으로 시작했다. 그러나 연구자들은 곧 연구 대상자들의 인생 초반부터 관찰하기 시작할 필요가 있다고 확신하였고, 1968년에는 45세부터 64세의 성인 집단을 대상으로 2차 노령화 종단 연구를 시작했다. 장기적인 종단연구 데이터의 잠재적 중요성을 조기에 인식했음에도 불구하고, 생애 과정 전 범위에 대한 데이터의 이용가능성과 실제 이용은 최근에서야 실현되었다.

개념적으로 생애 과정을 연구하는 전문학자들은 생애 궤적이나 경로를 안정성과 변화의 장기적 패턴들과 연관지어 생각한다. 그 결과, 개인의 내적 변화의 수준을 생애 초기 사건들이나 경험과 장기적 결과들 간의 연관성에 초점을 맞추었다. 개인 간의 차이 수준에 있어서는 기원 · 형태 · 변화 · 속도 및 모든 것에서 차이를 보이는 생애 궤적을 가진 집단들과 비교하는 데 초점을 맞추었다. 생애 궤적들을 조사할 때, 기원은 시작한 상태(즉, 기저선)에서 나타난 차이들을 의미하며, 형태는 생애 궤적의 형태(즉, 선형적 증가 혹은 U자형 커브)를 의미한다. 그리고 변화 속도는 곡선의 기울기(즉, 가파른 정도, 변화 속도의 빠른 정도)에서 관찰된다.

2) 개인의 생애 이력과 사회변동의 상호작용 강조

생애 과정 연구의 두 번째 원리는 개인의 생애 과정(personal biography)에는 개인의 삶이 내포되어 있고 반영되어 있다는 점에 초점을 두고 있다. 이때 개인의 삶에는 역사 속에서 개인에게 주어진 조건 · 제약 · 기회 및 의미 있는 지위 등이 포함된다. 이 원리에 기초한 생애 과정 연구는 대공황

(Edler, 1974)이나 제2차 세계대전 참전(Hunt & Robbins, 2001)과 같은 주요한 역사적 사건들이 개인들의 생애에 영향을 미친 방식과 역사적 사건들의 지속적인 영향에 초점을 맞춘다. 예를 들면, 대공황 시기에 아동과 십 대 청소년이었던 집단에 속한 개인들은 그들보다 앞선 시대나 그 뒷 시대에 살던 집단에 속한 개인들과 정치적 태도부터 직업 경력 및 결혼 생활 안정도까지 많은 면에서 차이를 보인다. 제2차 세계대전 종전 당시, 제대 군인 원호법(GI Bill)의 도입 같은 공공 정책들 역시 개인들이 이용할 수 있는 기회들을 극적으로 바꾸어 놓았다(Elder, 1986). 다시 말해서, 개인 내의 변화와 개인 간의 차이를 동시에 강조하는 것이 중요하다는 것이다. 개인 간의 차이 수준에서 보면, 사회 변동은 그 변화를 경험한 집단에 속한 사람들을 그들보다 앞선 시대에 살았던 사람들과 그 뒷 시대에 살았던 사람들로부터 구분 지을 가능성이 높다. 그러나 개인 내의 변화 수준에서 보면, 사회 변동의 영향들은 상당한 차이를 가져올 수 있다(예: 대공황이 생애 과정에 미친 영향의 결과들은 경험의 박탈 수준 정도에 따라 차이가 났음).

사회 변동과 개인 생애 이력 사이에 연관성이 있다는 뚜렷한 인식은 또 다른 중요한 기능을 알려 준다. 이 기능은 사회 구조가 개인의 삶에 침투하는 방식과 그 안에서 작용하는 기제에 초점을 두고 있다. 사회 변동과 개인의 생애 이력의 거시적이면서 미시적인 연관성을 명시적으로 해석하는 것은 수십 년 간 사회과학의 중요한 목표 중 하나지만, 이런 연관성을 밝힐 수 있는 근거를 찾는 것은 쉬운 일이 아니었다. 개인의 삶에 영향을 줄 수 있는 동시대적이면서도 세월이 흘러도 지속되는 사회 변동을 추적하여 조사하는 것은 개인의 생애 이력에 사회 구조가 어떤 방식으로 영향을 미치는지를 알 수 있는 효과적인 전략이다.

3) 연계된 삶들에 대한 강조

생애 과정 관점의 세 번째 원리는 '연계된 삶(linked lives)'이라는 개념이다. 사람은 복잡한 방식들로 다른 이들과 연계되어 있으며, 이러한 연계는 개인의 생애 이력에 강력한 영향을 미친다는 개념이다. 첫째, 연계된 삶에 대한 관심과 집중은 생애 과정의 결과에서 보일 수 있는 개인 간의 차이를 설명할 수 있는 능력을 증가시킨다. 예를 들면, 무수히 많은 다른 변수들을 통제했을 때 취업이 여성의 건강에 미친 영향은 혼인 상태와 가정 내의 미성년 자녀의 존재 여부에 따라 좌우된다(Ali & Avison, 1997). 둘째, 위의 예에서 암시된 것처럼, 사회적 유대는 '파급' 효과를 초래하는 경우가 자주 있는데(Schieman, Milkie, & Glavin, 2009), 가족과 친구의 영역뿐만 아니라 직장과 지역 사회 개입과 같이 덜 밀접하게 연계된 범위에도 영향을 미친다. 이런 점에서 연계된 삶은 우리에게 사회과학 이론의 중심 화제들(예: 직업 경력)이 생애 경험의 다른 범주들을 고려하지 않고서는 이해할 수 없다는 사실을 일깨워 준다. 요약하자면, 연계된 삶에 집중함으로써 개인적 삶이 독립적 작용자인 한 개인의 좁은 관점이 아니라 경험되어 지는 것이라는 내용과 의사결정이 이루어지는 내용을 더욱 정확하게 기술할 수 있게 된다.

4) 인간으로서 행위 주체 의식에 대한 강조

생애 과정 연구의 마지막 원리는 인간으로서 행위 주체 의식의 힘과 그 반대인 인간의 삶에 대한 '과잉 사회화된' 관점에 대한 반발에 초점을 맞추고 있다(Wrong, 1961). 생애 과정 관점은 사회 구조가 부여한 기회들과 제약들을 부각시키는 동시에, 또한 개인의 의사 결정과 그러한 결정들의 장기적 결과에도 초점을 맞추고 있다. 제2차 세계대전 말에 발효된 '제대 군인 원호법'이 그 역사적 예다. 제대 군인 원호법의 수혜 대상이던 많은 군인들은 이 법을 이용하여 더 높은 수준의 교육을 받을 수 있었지만, 대부분의 상이 군인은 이 법을 이용하지 않았다. 제대 군인 원호법을 이용한 상이 군인들과 이용하지 않은 상이 군인들의 사회경제적 성취를 추적해 보면 위의 두 결정의 경제적 결과들을 이해할 수 있다. 인간의 행위 주체 의식에 집중하는 측면이 특히 매력적인 이유는 개인의 결정이 말 그대로 인생의 전환점이 될 수 있는지 판단할 수 있는 능력 때문이다. 가령 개인이 스스로에 대한 보상 등을 급격하게 증가시키거나 심지어는 박탈을 야기하는 결정을 할 때를 예로 들 수 있다. 개인의 결정에 대한 인지는 다양하게 정의되고 있는 삶의 질에 대한 개선을 가져 온다. 또한 이는 예상되는 방해를 견지하고 생산적인 결정을 내리는 것을 장려하는 등의 정보를 제공한다.

2. 생애 과정 사회학의 초석

인간의 삶을 이해하기 위한 생애 과정 원리의 중요성은 '행동하고 있는 이들을 보는 것(seeing them in action)'이라는 표현으로 가장 잘 설명될 수 있을 것이다. 이 절에서는 생애 과정 관점의 효용성을 수립하는 데 필수적이었으며 또한 생애 과정 사회학에 여전히 핵심적으로 기여하고 있는 생애 초기 과정의 세 가지 주요 내용을 다룰 것이다. 즉, ① 연령 계층 이론(age stratification theory), ② 사회 변동과 개인의 생애 이력(personal biography), 그리고 ③ 생애 과정의 사회 구조에 대해 살펴볼 것이다.

1) 연령 계층 이론

사회 계층(social stratification)은 주요 사회학적 개념임과 동시에 주요 쟁점이다. 사회 계층은 사회 구성원들에 대한 재화와 자원들의 할당을 의미한다. 계층 시스템은 재화와 자원들의 할당 토대를 규정할 뿐만 아니라, 개인들이 지위 서열 구조에서 위 · 아래로 이동할 수 있는 조건들과 이동할 수 있는 정도를 규정한다. 미국의 사회학에서는 경제적 지위가 계층 이론 연구의 주된 초점 대상이었다. 수천 개의 논문과 수백 권의 책이 미국 사회에서 소득 · 권력 및 특권의 분배 및 위로 이동이 가능한 정도와 달성한 성취 정도에 대해 다루고 있다.

경제학에 기초한 시스템들보다 계층 시스템들에 대해 오래전부터 기록해 왔던(Simmons, 1945) 인류학과의 비교 연구의 결과에도 불구하고, 미국에서는 최근에서야 비로소 여러 가지의 경쟁적인 계층 시스템을 진지하게 연구 대상으로 다루기 시작했다. 현재 사회학자들은 연령 · 인종 · 성별 등이 모두 강력한 형태의 계층들을 이룬다는 것에 이견을 보이지 않는다. 이는 Matilda White Riley의 연구가 연령 계층에 대해 풍부한 개념화와 연령 계층이 생애 과정에 시사점을 제공하는 중대한 역할을 했기 때문이다.

Riely의 연령 계층의 개념 수립과 연령 계층 이론의 정교화는 수십 년에 걸쳐 이루어졌다(Riley, 1976; Riley, Johnson, & Foner, 1972; Riley, Foner, & Riley, 1999). 연령 계층이론은 다음 세 가지 전제들을 기반으로 한다. ① 공식적으로 그리고 비공식적으로 제도화된, 확인 가능한 연령층들이 존재하며, ② 연령층은 각 연령층에 부여된 가치에 따라 서로 다르게 나뉘며, ③ 권리와 책임도 연령층에 따라 다르게 나눠진다는 것이다. Riley는 미국 사회에 3대 주요 연령 계층들, 즉 생애 초기, 중년기, 노년기가 있다고 발표했다. 사회적 가치의 차원에서 보면 사회구조에서 핵심 지위를 차지하고 있는 중년들은 가장 융숭한 대접을 받으며, 따라서 다른 연령층들보다 더 많은 힘과 특권을 부여받는다. 이와 대조적으로 노년층은 빈약한 대접을 받는 연령층으로서, 노년층의 구성원들은 그들보다 더 어린 구성원들보다 더 적은 힘과 특권을 받는다.

사회경제적 지위(socioeconomic status: SES)와 다른 계층 시스템 간의 차이 중 하나는 지위 서열 구조에서의 수직 이동 가능성과 관련이 있다. 지위 서열 구조라는 연속체의 한쪽 끝에는 성별과 인종과 같이 선천적으로 생득된 불변의 지위에 기초한 계층 시스템들이 있다. 귀속 지위에 기초한 계층은 지위 서열 구조에서 이동을 불가능하게 만든다. 물론 민권 운동과 여성 운동의 결과로서 인종과 성별에서 계층 간 거리의 변화가 일어났다고 많은 이들이 주장하는 것처럼, 문화적 변화가 계층들 간의 거리를 좁힐 수 있다. 이 연속체의 반대 쪽 끝에는 성취 지위에 기초한 계층 시스템들이 있는데, 이러한 시스템들은 지위 서열 구조에서 수직 이동을 허용한다. 사회경제적 지위는 확실히 성취 지위에 기초한 계층의 주요한 그리고 확실한 예가 될 수 있다. 물론 모든 사회 구성원들이 동일한 자원을 가지고 높은 사회경제적 지위를 확보하기 위해 애쓰는 것은 아니다. 연령 계층은 또 다른 역학 관계를 갖고 있다. 연령 자체는 귀속 지위다. 그러나 노령화 과정은 모든 사회 구성원이 전 연령 계층을 거치면서 노년의 나이가 될 때까지 살아가는 삶의 이동이다. 물론 이러한 이동은 사회경제적 지위 서열 구조에서의 수직 이동과는 아주 다르다.

Reily와 학계에서 주목한 것처럼 연령 계층 아래에는 두 개의 근본적인 역학 관계가 내포되어 있다. 개인적인 수준에서 보면 개인은 나이가 들어감에 따라 생애 과정을 두루 거치게 된다. 그러나 개인적 삶의 전개는 사회적 · 문화적 변화가 함께 이루어진다. 이 두 개의 역학 관계는 집단의 중요성을 부각하는데, 각 집단은 한 구체적인 역사적 맥락에서 해당 집단의 생애 과정을 두루 거치게 된다. 현재 나이가 들어간다는 것은 인간이 경험하는 사회적 · 문화적 그리고 역사적 맥락에 따라 상당한 차이를 보인다는 증거를 압도적으로 제시하고 있는 셈이 되는 것이다.

Riley는 자신의 이후 저작물들에서 연령 계층 이론을 연령 통합(age integration)이란 개념과 연계시켰다(Riley & Riley, 1994). Riley는 현재 '자연적인' 또는 '정상적인' 생애 과정으로 간주되는 것- 이 과정에서 초기 성인기는 인적 자본의 획득에 몰두하며, 중년기는 노동력 참여에 의해 지배되고, 노년기는 여가를 추구하는 시간이다-은 생물학적 필요성에 의해서보다는 사회적 관습에 따라 좌우된다고 지적했다. Riley는 이러한 범주들은 개별적인 연령 등급에 따라 추구하기보다는 동시에 추구되어야 하는 것이라고 강하게 주장한다. Riley는 구체적으로 교육 · 유급 근로 및 여가는 성인기 내내 동시에 추구되어야 한다고 단정한다. 성인기의 주요 과제들의 통합이 사회 구성원들에게 더 나은 양질의 생활을 제공하고 사회적 목표를 달성하기 위해 사회 구성원들의 재능을 더 잘 이용할 수 있을 것이라는 명확한 주장을 제시했다. 또한 연령 통합이 대체로 연령 계층을 없애고, 한 형태의 제도화된 불평등을 끝내게 할 것이라 주장했다.

연령 계층 이론은 생애 과정 사회학에서 다소 독특한 역할을 한다. 하지만 연구가 직접적으로 그것의 중심 명제들을 검증하는 것은 거의 없다. 또 다른 한편으로는 생애 과정 연구의 한 큰 부분—그 안에서 다른 이론들은 구체적인 가설들의 토대가 된다—이 연령 계층 이론과 양립할 수 있다. 실제로 나는 연령 계층 이론과 모순된 어떠한 단일 이론도 알고 있지 않다. 일부 연구자들은 연령 계층 이론은 구체적이나 속일 수 있는 가설들로 이어진다는 점에서 실제로 진정한 이론이 아니라고 주장하며, 그저 기준이 되는 개념적 틀 정도로 보는 것이 더 낫다고 주장한다. 연령 계층 이론이 하나의 이론 구성을 위한 기술적 기준에 부합되든 그렇지 않든, 연령 계층의 관점은 시간성에 대한 생애 과정 원리들, 사회 변동과 개인의 생애이력의 상호교차, 연계된 삶 및 인간으로서 행위 주체 의식을 포함하고 있다. 여기에서 관심 방향은 후자의 두 개 원리에 맞춰져 있지는 않으나, 이 두 개의 원리는 Riley의 저작물들에서 명확하게 설명되고 있다. 연령 통합에 대한 근거 중 하나는 현재 연령 분할 시스템이 가족들에게 부여하는 부담이다. Riley는 또한 집단과 사회 변동의 역학 관계는 상호적인 것으로, 즉 사회 변동이 집단의 인생 경험을 형성하고, 집단은 집단 행동을 통해 사회 구조를 변화시킨다고 주장한다. 아마도 연령 계층 이론의 가장 큰 학술적 기여는 이 이론이 노령화와 생애 과정을 주류 사회학과 연결시켰다는 점일 것이다. 노령화가 사회학이 지니는 고민거리들에 비해 미미한 고민거리로 보이는 일은 결코 없을 것이다.

2) 사회 변동과 개인의 생애 이력

아동기부터 성인기까지의 삶을 조사한 연구들은 과거에도 있었지만, Glen Elder의 저서인 『대공황의 아이들(Children of the Great Depression)』(1974)은 20세기 후반부 동안 생애 과정에 대한 사회학적 연구의 토대를 마련했다. 이 책의 제목 자체가 책 내용을 시사하고 있다. Elder는 대공황 당시 아동이었거나 청소년이었던 집단에 속한 사람들의 인생을 추적하기 위해서 1930년대부터 1960년대 중반까지의 자료를 이용했다. 이 책의 부제목인 '인생 경험 중 나타난 사회 변동'은 이 연구가 사회학적으로 강조하는 점, 즉 아동기 때 경험했던 붕괴된 경제가 장기적으로 미치는 영향들에 대한 추적 조사를 부각시켰다.

이 글의 목표는 Elder의 복잡하고 흥미로운 연구 결과들을 검토하는 것이 아니라, 이러한 초기 연구가 현재는 생애 과정 사회학으로 알려지게끔 단계를 마련한 방식들을 기술하는 것이다. 우선 본 연구의 주요 초점은 시간성, 즉 대공황에 의해 발생된 경제적 박탈의 단기 및 장기 효과들을 확인하는 것에 맞춰져 있다. Elder는 대공황이 미친 영향의 다양한 '결과'를 조사했다. 단기 결과들 중에는 대공황 동안 겪었던 가족 간의 역학 관계, 아동들의 자기 개념(self-concept)들과 학업 성취가 포함된다. 성인을 대상으로 한 결과 중에는 직업 상태, 일에 대한 태도, 배우자와의 관계와 질, 부모 자격 및 성격(주로 자기 개념)이 포함되었다. 하나의 역사적 사건이 인생 경험의 여러 차원에 영향을 미칠 수 있다는 점을 인정하는 것은 생애 과정 관점의 한 핵심적인 특징이 되었다.

시간에 맞춰진 초점의 다른 측면은 생애 초기에 일어난 사건들과 경험들에 장기적으로 영향을 미친 과정들과 그렇지 않은 과정들을 확인하는 것이다. Elder는 대공황의 단기적 · 장기적 효과에서 상당한 이질성을 관찰했다. 일부 표본들은 지속된 박탈을 극복하지 못하는 패턴을 보였지만, 반면 표본의 다른 이들은 생애 초기 빈곤 조건과 가족 붕괴를 극복하고 높은 수준의 직업적 성공과 가족의 안정성을 성취할 수 있었다. Elder는 성인기 초기 동안 인적 자본과 사회적 자본을 획득하는 것이 생애 초기의 박탈을 극복할 수 있는 능력뿐만 아니라, 인간으로서의 행위 주체 의식에서도 없어서는 안 될 결정적인 요소라는 것을 입증해 보였다. 실제로도, 성공하는 데 필요한 인적 · 사회적 자본을 입수하기 위해 개인들이 보인 노력 정도는 사람들마다 큰 차이를 보였다.

이 중대한 연구가 기여한 가장 중요한 점 중 하나는, 사회 변동이 집단 내의 모든 구성원에게 똑같은 방식으로 또는 똑같은 정도로 영향을 미치는 것이 아니라는 점이다. 이러한 개인차를 만들어 내는 데 필요한 결정적 요인은 대공황 동안 아동이었던 이들의 가족이 경험한 경제적 붕괴의 크기였다. 어떤 가족들은 소득의 심각한 감소로 고통 받았으나 다른 가족들은 상대적으로 거의 경제적 박탈을 경험하지 않았다. 더욱이 대공황이 초래한 경제적 박탈의 크기 정도는 대공황 이전에 가졌던 사회경제적 지위(SES)와 상호적으로 작용했다. Elder의 연구 결과들 중 매력적인 결과는 대공황 전에 높은 사회경제적 지위와 대공황 동안 심각한 경제적 손실의 결합은 이후 성인기 동안 높은 수준의 성공과 관련 있었다는 사실이다. 이러한 연구 결과는 '역경이 성격을 만든다'는 격언을 경험적으로 강력하게 뒷받침한다. 다만 이런 경험적 뒷받침은 특정 조건에만 해당된다.

개인의 특징 역시 복잡한 방식으로 대공황의 영향과 상호작용한다. 대공황의 즉각적인 영향에 대한 적응은 아버지와 어머니, 소년과 소녀에게 있어서 다른 형태를 이루고 있었다. 대공황의 장기적 영향 역시 성별에 따라 상당한 차이를 보였는데, 남성들은 이례적으로 노동 시장에 대한 강한 애착을 보였으며 여성들은 집안 일에 전념하기 위해 어쩔 수 없이 급여를 받을 수 있는 일을 포기했다.

마지막으로, 연계된 삶의 원리는 Elder의 연구에서 두드러지게 관찰된다. 대공황 동안 아동들의 생활은 그들의 부모와 형제자매들의 생활과 함께 짜여 있었는데, 소년들은 종종 아르바이트나 간헐적 일을 통해 가족의 재정에 기여할 것을 요구받는 경우가 종종 있었다. 어머니의 생활과 아버지의 생활 역시 가족들에 따라 좌우되었는데, 어머니의 경우 그들의 남편이 일자리를 잡지 못하면 대신 일을 하는 경우가 빈번했다. 이러한 현상은 가족의 역할을 바꾸어 놓았으며, 그 결과 가족 내 힘과 특권의 분포를 바꾸어 놓았다.

『대공황의 아이들』은 당연하지만 빠르게 필독서가 되었다. 이미 종단 연구의 선구자였으며 연령과 집단의 효과를 분리하는 문제를 가지고 오랫동안 씨름해 왔던 노년학 연구자들은 재빨리 생애 과정 관점을 받아들였다. 특히 노년기에서 확인되는 이질성의 기원과 관련된 연구 문제들에 대해선 생애 과정 관점을 적극적으로 받아들였다. 또한 이 책은 사회학계에도 폭넓게 각인되었다. 이 광범위한 독자층에게 이 책은 개인의 경험과 사회적 상상력의 나래를 펼치게 만든 사회 변동을 연결하는 능력을 제공했다. 확실히 생애 과정의 연구 규모는 1974년부터 엄청나게 커졌지만, 개인의 생애 이력과 생애 이력이 지닌 복잡하게 보이는 특징을 사회학계 전반에 뚜렷한 영향을 끼친 것은 Elder의 창의적이며 명확한 연구에서 나온 결과물 덕분이었다.

3) 생애 과정의 사회구조

역사와 사회 변동에 대한 강한 관심을 가지고 있는 학자들이 생애 과정 자체의 역사에 대해 자조했던 것은 전혀 놀랄 일이 아니다. 사실 가족 역사가들은 선진적인 노년기를 보낸 이들의 역사를 통해서 이 사안을 어느 정도 다루었다(Demos, 1978). 그러나 20세기가 되어서야 비로소 노년기는 '정상적인' 생애 과정의 일부가 되었다. 생애 과정이라는 개념의 출현 이유는, 그동안 정의되고 연구된 것처럼 단순한 생존자권(survivorship)을 통해 부분적으로 설명할 수 있다. 대다수의 성인이 노년기까지 살게 된 후에야 비로소 노년기 역시 생애 과정 중 하나의 예측 가능한 부분이 되었다.

그러나 늘어난 기대 수명보다는 생애 과정의 출현이라는 말이 더 적합하다. 현재는 고전이 된 한 연구에서, Mayer와 Mueller(1986)는 국가의 형태면에서 보면 사회 구조와 생애 과정의 현대적 관점 사이에 강한 상관관계가 있다고 기록했다. 그들은 연령 규범의 제도화[필수 학교 교육, 아동 노동 박멸 및 노년기 국가 지원 퇴직 수당(state-supported retirement benefits)]을 받을 수 있는 자격과 다양한 형태의 복지국가의 출현이 생애 과정의 사회적 · 문화적 구조를 형성하는 데 결정적인 역할을 했다고 주장했다. 동시에 Meyer(1986)는 생애 과정의 사회적 구조와 자아에 대한 현대적 개념 사이에 존재하는 상관 관계를 찾아냈다. 제도화된 생애 과정을 Meyer는 자아(self)에 대한 개인적이며 '일시적'인 관점이라고 보았다. Meyer가 제도화된 생애 과정을 이렇게 부른 이유는 복지 국가의 규칙과 규제들은 개인의 권리 및 책임과 묶여 있어 개인화된 것이며, 정치 및 경제 참여뿐만 아니라 복지 국가의 자원을 수령할 수 있는 연령 요건이 시간과 순서에 의해 한정된 것이기 때문이었다. 생애 과정의 출현에 대해 연구해 온 학자들은 복지 국가의 출현은 수 세기 동안 작용해 왔던 과정들을 촉진시킨 것이라는 데 동의했다. 특히 경제적 생산 단위인 가족을 소비 단위로의 이동과 변화 및 이와 관련하여 교육과 일자리의 가정에서 사회적 기관으로 이동 과정을 촉진시켰다고 보았다.

생애 과정의 출현 및 사회적 구조를 기록한 역사 연구, 기록 관리 연구 및 비교 연구는 장기간 동안 개인들을 추적하는 다른 생애 과정 연구들과 다르다. 그럼에도 불구하고 이러한 연구는 전통적으로 생애 과정 연구의 핵심 원리에 관심을 기울인다. 시간성과 사회 구조 그리고 개인적 생애 이력의 상호작용에 대해 관심을 기울이는 것은 확실하다. 이 간단한 검토성 논문에서는 인간의 행위 주체 의식의 역할에 초점을 맞출 수는 없지만 인간의 행위 주체 의식이라는 원리는 이 연구에서는 전통적으로 무시되지 않는다. 실제로, 개인의 행위 주체 의식의 사회 구조는 Meyer가 설명하는 인간의 탄생과 현대적 개념의 자아와의 연결 고리를 설명해주는 핵심 요소다. 연계된 삶이란 원리 역시 생애 과정 연구 전통에서는 무시되지 않았다. 예를 들면, 현대의 생애 과정 연구가 가정에서의 노동력 분담에 미친 영향(Heath, Ciscel, & Sharp, 1998), 가족 역할을 수행하기 위해 소비한 시간 길이에 미친 영향(Watkins, Menken, & Bongaarts, 1987), 세대 내 및 세대 간 관계들의 특징과 질에 미친 영향(Kohli, 2005; Silverstein, & Bengston, 1997)에 대해 상당한 관심이 기울여졌다.

3. 생애 과정 연구의 핵심 기여

이 장에서는 생애 과정 사회학의 핵심 원리들을 간략하게 밝히고 실제 작용하는 생애 과정 원리들을 잘 보여 주는 생애 과정 연구의 고전적 기초 개념 세 가지를 간략하게 살펴 볼 것이다. 이번 절에서는 생애 과정 연구에서 최근에 나온 네 가지 연구 주제들에 초점을 맞출 것이다.

1) 아동기의 긴 영향력

Elder의 『대공황의 아이들』이란 저서에 자극을 받아서인지, 다른 생애 과정 주제들은 아동기의 사건과 경험들이 성인기의 다양한 결과에 미친 영향만큼 주목받지 못했다. 여기서는 상당한 주목을 받았던 아동기의 세 가지 화제에 대해 간단하게 살펴보겠다.

(1) 아동기의 건강과 성인의 건강

아동기에 건강상 심각한 문제가 일어나는 경우는 비교적 드문 일이지만, 건강상의 문제는 생애 과정에 걸쳐서 영향을 끼친다. 몇몇 연구는 아동기의 나쁜 건강 상태가 만성 질환, 자기평가 건강 상태(self-rated health) 및 노년기 거동 장애와 관련이 있음을 밝혔다(Blackwell, Hayward, & Crimmins, 2001; Case, Fertig, & Paxson, 2005; Luo & Waite, 2005). 이러한 상관 관계는 아직도 유효하게 남아 있는데 심지어 인구통계학적 요인들, 성인의 사회경제적 지위(SES) 및 다른 예측 요인들을 통제할 때조차도 마찬가지다. 아동기의 건강이 미치는 영향은 주로 성인이 되었을 때 더 낮은 사회경제적 지위에 간접적인 영향을 미치지만, 직접적인 영향을 미치는 경우도 상당히 많다.

(2) 아동기의 사회경제적 단점과 성인의 사회경제적 지위와 건강

가난한 집, 무질서한 마을 그리고 교육 수준과 소득 수준이 낮은 부모 밑에서 자란 아동들은 좋은 환경에 자라는 그들의 또래들에 비해, 성인이 되었을 때 더 낮은 교육 및 소득 수준을 성취하게 된다는 것은 당연한 일이다. Wagmiller와 동료들은 이 사안에 대해 특히 강력한 연구를 수행했다. 그들의 연구 결과, 아동기 때 가난에 노출된 기간은 성인이 되었을 때 성취한 교육 수준과 부정적으로 관련이 있음을 발견했다. 가난에 노출된 기간은 일하는 데 있어서 유일한 시간 관련 역학 관계가 아니었다. Wagmiller와 동료들은 가난했던 시기와 가난에서 벗어나게 된 구체적인 시간 순서 역시 성인 때 성취한 교육 수준을 떨어뜨린다고 보고했다(Wagmiller, Lennon, Kuang, Alberti, & Aber, 2006).

아동기 때 겪은 사회경제적 불이익은 인생 중반기 및 후반기의 건강상의 다양한 결과와도 관련이 있는데, 그중에는 우울증(Gilman, Kawachi, Fitzmaurice, & Buka, 2002), 고혈압(James et al., 2006) 및 만성 질환과 거동 장애(Luo & Waite, 2005)가 포함된다. 다시 말해서, 이러한 관계들은 아동기 및 성인기의 여러 변수들과 강한 상관 관계를 맺고 있다.

(3) 아동기에 겪은 트라우마와 성인기의 건강

상당히 깊이 있는 연구의 기저에는 아동기에 겪은 트라우마가 장단기적으로, 심지어 수십 년이 지나도록 건강에 영향을 미친다는 내용이 있다. 아동기에 겪은 트라우마들 중에는 신체적 · 성적 학대, 가족 폭력 목격 및 부모의 이혼 같은 사건들이 포함된다. 연구들마다 연령 한계점은 다양하지만, 말 그대로 모든 연구자가 아동기 때 겪은 트라우마의 상한선을 16세로 정했다. 이 연구 주제는 매우 잘 연구되었기 때문에, 여기서는 아동기 때 겪은 트라우마가 노년기의 건강에 연관되어 있다는 연구들만 요약한다.

아동기에 겪은 트라우마는 노년기 때 자신이 평가한 건강 상태와 관련이 있었다(Shaw & Krause, 2002). 이를 입증하는 증거들은 특히 아동기에 겪은 트라우마가 다양한 정신 건강 상태와 밀접한 상관 관계를 가지고 있다는 것을 보여 주는데, 그러한 정신 건강 결과들 중에는 주요 우울증(major depressive disorder), 우울 증세, 불안 증세, 알코올 의존 등이 포함돼 있다(Kasen, Chen, Sneed, & Cohen, 2010; Roustit et al., 2009; Shaw & Krause, 2002). 생애 후반부의 건강 결과에 미친 직접적인 영향에 더해, 아동기에 겪은 트라우마는 강한 스트레스 유발 원인들과 상호작용한다. 구체적으로, 최근 살아가면서 겪은 부정적인 사건들은 생애 초기에 트라우마가 없이 자란 사람들보다 아동기에 트라우마로 고통을 겪었던 개인들에게 신체적 · 정신적 건강에 더 강한 영향을 끼친다(Kasen et al., 2010; Kraaij & De Wilde, 2001). 이 패턴은 스트레스 과잉 민감화 과정으로 지칭된다.

최근에 나온 한 연구는 아동기에 겪은 트라우마의 광범위한 영향들에 대해 특히 유용한 예를 제공하고 있다. Rusby와 Tasker(2009)는 부모와 오랜 기간 동안 떨어져 산 경험이 있는 62세에서 72세 사이의 영국 성인들 970명을 대상으로 이들이 이 기간 때문에 어떤 영향을 받았는지에 대해 연구했다. 제2차 세계대전 중 런던에 살던 대다수의 아동은 영국의 시골 지역에 있는 가정으로 위탁되어 길러졌으며, 그들의 부모는 런던에 남아 있었다. 부모와 떨어져 위탁 양육된 기간은 수개월부터 수년까지 다양했다. Rusby와 Tasker는 부모로부터 떨어져 강제 재배치되는 것과 관련된 스트레스가 50년 후 우울 증세와 불안 증세에 인식할 수 있을 정도로 큰 영향을 미쳤는지 여부를 판단했다. 여기서 중요한 점은, 이 연구에서 이루어진 비교는 단순히 스트레스 받은 집단과 스트레스 받지 않은 집단 간의 비교가 아니었다. 런던에 남아서 잦은 폭격을 경험하는 것 역시 스트레스였다. 중요한 문제는 위탁 가정에서 보살핌을 받도록 강제 재배치되는 것이 전쟁이 치러지는 구역에서 부모와 함께 사는 것보다 더 스트레스가 많은지 그렇지 않은지 하는 것이었다. 연구 결과는 다소 복잡했다. 4~6세 사이의 피난 보내졌던 이들과 피난 보내진 후 위탁 가정에서 부실한 보살핌을 받았던 이들은 자발적으로 피난을 갔던 이들이나 피난을 가지 않았던 이들보다 현저하게 높은 우울 증세와 불안 증세를 보였다고 보고되었다. 이러한 보고는 아동기 때 겪은 트라우마가 성인이 되어서도 정신 건강에 영향을 준다는 증거다. 하지만 이와는 대조적으로, 13~15세 사이의 피난 보내진 이들과 피난 보내진 후 위탁 가정에서 양질의 보살핌을 받은 이들은 자발적으로 피난을 갔던 이들과 피난을 가지 않았던 이들보다 더 낮은 우울증세와 불안증세를 보였다고 보고되었다. 이와 같이 수십 년 후의 정신 건강에는 현재의 스트레스 요인만큼이나 스트레스 유발 요인의 환경이 막대한 영향력을 행사할 수 있다.

2) 시간의 측면

생애 과정 연구가 더욱 발전해 감에 따라, 연구자들은 장기적 · 시간적 패턴들이란 개념을 진지하게 고려하고 다양한 형태의 시간을 조사해 왔다. 여기서는 생애 과정 연구에서 가장 자주 사용되는 확연히 구분되는 세 가지 형태의 시간 차원의 역학 관계를 간단하게 검토할 것이다.

시간적 패턴은 타이밍이다. 타이밍에 관한 연구들에 내포된 가설은 동일한 사건이나 경험일지라도 그것들이 생애 과정 중 일어나는 시기에 따라 각기 다른 영향을 끼칠 것이라는 점이다. 대공황 때 아동들에 대한 Elder의 연구는 타이밍의 중요성을 잘 보여 주고 있다. Elder는 대공황 때 아동들의 연령이 그들의 평생 업적과 관련이 있다는 것을 발견했다(Elder, 1974). Elder는 대공황 때 두 부류의 아동 집단을 비교했는데, 한 집단은 1920년과 1921년 사이 태어난 이들로 구성돼 있으며, 다른 집단은 1928년과 1929년에 태어난 이들로 구성돼 있다. 대공황이 발발했을 때, 8~9세였거나 더 나이가 많은 아이들이 속한 집단에는 대공황이 발발했을 때 태어난 이들로 구성된 더 어린 집단 쪽보다 상당히 더 나쁜 삶을 살았다. 더 나이가 많은 쪽 집단은 경제적 기회가 여전히 심각하게 제한되었던 때 성인기에 들어섰으며, 그것은 생애의 나머지 시간 동안 그들의 직업과 소득에 피해를 주었다. 이 집단에 속한 대부분 사람들은 너무 나이가 많아 제2차 세계대전에 징집되지 않았다. 그 결과, 그들은 전투의 위험에서 벗어나긴 했지만 너무 나이가 많아 제2차 세계대전 이후의 경제적 붐으로부터 이득을 얻을 수 없었다. 이와 대조적으로 더 젊은 집단은 경제적으로 팽창한 시기에 노동 시장에 진입했으며, 또한 제2차 세계대전에 참전했던 이들은 대학 경비를 부담하는 것에 동의한 제대 군인 원호법같은 여러 혜택을 받았다. 이처럼 더 젊은 집단은 노년기를 포함해 그들의 성인기 내내 교육 · 직업 · 소득에서 더 나이가 많은 상대 집단을 앞질러 나갔다.

이익과 결과에 영향을 미치는 주어진 시간의 확장을 의미하는 노출의 기간(length of exposure)은 종종 연구되는 또 다른 시간의 양식을 말한다. 현재 수많은 연구들이 시간의 측면이 중요하다는 것을 입증해 보이고 있다. 앞에서 언급한 것처럼, Wagmiller와 동료들은 아동기에 빈곤한 상태로 사는 시간이 늘어날수록, 이후의 사회경제적 업적에 부정적인 영향이 미친다는 것을 확인했다(Wagmiller et al., 2006). 다른 연구들은 아동기와 성인기 초반에 빈곤한 상태로 사는 기간이 더 길수록, 생애 후반부에 정신병과 심리 질환들이 발병할 위험이 더 높다고 보고한다(Mossakowski, 2008; Strohschein, 2005).

타이밍의 또 다른 중요한 측면은 기간 의존성(duration dependence), 즉 구체적인 상태나 환경에서 보낸 기간에 따라 달라지는 시간 변화의 영향들에서 나타나는 패턴이다. 미국에서는 결혼(초혼)에 대한 가능성이 강한 기간 의존성을 가진다고 밝혀졌다. 약 18세부터 40세 사이는 미혼인 사람이 결혼할 확률은 해가 거듭할수록 늘어난 반면, 40세가 지나면 이러한 방향은 반대로 바뀌는데 미혼인 사람이 결혼할 확률은 해가 거듭할수록 줄어든다. 기간 의존성은 타이밍과 노출 길이만큼 충분히 연구되진 않았지만, 증거로 채택될 수 있는 예들은 생애 후반부의 기간 의존성이 중요하다는 것을 입증하고 있다. 예를 들면, 기간 의존성은 주요 우울증(Major Depressive Disorder: MDD)으로 진단받은 노인들 사이에서 관찰된다. 노년기 중 주요 우울증(MDD)이 발병한 후 1~2년 동안은 달이 갈수록 임상적으로 우울한 개인들이 다음 달에 회복될 가능성이 늘어난다(Bosworth, McQuoid, George, & Steffens, 2002). 그러나 약 2년 정도가 지나면 시간과 우울증의 관계는 역전하는데 달이 갈수록 임상적으로 우울한 노인들은 다음 달에 회복될 확률이 줄어든다는 것이다. 다시 말해서, 한 사람이 주요 우울증이 발병한 후 2년 이내, 이 정서적 질환으로부터 회복되지 못하면 그 개인의 주요 우울증은 만성이 되어 그것으로부터 회복되지 못한다는 것이다. 생애 후반부의 우울증에서 회복하는 기간 의존성에 관한 연구들은 정신과 치료를 받는 우울증 환자 표본에 기초하고 있다. 생애 후반부에 주요 우울증이 발병한 노인들 중 진단을 받지도 않고, 따라서 치료도 받지 않은 비율은 현저히 크다. 치료 받지 않은 주요 우울증을 앓는 노인들이 동일한 기간 의존성 패턴을 보이는지 여부는 알려져 있지 않다.

3) 누적된 이익/불이익부터 누적된 불평등에 이르기까지

최근에 와서 비로소 생애 과정의 한 이론의 구성에 가장 밀접하게 다가온 개념적 틀이 있는데, 그것은 바로 누적된 이익/불이익 이론(cumulative advantage/disadvantage theory: CA/DT)이다. 누적된 이익/불이익 이론(CA/DT)의 가장 초기 형태의 이론은, 많이 가진 이들이 더 많은 것을 받으며 적게 가진 이들이 더 적게 받을 것이라는 성격의 경고를 지칭하는 '매튜 효과(matthew effect)'로 지칭되었다. 매튜 효과라는 용어를 만들어 낸 Robert Merton은 이 개념을 학자들을 대상으로 한 연구에 적용했다(Merton, 1968). 그는 상위 대학에서 학자로서 커리어를 시작한 젊은 교수들은 시간이 지나면서 그들의 생산성이 늘어나는 직업 경력 궤적을 보인다는 것을 발견했다. 즉, 젊은 교수들의 학술적 성취는 시간이 지남에 따라 늘어났는데, 이것은 누적된 이익의 한 패턴이라는 것을 암시한다. 이와 반대로 최근에 박사 학위를 취득하고, 덜 유명한 학교에서 교수로서 경력을 쌓기 시작한 이들은 낮은 생산성의 긴 패턴을 보이거나 아니면 실제로 시간이 지남에 따라 생산성이 떨어졌는데, 이는 누적된 불이익의 한 패턴을 보여주는 것이다. 생애 과정을 연구하는 학자들은 누적된 이익/불이익 이론을 다양한 결과에 적용했다. Crystal과 Shea(1990)는 노령화라는 맥락에 누적된 이익/불이익 이론을 적용한 첫 번째 학자들이었다. 그들은 노년기의 금융 자원은 성인기 내내 누적된 이익과 불이익의 산물이라는 것을 입증해 보였다. 누적된 이익/불이익 이론이 예측하는 것처럼, 그들의 경력 초기에 남보다 더 높은 지위와 경제적으로 풍족한 일자리를 얻은 젊은 성인들은 시간이 지나면서 훨씬 더 큰 수준의 금융 자원을 얻을 수 있었다. 노년기가 되었을 때 이러한 개인들은 생애 과정 중 앞선 시간들보다, 또한 금융적으로 보상이 더 적은 일자리들에서 일했던 동년배들보다 훨씬 더 부유했다. 이와 대조적으로 사회적으로 더 지위가 낮고 소득도 더 낮은 첫 일자리를 가졌던 젊은 성인들은 더욱 뒤로 처지는 경향이 있고, 결국 노년기가 되었을 때 낮은 수준의 재산을 소유했다.

더 최근에 연구자들은 중년기 및 노년기가 되었을 때 건강상 차이가 발생하는 이유를 설명하는 데에 누적된 이익/불이익 이론을 적용했다. 중년기를 시작으로, 나이가 들어감에 따라 만성 질환과 거동 장애가 심해지는 것은 건강의 정상적인 패턴이 악화되는 것이다. 이 내재된 패턴 때문에 그 어떠한 누적 이익도 관찰되지 않았다(즉, 중년기부터 노년기로 가면서 건강이 개선된 인구의 하부 집단들은 하나도 없었음). 그럼에도 불구하고 건강에서의 이러한 편차는 생애 과정에 있어서 이전 단계보다 노인기에 더욱 크다. 따라서 기본적인 연구 주제는 건강에 누적되는 악영향이 있는가에 대한 것이다. 가령 높은 사회경제적 지위의 사람은 노년기 때 동년배들이 경험하는 건강에 대한 악영향을 거의 받지 않음을 예로 들 수 있다.

상당히 많은 증거는 아동기 때, 청소년기 때 그리고 성인기 초기 때 사회경제적으로 불이익을 경험한 이들이 청년기 때 사회경제적으로 더 많은 이익을 경험했던 이들보다 노년기에 건강이 더 빠르게 나빠지는 것과 관련이 있다는 것을 보여 준다(Dupre, 2007; Mirowsky & Ross, 2008). 이와 비슷한 패턴들은 백인들과 소수 인종/민족들 사이에서도 관찰되는데, 소수 인종/민족들은 중년기 및 노년기 동안 백인보다 건강이 더 빠르게 나빠지는 것을 경험한다. 성인기 내내 인종/민족 간 건강상의 차이를 이해하는 하나의 방법은 초기의 사회경제적 업적이 인종/민족 집단 전체에 걸쳐 발생시키는 '수익'을 비교해 보는 것이다. 예를 들어, Shuey와 Willson(2008)은 교육이 노년기 건강 차원에서 백인들보다 흑인들에게 더 적은 비용을 제공한다는 것이 밝혀졌다. 백인과 흑인의 이러한 건강상의 차이는 교육 수준이 최고일 때 더욱 커진다. 이와 비슷한 것으로, Walsemann, Geronimus와 Gee(2008)은 교육이 중년기 건강에 미치는 영향이 흑인과 백인 간에 차이가 나는지 여부를 판단했다. 이러한 판단을 위해 이들 연구자는 교육을 받은 기간뿐만 아니라 교육 기관의 질, 개별 학생들이 수료한 과정들의 엄격한 정도, 교육의 질을 보여 주는 다른 지표들을 포함해 참신한 방식으로 교육의 결과를 측정했다. 이들 연구자들은 이 광범위한 교육 측정 방법에 '교육적 이익'이라는 용어를 덧붙였다. 이들은 인종과 무관하게 높은 수준의 교육적 이익이 더 나은 건강 상태와 관련이 있으며, 또한 교육적 이익에서 더 높은 점수를 받은 사람들과 낮은 점수를 받은 사람들 간의 격차는 시간이 가면서 커졌다는 것을 발견했다. 그러나 인종 역시 중요한 역할을 했는데, 낮은 교육적 이익 수준에선 흑인들이 백인들보다 훨씬 더 건강 상태가 안 좋았다.

누적된 이익/불이익 이론 역시 한계점이 있다. 예를 들면, 증거들이 누적된 이익/불이익 이론의 기본 원리를 지지하고 있긴 하지만, 다른 연구에서는 생애 과정 전체에 걸쳐 사회경제적 지위와 건강이 보여 준 다양한 궤적을 기록했다(Aldwin, Spiro, Levenson, & Cupertino, 2001; McDonough, Sacker, & Wiggins, 2005). 즉, 누적된 이익/불이익 이론이 암시하는 기본적 궤적들(즉, 시간이 지나면서 누적되는 이익과 불이익)은 노년기의 복지에서 나타나는 차이들로 이어지는 많은 패턴들 중 단 두 가지 패턴일 뿐이라는 것이다. 노년기의 복지 측면에서 나타난 이질성에 대한 이러한 상대적인 관심 결여와 관련해서, 누적된 이익/불이익 이론은 다소 매우 확정적으로 판단된다. 일부 개인들은 높은 수준의 교육과 소득을 획득함으로써 생애 초기의 사회경제적 불이익을 극복한다. Luo와 Waite(2005)는 위쪽으로의 사회경제적 이동은 아동기의 경제적 불이익이 중년기와 노년기의 건강에 미치는 영향을 부분적으로나마 개선시킨다는 것을 발견했다. 이 연구 결과는 광범위하게 관련된 건강 결과에까지 적용되고 확장될 필요가 있다. 게다가 타이밍과 지속 기간이란 사안들은 추가 연구를 필요로 한다. 예를 들면, 위쪽으로의 사회적 이동은 다른 것들보다 더 강한 보상 효과를 갖고 있는 '결정적 시기'가 있는가? 그럼에도 불구하고 누적된 이익/불이익 이론은 모든 사건과 업적들이 수십 년 이후 사회경제적 차이와 건강상의 차이에 어떻게 변모하는지를 이해하는 데에 매우 유용한 이론으로 지금까지 남아 있다.

생애 과정 전체에 걸쳐 누적 패턴들에 초점을 맞추는 중요하면서 전망이 밝은 새로운 이론이 바로 누적된 불평등 이론(cumulative inequality theory: CIT)이다(Ferraro & Shippee, 2009; Ferraro, Shippee, & Schafer, 2009). 누적된 불평등 이론(CIT)은 주로 누적된 이익/불이익 이론과 생애 과정 관점을 통합한 이론이다. 물론 다른 이론들(예: 스트레스 과정 이론, 상징적 상호작용론)로부터 나온 개념들 역시 누적된 불평등 이론의 일부분이다. Ferraro와 동료들(2009)은 누적된 불평등 이론을 이 이론의 가장 형식적이고 완전한 형태로 표현하는데, 5개의 원칙들과 19개의 구체적인 명제를 제시하고 있다. 다섯 가지 원칙은 다음과 같다.

① 사회 시스템이 인구통계학적 발달 과정들을 통해 생애 과정 내내 보이는 불평등을 발생시킨다.
② 불이익은 위험에 대한 노출을 증가시키며, 반면 이익은 기회에 대한 노출을 증가시킨다.
③ 생애 과정 궤적들은 위험, 자원들 및 인간 행위 주체 의식의 축적에 의해 형성된다.
④ 인생 궤적들에 대한 지각은 이후 궤적들에 영향을 미친다.
⑤ 누적된 불평등은 때 이른 사망으로 이어질 수 있기 때문에, 주도적

(nonrandom) 선택은 노년기에 불평등이 줄어드는 모습을 제시할 수 있다.

지면상 제약 때문에 이 원칙들과 관련된 명제들에 대해 자세한 설명을 할 수는 없다. 하지만 누적된 이익/불이익 이론과 관련해 누적된 불평등 이론의 여러 가지 장점들은 언급할 가치는 있다.

첫째, 누적된 불평등 이론은 개인들이 인생의 어떤 한 부분에서 유리할 수 있지만 다른 부분에서는 불리할 수 있다는 것을 인정한다. 따라서 Ferraro와 동료들(2009)은 이익과 불이익을 동일한 연속체에서 서로 반대 방향으로 양 끝에 있는 것이 아니라, 각기 다른 현상들로 보고 연구할 것을 권한다. 둘째, 네 번째 원칙에서 언급한 것처럼 누적된 이익/불이익 이론에서 다루어지지 않았던 사안인 생애 궤적들의 역학 관계에 대한 주관적 지각과 이를 바탕으로 한 연구의 중요성을 인정하고 있다. 셋째, 누적된 불평등 이론은 누적된 이익/불이익 이론보다 덜 확정적인 판단을 한다. 누적된 불평등 이론은 생애 궤적들이 생애 과정의 방향을 바꿀 수 있다는 점과 또한 생애 초기의 역경이 이후 경험들에 의해 최소한이나마 부분적으로 개선될 수 있다는 점을 인정한다. 누적된 이익/불이익 이론과 비교했을 때 누적된 불평등 이론의 한 중요한 주제는 생애 과정 관점에서 중요한 개념이지만, 경험적 검사에 적용하기 어려웠던 개념인 인간 행위 주체 의식에 더 많은 관심을 보인다는 것이다.

누적된 불평등 이론은 최근에 생애 과정 이론에 추가되었기 때문에 이 이론의 제안들을 검증하는 연구들 역시 적은 편이다. 예외로서 누적된 불평등 이론의 창시자들이 생애 초기의 역경(즉, 아동기 스트레스 요인과 트라우마들)과 수십 년 후 보고된 것으로서 주관적인 생애 궤적들의 관계에 대해 조사한 연구가 하나 있다(Schafer, Ferraro, & Mustillo, 2011). 이 연구의 결과들은 아동기의 역경은 과거에 대한 더욱 부정적인 평가 및 미래에 대한 더 높은 기대와 관련이 있음을 시사한다. 그러나 종단 분석들을 통해 아동기 역경은 과거에 가졌던 미래에 대한 기대치들과 미래가 현재가 되었을 때 자신의 인생에 대한 평가 사이의 더 큰 격차와 관련이 있다는 것이 확인되었다. 희망을 가질 만한 점은 누적된 불평등 이론은 향후 생애 과정 연구에서 상당한 경험 연구의 대상이 될 것이란 점이다.

4) 사회적 맥락 부각시키기

지난 20년 사이 사회적 맥락에 대한 치솟는 관심이 모두 생애 과정에 대한 관심 덕분이라고 말할 수는 없지만 생애 과정 연구는 사회적 · 역사적 맥락에서 인간의 행위에 내포된 중요성을 문서로 기록하는 데 중요한 역할을 해왔다고 할 수 있다. 생애 과정 연구는 집단이 생애 과정을 가로지르는 동안 경험하는 역사적 맥락에 대해 특히 더 많은 관심을 기울였다. 일부 경우에서는 역사적 맥락이 해당 연구의 중요한 요소가 되기도 하는데, 대공황의 영향에 초점을 맞춘 연구(Elder, 1974)나 제2차 세계대전의 영향에 초점을 맞춘 연구(Hunt & Robbins, 2010) 및 흑인 시민권 운동의 영향에 초점을 맞춘 연구(McAdam, 1989) 등이 이 경우에 해당된다. 게다가 직접적으로 역사적 조건을 다루지 않은 연구 문제를 가진 연구자들이 그들이 당대에 수집한 데이터 중 사회적 맥락에 대한 정보(예: 전반적인 경제 상태들)를 제공하고 있다. 이러한 정보 제공이 가져온 결과들 중 하나는 양적 · 질적 방법을 동원하는 '혼용 방식'의 연구 비율이 점점 늘어나고 있다는 점이다.

사회학 전반에 걸쳐서 비교적 최근에 초점을 둔 연구는 맥락이 미치는 영향에 대한 연구다. 통계 기술의 발전은 연구자들이 동일 분석 모델 안에서의 개인과 총 요인들 혹은 개인과 구조적 요인들을 합치는 것이 가능하게 만들었고, 개인의 생애 결과(예: 사회경제적 업적들, 건강 상태)에 영향을 미치는 주변 인물들의 성격과 환경적 조건의 영향을 조사하는 연구에 영향을 끼쳤다. 이런 종류의 연구 중 일부는 환경 조건과 개인의 노년기 결과가 어떤 상관관계가 있는가를 조사하며, 더 적은 수의 연구들은 한 생애 과정 관점으로부터 환경 조건과 개인의 노년기 결과가 어떤 관계가 있는가를 조사한다.

맥락적 영향에 대한 연구의 한 축은 개인마다 그들이 처한 환경에 대한 지각이 그들이 관심을 둔 결과에 미친 영향을 조사하는 것이다. 예를 들면, Balfour와 Kaplan(2002)은 55세 이상의 성인들 중 그들의 마을에 여러 가지 문제(예: 소음, 교통 체증, 낮은 조명)가 있다고 보고한 사람들은 문제를 보고하지 않은 사람들에 비해 1년 사이 신체적 기능의 악화 비율이 현저하게 더 높아졌다는 것을 발견했다. 이들 연구자는 개인의 광범위한 특징들(예: 사회경제적 지위, 신체 질환, 사회적 유대관계)을 통제해 그들의 연구 결과에 대한 신뢰도를 높였다. 이와 비슷한 연구로 65세 이상의 영국 시민들을 대상으로 한 횡단 연구에서, Bowling과 동료들은 관찰된 마을 사람들의 문제는 본인들의 주관적 건강이 심각하게 나쁘고 많은 기능 장애를 호소하는 것과 관련이 있다고 보고하였다(Bowling, Barber, Morris, & Ebrahim, 2006).

맥락적 영향에 대한 연구의 또 다른 축은 객관적 환경 특성과 개인의 결과와의 관계를 조사하는 것이다. 객관적 환경 요인들을 알아보기 위한 데이터 출처들 중에는 인구 조사 데이터와 다른 공문서(기록 보관소) 데이터가 포함된다. 예를 들면, 38년의 종단 연구 데이터를 이용해, Vartanian과 Houser(2001)는 참가자들이 거주하는 마을의 소득 구조와 참가자 자신이 등급을 매긴 건강 상태의 관계를 조사했다. 대규모의 종단 연구 데이터를 이용했기 때문에, 이들 연구자는 연구 참가자의 거주 마을 소득 구조와 연구 참가자의 자기평가된 건강 상태 간의 관계가 건강에 직접적으로 영향을 미치는지 또한 후에 영향을 미치는지 알아볼 수 있었다. 이들 연구자는 아동기에 가난한 마을에 사는 것이 수십 년 후 자기가 평가했을 때 더 나쁜 건강 상태와 관련이 있다는 것을 발견했다. 이와 대조적으로 성인기 때 거주

마을의 소득 구조는 성인 자신이 등급 매긴 건강 상태와는 관련이 없었다. 이것은 아동기의 경험들과 아동기에 처한 환경들이 생애 과정 전체에 걸쳐 지속적인 영향을 끼친다는 것을 입증하는 또 다른 증거가 된다. Levecque와 동료들은 또 다른 종류의 맥락 효과를 조사했다. 23개의 유럽 국가로부터 나온 데이터를 이용해, 그들은 개인의 경제적 어려움(예: 낮은 소득)과 연령대별로 구분된 인구 집단 전체에 걸쳐 나타나는 우울증의 관계를 조사했다. 이 연구의 맥락적 구성 요소는 이러한 관계들이 나라마다 다른지의 여부를 결정했다(Levecque, Van Rossem, De Boyser, Van de Velde, & Bracke, 2011). 이들의 연구 결과에서는 개인의 경제적 어려움과 연령대별 인구 집단의 우울증 사이의 관계는 나라들마다 상당한 차이가 있다는 것을 시사하고 있다. 북유럽 국가들과 독일, 스위스, 네덜란드 등의 경우, 낮은 사회경제적 지위와 우울증의 관계는 연령대별로 나눈 집단들에서는 차이가 나타나지 않았다. 남유럽 및 동유럽 국가들에서는 경제적 어려움과 우울 증세들 간의 관계가 연령대별로 나눈 집단 전반에 걸쳐 증가했으며, 65세 이상의 사람들에서 가장 강한 상관 관계가 확인되었다. 앵글로색슨계 국가들에서는 낮은 사회경제적 지위와 우울증의 상관 관계는 고연령대 집단에서 가장 낮았다. 이 연구 논문의 저자들은 이러한 국가들 간의 차이들은 이들 국가의 복지 정책과 복리 후생 수준에 상응한다는 확실한 기록을 제공했다. 노르만 계열 및 게르만 계열 국가들의 복지 정책은 관대한 편으로, 어떠한 연령대 집단들에게 특정적으로 호의적이진 않았다. 남유럽과 동유럽 나라들 경우, 복지 정책이 취약해 소득이나 다른 복리 후생의 재분배가 거의 이루어지지 않았고, 특히 노인들 사이에서는 소득이나 복리 후생이 제대로 분배되지 않았다. 앵글로색슨 계열 나라에서의 복지 정책은 노인들과 은퇴한 시민들에게 가장 관대했다.

4. 생애 과정 연구의 비용 계산하기

생애 과정 연구는 인상적인 발전을 하였으나, 여전히 해야 할 일이 많이 남아 있다. 많은 관련 화제는 생애 과정의 관점에선 아직 조사되지 못했으며, 다른 화제들 역시 이제 막 시작하는 노력을 하고 있다. 생애 과정 연구는 새로운 화제를 탐구하는 것부터 완전히 체계를 갖춘 연구 산업으로 진화해 오긴 했지만, 생애 과정 연구의 '비용'은 여전히 걱정거리로 남아 있다. 생애 과정 연구는 장시간 이루어지는 종단 연구 데이터를 요구한다. 동시에 생애 과정 연구의 데이터가 유용하게 쓰이기 위해서는 여러 집단의 구성원이 포함되어 있어야 한다. 그래야 연령 · 기간 · 집단의 영향들을 최소한이나마 부분적으로 구분할 수 있기 때문이다[제2차 세계대전에 참여한 베트남과 한국의 군인들을 비교한 자료(Wilmoth, London, & Parker, 2010)를 참고]. 간단히 말해서, 생애 과정 연구에 필요한 데이터 자원은 시간과 금전적 차원에서 비용이 많이 든다. 따라서 생애 과정 연구로부터 발생된 지식이 그 늘어난 비용을 상쇄할 만큼 충분한 가치가 있는지를 먼저 묻는 것이 타당할 것이다.

생애 과정 연구의 '비용'을 평가하기 위한 한 가지 전략은 생애 과정 연구가 다른 접근법이 내놓은 것보다 그 이상의 설득력 있는 설명을 제공하는지 여부를 판단하는 것이다. 생애 과정 연구가 하는 구체적인 예가 여기에 제시되어 있다. 결혼한 사람들이 평균적으로 결혼하지 않은 그들의 동년배들보다 더 건강 상태가 낫다는 것을 많은 증거가 보여 주고 있다(Waite & Gallagher, 2000 참조). 최근에 생애 과정을 연구하는 전문학자들은 혼인 이력이 현재 혼인 상태보다 건강상의 결과에 나타나는 편차를 더 많이 설명할 수 있는지 그 가능성을 탐구했다. 예를 들면, 현재 결혼한 사람들에게는 한 번 결혼한 사람들, 두 번 결혼한 사람들 그리고 그 이상의 재혼을 한 사람들이 포함된다. 재혼한 사람들 중에서 일부 개인의 이전 결혼은 이혼을 한 후 재혼이었으며, 다른 이들의 결혼은 사별 후 재혼이었다. 현재 이혼한 사람들과 사별한 사람들 사이에서도 이와 비슷한 이질성이 존재했다(즉, 한 번의 과거 혼인 파경 vs. 여러 차례 과거 혼인 파경). 본질적으로 혼인 이력이 현재 혼인 상태에 의해 가려진 이질성의 원천을 분해한다. 이 '비용'은 혼인 이력에 대한 지식이 관련 있는지, 또 만약 그렇다면 어떤 결과들과 관련 있는지 조사하는 데 포함되어 있다.

많은 연구자들은 혼인 이력이 건강의 다양한 결과들에 미치는 영향을 조사했다. 예를 들면, Barrett(2000)은 이런 연구를 한 연구자 중 최초였다. Barrett은 혼인 이력의 여러 측면이 결혼 후 정신건강 결과와 관련이 있다는 것을 발견했다. 가장 강력하고 가장 일관된 패턴으로는 과거에 결혼했고 현재 재혼인 사람들이 초혼만 했던 사람들보다 정신건강 상태에 현저한 악화가 있었다. 과거에 결혼했던 사람들 중 두 번 이상의 이혼이나 두 번 이상의 사별을 경험한 사람들이 단 한 번의 파경만 겪었던 사람들보다 더 높은 단계의 정신병적 증세와 관련이 있었으나 그들의 증세는 단 한 번의 이혼이나 사별을 경험한 사람들보다 더 빨리 경감되었다. Hughes와 Waite(2009)는 혼인 이력이 중년기 신체 건강과 정신 건강에 미치는 영향을 조사했다. 이들 연구자들은 현재 재혼한 상태인 사람들은 초혼 상태로 사는 사람들보다 신체적 · 정신적 건강 상태가 악화되었다는 것을 발견했다. 그들은 또한 혼인과 파경에서 온 영향의 '속도'가 건강 결과에 따라 차이가 난다는 것을 발견했다. 따라서 최근에 일어난 혼인이나 파경이 훨씬 먼 과거에 경험했던 이혼이나 사별보다 정신 건강 문제와 더 강하게 관련이 있다고 볼 수 있다. 신체 건강 결과에는 반대 상황도 사실이었는데, 즉 더 최근에 경험한 혼인 파경보다는 훨씬 먼 과거에 경험한 혼인 파경이 악화된 신체 건강과 더 관련이 있었다는 것이다. 그 이유는 아마도 신체적 상태가 더 나빠지는 데는 더 오랜 시간이 걸리기 때문일 것이다. Henretta(2010)는 혼인 이력의 일부 측면이 이후의 사망률에 미치는 영향을 조사했다. 그는 3번 이상 결혼 한 사람들이 그보다 적게 결혼을 한 사람들(한 번 또는 두 번 결혼했거나 아니면 한 번도 결혼하지 않은 사람들)보다 사망할 위험이 현저하게 더 높다는 것을 발견했다. 이러한 일련의 연구들은 생애 과정 연구의 비용을 정밀하게 기록했다. 현재 혼인 상태에 의해선 포착될 수 없는 혼인 이력의 요소들은 정신 건강 문제, 신체 건강 문제, 사망률 위험을 증가시키는 것처럼 보인다. 더욱이 재혼 횟수, 재혼 유형 및 재혼 지속 기간의 모든 요소가 이러한 건강 결과를 설명해 주었다. 이것이 중년기와 노년기의 복지를 이해하는 데 생애 과정 관점이 제공하는 부가가치를 보여 주는 명확한 증거다.

그러나 생애 과정 연구가 사회학에 기여한 점들은 이 연구의 '부가가치(value-added)'를 설명하는 것 그 이상으로 확대한 것이다. 정말로 생애 과정 연구의 '부가가치' 잠재력을 지나치게 강조하는 것은 생애 과정 연구의 다른 기여점들 중 많은 것들을 간과하는 것이다. 생애 과정 연구의 주요 목표는 안정성과 변화의 장기적인 패턴들을 이해하는 것이다. 왜냐하면 이러한 패턴들은 사회적 · 역사적 맥락에서 펼쳐지기 때문이다. 심지어 멀리 있는 요인들이 미치는 영향은 더 많은 근접 예측 요인에 의해 전적으로 '설명된다'고 주장하는 연구에서조차도, 멀리 있는 요인들을 포함시키는 것이 인간의 삶에 대한 우리의 이해를 더욱 정교하게 만들어 준다. 결국 학계에서 생애 과정 관점이 요구되는 조건과 요구되지 않는 조건, 그리고 생애 과정이 다룰 필요가 있는 연구 문제와 다룰 필요가 없는 연구 문제와 관련해 비공식적인 규범들을 개발하는 것이 중요하다. 그 사이 생애 과정 패턴에 대한 우리의 지식을 확대하는 것이 목표가 되어야 한다. 생애 과정 연구는 사회 정책, 건강 정책 및 경제 정책을 위한 중요한 시사점들을 갖고 있다. 많은 결과에 있어서, 우리가 '문제들을 뿌리째 뽑아야' 할 경우, 개입하여 조치를 취할 수 있는 최고의 시간은 생애 과정의 초반부다. 아동기를 사회적 · 경제적 · 신체적 및 정신적 안녕의 원천으로 지적하는 누적된 연구들은 규모가 크고, 주장 또한 설득력 있게 납득할 만하다. 또한 확실히 성인기에는 노년기를 대비한 소득 보장과 건강 정책들이 특히 필요하다. 그럼에도 불구하고 소득과 가정 환경이 안정적인 상태에서 아동기를 보낸 개인들은 대체로 성인기 동안 복지에 대하여 부정적일 수 있다. 하지만 아동기 때 개입하여 취하는 조치들은 경제적인 면에 있어서나 인간의 고통을 줄인다는 면에 있어서나 비용이 효과적일 가능성이 높다.

요약하자면, 생애 과정 연구는 핵심 원리들의 풍부한 집합체이며, 짧은 기간이 아닌 수십 년에 걸친 개인의 기록을 수집하는 것을 정당화할 수 있는 수단이다. 또한 개인의 변화와 개인들 간의 차이를 구분할 수 있게 하는 통계적인 기술이다. 증가하는 생애 과정 연구 사례들은 이의 가치를 증명하고 있다. 이 연구 분야는 우리에게 과거에는 가능하지 않았던 방식들로부터 박탈과 박탈로부터의 회복하는 경로를 확인할 수 있게 해 준다. 그러나 그 핵심에서, 생애 과정 연구는 적극적인 행동과 구조적 기회와 제약들의 결과에 대해 반추해 보면서 얻을 시간이 지나면서 펼쳐지는 삶에 대한 연구다. 수년 전, 우리 연구의 프로젝트들 중 하나를 위해 한 여성 노인을 인터뷰한 적이 있다. 인터뷰 동안 노인은 웃으며 이렇게 말했다. "댁은 아마 이게 웃기다 생각하겠지만, 난 때때로 베란다에 앉아 무엇이 날 여기로 오게 한 것인지 돌이켜 생각해 보곤 한다오." 노인의 생각은 아름다웠으며 생애 과정 연구의 핵심을 잘 표현한 것이었다.

참고문헌

Aldwin, C. M., Spiro, A., III, Levenson, M. R., & Cupertino, A. P. (2001). Longitudinal findings from the Normative Aging Study: III. Personality, individual health trajectories, and mortality. *Psychology and Aging, 16,* 450-465.

Ali, J., & Avison, W. R. (1997). Employment transitions and psychological distress: The contrasting experiences of single and married mothers. *Journal of Health and Social Behavior, 38,* 345-362.

Balfour, J. L., & Kaplan, G. A. (2002). Neighborhood environment and loss of physical function in older adults: Evidence from the Alameda County Study. *American Journal of Epidemiology, 155,* 507-515.

Barrett, A. E. (2000). Marital trajectories and mental health. *Journal of Health and Social Behavior, 41,* 451-464.

Blackwell, D. L., Hayward, M. D., & Crimmins, E. M. (2001). Does childhood health affect chronic morbidity in later life? *Social Science and Medicine, 52,* 1269-2384.

Bosworth, H. B., McQuoid, D. R., George, L. K., & Steffens, D. C. (2002). Time-to-remission from geriatric depression. *American Journal of Geriatric Psychiatry, 10,* 551-559.

Bowling, A., Barber, J., Morris, R., & Ebrahim, S. (2006). Do perceptions of neighborhood environment influence health? Baseline findings from a British survey of aging. *Journal of Epidemiology and Community Health, 60,* 476-483.

Case, A., Fertig, A., & Paxson, C. (2005). The lasting impact of childhood health and circumstance. *Journal of Health Economics, 24,* 365-389.

Crystal, S., & Shea, D. (1990). Cumulative advantage, cumulative disadvantage, and inequality among elderly people. *The Gerontologist, 30,* 437-443.

Demos, J. (1978). Old age in early New England. *American Journal of Sociology, 84* (supplement), S248-S287.

Dupre, M. E. (2007). Educational differences in age-related patterns of disease: Reconsidering the cumulative disadvantage and age-as-leveler hypotheses. *Journal of Health and Social Behavior, 48,* 1-15.

Elder, G. H., Jr. (1974). *Children of the Great Depression.* Chicago, IL: University of Chicago Press.

Elder, G. H., Jr. (1986). Military times and turning points in men's lives. *Developmental Psychology, 2,* 233-245.

Elder, G. H., Jr., George, L. K., & Shanahan, M. J. (1996). Psychosocial stress over the life course. In H. B. Kaplan (Ed.), *Psychosocial stress: Perspectives on structure, theory, life course, and methods* (pp. 247-291). Orlando, FL: Academic Press.

Ferraro, K. F., & Shippee, T. P. (2009). Aging and cumulative inequality: How does inequality get under the skin? *The Gerontologist, 49,* 333-343.

Ferraro, K. F., Shippee, T. P., & Schafer, M. H. (2009). Cumulative inequality theory for research on aging and the life course. In V. L. Bengtson, D. Gans, N. M. Putney, & M. Silverstein (Eds.), *Handbook of theories of aging* (2nd ed.) (pp. 413-433). New York, NY: Springer.

Gilman, S. E., Kawachi, I., Fitzmaurice, G. M., & Buka, S. L. (2002). Socioeconomic status in childhood and the lifetime risk of major depression. International *Journal of Epidemiology, 31,* 359-367.

Heath, J., Ciscel, D., & Sharp, D. (1998). The work of families: The provision of market and household labor and the role of public policy. *Review of Social Economy, 56,* 501-521.

Henretta, J. C. (2010). Lifetime marital history and mortality after age 50. *Journal of Aging and Health, 22,* 1198-1212.

Hughes, M. E., & Waite, L. J. (2009). Marital biography and health at mid-life. *Journal of Health and Social Behavior, 50,* 344-358.

Hunt, N., & Robbins, J. (2001). The long-term consequences of war: The experience of World War II. *Aging and Mental Health, 5,* 183-190.

James, S. A., Van Hoewyk, J., Belli, R. F., Strogatz, D. S., Williams, D. R., & Raghunathan, T. E. (2006). Life-course socioeconomic position and hypertension in African American men: The Pitt County Study. *American Journal of Public Health, 96,* 812-817.

Kasen, S., Chen, H., Sneed, J. R., & Cohen, P. (2010). Earlier stress exposure and subsequent major depression in aging women. *International Journal of Geriatric Psychiatry, 25,* 91-99.

Kohli, M. (2005). Interpersonal transfers and inheritance: A comparative view. *Annual Review of Gerontology and Geriatrics, 24,* 266-289.

Kraaij, V., & De Wilde, E. J. (2001). Negative life events and depressive symptoms in the elderly: A life span perspective. *Aging and Mental Health, 5,* 84-91.

Levecque, K., Van Rossem, R., De Boyser, K., Van de Velde, S., & Bracke, P. (2011). Economic hardship and depression across the life course: The impact of welfare state regimes. *Journal of Health and Social Behavior, 52,* 262-276.

Luo, Y., & Waite, L. J. (2005). The impact of childhood and adult SES on physical mental, and cognitive well-being in later life. *Journal of Gerontology: Social Sciences, 60B,* S93-S101.

Mayer, K. U., & Mueller, W. (1986). The state and the structure of the life course. In A. B. Sorensen, F. E. Weinert, & L. R. Sherrod (Eds.), *Human development and the life course: Multidisciplinary perspectives* (pp. 217-245). Hillsdale, NJ: Lawrence Erlbaum.

McAdam, D. (1989). The biographical consequences of activism. *American Sociological Review, 5,* 744-760.

McDonough, P,. Sacker, A., & Wiggins, R. D. (2005). Time on my side? Life course trajectories of poverty and health. *Social Science and Medicine, 61,* 1705-1908.

Merton, R. K. (1968). The Matthew effect in science. *Science, 159,* 56-63.

Meyer, J. W. (1986). The institutionalization of the life course and its effects on the self. In A. B. Sorensen, F. E. Weinert, & L. R. Sherrod (Eds.), *Human development and the life course: Multidisciplinary perspectives* (pp. 199-216). Hillsdale, NJ: Lawrence Erlbaum.

Mirowsky, J., & Ross, C. E. (2008). Education and self-rated health. *Research on Aging, 30,* 93-122.

Mossakowski, K. N. (2008). Is the duration of poverty and unemployment a risk factor for heavy drinkings? *Social Science and Medicine, 67,* 947-955.

Riley, M. W. (1976). Age strata in social systems. In R. H. Binstock & E. Shanas (Eds.), *Handbook of aging and the social sciences* (pp. 189-217). New York, NY: Van Nostrand Reinhold.

Riley, M. W., Foner, A., & Riley, J. W., Jr. (1999). The aging and society paradigm. In V. L. Bengtson & K. W. Schaie (Eds.), *Handbook of theories of aging* (pp. 327-343). New York, NY: Springer.

Riley, M. W., Johnson, M., & Foner, A. (1972). *Aging and society, Volume III: A sociology of age stratification.* New York, NY: Russell Sage Foundation.

Riley, M. W., & Riley, J. W., Jr. (1994). Structural lag: Past and future. In M. W. Riley, R. L. Kahn, & A. Foner (Eds.), *Age and structural lag: Society's failure to provide meaningful opportunities in work, family, and leisure* (pp. 15-36). New York, NY: John Wiley & Sons.

Roustit, R. C., Renahy, E,. Guernec, G,. Lesieur, S., Parizot, I., & Chauvin, P. (2009). Exposure to interpersonal violence and psychosocial maladjustment in the adult life course: Advocacy for early prevention. *Journal of Epidemiology and Community Health, 63,* 563-568.

Rusby, J. S. M., & Tasker, F. (2009). Long-term effects of the British evacuation of children during World War II on their adult mental health. Aging and Mental Health, 13, 391-404.

Schafer, M. H., Ferraro, K. F., & Mustillo, S. A. (2011). Children of misfortune: Early adversity and cumulative inequality in perceived life trajectories. *American Journal of Sociology, 116,* 1053-1091.

Schieman, S., Milkie, M. A., & Glavin, P. (2009). When work interferes with life: Work-nonwork interference and the influence of work-related demands and resources. *American Sociological Review, 74,* 966-988.

Shaw, B. A., & Krause, N. (2002). Exposure to physical violence during childhood, aging, and health. *Journal of Aging and Health, 14,* 467-494.

Shuey, K. M., & Willson, A. E. (2008). Cumulative disadvantage and black-white disparities in life-course health trajectories. *Research on Aging, 30,* 200-225.

Silverstein, M., & Bengtson, V. L. (1997). Intergenerational solidarity and the structure of adult child-parent relationships in American families. *American Journal of Sociology, 103,* 429-460.

Simmons, L. W. (1945). *The role of the aged in primitive society.* New Haven, CT: Yale University Press.

Strohschein, L. (2005). Household income histories and child mental health trajectories. *Journal of Health and Social Behavior, 46,* 359-375.

Vartanian, T. P., & Houser, L. (2010). The effects of childhood neighborhood conditions on self-reports of adult health. *Journal of Health and Social Behavior, 51,* 291-306.

Wagmiller, R. L., Lennon, M. C., Kuang, L., Alberti, P. M., & Aber, J. L. (2006). The dynamics of economic disadvantage and children's life chances. *American Sociological Review, 71,* 847-866.

Waite, L. J., & Gallagher, M. (2000). The case for marriage: *Why married people are happier, healthier, and better off financially.* New York, NY: Broadway Books.

Walsemann, K. M., Geronimus, A. T., & Gee, G. C. (2008). Accumulating disadvantage over the life course. *Research on Aging, 30,* 169-199.

Watkins, S. C., Menken, J. A., & Bongaarts, J. (1987). Demographic foundations of family change. *American Sociological Review, 52,* 346-358.

Wilmoth, J. M., London, A. S., & Parker, W. M. (2010). Military service and men's health trajectories in later life. *Journal of Gerontology: Social Sciences, 65B,* 744-755.

Wrong, D. H. (1961). The oversocialized conception of man in modern sociology. *American Sociological Review, 26,* 183-193.

제8장

은퇴와 재정 안정: 두 경제학자의 주장

제8장

은퇴와 재정 안정: 두 경제학자의 주장

Joseph T. Marchand and Timothy M. Smeeding

이 장의 핵심은 경제학자들이 노화 과정과 개인적 · 사회적 차원 모두에서의 은퇴를 어떻게 생각하는지 하는 것이다. 먼저 최근 경제학자들 연구의 주요 주제들과 정책 분야들에 대한 가장 객관적이고 지속적이고 중요한 자료들을 개괄하는 것으로부터 시작하고자 한다. 그다음 한 가지 특정 경제 모델을 포함한 경제와 재정의 기본 개념들 그리고 노화 과정을 분석하는 데 있어서의 이러한 것들의 강점과 한계점을 단도직입적으로 설명하게 될 것이다. 이 장의 목표는 경제학자들이 개인적 · 집단적 노화 분석에 적용하는 연구 틀과 아이디어들을 제공해 주는데 있다. 마지막 부분에서는 개인들에게 재정적 안정을 제공하기 위한 정부의 역할을 언급하게 될 것이고, 결론에서는 노령 사회의 경제에서 지속적으로 고려해야 할 주제들을 함께 묶어 보게 될 것이다.

독자들은 우리가 단지 두 명의 경제학자일 뿐이라는 것 그리고 다른 학자들은 은퇴 후 재정적 안정을 우리와 달리 볼 수도 있다는 것을 알아둘 필요가 있다. 그러나 대다수의 학자는 우리가 거의 모든 유형의 은퇴 안정 정책에서 언급되어야 할 질문들을 설정하는 방식에 대해서는 동의할 것이다.

1. 노화의 경제학에 대한 최근 연구 자료

구세대 경제학자들은 '노화와 안정은 순전히 경제적 또는 재정적 문제다'라는 생각으로 시작한다. 물론, 이 책의 대다수 독자는 경제학이 노년 복지를 이해하는 데 필수적이기는 하지만 인구통계학, 가정 구조, 건강 상태, 정책 역시 중요하다고 생각할 것이다. 실제로 가장 탁월한 경험주의 연구에는 이러한 모든 삶의 양상을 포함한 데이터베이스들이 필요하다. 따라서 가장 훌륭한 은퇴와 재정적 안정 분석은 경제 상황들(소득, 소비, 재산 등)과 건강 및 가정 구조를 함께 결합하는 분석이다.

이러한 요소들에 대한 가장 최근의 정보를 찾아볼 수 있는 가장 적절한 저서는 미시간대학에서 출간한 『Health and Retirement Study』(hrsonline.isr.umich.edu)이다. 다른 곳은 보스턴대학의 은퇴 연구 센터(crr.bc.edu)이다. 개인적으로 내가 참여한 저서 『The Economics of Aging Society』(Clark, Burkhauser, Moon, Quinn, & Smeeding, 2004)이 있기도 한데, 이 책에서는 건강 관리 재정뿐 아니라 다양한 노화관련 주제들이 다뤄지고 있다. 국회예산처(Congressional Budget Office: CBO; www.cbo.gov 참조)와 국립사회보험학회(National Academy of Social Insurance: NASI; www.nasi.org 참조) 또한 노화 사회의 주제들, 특별히 사회보장 개혁, 개인연금보험, 의료보장 등을 포함하는 개괄적이고 믿을 만한 자료들이다.

점차적으로 미국이나 다른 부유한 국가들은 노령 인구들과 관련된 많은 동일한 문제를 공유해 가고 있다. 그래서 경제협력개발기구(OECD; www.oecd.org 참조), 특별히 고용 노동 사회문제 이사회(Directorate for Employment, Labour, and Social Affairs; OECD, 2006)뿐 아니라 룩셈부르크 소득 연구(Luxembourg Income Study: LIS), 룩셈부르크 재산 연구(Luxembourg Wealth Study: LWS; www.lisdaacenter.org 참조) 등 국가 간 자료들은 국가

간 노화 문제 비교와 정책적 해결책 모색을 가능하게 해 준다. 이러한 비교 연구는 여러 나라가 자국의 노령층에 대한 경제적 보장과 지원을 제공해 주는 방식을 살펴볼 수 있게 해준다.

추후 몇 년간 다음과 같은 주제들은 점차 더 중요하게 될 것이다. 노령층의 노동력 참여 증진과 시장 작동 영역 확대(우리 생각에는 이것이 노령층의 보장을 증진시켜 줄 최선의 방법), 은퇴 자산 보장, 자발적 저축 노력, 장기 보장 재정, 고용주 연금 참여와 자산 선택 등이 그러하다. 좋은 면(예: 고등교육을 받은 노령층의 증가, 직장 관련 혜택과 고수익 경력 여성의 증가, 혜택이 더 많은 건강 보장 방법과 상품들)에서와 그리 좋지 않은 면(예: 건강 보장 비용의 증가, 노령층의 잠재적 장애 가능성 증가와 함께 기대 수명의 증가, 자산 불안전성)에서 내일의 노령층은 오늘의 노령층과 달라질 것이다. 재산 불평등의 확대는 노령 여성들과 소수민들의 지속적인 빈곤 현상과 함께 점차 중요한 연구 주제가 될 것이다. 궁극적으로 건강 보장에 대한 예산과 개인 비용 증가 그리고 이러한 비용 부담 주체에 대한 문제 또한 지속적인 고려 사항들이 될 것이다. 경제학이라는 분야는 노령층과 노령화되는 사회가 직면하는 여러 도전거리를 이해하는 데 도움이 되는 다양한 요소를 제공해 준다.

2. 은퇴 대비 저축의 기초 경제학과 재정학

모든 사회와 개인은 어떤 재화와 서비스를 생산하는가, 어떻게 이러한 것들을 생산하는가, 누구를 위해 생산하는가 등의 동일한 근본적인 경제적 문제들을 직면하고 있다(Haveman & Knopf, 1981). 대부분의 사회는 근본적인 결정들이 개별 소비자와 생산자들에 의해 이뤄지는 시장 경제에 기초한 사회경제 시스템을 통해 이러한 문제들에 답하려고 한다. 소비자들과 생산자들은 모두 자신들의 개인적 은퇴 후 재정적 안정이라는 목표를 이루고자 노력하며, 그렇게 함으로써 자신들의 행동에 징벌을 가하거나 보상을 해 주는 인센티브에 민감하게 된다. 시장 시스템에서 가장 중요한 인센티브는 시장에서 생성되는 비용을 통해 드러난다. 가구 세대와 개인들이 노동 시장에서 생산자들에게 판매할 자신들의 서비스 가격, 그리고 이러한 노동력 수익(소득)을 소비, 저축, 노후 대비 등에 활용하는 방식 등을 결정짓는 것처럼, 이러한 비용들은 인간의 행동을 견인한다.

저축을 할 때 사람들은 보다 큰 내일의 소비를 위해 오늘의 소비를 연기하게 된다. 이러한 연기에 대한 보상은 이자(또는 투자) 소득이다. 물론 누구나 생존을 위해 자신의 소득에서 일정량의 재화나 서비스를 소비하게 된다. 오늘 소비하는 양 대 내일 소비하는 양은 비용과 개인의 선호 양자에 따라 결정된다. 이러한 비용에는 오늘 재화와 서비스를 소비하는 데 사용되는 현금과 저축에 들어오는 소득 모두가 포함되는데, 경제학자들은 저축 소득을 이율이라고 부른다. 선호도 문제는 오늘 소비하는가 아니면 나중까지 기다리는가 하는 개인의 욕망과 관계가 있다. 만일 이율이 충분히 높거나 아니면 미래의 소비(예: 은퇴 후)를 뒷받침하기 위해 더 많은 소득이 필요할 것 같으면, 사람들은 나중의 더 많은 소비를 위해 현재의 소비를 연기하게 된다. 또는 자신들의 은퇴 저축을 늘리기 위해 계속해서 일을 하고자 할 것이다.

이러한 개인의 은퇴 설계에는 노후의 경제적 안정을 위해 동일하게 필요한 요소들에 대한 공적 지원도 고려되어야 한다. 그래서 우리가 처음에는 공적 정책을 무시하더라도 나중에는 건강보험(시급한 건강 관리 대비 또는 장기 관리 대비) 같은 주요 재화뿐 아니라 소득과 소비에 대한 사회적 지원 대 개인적 지원을 고려하기 위해 공적 정책에 눈을 돌리게 된다.

1) 저량과 유량: 소득과 순가치

경제적 상태는 저량(stocks)과 유량(flows) 양자에 의해 측정할 수 있다. 저량은 수령한(즉, 가족이나 개인이 벌어들이거나 이전된) 양과 지출이나 일정 기간 동안 받은 서비스에 들어간 양을 의미한다. 연금을 포함한 투자 수익 플러스 가족의 수익은 시장소득(market income: MI)이라고 한다. 시장소득(MI)은 일반적으로 소비된 재화나 서비스 지출(C)에 사용된다. 일정 기간 동안의 소득보다 소비를 덜 하게 되면, 남은 양을 저축(S)하게 된다. 일정 기간 동안의 소득보다 소비를 더 하게 되면, 그 차액을 보충하기 위해 그만큼 차용(B)하게 된다. 따라서,

$$C < MI\text{이면 } C + S = MI$$
$$C > MI\text{이면 } C - B = MI$$

시장소득은 또한 정부에 세금(T)을 내는 데 쓰이기도 한다. 세금은 수익 소득(예: 급여세), 재산(예: 주택 및/또는 다른 자산), 지출(예: 판매세) 등에 따른다. 국민이 내는 어떤 세금은 정부 **이전**(R)의 형태로 다시 돌아가게 된다. 이 점에 대해서는 후에 언급하기로 한다. **이전**이란 법적 권리로 또는 다른 개인이나 정부로부터의 재량급부금으로 받는 지급액을 말한다. 예를 들어, 의료보조제도, 추가보장수익, 푸드스탬프 등과 같은 자생 능력이 거의 없는 자들 대상 이전뿐 아니라, 일부 의료보장이 그렇듯이 사회보장 재량급부금도 **이전**이다. 가족의 가처분 소득[또는 실수입(DI)]은 수령한 **이전**들을 합산한 가족의 시장소득, 실세금액이다. 따라서,

$$DI = MI - T + R$$

이의 각 항목들은 유량이다. 유량은 언제나 주, 달, 연 등의 일정 기간에 따라 결정된다.

저량은 어느 시점에 유용 가능한 양을 의미한다. 사람들은 저금, 투자, 주택, 그외 부동산, 사업체, 차량 등과 같은 자산을 보유한다. 이러한 자산들은 어떤 사람(또는 가족)의 자산(W)으로 정의된다. 또한 어떤 시점에서도 사람들은 주택 모기지, 자동차 대부, 신용카드 대출, 학자금 융자 등 일련의 채무를 질 수도 있다. 이러한 것들은 채무(D)다. 어떤 사람의 순가치(NW)는 어떤 시점에서 채무를 뺀 재산을 의미한다.

$$NW = W - D$$

저량은 시시각각 변한다. 저량의 변화가 유량이다. 어느 시점에서 순저축을 보유한 사람들은 자산(W)의 증가에 의해 또는 채무(D)를 청산함으로써 자신들의 순가치를 증식시킨다. 만일 자산을 소모하게 되면 W가 축소되거나 D가 증가하면서 순가치가 떨어지게 된다. 예를 들어, 기존의 주택에 대한 2차 모기지, 유럽 여행계획 또는 손자 학자금 지원 등은 W를 줄이고 D를 늘리게 된다. 역연금모기지는 일정 기간 동안의 고정적인 소득 유입을 위해 은행과 같은 금융 기관에 저량(예: 주택 같은)의 소유권을 이전하게 되는 것이다. 이는 저량을 유량으로 전환하는 것이다.

물론 유량을 저량으로 전환할 수도 있다. 은퇴 후 풍족한 생활을 계획하는 사람들은 소득의 일부를 저축함으로써 자신들의 순자산을 증가시킬 수 있다. 시간이 흐름에 따라 소비를 줄이고 소득 유량에서 저축을 늘리는 과정은 은퇴 후나 장애가 생겼거나 직장을 잃었을 때 지속적인 소비를 위해 자산의 저량을 구축할 수 있게 해 준다. 저축 플랜, 연금 펀드 또는 다른 금융 수단들을 통해 은퇴 후 저축을 늘려 나갈 수도 있다. 또한 주택의 순수 가격을 높일 수도 있다. 반대로 긴급 상황 시 연금 펀드를 현금화하거나 현재 소득보다 더 많은 소비를 통해 자산을 감축함으로써 순가치를 떨어뜨릴 수도 있다.

2) 복리의 법칙

금융 플래너들이 젊은이들에게 은퇴 대비 저축을 권장하는 이유는 무엇인가? 이미 나이가 들었을 때가 아니라 젊었을 때 은퇴 대비 저축을 시작하면 얼마나 많은 차이가 발생하는가? 금융에 대한 몇 가지 기초적인 개념을 파악한다면 복리의 영향력과 조기 시작, 지속적인 은퇴 대비 저축의 중요성을 이해할 수 있을 것이다.

〈표 8-1〉 초기 투자 1,000불에 대한 복리이자로 생성된 미래 가치 구조

은퇴투자 개시 연령	은퇴 이전 투자 기간 (연)	초기 1,000불의 미래 가치 $FV = IV\ (1+i)^n$	
		5% 이율(i=0.05)	10% 이율(i=0.1)
64	1	1,050불=1,000×(1+0.05)^{1}	1,100불=1,000×(1+0.1)^{1}
55	10	1,629불=1,000×(1+0.05)^{10}	2,594불=1,000×(1+0.1)^{10}
45	20	2,653불=1,000×(1+0.05)^{20}	6,727불=1,000×(1+0.1)^{20}
35	30	4,322불=1,000×(1+0.05)^{30}	17,449불=1,000×(1+0.1)^{30}
25	40	7,040불=1,000×(1+0.05)^{40}	45,259불=1,000×(1+0.1)^{40}

* 이는 65세 은퇴 시까지 예금을 인출하지 않는다는 가정하에서다.

어떤 사람이 65세에 은퇴를 하게 되면 1,000불의 은퇴 저축액이 어느 해에 어느 정도가 될 것인지 궁금해한다는 것을 가정해 보자. 그다음 하나는 '안전한' 5%, 다른 하나는 '위험한' 10%라는 두 가지 유형의 투자가 있다고 가정해 보자. 일반적으로 보다 위험한 투자가 이에 대한 보상으로 보다 높은 이율을 약속한다(이득뿐 아니라 손실도 겪을 수 있음을 조심할 것). 그러나 현재로선 이러한 위험요소들을 고려하지 않을 것이다. 45세에 어떤 사람이 1,000불을 투자하고 20년 동안 아예 잊고 지낸다는 것을 가정해 보자. 그동안 초기투자가치(IV)는 복리 법칙에 의해 증가될 것이다. 이율 i로 미래가치(FV)는 투자 해 수(n) 기간 동안 복리가 되면서 다음과 같게 된다.

$$FV = IV\ (1 + i)^{n}$$

초기 투자(IV) 1,000불에 이율 5%(i=0.05)의 첫 해 말 50불의 이자가 초기 투자에 붙게 되면서 자산 FV는 1,050불에 이르게 된다. 이율이 10% (i=0.1)일 경우 그 가치는 100불 이자가 붙어 1,100불이 된다. 첫해 말 남은 액수 1,050불 또는 1,100불이 동일한 이율로 장기간 지속적으로 투자되면 복리의 영향력은 대단해진다. 초기 1,000불이 늘어날 뿐 아니라 매해 이자가 저축액에 부가되면서 궁극적으로 이자소득이 발생하는 이러한 과정이 복리계산법이다. 만일 45세에 1,000불을 이율 5%로 20년간 저축한다면, 65세에 그 금액은 2,653불에 이르게 된다. 이율이 10%라면 6,727불이 된다.

안타깝게도 많은 사람들이 45세가 될 때까지 은퇴를 대비한 저축을 시작하지는 않는다. 45세에 시작하는 대신 25세에 1,000불을 저축하기 시작해서 40년 동안 계속한다면 어떻게 될까? 이율이 5%라 해도 1,000불이 65세에 7,040불이 될 것이고, 이율이 좀 더 위험한 10%라면 1,000불은 45,250불로 늘어나게 될 것이다. 그래서 25세에 은퇴 대비 저축을 시작하면 45세에 시작하는 것보다 훨씬 많은 이득을 볼 수 있는 것이다. 〈표 8-1〉은 여러 해 동안 지속적으로 5%와 10% 이율이 초기 투자에 가져다주는 소득 구조를 보여 주고 있다.

3) 위험 투자와 은퇴 연기

당연히 사람들은 소소한 5% 이득보다는 지속적이고 안전한 10% 이득을 선호할 것이다. 그러나 안타깝게도 이런 식으로 운영되는 투자는 없다. 40년 이상 지속적으로 10%의 소득을 보장해 주는 투자는 거의 없다. 그러나 장기간의 위험 투자는 어느 시점에서 부침을 동반하기도 하겠지만 보통 안전한 고정 이율의 투자보다 훨씬 높은 소득을 가져다준다.

예를 들어, 장기예금 증서나 정부채권 증서는 안전한 3%에서 5%의 수익을 산출할 수 있다. 1%에서 2% 정도의 작은 이득을 가져다주거나 인플레이션에 변동적인, 그래서 투자 가치가 가격 변동으로부터 보호를 받는 인플레이션 방어 채권을 구매할 수도 있다. 회사채나 주식은 기업의 수익이나 전반적인 경제의 건전성에 따라 변동되기 때문에 훨씬 위험하다. 어떤 때는 10%, 다른 때는 그 이상을, 그리고 때로는 그 이하를 가져다주기도 한다.

그러나 지난 50년 동안 주식과 채권은 평균 약 7%의 수익을 가져다주었다. 1,000불을 7%로 40년 동안 투자한다면 그 투자액은 5% 투자에 따른 7,040불보다 거의 두 배인 12,974불로 커진다(그리고 이 기간 동안 일어난 모든 가격 변동은 5%와 7% 투자 모두에서 공제되어 결국 7%와 5%의 이득이 장기 3%의 인플레이션으로 인해 결국 4%와 2%의 실질적 이득으로 될 것이다). 40년 동안 주식 시장에서의 부침을 견뎌 내려면 강심장이 필요하겠지만, 과거 역사에서 보면 그렇게 할 때 그러한 위험을 감내한 데 대한 보상—전 기간 동안 최정점의 이득이 발생하는 시점에서가 아니라 저위험 투자보다는 높은 이득이 발생하는 시점에서—을 받을 수 있음을 알 수 있다.

마지막으로 알아 둬야 할 기본적인 요점은 이러한 투자에서는 은퇴를 늦추면(즉, 펀드를 회수하지 않으면) 더 많은 이득이 발생한다는 것이다. 〈표 8-1〉의 마지막 칸에서 보면 어느 한 개인이 25세에 초기 금액을 저축해서 65세까지 투자를 하는 식으로 40년 동안 1,000불을 일회 저축하게 되면 그 노력의 대가로 7,040불을 얻게 된다는 것을 알 수 있다. 그런데 이 사람이 70세까지 5년을 더 일한다고 가정해 보자. 그리고 그 이율로 5년 동안 은퇴 대비 저축을 손대지 않고 그대로 두었다고 가정해 보자. 5년 후에는 여분의 1,945불이 더 생긴다. 10% 이율이라면 그 차이는 27,631불로 벌어진다. 이런 식으로 5년 은퇴 연장은 저축을 그대로 유지하면서 그 대신 그 기간 동안의 소비를 보충하기 위해 일하고자 하는 사람들에게 상당한 이득을 가져다주게 된다. 물론 복리이자는 다른 식으로 작동하기도 한다. 일을 그만두고 60세에 조기 은퇴를 한다면 25세에 10% 이율로 저축한 1,000불의 가치는 28,102불이 되는데, 이는 65세 은퇴 시보다 17,157불이 줄어드는 셈이다.

마지막으로 노년층이 위험 투자를 하는 것은 항상 최선의 선택은 아니다. 40년간 10%의 소득은 65세에 45,259불이 된다. 그러나 다음 5년간 주식 시장에서 매년 5%의 손실이 발생하면 45,259불이 35,021불로 떨어지게 될 것이다. 65세에 45,259불을 보다 안전한 5%에 투자하게 되면 70세에 57,763불에 이르게 된다. 이는 2001년에서 2002년 그리고 2008년에서 2009년 사이 은퇴 즈음에 투자한 사람들이 뼈저리게 겪은 교훈이다. 대부분 사람들이 나이가 들고 은퇴 시기가 다가오면서 보다 안전한 자산 관리로 바꿔 타게 되는데 이는 주식 시장에 내재된 위험성을 줄이고 더 나은 재정적 안전성을 부여해 준다.

실제로 영리한 투자자들은 은퇴 시기가 다가올수록 보다 안전한 금융 상품에 더 많은 금액을 투자하고 보다 위험한 투자에는 보다 적은 금액을 분산 투자한다. 이를 포트폴리오 분산이라 한다. 어떤 경우에도 경제학자들은 은퇴 대비 투자 포트폴리오에 해외 자산, 국내 자산, 금융 자산(예: 주식, 채권, 주식과 채권을 결합한 뮤추얼 펀드), 비금융 자산(예: 자기 소유 주택 등) 등 여러 유형의 자산들을 포함한다.

대부분의 독자는 고용연금과 퇴직자 건강보험 같은 직장을 통한 연령 관련 혜택들 그리고 사회보장과 의료보장 같은 공공 부문 혜택들 역시 은퇴 포트폴리오에 포함시켜야 함을 잘 알고 있을 것이다. 문제는 자신이 직접적으로 조절할 수 있는 다른 자산들에 비해 이러한 비전통적인 자산들이 얼마나 안전하고 안정적인지 하는 것이다. 실제로 장기 보장 비용을 지불하거나 자신의 주머니에서 지불해야 하는 의료 비용들을 위한 저축 문제는 고용주에 의한 그리고 공공 부문에 의한 혜택들의 직접적인 영향을 받는다.

4) 기회비용: 다른 행위들

대부분의 경제학은 금융 시장에서의 위험과 보상에 대한 것이 아니다. 오히려 직장, 학교, 소비 등에 대해 사람들이 결정하고 선택하는 행위에 대한 것이다. 금융 행위가 중요하기는 하지만 경제적으로 중요한 다른 유형의 행위들도 많다. 경제학자들이 이러한 기초적인 선택들을 설명하기 위해 사용하는 가장 중요한 원칙들 중의 하나가 **기회비용**이라는 것이다. 모든 행동에는 결과가 따른다. 우리는 이런 사회경제적 행동을 하는 것(예: 일하는 것, 저축하는 것, 임대하는 것)과 저런 사회경제적 행동을 하는 것(예: 편히 쉬는 것, 소비하는 것, 차용하는 것) 사이의 선택을 해야 한다. 수입이 고정되어 있다는 가정하에, 오늘 더 많이 소비하고자 하는 결정은 내일의 소비를 위해 오늘 덜 저축하는 것을 의미한다. 수입, 즉 고용주에게 노동을 제공하거나 또는 주식이나 채권에 투자함으로써 돌아오는 소득은 앞에서 본 바와 같이 변동적일 수 있다. 이는 주어진 한계 내에서 다양한 방식으로 얼마나 투자를 해야 할지를 결정할 수 있기 때문이며, 또한 한계 내에서 은퇴를 연기하거나 앞당길 수 있기 때문이다.

모든 근로 연령의 사람들은 매일같이 얼마나 많이 일을 할 것인가(얼마나 여가를 즐길 것인가에 대비해서)에 대한 결정을 내린다. 연 근로 시간 수와 평생 총 근로 햇수는 스스로의 결정에 달려 있다. 이미 언급한 바와 같이, 70세에 비해 60세에 일을 그만두는 것(은퇴)은 더 많은 여가와 보다 적은 근로를 의미한다. 그러나 위험한 투자냐 안전한 투자냐에 대한 선택 역시 기회비용을 가질 수 있는 것처럼, 이 또한 투자 수익에 대한 높은 기회비용을 부여해 준다. 은퇴 또한 낮은 급여 수익—또는 심지어 제로인—이나 우리가 오랜 기간 행해 온 것, 즉 돈을 벌기 위한 노동을 이제 그만두어야 하리라는 끔찍한 예상을 의미하기도 한다. 사람들이 자신의 직장 생활 속에서 지속적으로 교육을 받고 더 많은 만족을 얻을수록, 노령화로 넘어가는 과정에서 직장과 은퇴를 묶어 생각하는 일이 더 많아질 것이다.

3. 인생 과정에서 이뤄지는 선택들에 대한 한 가지 경제적 모형

경제적 선택들은 비용, 선호도, 제한성 등에 의해 이뤄진다. 경제학자들은 이러한 선택 과정을 모형을 통해 설명한다. 건축가들이 그들이 생각하는 건물의 실제 크기와 구조를 보여 주기 위해 단순한 소형 모형을 사용하듯이, 경제학자들도 사람들이 일상적으로 행하는 경제적 선택들을 단순화하기 위해 모형을 사용한다. 건축 모형이 얼마나 실제 건물과 유사한가에 따라 판가름되듯이, 경제학자들이 사용하는 모형도 실제에서 벌어질 일들을 예측하고 설명하는 능력에 의해 판가름된다. 대부분의 경제적 모형은 행위에 영향을 끼치는 비용에 의존하기 마련이고 개인 또는 사회가 행하는 선택들을 설명하는 데 도움을 준다.

선택에 영향을 끼치는 것은 기호, 선호도, 제한성 등이다. 기호와 선호도는 무엇인가를 하고 싶어 하는 것이고, 제한성은 이러한 선택들을 억제하는 것이다. 예를 들어, 우리는 전혀 일하고 싶어 하지 않음을 선호하거나 재미있으면서 작은 노력에 커다란 대가가 따르는 일만을 선호할 수 있다. 그러나 궁극적으로 가장 급여가 큰 일은 그만큼 많은 노력뿐 아니라 상당한 기술과 훈련과 경험을 요구하기 마련이다. 결국 우리가 인생 초기 또는 중년에 하는 선택은 인생 후기에 갖게 될 기회와 선택을 결정하게 된다. 인종 차별, 성차별 또는 연령 차별 등 우리 능력 밖의 요소들로 인한 제한성도 발생할 수 있다. 이제 생애를 관통하는 한 가지 단순한 경제적 모형을 통해 이러한 선택들을 구체화해 보자.

태어나서 죽을 때까지의 과정을 경제적 인생 과정 모형으로 제시해 볼 수 있다. 각 연령 단계에서 사람들은 학업, 취업, 결혼, 자녀 출산, 거주 지역, 저축, 투자(또는 대출과 상환) 등의 여러 중요한 선택을 하게 된다. 대부분의 이러한 선택들은 노령 단계 이전에 이뤄지게 되지만, 그럼에도 불구하고 이러한 선택들은 은퇴, 노령기 생활 계획 그리고 건강 상태 악화에 따른 장기 보장 준비 등과 같은 경제적 결정에 커다란 누가적인 영향을 끼치게 된다. 대부분의 사람은 그들의 인생 과정에서 보이게 혹은 보이지 않게 이러한 선택들을 하게 된다.

물론 이 선택들이 하나같이 모두 제한을 받지 않는 것은 아니다. 인생 초반기에 이뤄지는 대부분의 선택은 후반기 선택에 대한 기회와 제한 모두를 반영한다. 예견치 못한 행운(좋은 직장, 건강, 고정적인 고소득)이나 불운(미취업, 장애, 불안한 저소득) 등의 사건들은 개인의 선택에 큰 영향을 미칠 수 있다.

이러한 과정을 설명해 주는 가장 단순한 모형은 경제학에서 라이프 사이클 모형(life cycle model)이라 불리는 것으로 일반적으로 Albert Ando와 Franco Modigliani(1963)가 만들어 냈다고 알려져 있다. 이러한 모형에서는 개인이 부모나 조부모 등 다른 세대의 사람들로부터 아무런 유산도 물려받지 않은 채 자신의 경제적 삶을 시작하고 역시 다른 세대에게 아무런 유산도 남기지 않고 인생을 마감하다고 가정한다. 이러한 요소들이 기본적인 모델 구조에 통합되어 여기에서 우리가 만들어 낼 단순한 항목들을 복잡하게 만들어 버린다. 이러한 모형 속의 개인은 완벽한 선견지명의 세계에 살게 된다. 젊은 시절을 받지만 일할 수 있는 동안 대출 상환과 은퇴 대비 저

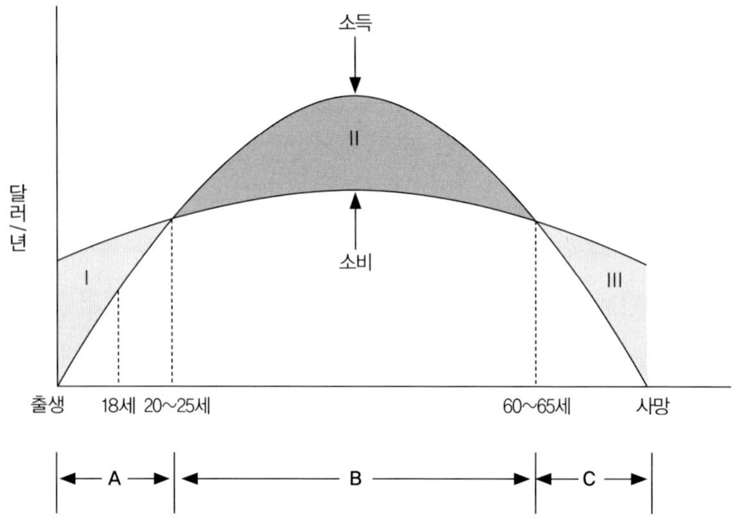

A: 청년단계 – 소비가 소득을 초과하는 기간(20~25세까지)
B: 노동단계 – 소득이 소비를 초과하는 단계(20~25세부터 60~65세까지)
C: 은퇴단계 – 소비가 소득을 초과하는 단계(60~65세 이상)

[그림 8-1] 단순화된 경제적 삶의 단계

축을 위해 충분히 벌고, 은퇴 후 남은 여생을 편히 살다가 사망과 함께 저축했던 돈이 소진될 만큼 열심히 저축을 하기도 한다. 이 모형 속에서는 죽음마저도 완벽하게 예견되고 계획되는 셈이다.

이 모형은 소득이 오르내리는 과정에서 전 인생에 걸친 소비가 보다 일정하게 유지되는 모습을 보여 주는 [그림 8-1]에서 잘 묘사되고 있다. 상대적으로 어린 연령대와 상대적으로 더 나이 든 연령대에서 소비는(연 불로 측정되는) 소득을 초과한다(영역 I, III). 그 중간 기간 동안은 소득이 소비를 초과한다(영역 II). 이러한 단순한 모형에서 전 인생의 소비는 전 인생의 소득과 동일하다. 그래서 '영역 I + 영역 III = 영역 II'의 공식이 성립한다.

여기에 비록 복잡한 변수들이 개입된다 해도 이 모형은 매우 견고하다. 실제적으로 수많은 다른 요소가 이 모형에 첨가될 수 있다. 예를 들어, 대부분의 사람은 젊은 시기에 부모의 도움을 받는다. 그래서 A 기간 동안의 대부분의 소비는 부모의 재정적 지원에 의존한다. 그리고 대학 교육을 위해 대출을 받을 수도 있다(또는 부모의 도움을 받을 수도 있다). 대부분의 사람은 일정 시기에 이르면 결혼을 하고 자녀를 갖는다. 부부는 노동 시장에서 일을 할 것인가 아닌가, 이혼이나 자신, 자녀 또는 배우자의 만성 질병의 가능성에 대비하여 결혼과 자녀 양육의 균형을 어떻게 유지할 것인가 하는 문제들을 선택해야 하기 때문에 직장과 가정생활에 대한 결정들이 더욱 복잡해진다. 나이가 들면서 그리고 직장에서의 은퇴를 고려하게 되면서, 우리는 우리가 얼마나 더 오래 살지 그리고 노년에 우리의 건강이 어떻게 변할지 등에 대한 불확실한 정보로 인해 우리의 결정에 제한이 생긴다. 사망 시 유산을 통해서 또는 생존 시 축적해 놓은 재산의 일부를 자녀들에게 물려 줄 일이 생길 수도 있다.

이러한 모든 복잡한 요소가 이 모형에 내포된다 해도, 젊은 시절 다른 사람들(부모나 대출 등)의 소득으로 소비하는 것과 학교를 다니는 것(14세에서 가령 25세까지 직장 생활을 포기하면서)(영역 I), 졸업 후 장기간 직장 생활을 하는 것(또는 배우자가 직장 생활을 하도록 무보수 가사에 전념하는 것)과 빚을 갚으면서 자산(주택, 자동차, 은퇴 대비 저축 등)을 축적하는 것(영역 II), 일정 시기(가령 60세에서 65세 사이) 직장에서 은퇴하는 것과 은퇴 후 저축으로 생활하는 것(영역 III) 그리고 죽는 것에 대한 선택과 예측은 변하지 않는다. 따라서 라이프 사이클 모형은 설사 그것이 복잡해진다 해도 거의 모든 사람이 겪게 되는 경제적인 삶의 모습들과 경제적인 삶의 제 단계들의 특성을 여실히 보여 준다.

1) 전 일생에 걸친 선택

이제 단일 기간 모형 속에서 이뤄지는 기본적인 선택들로 돌아가서 그 모형을 여러 기간에 확대 적용해 보자. 이런 과정에서 사람들은 사회의 흐름과 정부의 정책들을 반영하면서 다음과 같은 중요한 선택들을 하게 된다.

첫 번째 중요한 선택은 젊은 시기에 그리고 나머지 일생 동안 얼마나 많은 인적 자본을 구축할 것인지 결정하는 것이다. 인적 자본은 개개인의 기술과 지식을 내포한다. 인간의 육체와 정신을 하나의 자본—유동적 가치를 생산하는 하나의 고정적 가치—으로 여기는 생각은 Gary Becker(1964, 1993)와 Jacob Mincer(1958)가 만들어 낸 개념이다. 이 모형은 생산 기술뿐 아니라 건강 상태에도 적용된다(예: Grossman, 1972). 정규 교육, 직업 훈련, 현장 경험 등을 통해 인적 자본을 증식할 수 있다. 의무교육 기간이 지나서까지 학업을 계속하면서 그리고 전문대학이나 일반 대학에서 학위를 취득하면서 인적 자본을 증식하기도 한다. 어떤 사람들은 법학, 의학, 경영학 등의 전문대학원에 진학하기도 한다.

물론 학업을 계속하면서 늘어나는 기간은 학비와 같은 금융 비용과 학업 기간 동안의 급여 손실과 같은 기회비용 모두를 초래한다. 그러나 대부분의 사람에게 더 많은 교육에 대한 투자는 보다 우수한 기술(즉, 인적 자본)을 약속해 준다. 이러한 우수한 기술이 더해지면 근로자의 생산성은 높아지고 그만큼 임금도 높아진다. 비록 교육에 투자하기 위해 학자금 대출을 받는다 해도, 대학이나 전문대학원 학위 취득은 초기 학비나 학업의 기회비용을 보상해 주는 그 이상을 가져다준다. 어떤 저자들은 교육을 더 많이 받은 사람은 더 많이 벌 수 있을 뿐 아니라 소비자로서, 부모로서 그리고 그들의 건강면에서 더 나은 결정을 내릴 수 있다는 사실을 지적한 바 있다(Haveman & Wolfe, 1984; Wolfe & Haveman, 2001; Wolfe & Zuvekas, 1997). 결국 더 많은 교육을 받은 노인들은 교육을 덜 받은 은퇴자들에 비해 은퇴 후에도 일할 기회를 더 많이 갖게 된다고 할 수 있다(Haider & Loughran, 2010).

모든 사람은 자신들의 시장 소득의 저축과 소비에 대한 선택을 하게 된다. 인생 초반에 대출을 받는다는 것([그림 8-1]의 기간 A)은 인생 후반에 그러한 대출을 갚는다는 것(기간 B)을 의미한다. 학자금 대출을 갚고 나면 그 다음 추가적인 저축이냐 소비냐 하는 선택을 하게 된다. 대부분의 사람은 비상시나 아니면 예기치 못한 손실에 대비해서 어느 정도 예비 저축을 하기도 한다. 그리고 세법에 따라 예비 저축에 대한 세금 혜택을 받게 되기도 한다. 예를 들어, 세법에는 세금 우대 저축이라는 것이 있는데, 이는 가입자가 공제액이 높은 보험에 들었을 때 자기 주머니에서 나가는 건강 관리 지출에 대해 금융 지원을 제공하는 것이다.

예비비에 대한 방향이 잡히면, 새로운 저축에 대한 선택이 이뤄질 수 있게 된다. 대부분의 사람은 주택 구입 시에 드는 계약금을 위해 저축을 한다. 그 후 나머지 구입비에 대해 은행에서 대출을 받게 된다. 대출을 다 갚게 되면, 주택은 노년층이 누릴 수 있는 가장 중요한 자산이 된다(Fisher, Johnson, Marchand, Smeeding, & Torrey, 2007). 자녀가 있는 사람들은 자녀들이 이른 나이에 빚을 지는 일이 없도록(그래서 자녀들의 [그림 8-1] 영역 I을 최소화하면서) 자녀 교육을 위해 저축을 하기도 한다. 어떤 경우에는 여기에도 소득세 우대 정책이 적용되기도 한다.

2) 은퇴 대비 저축

은퇴 대비 저축 결정은 다른 목적의 저축들—가령, 교육, 새 차, 더 좋은 주택, 값비싼 휴가—과 부딪히게 된다. 그리고 이 모든 저축 이유는 동시에 현재의 소비와 즉각적인 욕구 충족—식사, 음주, 비싼 옷, 여가 등—과도 부딪히게 된다. 은퇴 대비 저축의 심각한 문제점의 하나는 그 혜택이 아직 멀리 있고 언제 사망할지 몰라 그 보상이 불분명하다는 것이다. 금융 경제학에 관한 부분에서 보았듯이 복리는 저축에 아주 큰 힘을 발휘한다. 그러나 25세의 젊은이에게 최신 아이패드, 바하마에서의 일주일 휴가, 멋진 차 계약금 등이 은퇴 대비 저축 1,000불보다 훨씬 즉각적인 만족감을 준다.

실제로 대부분의 사람은 이른 나이에 은퇴 대비 장기 저축 결정을 자발적으로 내리기가 쉽지 않다. 스스로 저축을 늘리고자 하지 않는 사람들은 억지로라도 현재의 급여에서 정기적으로 공제되어 나가는 '강제적인' 저축에 가입할 수도 있다. 고용주와 정부 양측 모두에 있어 (고용주는) 이러한 은퇴 대비 저축에 상응액을 보조해 줌으로써 그리고 (정부는) 은퇴 자산 증식에 세금 우대 정책을 제공함으로써 은퇴 대비 저축을 권장할 수 있다.

고용주와 정부의 정책 변화 또한 개인의 은퇴 저축에 영향을 끼치기도 한다. 예를 들어, 사회보장 제도나 의료보장제도의 재정 부족 상황이 발생하면 그 지급 능력을 유지하기 위해서 가까운 미래에 혜택을 낮추거나 아니면 세금을 올리게 된다. 그리고 고용주들은 보장된 연금이나 의료보장을 보충해 주는 은퇴건강보험에 대한 약속을 즉각 바꾸기도 한다. 이러한 은퇴소득 보장 장치 구성 요소들의 변화는 이를 보충하고자 하는 개개인의 저축의 변화를 촉발하게 된다.

3) 은퇴 선택

단순한 사고 실험을 통한 개개인의 은퇴 선택을 살펴보자. 은퇴라는 개념이 전혀 존재하지 않고, 섬뜩하게 들리기는 하겠지만 사망 시까지 줄곧 일을 한다고 가정해 보자. 이는 지난 100여 년 동안 대다수의 사람에게 일어났던 사실이다. 20세기에 들어서기 전, 많은 사람들이 60대 후반 70대 그리고 사망 시까지 꾸준히 일을 했다. 실제로 1890년도에 65세 이상 사람들의 노동 참여 비율은 70%에 이르렀다. 반면, 100년 후인 1990년도에는 20% 수준이었다(Costa, 1998). 100년 전만 해도 [그림 8-1]은 전혀 다르게 보였을 것이다. 영역 II는 영역 I에서 대출받은 것을 갚아야 할 분량만으로 구성되었을 것이다. 그리고 은퇴 시기(기간 C)라는 것이 존재하지 않았다면, 근로 활동 기간(기간 B) 동안 저축을 하기 위해 영역 III의 소비량은 전혀 없었을 것이다.

요즘에는 적절한 또는 심지어 장기 은퇴 기간이 일반적이다. 노령에 가까워지고 은퇴를 고려하게 될 무렵, 은퇴 후 소득 확장을 위해 이미 얼마만큼의 저축을 해 온 사람들은 참으로 다행이다. 이러한 자금은 적어도 은퇴로 인한 소득 손실분을 어느 정도 상쇄해 줄 것이다. [그림 8-1]에서 보면 사람들은 영역 II의 축적된 자산(영역 I의 순 대출금 변제)을 보면서 은퇴 근접기에서의 소비도 유지하면서 기간 C에서 필요하게 될 자금의 양을 계산해 볼 것이다.

은퇴 결정은 매우 복잡한 일이다. 단순 모형 구조에서 보면 은퇴를 1년 늦추면 1년치의 소득이 더 들어오고 1년의 복리가 더 추가된다. 그러나 추가적으로 1년씩 더 일하게 되면 손자손녀들을 방문하거나 여행을 가거나 건강만 하다면 더 오래 동안 편히 살 수 있는 1년씩을 손해 보는 셈이다.

4) 장기요양보험

나이가 들수록 건강이 약해지고 더 이상 스스로를 관리할 수 없어진다는 또 다른 위험 요소가 있다. 은퇴 후에도 여전히 살 곳이 필요하고 대부분의 사람은 나이가 들면서 점점 더 빈틈없는 의료 관리(의사나 병원 방문)의 필요성을 절감하게 된다. 무엇보다도 일상생활의 과업 수행에 대한 지원과 같은 다른 유형의 요양 관리가 필요해지게 될 것이다.

나이가 들어 쇠약해지고 기본적인 관리와 일상적인 것들을 타인에게 의존하게 되는 일은 대부분의 사람에게 걱정스러운 일이다. 심장 발작이나 예기치 못한 일로 갑자기 사망에 이를 수도 있고, 따라서 그러한 관리가 필요치 않게 될 수도 있다. 65세 여성들이 2년간(또는 그 이상) 요양보호소 관리를 받을 확률은 20%이고, 남자는 약 7%다(Murtaugh, Kemper, & Sillman, 1995). 건강 상태 같은 가변적 요소들이 이러한 결과에 영향을 끼칠 수도 있다. 장기요양보호소를 이용하는 여성들의 비율은 남성들보다 높다. 그 이유는 대부분의 남성은 노년에 아내로부터 장기요양보호를 받기 때문이다. 대부분의 여성들이 남성들보다 오래 살고 여성들은 나이가 더 많은 남성들과 결혼하는 경향이 있기 때문에, 건강이 안 좋은 노년의 여성들은 남성들보다 공적인 장기요양을 더 필요로 하게 된다.

자신의 집에서 필요한 지원을 받게 되면 가정 요양 비용은 낮아질 것이다. 그리고 이를 위한 저축도 덜 필요해질 것이다. 그러나 상태가 심해서 가정에서 안전하고 지속적으로 관리가 되지 않을 때는 다른 시설—요양보호소, 중간요양시설, 유사한 장기요양기관—을 이용해야 할 경우도 생길 것이다. 좋은 요양보호소는 1년에 7만 불 이상 들기 때문에 노년의 요양보호소의 필요성은 대부분의 사람에게 심각한 재정적 위험 요소로 다가오게 된다.

사설 시장은 이러한 위험 요소를 해결하기 위한 대안을 제공해 준다. 예를 들어, 어떤 사람들은 이러한 경우를 대비해 여분의 12만 불을 더 저축하는 식의 자가 보험을 창출할 수 있다. 어떤 사람들은 그러한 필요를 충족하기 위해 자신의 주택 매매 비용을 활용하기도 한다. 다른 사람들은 이에 대비해 민간 보험에 드는 것이 도움이 된다고 생각하기도 한다. 그러나 민간 장기요양보험 시장은 상대적으로 최근의 것이다. 2004년도 총 장기요양 지출의 4%만이 이러한 분야다(Congressional Budget Office, 2004). 다시 말하건대 비용이 중요하다. 허나 나이도 마찬가지로 중요하다. 나이가 들수록 장기요양 관리의 필요성이 증가한다. 동시에 장기요양보험 월 보험료도 증가한다. 대부분의 사람은 젊었을 때는 장기요양보험이 상대적으로 저렴하기는 하지만 쓸 기회가 별로 없어서 이를 구입하기 꺼리는 경향이 있다. 그러나 나이가 들고 보험 적용이 필요하다고 생각될 때는 이미 비싸진다. 결국 사람들은 현재와 미래의 경제적 복지 모두에 영향을 주는 수많은 거래에 직면하게 되는 셈이다.

4. 공적 영역의 역할

정부 역시 노화의 경제학 여러 분야에서 적극적이고 중요한 역할을 수행한다. 실제로 모든 근대 경제학은 개개인의 경제적 선택에 있어 어느 정도 공적 영역에 의존한다. 적어도 정부는 사람들의 사유재산권을 보장해 주고 시장 정보 교환을 용이하게 함으로써 사적 시장이 보다 원활히 돌아가도록 해 준다. 그러나 근대 경제학에서 정부는 그 이상의 역할을 한다. 이제 노인 정책에서의 정부의 역할 원리에 대한 논의를 시작해 보자.

공적 영역의 시장경제 참여 명분은 바로 **시장 실패**다. 시장이 적절히 작동하지 못할 때 정부는 세금을 걷거나 모든 사람에게 동등하게 돌아가는 공적 재화를 제공함으로써 시장의 역할을 대신하게 된다. 국방이 그러한 재화의 한 예인데, 이는 사적 영역에서는 불가능하거나 비효율적인 일을 공적 영역이 제공해 주기 때문이다. 그렇다면 정부는 왜, 어떻게 노화의 경제학에 간섭하게 되는가? 정부의 간섭은 재산권을 보장하고, 저축에 보조금을 주며, 사회보험을 제공해 주고, 최저임금을 보호해 주는 데 필요하다. 정부의 다변적인 경제적 역할에 대한 복잡한 모형을 보여 주는 대신, 우리는 노화의 경제학에 대한 여러 가지 실례를 통해 정부가 현재 시행하고 있는 그리고 시행해야 할 역할을 보여 주고자 한다.

1) 재산권 보증인으로서의 정부

스스로 은퇴 후 소득을 준비하는 일은 모든 사람의 중요한 목표다. 고용주들 역시 사용자 부담 연금으로 은퇴 대비 저축을 지원함으로써 근로자의 중개자 역할을 효과적으로 수행한다. 이러한 영역에서 정부는 사용자가 만들어 준 연금보장에 대한 근로자의 권리를 보호해 주는 역할을 한다.

1974년 제정된 피고용인은퇴수입보장조례(Employee Retirement Income Security Act: ERISA)는 고용주가 보장해 주는 **직장연금**이 제공될 수 있도록 보증해 주는 법안이다. 이것이 소위 직장연금이라는 것인데, 이것은 공적 영역과 사적 영역의 근로자 모두를 위해 회사와 노동조합 양자에 의해 구축된 것이다. 정부는 사적 기관들이 연금을 제공하기 위해서는 이들이 일정 기준을 충족할 것을 요구하고 있다. 예를 들어, 피고용인은퇴수입보장(ERISA)은 연금 펀드가 계약을 수행할 수 없을 정도로 너무 낮게 운용되는 것을 막아 주고, 회사연금 대상자들인 여러 유형의 근로자들 사이에 차별이 일어나지 않도록 도와 준다. 정부는 또한 자영업자들이 자신의 연금 펀드를 조성할 수 있도록 별개의 지원을 해 주기도 한다.

물론 회사가 연금 계약 이행금을 다 붓지 못하고 파산하게 되면, 연금 비용에 대한 책임부담금은 연금혜택보장회사(Pension Benefit Guaranty Corporation: PBGC)로 넘어가게 되고, 보험약정금은 올라갈 수밖에 없게 된다. 연금혜택보장회사(PBGC)가 최고의 흑자를 기록한 2000년도 주요 항공사들은 철강회사들과 함께 그들의 책임부담금을 정부보험사로 넘기게 되었는데 책임부담금은 상승하게 되고 대규모 적자로 이어지게 되었다. 결과적으로 2006년도 연금보호조례(Pension Protection Act)를 통해 이 제도에 대한 본질적인 수정을 가하였는데, 기업의 의무적인 사설보험 가입은 장차 연금혜택보장회사에 대한 최선의 대안이 될 수도 있을 것이다.

2) 개인 저축 증진을 위한 보조금

직장연금을 더 많이 가입하게 되면 일반 대중은 자신들이 납세자로서 노년층을 직접적으로 부양하지 않아도 된다는 생각을 갖게 된다. 따라서 미국 정부는 양질의 분담금에 대해 세금 감면 혜택을 주면서 그리고 적립된 연금 수익이 은퇴 후 소득으로 활용될 때까지 면세를 허용함으로써 연금설계분담금을 권장한다. 이 두 가지 권장책은 연금 설계에 투자하는 피고용인들에게 커다란 혜택을 제공한다. 이러한 보조금이 없다면 이들의 저축액은 아마도 더 낮아질 것이다.

예를 들어 〈표 8-1〉에서 볼 수 있듯이, 10%의 복리이자가 적용되는 연금 설계는 초기 1,000불을 40년 후 45,259불로 늘려놓는다. 그러나 연금 설계에 따른 모든 분담금에 30%의 세금이 붙고 게다가 이로 인한 모든 수익에 30%의 세금이 부과된다고 가정해 보자. 결국 이는 1,000불에 대한 10%의 복리이율이 7%로 줄어들고 40년 후 금액이 45,259불에서 14,974불로 감소되는 결과를 낳게 된다. 이러한 세금지원 정책(소득세 공제와 설계 실현 시까지의 연금수익에 대한 소득세 연기)은 연금 축적에 있어 지대한 차이를 만들어 낸다. 2009년도에만 해도 연금설계분담금으로 인해 미국 국민들은 이런 지원이 없었다면 부과되었을 수도 있는 1,000억 불의 세금을 감면받을 수 있었다(Xanthopoulos & Schmitt, 2011).

이는 정부가 세금 정책을 통해 특정한 유형의 행위를 권장할 수 있는 하나의 방법일 뿐이다. 주택 모기지에 대한 세금 우대 조치나 고용주에 의한 건강보험 가입은 세금 지원에 의해 유효 가격을 변경함으로써 세금 공제를 통해 특정한 유형의 행위를 권장하는 또 다른 두 가지 방식이기도 하다. 물론 최근의 소득세법 변경은 이러한 세금 공제 혜택을 받는 국민들에게 커다란 영향을 끼치고 있다. 2006년도 모든 연방소득세 의무부담금의 86%를 소득 부문 상위 40%의 납세자들이 부담하였고, 55%는 상위 10%의 납세자들이 부담하였다. 납세자 하위 50%는 세금을 거의 내지 않았기 때문에 이러한 정책으로부터 아무런 혜택도 받지 못한다(Congressional Budget Office, 2009).

이와 유사하게, 정부는 학비 면제, 세금에 의한 초 · 중등학교 교육 재정 지원을 제공함으로써 인적 자본 축적을 권장하기도 한다. 더 나아가 정부는 대학 학자금 대출에 보조금을 지원하거나 부분적인 학비 보조를 통해 그리고 공립 대학이나 전문대학의 과감한 등록금 삭감을 통해 대학 등록금 대출 비용을 줄여 주기도 한다. 이렇게 해서 정부는 연금 축적 지원뿐 아니라 다른 방식으로 교육 결정에 상당량의 지원을 감행하기도 한다. 그렇다 하더라도 이러한 정부의 지원은 최근에 발생하고 있는 고등교육비의 증가를 따라잡지 못하고 있다. 2012년도 학생들의 총 학자금 대출 비용은 1조 불 이상 넘어서고 있다. 대부분의 사람들은 고등교육의 채무 부담 증가에도 불구하고 투자 가치가 있는 것으로 여기고는 있지만, 이러한 채무는 미래의 동시대 사람들에게 저축과 인생 후반기 소득 안정에 부정적인 영향을 끼칠 수도 있는 것이다.

3) 사회보험과 복지

노령기 보험료는 장기요양보험뿐 아니라 건강보험에 있어서도 매우 높다. 일반적으로 시장경제에서 장애, 질병, 노령기 미취업 등으로 경쟁력을 상실한 자들은 매우 가혹한 대접을 받는다. 사설보험이 이러한 틈을 어느 정도 메워 주기는 하지만 모든 틈을 막아 주지는 않는다. 강력한 세금 보조 정책 지원이 이뤄진다 해도 많은 사람들은 은퇴를 대비한 적절한 저축을 하지 못하기 때문에 이는 심각한 문제다.

적절치 못한 사설보험과 부족한 저축을 극복할 수 있는 한 가지 방법은 예견 가능한 일과 예견 불가능한 일들 모두에 대비한 공공보험을 제공해 주는 것이다. 사회보험은 일종의 의무적인 위험 분담 정책으로, 이를 통해 근로자들은 의무적으로 세금을 공적 신용기금에 납부하고 그렇게 함으로써 일정 자격 요건을 충족하게 되면 그 기금으로부터 일정량의 혜택을 받을 자격을 부여받게 된다. 이러한 프로그램을 우리는 **권리부여**라고 부른다. 사회보험은 가령 저소득자 또는 소득이 일정치 않은 자들에게 은퇴 후 소득을 보전해 주는 것과 같은 사적 영역에서는 제공 불가능한 위험 방어 수단을 마련해 준다.

공식적으로 노령, 유족, 장애, 건강 보험(Old Age, Survivors, Disability and Health Insurance: OASDHI)이라 불리는 미국의 사회보장 제도는 1935년에 생긴 그러한 사회보험 프로그램이다. 고용주와 피고용인 모두는 연방 보험납부조례(Federal Insurance Contributions Act: FICA)에 따라 그 기금에 납부를 하고, 일정 기간 동안(예: 은퇴 전 40 사분기 또는 10년간의 근로 기간) 최소량을 납부한 뒤 다양한 혜택을 받을 수 있게 된다. 이 중 가장 큰 혜택은 노령보험으로 이는 은퇴 시 납부금과 연령에 기초한 공식에 의해 결정되는 혜택을 제공해 준다. 또한 이 제도는 근로자들에게 62세 이전에 영구적으로 일을 할 수 없는 상태가 된다면 받을 수 있는 장애보험 자격도 부여해 준다. 만일 보험을 든 근로자가 사망하게 되면 배우자와 자녀들에게 유족 보험 혜택을 통해 일정 수준의 소득을 보장해 준다. 마지막으로 65세에 이르면(또는 2년간 사회보장 장애에 해당되면), 자격에 해당되는 사람들은 의료보장 건강보험의 혜택을 받게 된다. 이 장에서 사회보장 제도와 의료보장 제도의 세부 내용을 논하지는 않지만, 거의 모든 국가가 일종의 노령, 유족, 장애, 건강 보험(OASDHI) 제도를 갖추고 있음을 알아 둘 필요는 있다. 게다가 대부분의 국가는 연령을 불문하고 모든 사람에게 적용되는 완벽히 국가(정부) 주도의 건강보험 제도를 운영하고 있다.

미국에서의 노령 혜택들은 이전의 납부 상황과 관련이 있을 뿐 아니라 다른 조정 정책을 반영해 주기도 한다. 미국은 저소득 납부자들에게 순전히 납부액에 의존할 경우 받게 되는 혜택보다 더 많은 혜택을 부여한다. 이는 저소득 납부자들에게 훨씬 높은 보충률을 제공해 주는 방식으로 이뤄진다. 많은 서구 유럽 국가는 혜택 수혜 자격이 있는 모든 사람에게 비빈곤소득 수준을 보장해 주는 보다 높은 '일급' 사회은퇴 혜택제도를 운영하고 있다. '이급' 혜택은 신용기금에 대한 근로자의 평생 납부 상태를 통해 이루어진다. 미국의 사회보장 프로그램에는 이런 식의 구별이 존재하지 않는다. 그

대신 미국의 제도는 보충적 보장소득(Supplementary Security Income: SSI) 이라는 다른 식의 자산평가 프로그램에 의존한다.

보충적 보장소득(SSI) 제도는 소득, 저축 그리고 다른 혜택이 월 약 600불 이하인 65세 이상 자들에게 일정 수준의 혜택을 보장하는 제도다. 보충적 보장소득 제도의 자격을 받기 위해서는 자립 불능을 증명하는 철저한 소득 및 자산(일인당 2,000불 이하의 금융 자산) 평가를 받아야 한다. 보충적 보장소득 제도의 수혜 자격을 얻게 된 후 지속적인 지원 필요성을 입증하기 위해 계속적인 평가를 받아야 한다. 보충적 보장소득 제도는 또한 종종 사회보장 장애보험 프로그램의 자격이 되지 않는 사람들로 제한하면서 영구장애자들을 지원한다. 자산 평가에 의한 보충적 보장소득프로그램의 연방정부 혜택 기준은 미국의 빈곤 경계선 이하이고 그 자체로 수혜자들을 빈곤에서 벗어나게 해 줄 만큼 충분하지는 않다(일부 주정부는 기초적인 보충적 보장소득 수준을 적절히 보충해 주기도 한다).

건강보험과 노령보험, 즉 대부분 은퇴자들의 소득과 빈틈없는 요양 요구들을 충족해 주는 노령, 유족, 장애, 건강 보험과 달리, 미국은 지금껏 자발적인 장기요양 프로그램, 즉 2010 환자보호 및 적정 비용 요양 조례(Pateint Protection and Affordable Care Act: PPACA)의 일부로서의 지역사회 거주 서비스 지원(Community Living Assistance Service and Supports: CLASS) 조례만을 시행하려 했다. 2011년 10월 이 계획은 현 납부율로는 재정상 유지하기 어렵다고 판단되어 중지되었다(U.S Department of Health and Human Services, 2011).

미국은 장기 요양에 대한 보편적이고 의무적인 사회보험 프로그램을 시행해 본 적이 없다. 사설 장기요양보험에 가입한 근로자들에게는 세금 보조금이 제공되는 반면, 장기 요양 요구에 대한 정부의 유일한 직접적인 지원은 소득 및 자산 평가에 따른 의료보조제도 프로그램을 통해 이뤄지게 된다. 실제로 적절한 민영 장기요양보험이 없는 사람들 그리고 장기 요양이나 요양소에 대비한 적절한 저축이 없는 사람들은 자산이 고갈되면 그때 의료보조 제도 혜택을 받을 자격이 부여된다. 그다음 그들은 의료보조 제도 혜택을 받기 앞서 매년 계속해서 자신들의 소득 대부분을 장기 요양 비용으로 지불해야 한다. 캐나다, 독일, 오스트리아, 일본 같은 여러 선진국은 갹출제 장기요양사회보험을 운영하고 있다. 2011년까지 미국은 그러한 제도를 만들어 내지 못했다. 그리고 지역사회 거주 서비스 지원(CLASS) 조례 경험을 보면 다시는 그런 제도를 운영할 것 같지 않아 보인다.

현재 은퇴보장 제도의 가장 문제가 되는 요소는 의료보장 제도, 즉 노인들을 위한 건강보험 프로그램이다. 주로 노인들의 악화된 건강에 대한 새로운 치료법이나 신약들이 급격히 늘어남에 따라, 의료보장 프로그램 비용 지출이 수익보다 훨씬 빨리 증가하고 있다. 2006년 1월부터 의료보장 제도 영역 D가 산입되어 처방약에 대해 어느 정도의 전보를 해 주고 있다. 원래 이 프로그램은 이 프로그램 자체만을 위한 프로그램이었지만, 이제는 의료보장 제도에 의한 처방약 지원이 앞으로 의료보장 비용에 상당 부분 추가될 것은 분명하다. 이 프로그램을 시행한 첫 몇 년 동안 영역 D는 약 10% 정도 총 의료보장 비용 증가를 초래하였는데, 오히려 부가적 프로그램과 관련된 더 큰 행정 비용은 무시한 채로 말이다(Duggan, Healy, & Morton, 2008).

4) 원천징수 방식 대 자기적립 방식 사회적 은퇴 설계

미국의 노령, 유족, 장애, 건강 보험(OASDHI) 제도와 대부분의 유럽 은퇴 시스템은 소위 원천징수라는 방식으로 운영되고 있다. 이는 젊은 세대 근로자들이 신탁기금에 세금을 지불하고 그 기금은 동시대의 노년 세대 근로자 지원을 위해 사용된다. [그림 8-1]을 보면, 인생 사이클 기간 A와 특별히 기간 B 동안 근로자들은 세금을 지불한다. 그렇게 되면 동시에 기간 C의 노년층에게 이 세금은 혜택으로 돌아가게 된다. 오늘 근로자들이 구성한 기금은 바로 이전 세대에게 지급되고, 잉여 기금은 신탁기금으로 들어간다.

인구가 천천히 증가하고 다른 프로그램이나 인구통계학적인 요소들(예: 최초 혜택 수혜 연령이나 노년의 기대 수명 같은)이 급격히 변화하지 않는다면, 이러한 시스템은 본질적으로 안정적이고 노년 세대에게 높은 혜택을 제공할 수 있다. 그러나 대부분의 선진국가에서의 사회적 은퇴 설계는 동년집단 인구수가 커짐에 따라 이미 압박을 받고 있다. 베이비붐 세대로 불리는 1946년에서 1964년 사이에 출생한 이 인구 집단은 지금부터 2029년 사이 은퇴 연령에 이르게 될 것이다. 그러나 그 이후에도 65세 이상 인구수는 기대수명이 늘어남에 따라 여전히 높을 것이다. 게다가 최근 여러 나라에서 65세 이전에 은퇴하는 경향이 일어나고 있다. 이 모든 요인들이 합쳐져 원천징수 방식으로 조성된 기금 수혜 자격에 문제가 발생하고 있다. 이러한 사회적 은퇴 설계에 대한 기대를 충족하기 위해서는 세금을 올리거나 혜택을 줄여야 한다. 그리고 미국을 포함한 여러 서구 국가에서 이 두 가지 조치 모두가 병행되어야 할 것이다.

이와 달리, 특히 호주나 칠레 그리고 아시아의 여러 신흥 국가들에서는 자기적립 사회적 은퇴 시스템이 시행되고 있다. 이러한 국가들에서는 젊은 세금 납부자들에서 노년 수혜자들에게로 세대 간 수혜 전달이 극히 드물다. 그 대신 젊은 근로자들이 스스로 자신들의 은퇴 시스템 기금에 납부하게 되면, 이러한 기금은 공공 기업이나 민영 기업에 투자되어 은퇴 시까지 이곳에 축적된다. 이러한 기금 조성에는 훨씬 더 직접적인 혜택이 따르게 되고, 젊은 근로자들이 스스로 조성한 기금은 다른 은퇴자들에게 직접적으로 지원되지 않는다. 최근에 사회적 은퇴 설계를 시작한 개발도상국가들의 이러한 자기적립 시스템은 강제적인 저축 수단들이 수반되고 각 국가에서의 국내 사적 투자의 자원으로 활용되어 결국 근로자의 기금은 불어나게 된다. 정부는 근로자가 은퇴하게 되면 투자 규정에 따라 이러한 투자에 따른 수익이 납부자에게 반드시 돌아간다는 것을 분명히 해 줘야 한다. 각 세대는 자신들만의 은퇴를 위해 기금을 만들기 때문에 나이가 들어 가도 원천징수 방식에서와 같은 세금이나 혜택에 직접적인 영향을 끼치지 않는다.

미국과 같은 부유한 서구 국가들이 직면하고 있는 딜레마는 이탈리아나 프랑스, 독일 같은 경우는 더욱 심한데, 원천징수 방식에서 자기적립 방식으로 전환하는 일은 상당히 많은 문제를 야기한다는 것이다. 보다 윗세대를 지원하기 위한 세금은 계속해서 내야 하지만 동시에 자기적립 시스템이 바로 막 시작한 점을 고려하면 어느 한 세대는 그 전환기에 끼이게 된다. 이는 은퇴 세대의 규모가 매우 큰 경우 특별히 더 심각해진다. 은퇴 시스템이 거의 존재하지 않았던 칠레 같은 나라에서는 현재 은퇴 과정에 있는 사람들에게 아무런 의무 부담이 없기 때문에 보다 쉽게 적립식 방식이 정착되고 있다. 선진국 중 영국이 유일하게 부분적으로나마 그러한 전환을 시행하고 있는데 영국 역시 많은 문제에 직면하고 있다. 정부가 하나의 시스템에서 다른 시스템으로 완전히 바꾸기보다는, 더 이상의 원천징수 방식 진행을 제한하고 현 원천징수 방식 위에 이삼 층의 자기적립식 납부연금을 덧붙인다면 일은 훨씬 쉬워질 것이다(Aaron & Reischauer, 1998; Schieber & Shoven, 1999 참조). 실제로 부시 대통령이 2005년 노령, 유족 보험(OASI; 즉, 사회보장)을 부분적으로 민영화하려는 시도는 이런 이유 등으로 비참한 실패를 맛보았다.

5. 공적 책무 대 사적 책무

사적 연금과 공적 보험 양자 모두 은퇴 연령에 도달한 노인들을 지원하기 위한 프로그램들이다. 은퇴 후 시간제 근로나 비연금 저축 등 또한 노령의 소득 지원 역할을 한다. 이상적으로 볼 때 나이가 많은 근로자들은 소득, 노령, 유족 보험(OASI), 사설 연금, 여타 저축 등을 포함한 여러 가지의 노령

지원 재원을 보유하고 있다 하겠다. 그러나 이러한 여러 지원책은 소득 수준이나 연령에 따라 달라진다. 보다 젊고 사정이 좋은 은퇴자는 이러한 모든 지원책을 보유할 수 있다. 나이 든 여성들(예: 80세 이상)은 오로지 노령, 유족 보험에만 의존하게 될 수도 있다(Smeeding, 1999). 나아가 어떤 학자들은 아주 자비로운 공적 지원은 스스로의 노력으로 대비하려는 개개인의 의지를 꺾을 수도 있다고 우려한다.

2008년도 경기 후퇴의 결과인 최근의 서브 프라임 모기지나 재정적 위기 상황에서 볼 수 있듯이, 대비를 충실히 해 온 사람들에게조차 예상치 못한 일들이 벌어질 수도 있다. 이러한 경기 후퇴 기간 동안, 주식 시장이 붕괴되면서 자산 가격이 1/3로 줄어들고 주택 가격과 금융 자산이 상당 부분 하락하였다. 은퇴 시기에 다다른 사람들은 아마도 이러한 경기 후퇴의 영향을 달리 받을 수 있고 이러한 손실을 상쇄하기 위해 은퇴 연기를 고려해 볼 수 있다. 중산층의 나이 든 사람이나 그렇지 않은 사람들 모두에게 가장 우선적인 자산인 주택 가격은 (S&P/Case-Schiller Home Price Index에 따르면) 2006년도와 2007년도 사이 36% 하락하였고 이것이 2011년도 말까지 이어졌다. 은퇴 계좌들은 상대적으로 영향을 덜 받았다. 대부분의 사람은 적어도 부분적으로나마 연금자산 손실을 회복하였고 균형 잡힌 자산 포트폴리오를 운영하던 사람들은 2010년 중반까지 거의 완전히 회복하였다(Munnell & Aubry, 2010). 또한 2008년도 이전 이미 은퇴한 노인들은 자신의 주택 가격 하락을 경험했을 수도 있었겠지만, 일반적으로는 비록 낮은 자산 환원율로 인한 상대적으로 낮은 소득 유동성을 경험했을지라도 이러한 경기 후퇴 기간 동안 그들의 자산과 소득 유동성을 보호해 준 비교적 안전한 포트폴리오로 투자를 했다(Gustman, Steinmeier, & Tabatabai, 2010).

미국에서 노령화가 진행될수록 은퇴자들을 지원하기 위한 젊은 세대 세금 납부자들의 압박감이 더해진다는 사실은 또 하나의 중요한 문제다. 어떤 식으로든지 정책 변화가 요구될 수밖에 없다. 예를 들어, 연방 보험 납부 조례(FICA)의 노령, 유족, 장애, 건강 보험 영역에서 현재의 규정에 의거하여 다음 75년 동안 완전한 혜택을 보장하기 위해서는 세금이 약 28% 인상되어야 한다(Social Security and Medicare Boards of Trustees, 2011). 그러나 이는 종합병원이나 의원 혜택뿐 아니라 이제는 처방약마저도 포함하는 의료보장 제도하의 노인 건강 혜택에 있어 앞으로 발생할 수 있는 수입과 지출 사이의 더 커다란 격차를 무시하고 있다.

혜택 축소나 은퇴 후 소득, 건강보험, 장기 요양 등에 대한 보다 대규모의 자발적인 기금 조성은 장래 세대의 노인들을 지원하기 위해 필요한 세금을 줄일 수 있게 될 것이다. 경제 발전을 통해 낮은 혜택이나 높은 세금의 충격이 완화될 수는 있는 반면, 제도의 지급력을 회복하기 위한 세금 증액이나 혜택 축소의 필요성을 미리 예상할 필요는 없다(Social Security and Medicare Boards of Trustees, 2011). 근로자들의 생산성이 적절히 오른다면, 연방 보험 납부 조례(FICA) 세금에 대한 이들의 소득분은 그만큼 적절하게만 오르면 된다. 그렇게 되면 오늘의 근로자들보다 소득은 훨씬 더 커지게 된다. 다른 방법으로는, 은퇴자의 소득이 어떤 사적인 방식에 의해 오른다면, 이는 혜택의 축소분을 훨씬 더 잘 보충해 줄 수 있을 것이다. 결국 미국에서의 사회보장 개혁에 대한 논의는 다음 두 가지 질문을 중심으로 벌어지고 있는 셈이다. 하나는 점차 더 노령화되는 사회에서 누가 비용을 담당할 것인가 하는 것이고, 다른 하나는 노인들에 대한 공동체적(정부, 사회보험, 안전망 등) 은퇴소득 지원 대 개인적 사적 영역 소득 및 보험 지원의 적절한 균형은 무엇인가 하는 것이다.

경제학자들만으로는 이러한 궁극적인 질문들에 답할 수는 없다. 우리가 균형 잡힌 시각과 통찰력을 보여 준다면 경제학자들만이 답을 하게 되지는 않을 것이다. 어떻게 해 나갈 것인가에 대한 합의에 이르기 위해서는 사회 모두의 동참이 필요하다.

6. 요약

노화되고 있는 사회에서 은퇴와 재정적 안정에 대한 관심은 날로 증가하고 있다. 경제학자들은 자신들의 연구 도구들을 활용해 우리가 어떻게 지금의 상황에 도달했는가 하는 점과 우리가 노령화 사회의 사회적 짐을 경감하기 위해 해야 할 어려운 선택들을 분명히 밝혀 주고 있다. 이 장에서 간략히 설명한 은퇴에 대한 상식적인 경제학과 재정 문제 그리고 경제 모형은 은퇴 후 소득 정책과 은퇴자 건강요양 정책의 변화 양상들을 눈여겨볼 수 있는 틀을 제공해 주고 있다. 이것들을 통해 우리는 이러한 각각의 정책 선택에 대한 경제적 효율성과 형평성 모두를 인식할 수 있게 된다. 그렇다고 세금과 혜택 사이의 어려운 선택으로 내모는 것은 아니다. 단지 그러한 선택들을 취하기 전 또는 후에 그러한 선택 행위의 비용과 혜택을 저울질해 보는 데 도움을 주고자 하는 것이다.

노령의 경제학에 대한 앞으로의 연구는 몇 가지 중요한 영역에 초점을 맞추게 될 것이다. 그것은 노령화 사회 속에서 어떤 사람들은 다른 사람들보다 근로 기간을 늘리는 필요성, 노령화 사회에서 건강 요양과 의약품 혜택을 제공하는 데 있어 보다 비용 효율적이 될 필요성, 그리고 보다 현명하게 장기 요양 필요성을 제공하는 방식에 대한 논의 등이다. 실제적으로 모든 경제학자는 노년의 건강 요양과 관련된 더 어려운 문제들에 맞서기 위해 현재 우리가 직면하고 있는 문제—노령, 유족, 장애, 건강 보험 적자 문제—를 다룰 필요가 있다는 데 동의한다. 누구에게나 선택권이 있다. 그러나 우리가 노령화 사회의 경제학을 더 잘 이해할수록, 보다 오래 보다 건강하게 여생을 누리는 축복에 대한 보다 멋진 해결책을 찾을 수 있게 될 것이다.

참고문헌

Aaron, H. J., & Reischauer, R. D. (1998). *Countdown to reform: The great social security debate*. New York, NY: Century Foundation Press.

Ando, A., & Modigliani, F. (1963). The life cycle hypothesis of saving. *American Economic Review, 53,* 55-84.

Avery, C., & Turner, S. (2012). Student loans: Do college students borrow too much-or not enough? *Journal of Economic Perspectives, 26,* 165-192.

Becker, G. S. (1964). *Human capital*. New York, NY: Columbia University Press.

Becker, G. S. (1993). *Human capital: A theoretical and empirical analysis, with special reference to education* (3rd ed.). Chicago, IL: University of Chicago Press.

Brown, J. R. (2008). Guaranteed trouble: The economic effects of the Pension Benefit Guaranty Corporation. *Journal of Economic Perspectives, 22,* 177-198.

Clark, R. L., Burkhauser, R. V., Moon, M., Quinn, J. F., & Smeeding, T. M. (2004). *The economics of an aging society*. Oxford, UK: Blackwell.

Congressional Budget Office. (2004, April). *Financing long-term care for the elderly*. Washington, DC: U.S. Congress.

Congressional Budget Office. (2009). *Historical effective federal tax rates: 1979 to 2006*. Washington, DC: U.S. Government Printing Office. (April)

Costa, D. L. (1998). *The evolution of retirement: An American economic history, 1880-1990*. Chicago, IL: The University of Chicago Press.

Duggan, M., Healy, P., & Morton, F. S. (2008). Providing prescription drug coverage to the elderly: America's experiment with Medicare Part D. *Journal of Economic Perspectives, 22,* 69-92.

Fisher, J. D., Johnson, D. S., Marchand, J. T., Smeeding, T. M., & Torrey, B. B. (2007). No place like home: Older adults and their housing. *Journal of Gerontology: Social Sciences, 62B,* S120-S128.

Grossman, M. (1972). *The demand for health: A theoretical and empirical investigation*. New York, NY: Columbia University Press.

Gustman, A. L., Steinmeier, T. L., & Tabatabai, N. (2010). What the stock market decline means for the financial security and retirement choices of the near-retirement population. *Journal of Economic Perspectives, 24,* 161-182.

Haider, S. J., & Loughran, D. S. (2010). Elderly labor supply: Work or play? In K. Christensen and B. Schneider (Eds.), *Workplace flexibility: Realigning 20th century jobs to 21st century workers* (pp. 110-130). Ithaca, NY: Cornell University Press.

Haveman, R. H., & Knopf, K. A. (1981). *The market system: An introduction to microeconomics* (4th ed.). New York, NY: Wiley.

Haveman, R. H., & Wolfe, B. L. (1984). Schooling and economic well-being: The role of nonmarket effects. *Journal of Human Resources, 19,* 377-407.

Mincer, J. (1958). Investment in human capital and personal income distribution. *Journal of Political Economy, 66,* 281-302.

Munnell, A. H., & Aubry, J.-P. (2010). Returns on 401(k) assets by cohort. *Center for Retirement Research at Boston College Issue in Brief 10-6*. Boston, MA: Boston College.

Murtaugh, C. M., Kemper, P., & Spillman, B. C. (1995). Risky business: Long-term care insurance underwriting. *Inquiry, 32,* 271-284.

Organization for Economic Cooperation and Development (OECD). (2006). *Ageing and employment policies—live longer,* work longer. Paris, France: Organization for Economic Cooperation and Development.

Schieber, S. J., & Shoven, J. B. (1999). *The real deal: The history and future of social security*. New Haven, CT: Yale University Press.

Smeeding, T. M. (1999). Social security reform: Improving benefit adequacy and economic security for women. *Center for Policy Research Policy Brief Series No. 16*. *Syracuse,* NY: The Maxwell School, Syracuse University, 1-25.

Social Security and Medicare Boards of Trustees. (2011). *Status of the social* security and medicare programs: *A summary of the 2011 annual reports*. Retrieved from http://www.ssa.gov/oact/TRSUM/index.html

U.S. Department of Health and Human Services. (2011). *A report on the actuarial, marketing, and legal analyses of the CLASS program*. Washington, DC. Retrieved from http://aspe.hhs.gov/daltcp/reports/2011/class/index.shtml

Weller, C., & Wolff, E. N. (2005). Retirement income: *The crucial role of social security*. Washington, DC: Employment Policy Institute.

Wolfe, B., & Haveman, R. (2001). Accounting for the social and non-market benefits of education. In J. F. Helliwell with A. Bonikowska (Eds.), *The contribution of human and social capital to sustained economic growth and well-being: International symposium report* (pp. 221-250). Hull, Quebec: Human Resources Development Canada.

Wolfe, B. L., & Zuvekas, S. (1997). Nonmarket outcomes of schooling. *International Journal of Educational Research, 27,* 491-502.

Xanthopoulos, J., & Schmitt, M. M. (2011). *Retirement savings and tax expenditure estimates*. Arlington, VA: American Society of Pension Professionals and Actuaries.

제9장

노령화에 대한 인구통계학적 관점

제9장

노령화에 대한 인구통계학적 관점

Janet M. Wilmoth and Natalee M. Simpson

노령화에 대한 인구통계학이 노년학적 탐구에 어떤 도움을 주었는지 알려면, 우선 인구통계학의 주요 문제를 이해할 필요가 있다. 인구통계학은 인구를 대상으로 한 과학적 연구다. 인구통계학은 노년학과 유사하게도 사회학, 경제학, 통계학, 지리학, 인류학을 아우르는 다학제적(multidisciplinary) 그리고 상호학제적(interdisciplinary) 연구를 시도하는 학문이다.

형식 인구통계학자들은 주로 지속적으로 변화하는 출산율과 사망률 그리고 이주율로부터 영향을 받는 인구의 크기와 연령별 · 성별 구조 그리고 인구의 지리적 분포의 관계를 모색하기 위해 노력한다. 예를 들면, 형식 인구통계학자는 건강과 사망률에서 드러난 변화가 인구의 연령 구조에 어떻게 영향을 미치는지 조사한다(Seigel, 2012). 사회 인구통계학자들은 인구통계학적 추세의 사회적 인과에 초점을 맞추고 연구한다. 예를 들면, 출산율, 사망률 그리고 사회적 불평등의 세대 간 전이가 인구 통계에 영향을 준 것처럼, 사회 인구통계학자는 가족이 어떻게 인구 통계에 영향을 주는지를 고려한다(Mare, 2011).

형식 인구통계학자들과 사회 인구통계학자들은 필수 통계 등기 기록부,

인구 조사와 설문 조사의 데이터들에 의존하는 연구에 경험적 방법들을 이용한다. 인구통계학자들도 종종 다른 조사자나 조사 기관이 수집한 2차 데이터를 분석하기도 한다. 하지만 인구통계학자들은 스스로 표준 사회과학 조사 방법들을 이용해 일차 데이터를 수집하기도 한다. 전통적으로 인구통계학적 자료의 수집과 분석은 주로 양적 접근법에 의존해 왔다. 그러나 현재에는 질적 방법론들이 점차 많이 사용되는 추세다. 특히 질적 연구법과 양적 연구법을 함께 쓰는 혼합 연구 방식이 많이 사용되고 있다.

인구의 연령 구조와 관련된 사안들은 인구통계학적 탐구의 본질적인 부분이긴 하지만, 노령화의 인구통계학은 낮은 출산율과 사망률이 선진국들의 연령 구조에서 극적인 변화를 유도했던 시기인 20세기 후반부가 되어서야 비로소 하나의 뚜렷한 하위 분야가 되었다. 이러한 변화의 원인들을 고려하기 시작한 인구통계학자들은 대중적인 생각과는 다르게 낮아지는 사망률보다는 출산율의 변화 때문에 인구의 노령화가 더 많은 영향을 받았다는 점을 밝혔다(Coale, 1964). 1980년까지만 해도 인구통계학자들은 Jacob Siegel이 노령화의 인구통계학의 주제를 가지고 미국인구협회(Population Association of America)에서 회장 자격으로 연설을 하는 데에 도움을 주기 위해서 연령과 관련된 다양한 주제를 매우 심도 있게 연구했다. Jacob Siegel은 이 연설에서 "인구통계학자들은 인구 집단 중 하나인 노인 집단과 인구통계학적 과정으로서의 노령화에 전반적으로 초점을 맞춰야 한다."고 주장했다(Siegel, 1980, p. 345).

1980년까지만 해도 노령화 인구통계학 분야의 연구자들은 초기 단계 수준에 머무르고 있었다. 노년과 노령화의 정의, 연령 구조에서 나타나는 변화들을 문서로 기록, 사망률 추세의 확인, 노인들의 건강 상태 기술, 생애 과정과 집단의 흐름을 이해, 주거 형태의 조사, 가족의 부양과 은퇴를 이해하고자 하는 시도 등이 전부였다(Siegel, 1980). 이것들은 지속적으로 관심을 끄는 주제이긴 하지만, 노령화를 연구하는 인구통계학자들은 점차 인구의 노령화의 세계적 추세, 노령 인구의 경제적 시사점, 세포 수준/생리적 과정들과 인구통계학적 과정들[또한 생물 개체군학(biodemography)로도 알려짐]의 연관성, 생애 과정 구조에서 나타나는 변화 등이 어떠한 방식으로 세대 간에 관계를 이루고 보살핌을 제공받는지에 대해 점점 더 많은 관심을 보이기 시작했다(Hardy & Skirbekk, 2012; Schoeni & Ofstedal, 2010; Uhlenberg, 2009). 이 장의 나머지 부분에서는 전 세계 인구 노령화에 대해 이미 알려진 내용과 미국 내의 노인 인구의 인구통계학적 특징들을 간단하게 검토할 것이다. 이 장은 노령화 인구통계학의 문헌에 대한 종합적인 검토를 하려는 것이라기보다는 인구통계학이 노년학적 탐구에 어떻게 기여하는가를 밝히고자 한다.

1. 세계 인구의 노령화

1) 형식 인구통계학적 관점

노년학에 대한 인구통계학의 첫 번째 기여는 인구 노령화에 대한 세계의 동향을 문서로 기록하고 있다는 점이다. 인구통계적 변천 이론(demographic transition theory)은 경제적 발전과 함께 나타난 출산율과 사망률의 변화에 대한 이유를 설명하고 있다(Teitelbaum, 1975). 이 변천은 4단계로 뚜렷이 구분된다. 제1단계는 높고 안정적인 출산율과 급변하는(등락을 반복하는) 사망률이 주요 특징이다. 이러한 인구 통계적 환경 아래에서의 인구 연령 구조는 젊으나 기대 수명은 낮은 편이다. 아프가니스탄, 우간다 및 잠비아 같은 나라들이 현재 이 단계에 있다[Population Reference Bureau(인구참조국), 2011]. 제2단계에서는 사망률이 떨어지기 시작하는데, 특히 아동과 가임기 여성들의 사망률 저하가 두드러지게 나타난다. 출산율의 하락 속도는 대체로 사망률의 저하 속도보다 뒤처지며, 이는 인구 성장과 인구 평균 연령의 하락을 초래한다. 가나, 과테말라와 이라크는 현재 이 인구 통계적 변천의 단계에 속해 있는 나라들이다(Population Reference Bureau, 2011). 현재 제3단계를 경험하고 있는 나라는 인도와 말레이시아 등의 국가라고 볼 수 있다. 출산율은 더욱 현저하게 하락해 2.1의 대체 수준에 접근하고 있는 반면, 사망률은 아주 느린 속도지만 계속 하락 추세에 있다(Population Reference Bureau, 2011). 인구통계학적 변천의 마지막 단계는 암이나 심혈관 질환과 같은 인위적인 것에 원인을 두는 병이나 노년층에게 편중되어 나타나는 퇴행성 질환 등으로 인한 사망률과 관련하여 추가적인 개선을 보이는 것이 특징이다. 출산율은 급변하지만 여전히 낮은 수준을 유지하고 있으며, 인구 보충 출생률보다 아래(즉, 총 출산율은 여성 한 명당 2.1명 자녀 이하)에 있는 경우도 종종 있다. 이러한 경향은 현재 브라질, 독일, 일본 등에서 보이고 있다(Population Reference Bureau, 2011). 마지막 단계에서는 인구 노령화가 일어난다. 구체적으로 노인 인구의 비율이 늘어남에 따라 전체 인구의 평균 연령도 증가한다. 이 단계에 든 후에는 특히 개발도상국에서 전염병이 재발생하는 경우가 있다는 자료들이 점점 늘어나고 있다(Cook & Dummer, 2004).

역사적 증거들은 이 인구통계학적 변천이 선진국에서는 대부분 더디게 일어났다는 것을 보여 준다. 그 이유는 산업혁명이 경제 발달에 박차를 가하고, 그 발달된 경제가 생활 수준을 높여 주었기 때문이라고 짐작할 수 있다. 결과적으로 선진국들, 특히 서유럽과 북미의 선진국들은 20세기 후반부 동안 점진적인 인구 노령화를 경험했다. 현재 잘 정비된 복지 정책을 지니고 있는 비교적 부유한 유럽과 북미의 산업 국가들의 인구 분포에서는 노인 비율이 가장 높은 비율을 차지하고 있다. 그러나 개발도상국들, 특히 북미와 남미뿐만 아니라 아시아의 개발도상국들에서의 노인 비율은 빠르게 증가하고 있는 중이다(〈표 9-1〉 참조). 2010년, 세계 인구의 8%, 즉 5,240만 명이 65세 이상의 노인들로 추산된다. 이 수치는 2050년이 되었을 때는 16%, 즉 15억 명으로 늘어날 것으로 예상된다. 후진국에서는 노인 인구의 비율이 가장 빠른 증가 속도를 보이는데, 이러한 수치는 2010년부터 2050년 사이 250% 이상 증가할 것으로 예상된다(National Institute on Aging, 2011). 현재 세계에서 가장 많은 인구수를 보유한 국가인 중국과 인도 같은 나라에서는 노인 인구가 급격하게 증가하고 있다. 2050년이 되었을 때, 중국의 65세 이상 인구는 2010년의 수치인 1억 1,000만 명의 3배로 늘어날 것으로, 인도는 2010년 조사치인 6,000만 명의 거의 4배인 2억 2700만 명 정도로 늘어날 것으로 추산된다(National Institute on Aging, 2011).

〈표 9-1〉 65세 이상의 인구 비율

	2011	2025	2050
세계	9.1	12.3	19.7
신진 지역들	19.7	24.8	32.0
덜 발전된 지역들	6.8	9.8	17.6
지역들			
아프리카	4.0	4.8	7.5
아시아	7.9	11.6	21.5
유럽	19.8	24.6	33.2
라틴 아메리카와 카리브 해	8.4	12.3	23.3
오세아니아	13.4	17.0	23.2

출처: UN Population Division, Department of Economic and Social Affairs(2011).

〈표 9-1〉에 나온 총계 백분율은 65세 인구의 백분율과 각국의 65세 이상 인구의 백분율에서 나타나는 차이를 나타내고 있지 않다. 예를 들면, 2011년 일본의 인구는 이미 노령화된 상태다. 즉, 일본 인구의 23.2%가

65세 이상인데, 이 수치는 2050년까지도 비슷하게 유지될 것으로 예상된다(Population Reference Bureau, 2011). 이와 대조적으로 대부분의 아프리카 국가에서 65세 이상의 인구 비율은 5%가 되지 않는다. 예를 들면, 2011년 우간다의 인구 중 65세 이상 인구 비율은 단 2%이며, 나이지리아와 에티오피아의 경우는 3%밖에 되지 않는다(Population Reference Bureau, 2011). 〈표 9-1〉은 또한 여러 나라들이 경험하게 될 노인 인구의 수적 증가 정도를 전달하지 못하고 있다. 예를 들면, 브라질의 65세 이상 인구 비율은 2011년에는 8.6%에서 2050년에는 27.4%로 증가할 것이다. 이 증가율이라면 노인 인구가 1,700만 명 이상에서 6,500만 명 이상으로 늘어난다는 것이다(UN, 2011). 그러나 〈표 9-1〉은 21세기 내내 지속될 세계 인구의 극적인 노령화 추세를 잘 보여 주고 있다.

인구통계학이 노년학에 기여한 또 다른 점은 치사율 · 이환율 및 거동 장애에 관한 국가적 변화 양상을 문서로 기록하고 있다는 점이다. 사망률은 기대 수명과 관련이 있다. 출생 시 기대 수명은 현재 선진국들에서는 78세이며 후진국들에서는 68세다. 물론 지역과 국가마다의 구체적인 사정에 따라 상당한 편차가 있기는 하다. 출생 시 기대 수명은 짐바브웨와 잠비아 같은 아프리카의 국가에서는 매우 낮은 편인데, 두 나라의 기대 수명은 각각 46세와 49세다. 반면 스웨덴 · 프랑스 · 스위스 · 스페인 등과 같은 유럽 국가에서는 기대 수명이 일정하게 높으며, 기대 수명은 82세이다. 또한 일부 아시아 국가도 기대 수명이 높은 편이다. 이 중 가장 유명한 나라는 일본으로 기대 수명은 83세다(Population Reference Bureau, 2011). 출생 시 기대 수명의 상승률은 특히 선진국들에서는 더딘 편이다. 그 이유는 개선된 생활 수준과 건강 관리 덕분에 건강한 삶을 유지할 수 있으며 전염병으로 인한 사망률이 감소했기 때문이다. 그러나 여전히 많은 국가에서 65세 때 기대 수명의 상승이 지속되고 있다. 이는 가장 높은 연령대의 인구에서 사망률이 떨어짐에 기인한다(U.S. Census Bureau, 2004). 65세 때 기대 수명은 선진국들이 가장 높은 경향을 보인다. 왜냐하면 선진국에서는 부의 분배가 더욱 공평하게 이루어지고, 국민 총생산 중 더 높은 비율의 금액이 노인 복지와 건강 관리 비용으로 할당되며 흡연율이 아주 낮기 때문이다(Munnell, Hatch, & Lee, 2004).

늘어나는 기대 수명, 특히 65세 때 기대 수명의 증가는 추가로 늘어난 시간을 사는 동안의 삶의 질에 대한 의문들을 제기한다. 더 오래 사는 노인들은 더 건강한 상태로 더 오래 살고 있는가? 아니면 나쁜 건강 상태로 더 오래 살고 있는가? 이런 의문에 대한 답은 사망률, 이환율, 거동 장애의 영향을 받는 건강한 기대 수명에 달려 있다. 건강한 기대 수명은 질병이나 기능적 한계 없이 평균적으로 살아온 시간을 의미한다. 그것은 이환율과 거동 장애의 개선 속도가 사망률의 개선과 같은 속도를 유지하거나 능가할 때 늘어난다. 이 시나리오에서 거동률은 수명이 더 짧아진 기간에 포함되어, 노인들이 평균적으로 더 장수하며 더 나은 건강 상태를 유지하게 된다.

건강한 기대 수명 추정치는 대개 활동적인(또는 거동 장애가 없는) 기대 수명을 계산한 값에 기초하는데, 이 값은 횡단 연구 방법들(Sullivan, 1971)과 종단 연구 방법들(Laditka & Wolf, 1998; Rogers, Rogers, & Belanger, 1990)로부터 나왔다. 지난 10년 동안 건강한 기대 수명에서 일어난 변화를 이해하는 데 상당한 의견 대립이 있었지만, 그럼에도 불구하고 연구들 간에 개념, 정의, 측정 방법 및 계산 기법에서 차이가 있기 때문에 국가들 간의 비교는 쉽지가 않다. 지속되고 있는 세계 질병 부담(Global Burden of Disease) 연구는 사망률과 거동 장애에서 지역적 차이를 추산하기 위해 다양한 데이터를 이용하였다. 이 연구는 그러한 국가 간의 간극을 조금이나마 줄이려고 시도되었다(WHO, 2012). 이 연구 자료는 사망률과 거동 장애 사이에 긍정적인 관계가 있다고 주장한다. 즉, 가장 높은 사망률을 가진 사하라 이남 아프리카 지역, 라틴아메리카, 인도, 아시아(중국과 다른 체계적인 시장 경제를 가진 국가들 제외) 등과 같은 저소득 및 중간 소득 지역들은 높은 거동 장애율까지 가지고 있다. 결과적으로 위 지역들은 거동 장애가 없는 가장 낮은 수준의 기대 수명을 가진다(WHO, 2008). 산업화된 국가에서는 노인들의 거동 장애 비율이 감소하고 있다는 사실을 뒷받침하는 여러 결과들이 출간되었다(Waidmann & Manton, 2000).

전반적으로, 이러한 연구 결과들은 이환율 가설을 강하게 뒷받침한다. 그러나 거동장애의 발생 원인에서 어떠한 변화가 일어날 가능성이 높다. 전염병과 기생충에 감염된 질병으로 인한 거동 장애 비율은 떨어질 가능성이 높다. 하지만 암이나 심장 질환, 신경정신장애와 같이 나이와 관련된 비전염성 질병으로 인해 발생하는 거동 장애는 아마도 늘어날 것이다. 이러한 변화는 특히 급속한 인구 노령화를 경험하고 있는 개발도상국들에서 눈에 띄게 나타날 것이다. 전 세계적으로 인구 노령화가 진행되고 있기는 하지만, 세계적 질병 부담은 2030년이 되었을 땐 30%까지 줄어들 것으로 예상된다(WHO, 2008).

2) 사회 인구통계학적 관점

전 세계 노인들의 비율(%) 및 수적 증가는 인구 노령화의 결과에 대해 다양한 문제를 야기할 것이다. 사회 인구통계학자들은 다양한 연구 설계와 데이터 세트를 가지고 인구 노령화와 관련된 광범위한 사안들을 다루어 왔다(Schafer & Ferraro, 2009). 국제적인 인구 노령화와 관련해 공통적으로 다루는 두 개의 화제는 형식적 · 비형식적 보살핌 제공의 필요성과 노령화 인구로 인한 경제적 문제다.

(1) 비형식적 · 형식적 보살핌 제공

세계적으로 가족은 노인들에게 자원과 수단 및 정서적 원조 등을 일차적으로 부양하거나 제공해 준다. 가족의 부양과 관련해 집중적인 인구 통계 조사의 한 부문은 노인의 주거 형태다. 이 연구는 서유럽이나 북미에 비해 아시아 · 중앙아메리카 · 남미 · 동부 유럽 등의 노인 가구 구성은 다세대 형태가 더 흔하며, 홀로 사는 주거 형태는 덜 흔하다는 것을 시사한다(UN, 2007). 미국 내에서 확대 가족의 주거 형태는 해외에서 태어난 아시아 인종 및 히스패닉 인종 노인들 사이에서 가장 높은 비율로 유지되고 있다(Gurak & Kritz, 2010). 다세대 가구가 흔한 중국 같은 나라의 경우, 더 높은 사회경제적 지위를 가지고 있으며 건강 상태가 좋고 가족의 보살핌과 자원이 더 풍족한 노인들은 지역 사회에서 자녀와는 독립적으로 사는 것을 선호한다고 한다(Sereny, 2011). 비공식적 보살핌 형태에서도 국가들 간에 상당한 차이가 있는데, 그 중에는 노인들과 그들의 성인 자녀들이 가까운 거리에서 거주하는 것, 즉 근접성에서 나타난 차이들(Hank, 2007), 보살펴 주는 이들의 특징들에서 나타난 차이들(Jang, Avendano & Kawachi, 2012)도 포함된다. 한 국가가 경제적 발전을 경험함에 따라 홀로 사는 노인들의 비율(%)이 증가하고 있음에도 불구하고 나라마다 노인들의 주거 형태에서 나타난 차이는 그리 간단하게 설명할 수 없다. 그 이유는 나라마다 개발 단계가 다르기 때문이다. 노인들의 주거 형태에서 나라마다 차이가 나는 것은 세대 간 관계를 이루는 문화와 종교, 노인들의 적합한 거주 형태와 관련된 규범, 주택 이용 가능성, 국가가 지원하는 사회적 서비스의 수준, 정치 · 경제 및 사회적 변형들 때문일 수 있다(Blomgren, Breeze, Koskinen, & Martikainen, 2012; Botev, 2012; Gaymu, Ekamper, & Beets, 2008; Isengard & Szykilk, 2012; Logan, Bian, & Bian, 1998).

인구통계학자들 역시 현대화의 과정 속에서 가족 구성원이 돌보미의 역할을 다하고 있는지에 대해 체계적으로 관찰했다. 현대화로 발생한 여러 가지 사회적 변화는 전통적인 가족 보살핌 형태를 해칠 수 있다. 더 구체적으로는 늦어진 결혼(만혼), 높아진 출산 연령과 더 낮아진 출산율은 각 세대의 가족 구성원들의 수를 줄임으로써 가족 구조를 변화시켰다. 게다가 사망률의 개선으로 인해 가족들 내에 존재하는 세대 수는 늘어났다. 이러한 변화에 따른 단순한 결과는 함께 사는 어린이의 수는 더 적어지고, 줄어든 가족 구성원이 늘어난 노인 가족 구성원들에게 보살핌을 제공해야 하는 것이다(Bengston, Rosenthal, & Burton, 1995; Glaser et al., 2006). 다양한 문화권에서 이루어진 여러 연구는, 여성에게는 가족 사이의 관계를 유지하기 위해 요구되는 일상적인 일들을 해야 하고, 가족 구성원들에게 직접적이고 개인적인 보살핌을 제공해야 하며 가족들 내 '가족 지킴이(kin keepers)'라는 역할이 주어진다(Hagestad, 1986). 그러나 전통적인 가족 보살핌의 제공자 역할을 하던 여성들이 그들의 시간과 에너지를 노동 인력 쪽으로 전환하게 됨에 따라, 가능했던 가족 보살핌 제공자의 수는 그만큼 줄어들게 되었다. 더 나아가 도시화가 젊은 가족 구성원들이 취업 기회를 찾아 시골에서 도시 지역으로 이동하도록 유혹함으로써 가족 내 보살핌 제공자들의 가능성은 더 줄어들게 되었다. 이러한 내적 이동은 대대로 살던 시골 지역에 나이 든 가족 구성원들만 남게 하였는데, 이들은 자녀들로부터 어떠한 개인적 보살핌의 제공을 받지 못한 채 가끔 금전적 지원만 받는 현상을 유발했다. 동시에 배우자들이 인생 후반부에 사회적 지원의 또 다른 중요한 원천이라는 점을 감안하면, 낮아지는 혼인율과 늘어나는 동거 비율은 많은 수의 노인들이 비공식적인 돌보미의 도움을 받을 수 없을지도 모른다는 우려를 낳고 있다. 연구에 의하면 결혼한 부부들에 비해 동거하는 파트너들은 많은 보살핌의 시간을 제공하긴 하지만, 거동 장애를 가진 파트너에게 덜 헌신적인데(Noèl Miller, 2011), 이를 해결하기 위해서는 공식적이고 사회적인 지원을 더 늘려야 한다.

특히 여성 돌보미 같은, 가족 보살핌 제공자의 유용성에서 나타난 근본적 변화는 지역 사회가 더 많은 형식적 보살핌 방안(예: 노인들의 지역사회에 기초한 서비스들)과 제도화된 시설(예: 노인 생활 지원 주택 및 유료 양로원) 내에서 선택할 수 있는 더 많은 공식적 보살핌 방안의 필요성이 증대된 것이다. 간호를 제공하는 데 있어 가족 구성원들의 역할과 관련된 문화적 규범들은 앞서 언급한 사회적 · 인구통계학적 변화와 함께 변화하기 시작했으며, 대안적 보살핌 형태들을 개발하도록 공공 부문에 압력을 점점 더 많이 가한다. 이러한 공공 보살핌 형태의 정확한 모습은 국가마다 차이를 보이는데, 주로 장기 보살핌 서비스를 제공하는 조직과 재정 지원에 따라 차이를 보인다(Ribbeet et al., 1997). 노인들이 이용할 수 있는 공공 보살핌 제공 프로그램의 유형에 관계없이, 공적인 보살핌에 대해 보조금을 지원하거나 직접 보살핌을 제공하는 공적 보살핌 제공 프로그램을 확대하는 것은 노인 보살핌에 대한 공공 지출의 증가와 같은 경제적 부분에 대한 관심을 증폭시킨다.

노인 부양 비용의 증가에 대해 우려하는 이유는 부분적으로는 건강 관리 비용의 증가 때문이다. 연령과 건강 관리의 일반적인 이용 사이에 명확한 관계가 없음에도 불구하고, 연령과 입원 기간 사이에는 명확한 관계가 있다(National Center for Health Statistics, 2011). 즉, 노인 인구의 성장으로 인해 보살핌을 받을 필요가 있는 사람들의 절대적 수가 늘어나게 된다. 따라서 병원에 기초한 간호에 대한 수요를 증가시킬 가능성이 높다. 게다가 비전염성 질병들과 만성 질환들의 치료에 대한 수요도 증가할 가능성이 높다(WHO, 2012). 이런 유형의 보살핌은 대체로 더욱 기술 집중적이며 오랜 기간 동안 일어나는데, 이러한 특징들이 건강 관리 비용의 증가를 초래할 것이다. 많은 개발도상국에서 건강관리 시스템이 아동과 출산 연령대 여성들에게 영향을 미치는 전염병과 질환들을 다루도록 조직이 구성되었다는 점을 감안하면, 상당한 재원이 노인들의 건강 관리 욕구를 충족하는 건강 관리 서비스를 개발하는 데 투자될 필요가 있다(Ofstedal et al., 2002). 따라서 인구가 노령화되고, 가족 구조가 계속 변화하며, 공공 부문이 보살핌 제공에 더 많이 관여하고, 노인들을 위한 건강 관리 서비스가 확대됨에 따라 노인들에게 보살핌을 제공하는 데 드는 비용은 늘어날 것으로 예상된다.

(2) 인구 노령화의 경제적 시사점

많은 사회과학자들은 인구 노령화가 공공 부채의 증가, 노동력 감소, 임금을 올리는 노동력 부족, 노동 인구의 기술 토대의 잠식, 생활 수준의 개선 속도 하락 및 저축률과 투자율 하락을 포함해 다양한 이유들로 인해 경제적 성장은 둔화될 것이라고 주장한다(England, 2002; Hateley & Tan, 2003). 그러나 인구 노령화가 경제 성장에 미칠 것으로 예상되는 부정적 영향은 어쩔 수 없는 것이 아니다. 이 경제적 둔화는 노동력의 높은 참여율, 생산성 증가(특히 IT와 관련된 새로운 경제 덕분에 얻은 증가), 선진국의 경우 외국인 투자 증가, 국가 부채의 안정화 및 공공연금 시스템의 개혁에 의해 상쇄될 수 있다(England, 2002).

많은 인구통계학자는 인구 노령화가 경제 성장 둔화로 이어진다는 논리를 증명하려 도전하고 있다. Mullan(2000)은 인구 노령화가 경제적 성장에 미치는 영향을 통한 구체적인 작용 기제는 거의 연구되지 않았다고 주장하면서, 인구 노령화와 둔화되는 경제적 성장 간에 어떤 인과 관계의 타당성이 존재할 것이라는 점에 의문을 제기했다. 이 취약한 인과관계란 개념은 인구 노령화가 선진 산업 국가들의 경제 성장을 둔화시켰다는 어떠한 증거도 찾지 못했다는 연구들로부터 지지를 받는다(Easterlin, 1991; Mullan, 2000). 복지 상태의 해체를 정당화하기 위해 종종 사용되는 엄청난 예측에도 불구하고, 경제학자 F. Thomas Juster가 의장을 맡고 있는 미 국립연구협의회(National Research Council)의 한 위원은 "정책 입안자들이 미래 사회의 복지를 형성할, 경제적 · 사회적 신흥 세력의 출현에 대한 정보에 접근해 왔다는 점을 감안하면, 국가들은 현재 및 예상되는 인구통계학적 변화들에 대처할 수 있을 것이라고 믿을 만한 이유가 충분하다."고 결론을 내렸다(National Research Council, 2001, p. 17). 이 주장은 최근 UN의 보고서에서도 반복되었는데, 이 보고서에서 UN은 "나이 들어가는 인구와 노동력이 경제 성장의 급격한 하락으로 이어질 것이라는 걱정들은 근거가 없다."고

말했다(UN, 2007, p. 84). 따라서 일부 연구자들은 인구 노령화가 경제에 부정적 영향을 미칠 수 있다고 경고하지만, 인구통계학자들은 그 결과들의 변화 가능한 융통성을 강조한다.

2. 미국 노인 인구의 인구통계학적 특징

1) 형식 인구통계학적 관점

인구통계학이 노년학적 탐구에 기여한 또 다른 점은 미국에서 발생한 인구 노령화의 추세들을 자세히 문서로 기록하고 있다는 점이다. 이러한 인구통계학적 사실은 인류학자들이 특정 연령과 관련된 화제에 대한 연구 내용을 정당화하는 데 종종 이용되기도 한다. 예를 들면, 노년학자들은 한 목소리로 65세 이상 노인들의 수와 전체 인구에서 그들이 차지하는 비율의 증가를 주장한다. 2010년만 해도 미국에서 65세 이상의 노인들은 4,040만 명이었는데, 이 수치는 2000년 이후 15.3% 증가했음을 의미한다(Administration on Aging, 2011). 미국에서 65세 이상의 인구는 2050년이 되었을 땐 8,900만 명에 이를 것으로 예상된다(Population Reference Bureau, 2011). 노령 인구에서 가장 빠르게 성장하는 부분은 85세 이상의 초고령자들이다. 2010년만 해도 미국에서 초고령자들의 수는 550만 명으로, 1900년의 이 연령층 인구의 45배나 많은 규모다(Administration on Aging, 2011). 이 연령층 인구는 2020년에는 660만 명으로 늘어날 것으로 예상되는데, 이 수치는 2010년 수치로부터 19%의 증가를 뜻한다. 이렇게 노인 인구 증가가 예상되는 가장 큰 이유는 현재 40대 중반에서 60대 중반인 베이비부머 세대들 때문으로, 그들은 모두 2030년이 되었을 때 노인층에 해당될 것이다(Vincent & Velkoff, 2010).

인구통계학자들은 노인 인구의 성장은 미국 내 다양한 장소에 각기 다른 영향을 미칠 것이라고 직설적으로 지적한다. 미국에서 노인 인구는 지리적 구역에 걸쳐 동등하게 분포되어 있는 것은 아니다. 미국의 중서부와 북동부의 일부 지역을 포함해 미국의 일부 지역에는 젊은 성인이 다른 지역으로 이주해 버렸거나, 남아 있는 노인들의 노령화로 인해 노인들의 인구 집중도가 높아졌다. 미국의 다른 지역들, 특히 플로리다, 캘리포니아, 애리조나, 텍사스 및 노스캐롤라이나와 같은 남동부 및 서부 지역은 노인 이주자들에게 인기 있는 최종 목적지다(Longino & Bradley, 2003). 생활 편의 시설이 풍부한 이 지역들로 이주하는 노인들은 긍정적으로 선택 수용되지만, 반면 이 지역들을 떠나 중서부와 북동부 지역들로 돌아가는 원조를 구하는 이주민들은 소극적으로 선택 수용된다(Bradley, 2011). 이러한 인구통계학적 과정들은 특정 지방에 거주하는 노인들에게 제공되는 프로그램과 서비스에 대해 다른 수요를 부여한다.

그들을 위한 프로그램과 서비스에 대한 노인들의 수요는 상당한 수준으로 노인 인구의 사망률과 이환율에 달려 있다. 미국에서는 사망률이 상당히 감소하는 동시에 기대 수명은 증가해 왔다. 2010년 경우 출생 시 기대 수명은 남성은 76.2세, 여성은 81.1세일 것으로 추정되었다(Murphy, Jiaquan, & Kochanek, 2012). 전 세계에서 기대 수명 증가에 대해 나왔던 우려와 비슷하게, 미국에서도 이러한 추세는 미국 노인들 사이에 이 추가된 시간 동안 삶의 질에 대해 의문들을 제기하게 만들었다. 더 오래 사는 미국인들은 더 건강한 상태로 살고 있는가? 아니면 더 악화된 건강 상태로 더 늘어난 시간을 살고 있는가? 이러한 질문에 답하면서 인구통계학자들은 노령화 종단 연구(Longitudinal Study on Aging), 전미 보건 영양 조사(National Health and Nutrition Examination Survey), 노인 인구 역학 연구(Established Populations for Epidemiological Studies of the Elderly), 건강과 은퇴 연구(Health and Retirement Study), 초고령자들의 자산과 건강 역학 관계(Assets and

Health Dynamics among the Oldest-Old) 그리고 전미 보건과 노령화 추세 연구(National Health and Aging Trends Study)를 포함해 미국 전역을 대표하는 다양한 데이터 세트를 가지고 노인들의 이환율과 거동 장애를 기록하는 데 초점을 맞추어 왔다.

2010년 경우, 미국에서 주요 사망 원인들은 계속해서 심장 질환, 암, 만성 호흡 기능 저하 질환들 및 뇌졸중을 포함해 노령화와 관련된 퇴행성 질환들이 대부분이었다(Murphy et al., 2012). 알츠하이머병은 사망의 주요 원인은 아니지만 최대 400만 명의 미국인에게 영향을 미쳤으며, 이 질환의 유병률은 연령과 유기적 연관성을 갖고 증가하였다(Sloane et al., 2002). 일반적으로 만성 질환들은 즉각적으로 생명을 위협하는 것은 아니지만 시간이 지날수록 기능 제한과 사망의 위험을 증가시킨다. 대략 미국 노인 인구의 80% 정도가 최소한 한 가지 만성 질환으로 고통받는데(Centers for Disease Control and Prevention, 2011), 가장 흔한 만성 질환들은 관절염, 고혈압, 청력 손실, 심장병, 당뇨병 및 백내장이다(Administration on Aging, 2011).

전반적으로 1970년대부터 2005년까지의 기간 동안 미국 노인들의 건강에서 나타난 추세는 사망률의 일반적인 감소와 기대 수명의 증가를 보여주고 있다. 이러한 특징은 심장병, 뇌졸중, 암과 같은 만성 질환들의 감소뿐만 아니라 알츠하이머병과 당뇨병과 같은 만성 질환들의 진단과 보고의 개선들 덕분이었다. 의료 기술의 지속적인 개선은 이러한 추세가 미래에도 계속되게 할 수 있다. 그러나 인종 · 민족 및 성별 차이를 고려해야 하며 또한 삶의 질에 영향을 주는 비만, 건강, 위험 요인들과 인지적 작용에 대한 더 많은 연구의 필요성이 제안되어 왔다(Kramarow, Lubitz, Lentzner, & Gorina, 2007).

기대 수명과 건강 상태에서 나타난 이러한 추세들이 인생 후반부의 거동 장애와 삶의 질과 어떠한 관련이 있는지에 대한 의문들이 여전히 남아 있다. 일부 연구자들은 기대 수명이 증가함에 따라 거동 장애의 만연한 수준이 하락할 것임을 지칭하는 '이환율 압축(compression of morbidity)'이 있을 것이라고 주장하였다. 반면에 다른 연구자들은 기대 수명이 증가함에 따라 거동 장애의 만연 수준 증가를 특징으로 하는 '이환율 확장(expansion of morbidity)'이 있을 것이라고 주장하였다(National Institute on Aging, 2011). 이 두 가지 입장을 뒷받침하는 증거들은 뒤섞여 있는데, 그 주된 이유는 개념들 · 측정 방법들 · 데이터 수집 기간 및 피험자의 연령 범위에서 연구들마다 차이가 있기 때문이다.

한편, 연구자들은 미국 노인들 사이에서 일부 유형의 기능들(즉, 일상생활의 도구 이용 활동들과 기능적 한계들)에서 개선할 것들이 있다고 제안한다(Freedman, Martin, & Schoeni, 2002). 특히 심혈관 질환, 관절염, 류머티스, 백내장 및 인공 관절에 적용된 치료 등을 포괄하는 의료적 보살핌의 발전과 더불어, 미국 노인 인구의 빈곤 감소, 노인 교육 수준의 증가와 같은 사회경제적 변화들 때문에 개선될 사항들이 제안되었다(Schoeni, Freedman, & Martin, 2008). 반면 관찰한 이러한 추세들은 향후 집단들에서도 계속될지 여부는 확실치 않은데, 특히 중년층 미국인들의 건강 수준 하락 및 거동 장애의 만연 정도 증가를 감안하면 미래의 이러한 개선 추세는 계속 될지는 불확실하다(Martin, Freedman, Schoeni, & Andresky, 2009, 2010).

현재로선 거동 장애의 추세들이 어떻게 바뀔지 확실히 모른다는 것을 감안해, 우리는 미국 노인들의 활동적인(또는 거동 장애가 없는) 기대 수명에 대해 명확히 이해할 수 없다. 학자들은 연령과 함께 활동적인 삶의 비율이 줄어든다는 것에 동의하며, 이러한 비율은 여성보다는 남성들에게 크게 나타나며 인종과 민족에 따라 다르게 나타난다.(Crimmins, Hayward, & Satio, 1996; Hayward & Heron, 1999; Manton & Stallard, 1991). 그러나 미국 인구에서 활동적인(또한 거동 장애가 없는) 기대 수명은 연구들마다 다르다. 노인들은 심각한 거동 장애 없이 살 것이라고 기대한 것보다 훨씬 더 오래 생존할지도 모른다는 추측이 있어 왔다(Manton & Land, 2000). 사실 최근의 이런 증거들은 활동적인 기대 수명이 최근의 노인 집단 사이에서 점점 늘어나고 있으며(Cai & Lubitz, 2007; Manton, Gu, & Lowrimore, 2008), 또한 거동 장애가 없는 기대 수명은 증가하는데 주로 거동 장애를 초래하는 사건의 발생 감소와 거동 장애로부터의 회복률이 증가하기 때문이라는 것(Crimmins, Hayward, Hagedorn, Saito, & Brouard, 2009)을 보여 준다. 더욱이 주관적인 전반적 복지의 한 측정 방법에 기초한 행복한 기대 수명은 활동적인 기대 수명보다 더 길다. 물론 이 행복한 기대 수명 수치도 성별, 인종 및 교육별로 편차를 보이긴 하지만 말이다(Yang, 2008; Yang & Waligi, 2010). 그러나 최근 연구들은 한 개 정도의 주요 질환을 가지고 또는 높은 수준의 이동기능 손실을 가지고 사는 인생 부분이 점점 커지고 있다는 것을 보여준다(Crimmins & Beltràn-Sànchez, 2011). 전반적으로 노인들의 건강에 대한 인구통계학적 연구들은 현재 미국의 노인 집단이 덜한 심한 거동 장애를 가지고 더 오래, 더 행복한 삶을 영위하는 중이라고 제안한다. 동시에 하나의 주요 질환을 가지고 높은 수준의 기능 감소를 경험하며 사는 노인들의 수가 점점 늘고 있다.

2) 사회 인구통계학적 관점

노년학의 핵심 개념은 노인 인구들 사이에서 나타나는 이질성인데, 이 이질성은 미국 노인들의 성별, 인종, 민족 및 사회경제적 차이들에 대한 인구통계학적 연구에 의해 입증되었다. 인구통계학적 연구는 미국에서 인구 노령화의 결과들을 상당 부분 고려함으로써 노년학 연구에 기여하고 있는데, 특히 인구통계학적 연구는 노동력의 노동 참여와 은퇴, 가족 간 유대 및 세대 간 이동과 관련된 주제에서 더더욱 노년학 연구에 기여하고 있다.

(1) 미국 노인의 인구통계학적 편차

성별 차원에서 생애 후반부 여성에 비해 남성 비율은 매우 불균형적이며 연령이 늘어날수록 극적으로 줄어들고 있는데, 이것은 사망률에서 확인되는 성비 차이 때문이다. 2010년에는 100명의 남성 노인 대비 여성 노인은 132명이었다. 83세 이상 노인들 중 남성 노인 100명당 여성 노인은 206명이었다(Administration on Aging, 2011). 이들 여성 노인들은 건강 상태, 재정 상태 그리고 사회적 관계 같은 인생 후반부의 상태를 조명 받게 된다. 따라서 노년학자들이 관심을 갖고 연구하는 주제들이 이런 여성 노인들의 후반부에 편중되는 경향이 있다.

인구통계학적 연구는 이러한 결과들이 인종과 민족별로 다양하다는 것을 입증해 왔다. 가장 최근 연구의 근거로 보면, 미국 노인 인구는 미국 전체 인구의 나머지 부분만큼 인종적 · 민족적으로 다양하진 않다. 2009년의 경우, 65세 이상의 미국 인구 중 약 80%가 비히스패닉 백인이었으나, 2030년이 되었을 땐 단지 71.2%만이 백인으로 이 수치는 하락할 것이며 또한 2050년이 되었을 땐 58.5%까지 떨어질 것이다. 미국 노인 인구 중에서 소수민족들의 점유율은 점점 늘어나고 있긴 하지만, 히스패닉과 아시아 노인 인구의 비율이 가장 빠른 성장세를 보이고 있다. 예를 들면, 2009년 경우 65세 이상의 성인들 중 7.0%만이 히스패닉인이었으며, 이 비율은 2030년이 되면 12.0%로 그리고 2050년이 되면 19.8%까지 증가할 것이다. 아시아계 노인들의 비율 역시 증가할 것인데, 2009년 3.4%로 보고된 것으로부터 2030년이면 5.3%로 그리고 2050년이 되면 8.4%까지 증가할 것이다(Jacobsen, Kent, Lee, & Mater, 2011). 이러한 히스패닉 및 아시아 노인 인구의 증가는 주로 이민 추세 때문이다. 그런데 이 중에는 라틴아메리카와 아시아 국가들로부터 이민자 흐름의 변화, 가족 지위에 기초해 미국으로의 입국을 선호하는 변화 및 60세 이상의 이민자 수 증가가 포함된다. 또한 히스패닉의 더 높은 기대 수명도 미국 전체 인구에서 차지하는 노인 인구의 점유 부분이 커지고 있는 데 기여한다(Jacobsen et al., 2011).

인구통계학자들은 인종과 민족에 따라 인생 후반부의 결과에서 나타난 차이는 사회경제적 지위의 격차 때문에 발생한 것이라고 말한다. 사회경제적 지위의 한 지표는 교육 수준이다. 2010년의 경우, 미국 노인들의 79.5% 정도가 고등학교 과정을 마쳤으며, 22.5%는 학사 학위 이상을 취득했다. 비히스패닉 백인 노인들(84.3%)이 아시아 노인들(64.8%), 아프리카계 미국 노인들(64.8%)이나 히스패닉계 노인들(47.0%)보다 고등학교를 졸업했을 가능성이 더 높다(Administration on Aging, 2011). 교육 수준과 소득의 밀접한 연관성을 감안하면, 비히스패닉 백인 노인들의 가난할 가능성이 더 적다는 것은 그다지 놀랄 만한 일이 아니다. 또한 다른 인종과 민족에 비해 인생 후반부가 경제적으로 더 넉넉할 가능성이 더 높다. 전체적으로 보면, 2010년 경우, 미국 노인들 중 9%가 최저 생활 수준(직역: 빈곤 수준) 이하로 생활하고 있었다. 관찰된 추세들은 미국 노인 인구에서 여성들, 특히 히스패닉과 흑인 여성 노인들 및 독거 여성 노인들이 가난할 가능성이 높다고 제안한다. 같은 해 동안 비히스패닉 백인 노인들 중 약 7%가 빈곤층이었으며 이에 비해 아프리카계 미국 노인들은 18%, 히스패닉 노인들은 18% 그리고 아시아 노인들은 14.6%가 빈곤층이었다(Administration on Aging, 2011). 2010년의 경우, 미국 인구 중 노인들의 중간 소득(median income)은 남성들 경우엔 2만 5,704달러였으며, 여성들은 1만 5,072달러였다(Administration on Aging, 2011). 또한 비히스패닉 백인 노인들이 세대주로 있는 가구들의 중간 소득은 4만 7,584달러인 데 비해 아시아계 노인 가구들 경우엔 4만 2,986달러, 히스패닉 노인 가구들은 3만 2,338달러 그리고 아프리카계 미국 노인 가구들은 3만 7,037달러였다(Administration on Aging, 2011). 모든 소득과 교육 수준에서 비히스패닉 백인 노인들이 소수 인종 노인들에 비해 더 높은 수익을 창출할 수 있는 고위험도의 투자를 비롯해 다양한 자산을 소유할 가능성이 더 높다(Choudhury, 2003). 아마도 더 중요한 점은 인종과 민족 집단들 간의 경제적 격차가 커지고 있다는 증거들이 있다는 것이다(Utendorf, 2002). 미국 노인 인구 사이에서 나타나는 이 인구통계학적 편차는 노령화 경험에서 발견되는 다양성 단계에 해당되는 것으로, 이 특징은 다수의 노년학자들이 기록한 것이다.

(2) 노동력 참여 및 은퇴

20세기 동안 남성 노인들의 노동력 참가는 꾸준히 줄어들었다. 이러한 노동력 참여율의 하락은 20세기 말에 안정화되었으며, 이어 2000년 이후부터는 꾸준히 상승 중이다. 이와는 대조적으로 여성 노인들의 노동력 참여율은 20세기 전반부부터 증가세를 보이다가 20세기의 마지막 25년(제4분기) 동안에는 짧은 하락세를 보였다. 이어 남성 노인들에게서 관찰된 추세들과 유사하게 2000년 이후에는 꾸준히 증가하고 있다(Administration on Aging, 2011). 2010년의 경우, 65세 이상의 노인들 중 22.1%의 남성들과 13.8%의 여성들이 노동력에 포함되는 것으로 추산되었다(U.S. Bureau of Labor Statistics, 2012). 20세기 후반부 동안 은퇴 나이 역시 떨어졌다. 남성들의 경우 은퇴 연령은 1950~1955년 동안 67세였던 것에 비해 2005~2010년에는 62세로 낮아졌다. 여성들의 경우 평균 은퇴 연령은 같은 기간 동안 거의 68세에서 약 62세로 낮아졌다(Gendell, 2008). 이러한 조기 은퇴 추세는 증가하는 기대 수명과 합쳐져 20세기 중반이 되기 전에 태어난 집단에 소속된 사람들의 은퇴 후 지낸 평균 기간을 상당히 늘어나게 만들었다. 남성들의 경우 1950년대 초반에는 은퇴 연령 중간치를 기준으로 이후 평균 기대 수명은 12년이었지만, 2000년대 초가 되었을 땐 은퇴 후 평균 기대 수명은 19년으로 늘어났다. 또한 여성들의 경우 은퇴 연령 중간치를 기준으로 이후 평균 기대 수명은 같은 기간 동안 14년에서 23년으로 늘어났다(Gendell, 2008).

베이비붐 세대와 이후 집단의 은퇴 맥락은 상당히 달라질 것이라는 것을 보여 주는 증거들이 늘어나고 있다. 민간 및 공공 부문 정책들의 변화에 따른 조기 은퇴 추세는 1985년 이후 수평적 상태를 유지해 오고 있다(Clark & Quinn, 2002). 20세기에 조기 은퇴를 장려하게 된 주요 요인이 있는데, 하나는 나이 많은 근로자들을 보유하는 것은 젊은이들의 일자리 기회를 제약한다는 믿음이고, 다른 하나는 노동 시장에서 나가는 조건으로 사회보장 프로그램에서 제공한 인센티브와 고용주가 제공한 확정-급부 은퇴 프로그램(defined-benefit retirement programs)이다(Wise, 2010). 그러나 지난 20년 사이, 고용주가 제공한 은퇴 프로그램은 확정-급부(defined-benefit)에서 확정-기여(defined-contribution) 계획으로 바뀌었다. 게다가 사회보장 프로그램에 해당되는 완전 은퇴 연령은 65세에서 67세로 늘어났다(Social Security Administration, 2012). 2008년의 최근 '대침체'와 맞물려 이러한 정책 변화들은 베이비붐 세대에게 그들의 은퇴 후 노후 자금을 마련하기 위해 계속 일을 하도록 추가 압력을 행사하며 조기 은퇴를 과거의 한 추세로 만들고 있다(Ekerdt, 2010; Muldoon & Kopcke, 2008; Population Reference Bureau, 2011).

실제로 미국 노인들의 노동력 참가는 증가해 왔다. 1990년대에 미국의 65세 이상 인구의 11.8%가 노동 인력으로 취업된 상태였던 것에 비해, 2010년 경우엔 그 비율이 17.4%로 늘어났다(U.S. Bureau of Labor Statistics, 2012). 그러나 노인 노동력 참가와 은퇴 연령이 조금 늘어남에도 불구하고, 은퇴 후 평균 노년 기간은 기대 수명의 개선이 예상됨에 따라 늘어날 가능성이 높다. 이것은 연금 수혜자에 비해 연금을 내는 근로자의 비율이 떨어지는 동시에 수혜자가 받는 연금 햇수가 늘어남으로써 사회 보장 연금 시스템에 추가적인 압력을 가할 것이다. 따라서 사회 인구통계학자들은 공식적으로 경제학자로 훈련 받든 아니면 다른 사회 과학 교수 과목들을 통해 훈련을 받든, 미국 노인들의 과거와 미래 은퇴 추세에 대한 우리의 이해를 돕고 있다. 그렇게 함으로써 사회 인구통계학자들은 사회보장 프로그램이 당면한 재정적 도전 과제들을 다룰 가능성 있는 정책 선택 방안들에 대한 필요성을 인식하게 해주었다.

(3) 가족 유대

가족 구성원들이 노인들의 주요 부양 원천이라는 것을 감안해, 사회 인구통계학자들은 가족 유대 관계를 문서로 기록하고 인구통계학적 · 사회적 변화가 노인들에게 제공된 부양을 어떻게 바꾸어 놓을 수 있는지에 대해 고려하고 있다. 사회학 훈련을 받은 대다수 연구자들이 실시하는 이 부분의 인구통계학적 연구의 대부분은 미국 노인들 대다수가 독립적으로 사는 경향이 늘어남에도 불구하고 가족 관계라는 그물망에 연결되어 있다는 것을 보여 준다.

20세기 동안 가족과 함께 사는 미국 노인들의 비율은 극적으로 떨어졌다. 이러한 독립적인 생활 지향 추세는 노인 인구의 향상된 경제 상태와 건강 상태를 통해 실현되었다. 이는 혼자 살기를 선호할 뿐만 아니라 가족이 없는 주거 형태와 관련된 사회적 규범과 가치관 변화의 탓으로 돌릴 수 있는 경우가 종종 있다(Kramarow, 1995; Michael, Fuchs, & Scott, 1980). 이러한 추세에 기여한 또 다른 요인은 기대 수명의 개선으로, 이것은 결혼한 (따라서 배우자와 함께 사는) 노인들의 비율을 증가시켰다. 2010년만 해도 미국 여성 노인의 37% 정도와 남성 노인의 19% 정도가 홀로 살았다. 반면, 42%의 여성 노인과 72%의 남성 노인이 배우자와 함께 살았으며 또한 18%의 여성 노인과 6%의 남성 노인은 친척들과 함께 살았다(Federal Interagency Forum on Aging Related Statistics, 2012). 홀로 살 가능성은 소수 민족 구성원들이나 이민자 노인들, 건강 상태가 좋지 못한 노인들, 재정적 재원이 더 적은 노인들, 자녀가 많은 노인들에서 더 낮은 경향이 있다(Angel, 1991; Himes, Hogan, & Eggebeen, 1996; Soldo, Wolf, & Agree, 1990; Wilmoth, 2001).

미국 노인들은 가족과 함께 살 가능성은 없지만 최소한 일부 가족 구성원들과 자주 연락하고 가까운 거리에 사는 경향이 있다. 예를 들면, 은퇴 연령대(55~74세)의 성인들은 한 달에 4번 그들의 자녀들을 보며, 한 달에 4~5번 정도 그들의 자녀와 전화나 편지로 연락을 주고받는다고 보고한다(Szinovacz & Davey, 2011). 특히 초고령자들은 좋은 부양 네트워크를 갖고 있는데, 젊은 고령자들에 비해 훨씬 더 자주 자녀 및 가족과 연락하고 또한 그들로부터 더욱 긍정적인 부양을 받는다(Ailshire & Crimmins, 2011). 자녀를 가진 70세 이상의 노인 가운데 40%가 적어도 1인 이상의 성인 자녀와 함께 살거나 또는 10분 이내 거리에서 살고 있으며, 33%는 10분에서 59분 이내 거리에서 살고 있으며, 단 27%만이 자녀로부터 60분 이상 떨어진 거리에서 살고 있다(Silverstein, 1995). 자녀들과 가까운 거리 내에 살고 있지 않은 노인들은 가족들과 더 가까운 곳에 살기 위해 이사를 갈 동기를 갖게 될 수 있는데, 특히 건강 상태가 떨어지는 생애 말기에는 더욱 그럴 수 있다(DeJong, Wilmoth, Angel, & Cornwell, 1995; Litwak & Longino, 1987; Wilmoth, 2010). 사실 자녀의 거주 위치는 노인들, 특히 결혼하지 않은 75세 이상의 백인 노인들에게 영향을 미치는 요인이다(Liaw, Frey, & Lin, 2002).

75세 이상의 노인들은 비교적 높은 혼인율과 출산율을 경험한 집단의 구성원으로서 지원을 이끌어 낼 수 있는 비교적 큰 가족 간 네트워크를 갖추고 있다(Himes, 1992). 그러나 아주 최근의 집단과 집단 사이에서 더 길어진 기대 수명과 합쳐 더 낮아진 출산율 추세는 미국의 가족 구조를 상당히 바꾸어 놓는 중이다. 다른 나라들과 유사하게 미국에서도 평균 가족의 수가 점점 줄어드는 중이며 또한 다세대 가족들은 더욱 흔해지고 있다(Bengston et al., 1995). 동시에 성인기로의 이행은 더욱 지연되었다(Furstenberg, 2010). 결과적으로 중년층 미국인들은 한 명 이상의 생존한 부모(그리고 어쩌면 조부모), 게다가 젊은 성인기 동안 부분적으로나마 최소한 의존하는 그들의 자녀들(그리고 그들에게 의존하는 손자손녀들)을 갖고 있을 가능성이 더욱 높다.

이것은 보살핌의 부담이 늘어났는데, 특히 중년층 여성들에게 보살핌의 부담은 더욱 가중되었다. 이 '중심 세대(pivotal generation)'에 있는 여성들의 약 1/3이 어린 가족 구성원들과 늙은 가족 구성원들, 양쪽에 모두 도움을 제공하고 있다고 보고한다. 반면, 2/5 이상은 어린 가족 구성원이나 늙은 가족 구성원들 중 한쪽에게 도움을 제공하고 있다고 보고한다(Grundy & Henertta, 2006).

미국에서는 이혼율 증가, 재혼율 감소 및 한 번도 결혼하지 않은 인구 비율 증가로 인해 가족 구조가 복잡해졌다. 미국인들의 이러한 결혼으로부터 멀어지는 추세는 혼합적이고 대체적이며 복합 가족의 형태를 만들어 냈다. 우리는 미국 가정의 구조 조정이 세대 간 관계에 어떻게 영향을 미칠 것인지를 이제야 이해하기 시작했으며, 미래 노인 집단은 지원을 받기 위해 배우자들과 자녀들에게 크게 의존할 수밖에 없을 것이라는 사실을 깨닫기 시작했다(Fingerman, Pillemer, Silverstein, & Suitor, 2012).

(4) 세대 간 이전

사회 인구통계학자들은 노인들이 언제나 사회적 교환의 끝에서 변화를 받는 것은 아니라고 지적하는 경우가 종종 있다. 보통, 세대와 세대 사이의 자원의 흐름은 장기적인 하향식 이전(예: 정서, 수단, 자본, 교육)과 유산에 의해 개별적으로 이루어져 왔다. 여기에 해당 국가의 복지 정책을 통한 공공 부문의 이전이 더해진다. 사회 인구통계학자들은 인구 노령화가 공공 부문 내 이전들에 미치는 영향을 이해하는 데 점점 더 많은 관심을 보여 왔다. 경제학자로부터 주로 영향을 받은 이 관점에서 보면, 근로 소득은 중년기부터 은퇴할 때까지 소비를 능가한다. 이것은 생산 가능 인구가 연방 · 주 · 지방 정부 세금을 통해 아동(예: 공공 교육), 노인[예: 사회 보장 보험, 메디케어(Medicare)] 및 소외 계층 인구[예: 메디케이드(Medicaid)]를 위한 공공 프로그램을 지원하는 것을 가능하게 한다. 이 공공 프로그램들은 여러 세대들과 사회경제적 집단들 전반으로 자원의 거시적 재분배를 상징하는 것이다. 이 시스템이 생산 가능 인구의 생산성에 기초하고 있다는 점을 감안할 때, 공공 부문의 이전 프로그램들은 인구 연령 구조에서 나타나는 변화들에 특히 취약하다. 노령화되고 있는 인구는 경제 성장을 둔화시킬 잠재력이 있는데, 그러한 경제적 둔화는 더 나아가 공공 프로그램에 재정을 지원하는 데 이용되는 정부 소득의 사용을 억제할 것이다. 그러나 앞서 논의한 것처럼 여러 인구통계학자는 선진국에서 나타나는 인구 노령화의 부정적 영향에서 파생된 예측들에 대해 회의적이다(Easterlin, 1991; Friedland & Summer, 1999; Schultz, 1999). 인구 노령화의 영향 크기는 부분적으로는 공공 정책에서 일어날 향후 변화들과 출산율, 사망률, 이환율 및 이민 추세들에 달려 있다(Bongaarts, 2004; Lee, 2000; Lee & Skinner, 1999).

3. 인구통계학이 노년학에 기여한 점

문헌에 대한 이 검토에서 입증된 것처럼, 노령화에 대한 인구통계학은 노인 인구의 성장과 노인 인구의 특징들에서 나타난 변화들을 문서로 기록함으로써 노인들과 노령화 과정에 대한 연구를 위한 하나의 정당성을 제공한다는 점에서 독특하다 할 수 있다. 노인 인구에 대한 기본적인 기술 통계치를 제공하는 것을 넘어 인구통계학 연구는 인구 노령화의 사회적 원인과 결과를 조사한다. 그렇게 함으로써 인구통계학 연구는 인구의 노령화를 만드는 것은 무엇인지, 노인들은 더 오래, 더 건강하게 살고 있는지, 가족 구조의 변화가 보살핌 제공과 가족 사이 관계에 어떻게 영향을 미치는지 그리고 인구 노령화의 경제적 시사점들로 어떤 것들이 있는지 같은 노년학적 질문들에 대해 통찰을 제공한다. 이러한 질문에 대한 답변은 우리가 노령화되는 인구의 역학 구조를 이해하는 데 도움을 줄 뿐만 아니라, 공공 정책을 결정하는 데도 알려 줄 수 있는 정보를 제공해 줄 수 있다. 그리고 그것은 노인 인구를 위한 향후 서비스들을 계획하는 데도 도움을 줄 수 있는 정보를 제공한다. 따라서 노령화에 대한 인구통계학은 노인 인구의 인구통계학적 특징들, 연령 구조에서 나타난 변화들의 사회적 원인 및 인구 노령화의 다양한 결과에 대한 자세한 이해 정보를 제공함으로써 노년학 탐구에 관여된 다른 학문들을 돕는다.

참고문헌

Administration on Aging. (2011). *A profile of older Americans: 2011*. Retrieved April 13, 2012 from http://www.aoa.gov/aoaroot/aging_statistics/Profile/2011/docs/2011profile.pdf

Ailshire, J., & Crimmins, E. (2011). Psychosocial factors associated with longevity in the United States: Age differences between the old and oldest-old in the health and retirement study. *Journal of Aging Research, 2011*.

Angel, J. (1991). *Health and living arrangements of the elderly*. New York, NY: Garland Publishing.

Bengston, V., Rosenthal, C., & Burton, L. (1995). Paradoxes of families and aging. In R. Binstock & L. George (Eds.), *Handbook of aging and the social sciences* (4th ed., pp. 254-282). San Diego, CA: Academic Press.

Blomgren, J., Breeze, E., Koskinen, S., & Martikainen, P. (2012). Help from spouse and from children among older people with functional limitations: Comparison of England and Finland. *Aging and Society, 32*, 905-933.

Bongaarts, J. (2004). Population aging and the rising cost of public pensions. *Population Development and Review, 30*(1), 1-23.

Botev, N. (2012). Population aging in Central and Eastern Europe and its demographic and social context. *European Journal of Aging, 9*, 69-79.

Bradley, D. (2011). Litwak and Longino's development model of later-life migration: Evidence from the American Community Survey, 2005-2007. *Journal of Applied Gerontology, 30*, 141-158.

Cai, L., & Lubitz, J. (2007). Was there compression of disability for older Americans from 1992 to 2003? *Demography, 44*(3), 479-495.

Centers for Disease Control and Prevention (CDC) (2011). *Healthy aging. Helping people to live long and productive lives and enjoy a good quality of life*. Retrieved April 14, 2010 from http://www.cdc.gov/chronicdisease/resources/publications/AAG/aging.htm

Choudhury, S. (2003). Race and ethnic differences in wealth and asset choices. *Social Security Bulletin, 64*(4), 1-15.

Clark, R., & Quinn, J. (2002). Patterns of work and retirement for a new century. *Generations, 26,* 17-24.

Coale, A. (1964). How a population ages or grows younger. In R. Freedman (Ed.), *Population: The vital revolution*. Garden City, NY: Anchor Books.

Cook, I. G., & Cummer, T. J. (2004). Changing health in China: Re-evaluating the *demographic transition model*. *Health Policy, 67,* 329-343.

Crimmins, E., Hayward, M., & Saito, Y. (1996). Differentials in active life expectancy in the older population of the United States. *Journal of Gerontology: Social Sciences, 51B,* S111-S120.

Crimmins, E. M., & Beltrán-Sánchez, H. (2011). Moratlity and morbidity trends: Is there compression of morbidity? *The Journals of Gerontology Series B: Psychological Sciences and Social Sciences, 66*(1), 75-86.

Crimmins, E. M., Hayward, M. D., Hagedorn, A., Saito, Y., & Brouard, N. (2009). Change in disability-free life expectancy for Americans 70 years old and older. *Demography, 46*(3), 627-646.

DeJong, G., Wilmoth, J., Angel, J., & Cornwell, G. (1995). Motives and the geographic mobility of the very old. *Journal of Gerontology: Social Sciences, 50,* S395-S404.

Easterlin, R. (1991). The economic impact of prospective population changes in advanced industrial countries. *Journal of Gerontology: Social Sciences, 46,* S299-S309.

Ekerdt, D. J. (2010). Frontiers of research on work and retirement. *The Journals of Gerontology Series B: Psychological Sciences and Social Sciences, 65*(1), 69-80.

England, R. S. (2002). *The macroeconomic impact of global aging: A new era of economic frailty?* Washington, DC: Center for Strategic and International Studies Press.

Federal Interagency Forum on Aging Related Statistics. (2012). *Older Americans 2010: Key indicators of well-being*. Retrieved October 16, 2012 from http://www.agingstats.gov/agingstatsdotnet/Main_Site/Data/2012_Documents/Docs/EntireChartbook.pdf

Fingerman, K., Pillemer, K., Silverstein, M., & Suitor, J. (2012). The baby boomer's intergenerational relationships. *The Gerontologist, 52*(2), 199-209.

Freedman, V. A., Martin, L., & Schoeni, R. (2002). Recent trends in disability and functioning among older adults in the United States: A systematic review. *Journal of the American Medical Association, 288,* 3137-3146.

Friedland, R., & Summer, L. (1999). *Demography is not destiny.* Washington, DC: National Academy on an Aging Society.

Furstenberg, F. (2010). On a new schedule: Transitions to adulthood and family change. *Future of Children, 20,* 67-87.

Gaymu, J., Ekamper, R., & Beets, G. (2008). Future trends in health and marital status: Effects on the structure of living arrangements of older Europeans in 2030. *European Journal of Aging, 5,* 5-17.

Gendell, M. (2008). Older workers: Increasing their labor force participation and hours of work. *Monthly Labor Review, 131,* 41.

Glaser, K., Agree, E. M., Costenbader, E., Camargo, A., Trench, B., Natividad, J., & Chuang, Y. L. (2006). Fertility decline, family structure, and support for older persons in Latin America and Asia. *Journal of Aging and Health, 18,* 259-291.

Grundy, E., & Henertta, J. C. (2006). Between elderly parents and adult children: A new look at the intergenerational care provided by the "sandwich generation." *Ageing and Society, 26,* 707-722.

Gurak, D. T., & Kritz, M. M. (2010). Elder Asian and Hispanic foreign-and native-born living arrangements: Accounting for differences. *Research on Aging, 32,* 567-594.

Hagestad, G. (1986). Family: Women and grandparents as kin-keepers. In A. Pifer & L. Bronte (Eds.), Our aging society: *Paradox and promise* (pp. 141-160). New York, NY: Norton.

Hank, K. (2007). Proximity and contacts between older parents and their children: A European comparison. *Journal of Marriage and Family, 69,* 157-173.

Hardy, M., & Skirbekk, V. (2012). Research opportunities in the demography of aging. In L. J. Waite (Ed.), *Perspectives on the future of the sociology of aging* (pp. 32-59). Washington, DC: National Academies Press.

Hateley, L., & Tan, G. (2003). *The graying of Asia: Causes and consequences of rapid aging in Asia.* New York, NY: Eastern Universities Press.

Hayward, M., & Heron, M. (1999). Racial inequality in active life among adult Americans. *Demography, 36,* 77-91.

Himes, C. (1992). Future caregivers: Projected family structures of older persons. *Journal of Gerontology, 47,* S17-S26.

Himes, C. L., Hogan, D. P., & Eggebeen, D. J. (1996). Living arrangements of minority elders. *Journal of Gerontology: Social Sciences, 51B,* S42-S48.

Isengard, B., & Szyklik, M. (2012). Living apart (or) together? Coresidence of elderly parents and their adult children in Europe. *Research on Aging, 34,* 474-499.

Jacobsen, L. A., Kent, M., Lee, M., & Mather, M. (2011). America's aging population. *Population Bulletin, 66*(1). Retrieved April 13, 2012 from http://www.prb.org/pdf11/aging-in-america.pdf

Jang, S. N., Avendano, M., & Kawachi, I. (2012). Informal caregiving patterns in Korea and European countries: A cross-national comparison. *Asian Nursing Research, 6*(1), 19-26.

Kramarow, E. (1995). The elderly who live alone in the United States: Historical perspectives on household change. *Demography, 32,* 335-352.

Kramarow, E., Lubitz, J., Lentzner, H., & Gorina, Y. (2007. Trends in the health of older Americans, 1970-2005. *Health Affairs, 26*(5), 1417-1425.

Laditka, S. B., & Wolf, D. A. (1998). New methods for analyzing active life expectancy. *Journal of Aging and Health, 10,* 214-241.

Lee, R. (2000). Long-term population projections and the U.S. Social Security System. *Population Development and Review, 26,* 137-144.

Lee, R., & Skinner, J. (1999). Will aging baby boomers bust the federal budget? *Journal of Economic Perspectives, 13,* 117-140.

Liaw, K. L., Frey, W., & Lin, J. P. (2002). Location of adult children as an attraction for black and white elderly primary migrants in the United States. *Environment and Planning, 34,* 191-216.

Litwa, E., & Longino, C. F., Jr. (1987). Migration patterns among the elderly: A developmental perspective. *Gerontologist, 27,* 266-272.

Logan, J., Bian, F., & Bain, Y. (1998). Tradition and change in the urban Chinese family: The case of living arrangements. *Social Forces, 76,* 851-882.

Longino, C. F., Jr., & Bradley, D. E. (2003). A first look at retirement migration trends in 2000. *Gerontologist, 43,* 904-907.

Manton, K., & Land, K. (2000). Active life expectancy estimates for the U.S. elderly population: A multidimensional continuous-mixture model of functional change applied to completed cohorts, 1982-1996. *Demography, 37,* 253-265.

Manton, K., & Stallard, E. (1991). Cross-sectional estimates of active life expectancy for U. S. elderly and oldest-old populations. *Journals of Gerontology, 46,* S170-S182.

Manton, K. G., Gu, X. L., & Lowrimore, G. R. (2008). Cohort changes in active life expectancy in the US elderly population: Experience from the 1982-2004 National Long-Term Care Survey. *Journal of Gerontology: Social Sciences, 63,* S269-S281.

Mare, R. D. (2011). A multigenerational view of inequality. *Demography, 48,*

1-23.

Martin, L. G., Freedman, V. A., Schoeni, R. F., & Andreski, P. M. (2009). Health and functioning among baby boomers approaching 60. *Journal of Gerontology: Social Sciences, 64,* 369-377.

Martin, L. G., Freedman, V. A., Schoeni, R. F., & Andreski, P. M. (2010). Trends in disability and related chronic conditions among people ages fifty to sixty-four. *Health Affairs, 29,* 725-731.

Michael, R., Fuchs, V., & Scott, S. (1980). Changes in the propensity to live alone: 1950-1976. *Demography, 17,* 39-58.

Muldoon, D., & Kopcke, R. (2008). Are people claiming social security benefits later? Center for Retirement Research at Boston College, Issue Brief Number 8-7. Retrieved January 21, 2013, from http://crr.bc.edu/wp-content/uploads/2008/05/ib_8-7.pdf

Mullan, P. (2000). The imaginary time bomb: *Why an ageing populations is not a social problem*. New York, NY: I. B. Tauris.

Munnell, A. H., Hatch, R. E., & Lee, J. G. (2004). *Why is life expectancy so low in the United States?* Chestnut Hill, MA: Center for Retirement Research, Boston College.

Murphy, S,. Jiaquan, X., & Kochanek, K. (2012). Deaths: Preliminary data for 2010. National Vital Statistics, 60(4). Retrieved April 13, 2012, from http://www.cdc.gov/nchs/data/nvsr/nvsr60/nvsr60_04.pdf

National Center for Health Statistics. (2011). Health, United States, 2011: With Special Feature on Socioeconomic Status and Health. (Table 102: Persons with hospital stays in the past year, by selected characteristics). Washington, DC: U.S. Government Printing Office. Retrieved October 16, 2012 from http://www.cdc.gov/nchs/data/hus/hus11.pdf#102

National Institute on Aging. (2011). Global health and aging. Retrieved April 13, 2012 from http://www.nia.nih.gov/sites/default/files/global_health_and_aging.pdf

National Research Council. (2001). *Preparing for an aging world: The case for cross-national research*. Washington, DC: National Academy Press.

Noël-Miller, C. M. (2011). Partner caregiving in older cohabiting couples. *The Journals of Gerontology Series B: Psychological Sciences and Social Sciences, 66*(3), 341.

Ofstedal, M. B., Chan, A., Chayovan, N., Chauang, Y.-L., Perez, A., Mehta, K., & Hermalin, A. (2002). Policies and programs in place and under development. In A. Hermalin (Ed.), *The well-being of the elderly in Asia: A four-country comparative study* (pp. 65-99, chap. 3). Ann Arbor, MI: University of Michigan Press.

Population Reference Bureau. (2011). 2011 world population data sheet. The World at 7 Billion. Retrieved April 13, 2012, from http://www.prb.org/pdf11/2011population-data-sheet_eng.pdf

Ribbe, M., Ljunggren, G., Steel, K., Topinková, E., Hawes, C., Ikegami, N., ... Jónnson, P. (1997). Nursing homes in 10 nations: A comparison between countries and settings. *Age-and-Ageing, 26,* 3-12.

Rogers, A., Rogers, R. G., & Belanger, A. (1990). Longer life but worse health? Measurement and dynamics. *Gerontologist, 30,* 640-649.

Schafer, M. H., & Ferraro, K. F. (2009). Data sources for studying aging. In P. Uhlenberg (Ed.), *International handbook of population aging* (pp. 19-36). New York, NY: Springer Science.

Schoeni, R. F., Freedman, V. A., & Martin, L. G. (2008). Why is late-life disability declining. *Milbank Quarterly, 86,* 47-89.

Schoeni, R. F., & Ofstedal, M. B. (2010). Key themes in research on the demography of aging. *Demography, 47,* 5-15.

Schultz, J. H. (1999). Population aging: Economic growth and generational transfers. In R. Cliquet & M. Nizamuddin (Eds.), *Population ageing: Challenges for policies and programmes in developed and developing countries* (pp. 123-140). New York, NY: United Nations.

Seeman, T. E., Merkin, S. S., Crimmins, E. M., & Karlamangla, A. S. (2010). Disability trends among older Americans: National Health and Nutrition

Examination Surveys, 1988-1994 and 1999-2004. *American Journal of Public Health, 100,* 100-107.

Sereny, M. (2011). Living arrangements of older adults in China: The interplay among preferences, realities, and health. *Research on Aging, 33,* 172-204.

Siegel, J. (1980). On the demography of aging. *Demography, 17,* 345-364.

Siegel, J. S. (2012). Interrelations of health, mortality, and age structure. In *The demography and epidemiology of human health and aging* (Chap. 10, pp. 641-681). The Netherlands: Springer.

Silverstein, M. (1995). Stability and change in temporal distance between the elderly and their children. *Demography, 32,* 29-45.

Sloane, P., Zimmerman, S., Suchindran-Chirayath, R., Peter, W., Lily, B.-M., & Shudha, S. (2002). Public health impact of Alzheimer's disease, 2000-2050: Potential implications of treatment advances. *Annual Review of Public Health, 23,* 213-231.

Social Security Administration. (2012). Retirement planner: Benefits by year of birth. Retrieved October 16, 2012 from http://www.socialsecurity.gov/retire2/agereducation.htm

Soldo, B., Wolf, D., & Agree, E. (1990). Family, households, and care arrangements of frail older women: A structural analysis. *Journal of Gerontology: Social Sciences, 45,* S238-S249.

Sullivan, D. F. (1971). A single index of mortality and morbidity. *HSMHA Health Report, 86,* 347-354.

Szinovacz, M., & Davey, A. (2001). Retirement effects on parent-child contacts. *Gerontologist, 41,* 191-200.

Teitelbaum, M. S. (1975). Relevance of demographic transition theory for developing countries. *Science, 188,* 420-425.

Uhlenberg, P. (Ed.). (2009). *International handbook of population aging.* New York, NY: Springer Science.

United Nations. (2007). *World economic and social survey, 2007: Develop-*

ment in an ageing world. New York, NY: United Nations Publishing. Retrieved October 16, 2012 http://www.un.org/en/development/desa/policy/wess/wess_archive/2007wess.pdf

United Nations, Department of Economic and Social Affairs, Population Division. (2011). World Population Prospects, the 2010 Revision, CD-ROM Edition. Retrieved April 13, 2012 from http://esa.un.org/wpp/Excel-Data/population.htm

U.S. Bureau of Labor Statistics. (2012). Employment projections. Retrieved October 18, 2012 from http://www.bls.gov/emp/ep_table_303.htm

U.S. Census Bureau. (2004). *International data base*. Retrieved August 3, 2004, from http://www.census.gov/ipc/www/idbnew.html

Utendorf, K. (2002). The upper part of the earnings distribution in the United States: How has it changed? *Social Security Bulletin, 64*(3), 1-11.

Vincent, G., & Velkoff, V. (2010). *The next four decades. The older population in the United States: 2010 to 2050. Population estimates and projections*. U.S. Department of Commerce Economics and Statistics Administration. U. S. Census Bureau. Retrieved June 11, 2012 from http://www.census.gov/prod/2010pubs/p25-1138.pdf

Waidmann, T. A., & Manton, K. G. (2000). *Measuring trends in disability among the elderly: An international review*. Washington, DC: Urban Institute.

Wilmoth, J. (2001). Living arrangements among immigrants in the United States. *Gerontologist, 41,* 228-238.

Wilmoth, J. (2010). Health Trajectories among Older Movers. *Journal of Aging and Health, 22*(7), 862-881.

Wise, D. (2010). Facilitating longer working lives: International evidence on why and how. *Demography, 47,* S131-S149.

World Health Organization. (2008). The global burden of disease: 2004 update. Retrieved October 15, 2012 from http://www.who.int/healthinfo/global_burden_disease/GBD_report_2004update_full.pdf

World Health Organization. (2012). Health statistics and health information systems: Global burden of disease. Retrieved October 15, 2012, from http://www.who.int/healthinfo/global_burden_disease/en

Yang, Y. (2008). Long and happy living: Trends and patterns of happy life expectancy in the US, 1970-2000. *Social Science Research, 27,* 1235-1252.

Yang, Y., & Waligi, M. (2010). Increment-decrement life table estimates of happy life expectancy for the US Population. *Population Research and Policy Review, 29,* 775-795.

제10장

노화와 생애 주기에 대한 비교문화적 · 세계적 관점

제10장

노화와 생애 주기에 대한 비교문화적 · 세계적 관점

Dena Shenk and Jay Sokolovsky

세계적인 인류 노화 현상은 그동안 많은 관심을 받아 왔는데, 21세기의 시작과 함께 그 관심이 더욱 커지고 있다. 예상하지 못하게 빠른 출산율의 하락과 노년층의 인구 증가를 이룬 중국, 인도, 멕시코, 이탈리아, 일본과 같은 국가에서 세대 관계와 노년기 삶의 가능성에 대한 새로운 매트릭스가 나타나고 있다(Sokolovsky, 2009a). 이 장에서 우리는 이러한 도전들을 어떻게 세계적 · 비교문화적 관점으로 확인할 수 있는지를 설명하고자 하는데, 이 관점들은 노년기의 두 가지 밀접한 측면, 즉 ① 다양한 사회적 배경에서 노인들이 사회적 행위자로서 기능할 수 있는 방법, ② 문화 간 교차와 세계화라는 맥락 속에서 노년기를 경험하는 다양한 방식을 창조하는 방법을 이해하는 데 도움을 주기 때문이다. 인류학자들은 세계적 · 비교문화적 관점을 발전시키는 지식을 생성하는 데 있어서 중심적인 역할을 해 왔다. 우리는 인류학자들이 연구해 온 민속지학적 연구가 어떻게 노년학의 질적 발전을 고무시켰고 민속노년학을 발생시켰는지에 대한 개요를 제공하는 것에서 시작할 것이다. 다음으로 세계화와 노화, 노화의 문화적 관점, 그리고 노화의 문화적 맥락을 밝히는 연구로 관심을 돌릴 것이다.

1. 인류학과 노화에 대한 연구

일반적으로 문화인류학자들은 사람들이 매일의 삶을 이행하는 장소에서 장시간 동안 그들과 함께 생활하면서 인간의 다양성을 연구해 왔다. '민속지학' 연구 방법은 이것은 장시간이 소요되는데, 커뮤니티 속에서 인류학자들이 개인들과 접하는 것은 사람들이 문화적 맥락 속 삶을 어떻게 처리하고 직면하는지에 대한 특별한 통찰을 제공할 수 있다(Keith, 1988; Sokolovsky, 2001, 2009a). 이러한 접근의 목표는 사물, 인간 그리고 행동의 의미를 원어민의 언어로 녹음하고, 그들의 일상생활에 참여함으로써 '참여 관찰'을 통하여 문화적 구조에 대하여 전체적으로 이해하기 위한 것이다.

참여관찰은 노년기에 대한 문화적 맥락을 이해하는데 있어서는 비판적인데, 심지어 요구되는 적절한 질문들을 배우는 것에서조차 그러하다(Sokolovsky, 2006). 이것은 남태평양에 있는 작은 마을에서 노화를 연구하는 것에 대해서도 동일하게 적용되며, 더 나아가 미국의 양로원, 소수민족 거주지, 일본 농촌 혹은 뉴욕이나 뭄바이와 같은 대도시 속의 도시 공동체에 대한 연구에서도 그러하다. 예를 들어, J. Peterson(1997)은 노인들에게 중요한 서비스를 제공하는 교회 그룹의 간호사로서 그들의 문화적 세계의 중심으로 들어감으로써 시애틀의 흑인 장로들을 이해하기 위한 노력을 기울였다. 노인 노숙자 집단을 연구한 두 번째 저자는 장기적인 노숙자들의 삶의 스타일에 대한 명백한 이해가 없이 겉보기에만 간단한 질문들을 하는 것은 거의 대부분 가치 없는 자료로 전락하며, 이런 것들은 빈번한 적대감을 불러온다는 것을 발견했다. 길거리의 화려한 은어['carrying the banner(노숙하는 것)'과 같은]를 배우는 것과 그들의 일상의 터전에서 함께 걸어 다니는 것뿐 아니라 많은 노인 노숙자를 지탱하게 해 주는 노숙자 상담보호센터와 무료급식소에서 일을 해 보는 것도 필요하다(Sokolovsky, 2009a).

일부 인류학자는 그들이 연구하는 주제와 관련된 사람들과 장기간의 연구 관계(30년 이상)를 지속하고 있다. 그러한 시간적인 관점은 세밀하게 검토할 수 있는 특별한 기회를 제공하는데, 노년학적 연구의 결론이 커뮤니티 속에서 종단 연구를 어떻게 잘 지속할 수 있는지를 밝히는 기회를 줄 수 있다는 것이다. 이것은 세계 변화라는 상황에서 노인들을 더 직접적으로 지원하고 노인 시민들의 역할을 설명하는 방식에 밝히는 데 있어서 필수적인 방법이다.

1) 민속노년학의 기원

Bateson(1950)과 Mead(1951, 1967)와 같은 권위자들이 노화에 대한 짧은 논문들을 제시해 왔을지라도, 초창기의 가장 영향력이 큰 책은 Simmons가 기술한 『The Role of the Aged in Primitive Society』(1954)로 볼 수 있는데, 이 책은 초기 노화에 대한 비교문화 연구에 있어서 전 세계적인 영향력에 박차를 가했다. 하지만 Margaret Clark는 40년도 더 전에 『The Anthropology of Aging』에서 다음과 같이 기술하였다.

> 노년기의 삶에 대하여 숙고하는 것은 종종 소름끼치는 생각에 사로잡히는 것처럼 보인다. 인류학자들은 실제로 그들 자신의 문화 속에 거주하고 있기 때문에 민속학자들이 노화에 대하여 생애 주기라는 측면을 무시한 채 내린 무의식적 결정에 대하여 미국적인 태도를 지지할지도 모른다(1967, p. 56).

노년에 대한 북미의 문화적 비유는 절망적으로 장애, 쇠퇴 그리고 죽음과 비유되었고 중요하지 않은 사소한 연구 영역으로 간주되었다. 인류학과 노년학 협회(Association for Anthropology and Gerontology, www.slu.edu/

organizations/aage)를 만들었던 지난 30년 이후로 많은 것이 변화하였고, 새로운 하위 전문 분야로서 비교 사회문화 노년학, 민속노년학 혹은 노화인류학과 같은 것들이 언급되었다(Sokolovsky, 2009c).

1950년대에서 1960년대에는 비서구 세계 속에서가 아닌, 미국 의료 체계와 교류하는 노쇠한 노인에 대하여 진지한 민속학적 관점이 우선적으로 제시되었다. 1950년대 후반에 von Mering(1957)은 정신병원의 노인 병동에서 특별한 현장 연구를 수행하였는데, 노년기를 문화적으로 평가 절하하는 것이 어떻게 노인 환자들에 대한 심리사회적 돌봄의 취소로 이어지는지를 묘사하였다. 이것은 3개의 미국 양로원에서의 민속지학적 생활에 대한 기술 그리고 샌프란시스코에서 정신적인 장애가 있는 노인들을 대상으로 지역사회 기반 돌봄의 역학 관계를 탐구한 Clark와 Anderson의 『Culture and Aging』(1967)을 기술한 Henry의 『Culture Against Man』(1963)의 연구와도 같은 맥락을 따른다. 이러한 선구적인 분야에 대하여 탐구했던 진지한 이슈들은 21세기에 발생한 문제를 해결하는 것과는 거리가 멀었고, 부분적으로 『Culture Change Movement』가 노인 돌봄을 개혁하는 방안을 모색하도록 함으로써 개선점들을 추구하여 왔다(Lehning & Austin, 2010; McLean, 2007; Rahman & Schnelle, 2008).

Cowgill와 Holmes(1972)의 『Aging and Modernization』이 출판되고 나서야 근대 민속지학 연구로부터 생성된 지식은 노년학 이론을 테스트하기 위하여 채택되었다. 노인의 신분에서 산업화, 도시화, 서구화의 충격이 어떠한지를 검토하기 위하여 14개의 다른 사회를 비교하였다. 비록 현재 세계화 체제로 바뀌었을지라도, 『Aging and Modernization』에서 Cowgill와 Holmes가 발전시킨 이론적 명제들과 그들의 후기 연구들은 전 세계에서 노화 현상에 대한 후속 연구에 논란을 불러일으키고 자극해 왔다(Cowgill, 1986; Rhoads & Holmes, 1995). 이 지역에서 이루어진 인류학적 연구의 폭발은 여러 측면에서 프로젝트 AGE(Age, Generation, Experience)

의 영감을 받았는데, 이 프로젝트는 4개 국가에서 장기적인 현장 조사를 수행하기 위하여 평범한 민속지학적 시각을 가진 인류학자들의 팀을 보내는 프로젝트다(Keith et al., 1994). 그 결과로 전반적인 사회 특징(예: 사회 불평등)뿐만 아니라 내부 메커니즘(예: 가치)이 생애 주기의 개념화, 연령 기준의 설정, 그리고 노년 시기 행복에 대한 인식에 영향을 주는 것에 대한 뚜렷한 맥락을 만들어 내는 방식이 드러난다.

노화에 대한 인류학적 전문성의 발전은 노년학에 초점을 둔 민속지학과 책, 학술지의 특별원고 등을 통하여 전개되어 왔다(Sokolovsky, 2011). 『New Methods for Old Age Research』(Fry & Keith, 1986), 『Age and Anthropological Theory』(Kertzer & Keith, 1984), 『Old Age in Global Perspective』(Albert & Cattell, 1994), 『The Aging Experience』(Keith et al., 1994), 『Other Cultures, Elder Years』(Rhoads & Holmes, 1995), 『Ageing Societies』(Harper, 2006)와 같은 책들은 노인과 노화에 대한 의문점들을 연구하기 위한 인류학적 방법과 이론들에 대한 뚜렷한 영역에서 활용되어 왔다(Fry, 2008a, 2008b). 이러한 연구들은 노년학의 질적인 성장에 기여하였고 다른 학문에 스며들어 왔다.

2) 질적 노년학

초기 민속노년학의 관점은 인종적으로 다양한 사회를 돌보는 사회복지사, 심리학자, 의사들의 문화적 역량을 발달시키는 것에 초점을 두어 왔다(Crewe, 2004; Tanabe, 2007). 예를 들어, 어떤 의과대학은 '인종노인의학(ethnogeriatrics)'이라는 것을 발전시켜 왔는데, 이는 노인 건강과 문화와 민족성 간의 접점을 탐구하는 특별한 전공 분야다(Stanford University sgec.stanford.edu). 뉴욕 브루클린의 또 다른 연구자는 다운스테이트 메디컬 센터(DownState Medical Center)의 노인의학을 통하여 의사를 훈련시키는데,

이는 진단과 후속 치료에 있어서 문화적 정보들을 사용하고 수용하는 방법을 이해하기 위한 임상 면접을 뛰어넘는다.

더 폭넓은 관점에서 종합적인(여러 학문에 걸친) 연구로의 움직임은 때때로 질적 노년학 역시 양적 방법 못지않게 더 면밀한 분석 방식에서 확립되는 것으로 언급되었다(Barusch, 2012; Rowles & Schoenberg, 2002). 이런 노력들은 지역사회에서 장기적 질적 연구를 기반으로 문화적 구조에 대한 데이터를 수집하고 다음으로 더 폭넓은 지역적 그리고 세계적 상황 안에서 이러한 정보를 이해하기 위하여 노력하는 21세기 문화인류학의 패러다임에 의하여 구성된다.

인류학 밖에서는 이런 접근을 가장 강력하게 주장하는 사람 중 하나로 사회학자 Jaber Gubrium이 있다. 그는 『The Gerotologist』에서 짧은 사설을 기술하였는데, 질적 접근을 단지 보다 유력한 통계 분석을 위한 두 번째 접근으로 넘겨서는 안 된다고 주장하였다(1992). Gubrium에 따르면, 좋은 질적 연구는 발견된 연구 결과를 이론적으로 생성하려는 노력을 기울인다는 점에서 과학적이다. 그런 작업은 행위의 본질적인 복잡함을 묘사하고, 그러한 복잡함이 실제 지역사회 속으로 조직화되는 방식을 묘사하려고 시도한다(Gubrium & Holstein, forthcoming; Schoenberg & McAuley, 2007; Schoenberg, Shenk, & Kart, 2007; Traphagan, 2007).

질적 노년학자들은 생애 주기 속 노화에 대하여 초점을 둔 채, 미국에서뿐만 아니라 전 세계의 다양한 문화권에 걸쳐서 노화에 대한 연구를 수행해 왔다. 노화가 더 폭넓은 사회로 연결되는 방식과 노화가 의미하는 새로운 실체가 이런 학문으로부터 드러나 왔다(Sokolovsky, 2009a). 일본이나 이탈리아와 같은 국가는 인구 노령화의 선두에 서 있는데, 새천년에 청년들보다 오히려 노인들이 많아졌으며, 이러한 국가들은 그들의 독특한 상황을 이해하는 것뿐만 아니라 너무 빠르게 노화되는 사회에 대해 문화적으로 적절하게 반응하는 것을 발견하는 것에도 어려움을 겪고 있다(Sokolovsky,

2009a). 노화의 새로운 글로벌 시대는 오늘날 65세에 이르는 전체 인구의 2/3와 함께 세계의 주목을 받고 있다(Peterson, 2002; United Nations, 2007).

2. 세계화와 노화

인류의 전 세계적인 노화 현상(전례 없는 광범위한 영향력을 가진 변화)은 이에 대한 관심이 증가하는 배경으로 작용하고 있다. 전체 인구가 노화되는 동안, 미국을 포함한 일부 국가에서 서서히 발생한 인구 변화는 평균 수명이 늘어나고 출산 수준이 감소하는 것에 의하여 일부 개발도상국에서 더 급속하게 일어나고 있다(Beard et al., 2012; Kinsella, 2009). 2009년에 이탈리아, 일본 그리고 독일의 세 국가에서 이미 65세 이상의 인구가 전체 인구의 20%를 뛰어넘었다. 그리고 많은 다른 국가에서 노인들은 이제 사회의 가장 빠른 성장 부문으로 드러나고 있다. 세계화는 경제적 · 정치적 현상으로써, 세계의 많은 사람에게 새로운 삶의 기회를 제공하여 왔고 앞으로도 제공할 것이다(Fry, 2009). 새로운 문화 공간으로서 노화는 세계화 기세의 부산물이다.

> 확실히 20세기 의학공업 단지와 공중보건의 발전은 대다수의 노인이 삶을 즐길 수 있도록 돕는다. 노년기는 꽤 높은 수준의 세계화된 경제 속에 포함된 사람들과 그들의 삶 속에서 운용할 수 있는 충분한 자본을 축적한 사람들에게는 매우 긍정적인 경험이 될 수 있다(2009, p. 194).

인도는 개발도상국의 특징으로 나타나는 전통적이고 가족 중심적인 돌봄에 대한 관점을 해결하려고 노력하는 국가로서의 명백한 예시를 제공한다. 반면에 선진국은 개인, 정부, 시장 중심의 돌봄을 선택할 수 있다(Lamb, 2009, pp. 250-251). Lamb(2013)은 "가족 안에 있는 세대 간의 상호관계에 대한 관념이 인간성과 생애 주기에서의 적절한 독립과 의존에 대한 관점의 부수적 변화와 함께 시장에 돌봄에 대한 대가를 지불하는 형태로 변형되는 방식"에 초점을 맞추고 있다(p. 216). 전통적으로 노년기에 의존하게 된다는 것은 적절하고 평범한 것으로 보여 왔다. 그러나 가족기반 생활이 많음에도 불구하고 많은 도시의 중산층 노인들은 시장기반 돌봄에 참여하기 시작하고 있다. 그러나 Lamb은 "사실 인간성과 생애 주기에 대해 관습적인 관점을 가진 인도인과 벵골인의 생각의 핵심은 가정으로 통합되는데, 그 이유는 '서양' 스타일과 개인이 만든 돌봄 기관들이 간편하거나 균등하지 않기 때문이다."라고 설명한다(2013, p. 229). 또한 Cohen은 북인도에 있는 '은퇴 아시람(retirement ashram)'이 전통적으로 노년기에 가족으로부터 제공받던 돌봄에 대한 대안적인 장소로서 어떻게 제시되는지를 관찰하였다(1998).

세계화가 기관들에 대하여 어떻게 독특한 의미를 부여하는지 그리고 그들이 처한 문화적 · 정치적 · 경제적 그리고 역사적 맥락에 의하여 어떻게 형성되는지를 알아보는 것은 중요하다.

사회적 관계와 생애 주기에 대한 이런 인류학적 관점은 국가가 세계화된 경제 속으로 점점 통합되고 점점 더 많은 나라가 인구통계학적 변화를 겪게 되면서, 노동력 이동과 부양에 대한 미래 트렌드를 만드는 학자들과 정책을 만드는 사람들에게 중요하다(Lamb, 2013, p. 212).

3. 노화에 대한 문화적 인식

노화에 대한 문화적 인식은 노인에게 완전히 새로운 무대를 창조하는 많은 장소에서, 죽음과 가까운 것이 아닌 생산적이고 창조적인 고용을 밝히는 것으로써 성장한 것처럼 보인다(Smith & Clurman, 2007). 이런 변화의 초기 현상은 '역동적인 노화(Active Aging)'을 촉진하기 위한 공익 캠페인을 시작할 필요가 있다는 것을 인지한 서유럽에서 1990년대에 시작되었다(Ney, 2005). 노동 인력들의 급속한 노화는 조기 퇴직을 막고 노인들에게 첨단 기술의 교육적 기회를 개방함으로써, 경제적으로 경쟁력을 유지하는 것에 대한 새로운 관심을 증가시켜 왔다. EU의 2007 사업 계획인'정보화 사회에서 건강하게 노화하는 것(Ageing Well in the Information Society)'는 가정, 일터 그리고 일상생활 속에서 노인들의 삶을 개선하는 것에 목표를 두었다.[1] EU는 최근에 2012년을 '역동적인 노화를 위한 유럽(The European Year for Active Ageing)'으로 지정하기 시작하면서 이러한 노력을 강화하고 있다(European Commission, 2010).

그러한 생각들은 공동체가 붕괴되고 건강한 노후에 대한 방법으로 자가부양을 촉진하며 자녀의 지원 가능성이 감소된 중국과 같은 국가들에서조차 논의가 되어 왔다. 인류학자 Hong Zhang이 2007년 조국으로 돌아왔을 때, 맹복적으로 자식들의 돌봄을 받기 위하여 기다리는 노인을 찾지 않았다. 대신 가족과 정부에 의존하는 것을 회피하고 기공체조, 왈츠 그리고 다양한 다른 형태의 운동을 하기 위하여 도시 공원으로 모여드는 많은 노인 집단과 맞닥뜨렸다(Zhang, 2009).

노인과 노화에 대한 서양의 생각은 지난 수십 년에 걸쳐 변화되어 왔는데, 의존적인 노쇠함과 임박한 재난의 상징으로부터 두 번째 삶, 새로운 기회들 그리고 어쩌면 사회의 구세주라는 관점으로 변화되어 왔다(Freedman, 2007). 노인들은 견문을 기반으로 한 중요한 경험의 자원이고 그들의 가족과 지역사회에 폭넓은 사회적 지원을 제공한다. 노인들이 그들의 가족들과 지역사회에 제공하는 사회적 지원을 입증할 수 있는 서류는 믿기 어려운 정도다. 21세기 초에 미국에 거주하는 55세 이상의 노인들은 1,617억 달러 상당의 재산을 자원봉사와 가족 구성원을 돌보는 무보수 간병, 친구와 이웃을 돕는 것 그리고 비영리 단체를 위한 자원봉사에 기부하였다. 노인 가족 간병인들이 제공한 도움의 가치는 1,000억 달러 가까이 도달했다(Johnson & Schaner, 2005). 이것은 북미에서 인종과 계급적 라인에 걸쳐 조부모에 의하여 돌봄을 받는 양육권이 있는 아이가 급속하게 증가한다는 사실을 극적으로 입증하였다(Hayslip, 2009; Rodriguez-Galan, 2013; Weibel-Orlando, 1997). 그런 잠재력은 Thomas(2004)의 책 『What Are Old People For: How Elders Will Save the World』의 부제에 영향을 미쳤고, 이러한 정서는 아프리카 노인들을 아프리카 대륙의 생산적 발전의 중요한 열쇠 중 하나로 보아 왔던 Van Dullemen(2006)이 주장해 왔다.

서서히, 국제 사회는 노화에 대한 이런 새로운 시각을 수용해 왔다. 이것은 UN이 '국제 노인의 해'를 기념하였던 1999년에 영향을 받았다. 더 정확하게는 2002년에 UN이 '모든 연령대를 위한 사회'를 발전시킨다는 마드리드 플랜의 중심 전제를 펼쳤던 스페인 회의에서 노화에 대한 국제적 합의를 발전시켰다(Sidorenko, 2007).[2] 그러한 행동들은 이전에는 많은 노인 시민의 비참한 상황을 무시하는 것을 최선으로 여겨 왔던 페루와 같은 빈곤한 국가들의 정부 조치와 대중 행동들에 변화를 불러일으켰다(Shenk & Mahon, 2009). 지난 10년간, UN과 국제 노인 돕기(Help Age International)과 같은 조직들은 이러한 문제들을 교정하기 위한 세계적 · 지역적 계획들과 광범위한 재료들을 발전시켜 왔다(www.un.org/esa/socdev/ageing; www.helpage.org/Home).

UN의 이러한 노력들은 양 진영의 의회, 수많은 위원회, 전문가 회의, 보고서 그리고 출판물을 통하여 노인들의 욕구와 잠재력을 평가하기 위하여 20년간의 세계적 시각을 통합했다(www.un.org/esa/socdev/ageing).[3] 중요한 것은 UN의 WHO가 2008년에 체결한 SAGE(The Study of Global Ageing and Adult Health; 중국, 가나, 인도, 멕시코 그리고 러시아가 아시아와 아프리카에서 더 깊게 관련된 연구들을 수행)라고 불렸던 야심찬 국제적 프로젝트를 착수했다는 것이다.[4] 국가들은 마침내 전 세계적으로 노년기의 삶에 대하여 진지하게 다루기 시작하고 있다.

세계의 인구통계학적 노화는 워싱턴 DC에서부터 멕시코시티에 이르기까지, 특히 현재 생존하는 노인 인구가 가장 많은 아시아 도처에 사업 계획들을 자극해 왔다(Mujahid, 2006; Smith & Majmundar, 2012). 갑작스럽게 세계적 노화는 주요 화제가 되었고, 노화의 문화적 맥락을 강조하는 인류학적 접근은 생애 주기와 노화를 이해하는 중요한 요소가 되고 있다(Brijnath, forthcoming; Danely, forthcoming; Danely & Lynch, 2013).

4. 문화적 맥락 속 노화

노화에 대한 진화론적 입장은 노쇠에 따른 후생식기의 생존과 강력한 생물학적 측면이라는 두 개념을 포함한다(Gurven & Kaplan, 2009; 제2장 참조). 그러나 노화에 대한 세계적인 관심은 사회의 광범위한 생산물들이 노화에 따라 발생하는 육체적 요구들에 어떻게 반응하느냐에 대한 것이다. 이데올로기와 사회조직을 창조하는 다양한 패턴들 그리고 사람들이 생산하고 가치가 부여된 물건을 분배하는 방식들은 모든 인류가 성장해 가는 문화적 시스템을 구성한다. 각각의 문화적 시스템은 유력한 상징성과 의미로 구성된 지각 렌즈를 창조하는데, 이것은 특별한 형태의 현실이 발전시킨 것으로 볼 수 있다. 유력한 예시로는 양로원이나 병원에서 견딜 수 없는 시한부 삶을 살고 있는 동아시아 인디언들이 높은 기술의 의료 서비스의 가능성을 보고 미국으로 이주하는 것에 대한 연구를 들 수 있다. 그러한 상황에서 선의를 가지고 있으며 온정적인 부양 전문가들은 삶의 마지막 순간에 대한 인디언 가족들의 비도덕적이고 건강하지 않은 행위 때문에 이들의 이주를 거절한다. 이러한 문화 간 오해는 물질적인 것들(속세)과의 관계를 끊기 위하여 죽은 사람을 바닥 위에 올려놓는 힌두 문화적 행위로부터 시작되는데, 힌두

교 사람들은 그렇게 함으로써 죽음의 순간에 더 빨리 영혼이 떠날 수 있도록 만들어 준다고 믿는다(Lamb, 2007).

그러나 우리가 광범위한 문화 현장들에서도 볼 수 있는 것처럼 사람들은 문화에 대한 수동적 수령인만이 아니다. 세계화된 인도의 도시에서 '웃음 클럽(Laughing Clubs)'과 같은 새로운 사회적 발명들은 노인들에게 건강과 만족을 위한 동년배들의 대안 문화를 만들어 내고 있다(Lamb, 2007). 뭄바이에 있는 한 인디언 의사는 스트레스를 감소시키고 고혈압과 다른 질병들에 대한 긍정적인 영향력을 높이기 위하여 웃음 유도 행동을 만들었는데, 이를 수행하기 위하여 요가 자세와 기술을 채택했다.

미국에서 30여 년 전에 Francher(1973)는 상징적인 주제에 대하여 주장했는데, 이 주제는 모순적이고 해로운 노인들의 자부심의 핵심 가치를 젊고 독립적이고 행동 지향적인 '펩시 세대'에 대한 미화로 묘사하였다. 그러한 광고성 주제들은 나이키(Nike) 사의 'Just Do It' 캠페인을 통하여 성인들이 무시해 왔던 미국 문화의 기본 구성 요소들에 영향을 미쳤다(Featherstone & Hepworth, 2009). 독립성, 개인의 독창성 그리고 시민으로서의 책임감 등과 같은 문화적 관념들을 현대적으로 활용하는 것은 중기와 후기의 삶을 매우 의미 있게 재구성하는 것이다(Freedman, 2007; Harvard School of Public Health, 2004; Wilson & Simpson, 2006). 이것은 유력한 지역사회 약속에 대한 정신과 'Raging Grannies' 'Civic Ventures' 그리고 'Gray Panthers'와 같은 단체와 그룹을 건설하는 것을 포함한다(Sanjek, 2009). 그러나 또한 '의식적인 노화'로 불려 왔던 더욱 자기성찰적인 변화를 지향한다(Moody, 2009).

문화는 인간이 그들 자신을 발견하는 맥락적인 체계와 관련하여 존재한다(Fry, 2006). 그러한 배경 요소들은 분석의 다양한 차원과 관련될 수 있다. 개인적인 차원에서 이것은 아이가 없거나 허약한 건강 상태와 같은 개인 차원의 특징이 어떻게 그 사람의 노년기를 지원하는 본질이나 건강하게 노화되는 기회에 영향을 미치는지를 찾는 것을 포함할지도 모른다(Kreager & Schröder-Butterfill, 2005). 사회적 차원에서, 그것은 부와 지위에 대한 다른 접근들이 혈연이나 심지어 같은 사회 속에 있는 커뮤니티들의 구조적인 차이를 통하여 어떻게 노화되는 것에 대한 기본적인 약속들을 바꾸는지를 살펴볼 수 있었다. 노화 경험에서의 구조적 위치(지역)의 영향은 여성 중심의 인도네시아 미낭카바우족, 여성 노인들이 토지 재산, 가정 그리고 결혼 제도를 통제하는 지역들, 성과 생애 주기에 대한 서구적 가정들을 뒤바꾸는 지역들 사이에서 수행되는 노화에 대한 연구들에서 극적으로 보인다(Indrizal, Kreager, & Schroder-Butterfill, 2009). 유사하게 중국에서는 노년기에 지방에서 사는지 혹은 도시에서 사는지에 따라 노인들에게 차이가 나타났다(Zhang, 2009; Garrett, 1998; Shenk, 1998 for the United States).

예를 들어, Zhang(2009)은 어떻게 현재 중국의 도시 중심 발전 전략들이 특히 지방 노인들의 복지를 위태롭게 해 왔는지를 입증했다. 지방 노인들은 노년기의 삶에서 그들 자신을 돌보아야 할 뿐만 아니라 또한 손주들을 돌보고, 어떤 식으로든 사회에서 일을 지속하게 된다. 자식으로서의 의무를 지속하는 것에 대한 문화적 기대가 지속되는 동안, 새로운 삶의 스타일을 가진 현대 중국에서는 노인 돌봄에 관하여 새로운 행동과 태도가 나타났는데, 그것은 세대 간의 독립과 자치화를 강조하는 것이다. 반면, 커뮤니티 기반 서비스 센터는 중국 도시에서 발전되어 왔는데, 그로 인해 지방과 도시 지역의 차이는 더 많이 벌어지고 있다.

상황적 요소들은 충분히 문화적 전통과 관련된 지원과 존경의 패턴을 완벽하게 뒤바꾸는 것을 강화시킬 수 있다. 예를 들어, '죽음 위원회(death hastening)'은 일반적으로 노인을 공경하는 것을 요구하는 사회에서 열릴 수 있다(Glascock, 2009). 노인의 죽음을 촉진하기 위한 판단은 노인의 건강이 매우 악화되었거나 혹은 가까운 친족이 부족한 것과 같은 지극히 상황적인 문제들과 관련되어 있다. 유사하게 미국에서 민족 문화들과 맥락적 현실들 간의 충돌은 극적으로 '효도'의 전통적 의미를 일부 아시안 그룹의 노인들 쪽으로 변형시킬 수 있다(Sokolovsky, 2009b).

1) 페루: 노화에 대한 문화적 맥락에 대한 예시

페루에서 문화적 신화는 노인들이 그들의 가족 안에서 지원을 받고 돌봄을 받는 것을 여전히 강화시키고 있다(Shenk & Mahon, 2009). 사실 많은 노인이 그들의 자녀와 손주들과 함께 살고 있거나 그럴 수 있는 자녀와 손주들을 가지고 있다. 이러한 동거 형태는 필연적으로 돌봄이나 지원이 노인들의 욕구로 인하여 제공된다거나 혹은 노인들에 대한 개인적인 자원이나 정부의 지원이 거의 없기 때문에 제공된다는 것을 나타내지는 않는다. 특히 노인 인구 증가에 있어서 의미 있는 부분은 대단히 심각한 경제적 궁핍, 건강과 사회적 자원의 결핍에 있다. 거의 2/3에 이르는 사람이 가난하게 살고 있고, 유사한 비율의 사람들이 건강보험 혜택을 받지 못하고 있다. 또한 40% 이하의 사람만이 연금을 받고 있다(Bravo Castillo, 2007; MCAMA, 2007). 전체 노인의 1/4이 살고 있는 지방에서는 극도의 경제적 결핍이 발견되었다. 지방 산악지대에 살고 있는 노인의 60%는 가난하고, 이런 사람들 중 80%는 극도로 가난하게 살고 있으며, 단지 지방에 살고 있는 노인의 10%만이 정부 건강보험의 혜택을 받고 있다(MIMDES, 2002, 2007; Spitzer Chang, 2006).

노인 협회는 페루의 노인들을 지원하기 위한 지역 커뮤니티를 개발하여 왔다. 일부 노인 협회 구성원은 혼자 살고 있거나, 배우자 혹은 자녀나 손주들과 살고 있다. 그러나 대부분의 노인이 외로움을 겪고 있으며 의료적 돌봄을 필요로 하고 있다. "우리는 약이 없습니다. 그리고 우리는 돈이 없습니다. 그러나 우리가 돈을 가지고 있어야 의사들은 우리를 진찰해 줍니다. 우리가 돈을 가지고 있지 않다면 의사는 우리를 진찰해 주지 않습니다. 우리가 돈을 가지고 있지 않으면 아무도 우리를 도와주지 않습니다."(Shenk & Mahon, 2009) 다세대 가족 그룹에 살고 있는 사람들은 보육, 보안, 요리로써 대가를 지불한다. 한 피곤한 노인은 개인 인터뷰에서 다음과 같이 소극적으로 표현했다. "그들은 우리를 불쾌하게 대합니다. 우리는 학대당하고 있습니다. 그들은 요리, 청소, 아이들을 돌보는 일과 같은 가정부의 일을 우리에게 시킵니다."(Shenk & Mahon, 2009)

페루에서 수행된 이런 연구는 페루의 도시 아레키파와 그 주변에 살고 있는 노인들의 압도적인 욕구라는 측면에서 은퇴 후의 국제적 자원봉사 모델에 초점을 두었다(Shenk & Mahon, 2009). Joan Mahon의 지지와 함께 미국으로부터 온 자원봉사 사회복지사들과 실직 상태이거나 혹은 연금이 없이 일찍 은퇴를 강요받은 페루의 사회복지사 그룹은 노인들의 욕구를 돕기 위한 자원봉사 협회를 결성하기로 결정했다. 후에 이 조직은 공식적으로 AMIGOS로 등록되고 알려지기 시작했는데, 이는 'Adultos Mayores Integrados Ganan Oportunidades Siempre' 혹은 'Older Integrated Adults Always Gain Opportunities'의 약자다. 시간이 흐르면서 이 조직의 목적은 다음과 같이 정의되었다. ① 그들의 지역 속에서 건강하고 활동적이고 생산성 있게 노화되는 문화를 만드는 것에 기여하는 것, ② 노인들의 정신적 신념을 개발하고 강화시키는 것, ③ 노인들의 자기관리와 안녕을 가능하게 하고 촉진하는 것. AMIGOS 자원봉사자 중 16명의 핵심 간부는 노인들을 위한 기회를 확대하고, 노인들의 상황을 개선하기 위한 도시, 지방의 노인 협회 활동을 지원한다. 자원봉사자들은 8개의 지역에서 자기주장, 리더십 개발, 건강과 운동, 레크리에이션, 영성 훈련 그리고 지역사회 관계와 노인 리더십을 위한 교육 프로그램을 개발하는 것에 초점을 둔 교육 프로그램을 활용하여 노인들을 교육한다.

미국 사회복지사들이 봉사활동 프로젝트로 시작한 이러한 노력은 페루 아레키파에서 지역사회 자원봉사자들에 의한 자원봉사 지원 모델을 발전시켜 왔다. AMIGO 모델은 현재의 접근 방식으로 혜택을 받지 못하는 궁핍한 노인들의 욕구를 확인하고, 페루 도처에 정부 프로그램을 증가시키기 위해 채택된 접근 방식으로서 인식되고 있다(Shenk & Mahon, 2009). 이는 그들의 지역사회에 있는 유익한 자원들을 노인들에게 제공하는 것뿐 아니라 노인 시민들을 보호하기 위한 기존 법률을 시행하도록 중앙정부에 압력을 넣는다는 측면에서도 성공적으로 여겨져 왔다.

여기에서 논의된 페루의 예시는 비록 문화 시스템이 높게 맞추어져 있을지라도, 그들은 이상적인 행동과 폭넓은 가치 패턴 속에서 삶의 스타일을 바꾸는 경향이 있다는 것을 입증한다(Fry, 2006). 또 다른 좋은 예시로는 북부 캘리포니아의 실리콘밸리 지역에 살고 있는 이란 이주민들의 하루하루의 일상을 통하여 제시될 수 있는데, 이들은 이란 주민으로서 밀집하여 살고 있지 않음에도 불구하고 이란인으로서의 정체성을 유지하기 위하여 고군분투하며 살고 있다(Hegland, 2009). 미국 사회의 인종 혼합은 '미국적' 문화의 단순한 분석을 대단히 복잡하게 만든다. 도처에서 사람들은 노화되는 방식을 살펴보며, 생애 주기와 새로운 문화 공간을 통하여 달라진 각본에 맞닥뜨린다.

2) 문화적 각본, 문화적 공간 그리고 노인 조망

중국 민족, 말레이시아 민족, 싱가포르 다민족 도시에 살고 있는 인디언에 대한 연구에서, Mehta(1997)는 생애 주기에 대한 매우 유사한 각본이 만들어져 있다는 것과 노인이 상황적 맥락과 특별한 문화적 지시에 의해 영향을 받는다는 것을 보여 주었다. 예를 들어, 노년기에 싱가포르로 이주하는 것은 친족 관계를 새로운 문화 공간 속으로 옮겨 놓으며, 보통 지역 환경 속에서 자녀와 손주들을 결혼시켜야 할지도 모른다는 것과, 형제자매 혹은 지지해 줄 수 있는 주변의 다른 동년배 관계들을 가지기 어려울 수도 있다는 것을 의미했다. 공유된 도시 공간 내에서도 배우자의 죽음을 경험한 여성 노인의 각본 속에는 힌두 인디언과 이슬람 말레이시아인 사이의 함축적 의미가 다르다. 첫 번째 사례로, 힌두 인디언 과부는 오명을 뒤집어쓰기 쉬우며, 그러한 여성은 재혼에 대한 의욕을 잃어버린다. 반면, 이슬람 과부는 오명을 뒤집어쓰지도 않으며, 이런 여성의 재혼은 격려를 받는다(Mehta, 1997). 여기에서 상황과 문화의 결합(연합)은 여성 노인들에게 더 특별하게 강화될 수 있는데, 특히 국내 기관들과 네트워크에 의존되어 있는 도시 이주민의 상황에서는 충분히 개발되지 않을 수도 있고 심지어 존재하지 않을 수도 있다.

아시아 여러 나라의 사례들은 자녀 교육에 대한 대립된 요구와 입양된 자녀들과 합쳐지는 다세대 가정에서 어떻게 문화적 각본이 자녀들의 헌신에 초점을 두고 만들어지는지를 입증한다(Jenike & Traphagan, 2009; Lamb, 2007, 2009; Zhang, 2009). 노년기 삶을 경험하는 공간을 확대한다는 것은 힌두 사원 속에서 거주할 수 있는 은신처를 찾는 것, 새로운 형태의 노인 거주지를 찾는 것 그리고 도시 공원에서 춤을 추는 클럽과 웃음 클럽을 포함한 동년배 그룹과 만나는 것이다. Long(2005)은 일본에 대한 최근 연구에서 어떤 사람들에게 초점을 두었는데, 이 사람들은 다양한 문화적 각본을 사용함으로써 수명 만료에 대한 의사 결정과 죽음에 대한 문화적 조망을 변화시킬 수 있는 방향을 찾는 사람들이다. 수많은 일본인에 대한 어려움 중 일부분은 병원과 같은 문화 공간보다는 집에서 죽음을 맞이하려는 사람들을 관리하는 것이다. 이것은 일본 문화의 상황적인 맥락의 부분으로서, 일본은 세계에서 평균 수명이 가장 높고, 노인 인구와 100세 이상 인구의 비율이 가장 높은 나라로 채택되어 왔다.

어떤 국가들에서는 노년기를 경험하는 문화 공간의 새로운 상호 연결 세트로써, 노화에 대하여 새로 생긴 각본에 대한 극적인 관련성을 개발하여 왔다. 이것들은 다양한 은퇴의 증가, 라이프 케어, 돌봄을 지속하는 것 그리고

'활기찬 생활' 커뮤니티, 공동생활주택, 생활지원주택, 치매 환자를 위한 특별 케어, 위탁 케어, 그룹홈, 데이 케어, 일시적 케어, 이동주택을 포함한다. 노화 조망과 문화 공간을 새롭게 조성하는 데 있어서 특히 중요한 것은 노인들이 살고 있는 문화적 맥락 속에서 이러한 것들이 지속되어야 한다는 것이다.

5. 결론

이 장에서는 노화와 생애 주기에 대한 세계화와 비교문화적 관점, 인류학자들과 이러한 접근 방식을 활용한 다른 연구자들의 연구물로부터 배울 수 있는 점들을 탐색하였다. 급속하게 확대된 문헌들은 노년기의 두 가지 밀접한 측면을 이해하는 데 도움을 주었다. ① 다양한 사회구조 속에서 사회적 행위자로서 노인이 기능하는 방식, ② 문화 교류와 세계화 맥락이 노년기를 경험하는 방식을 증가시키는 방식. 상세한 비교문화적 예시를 활용하면서, 우리는 노인 개인이 받는 충격과 역할뿐만 아니라 새로운 문화적 공간에서의 노인 경험이라는 측면에서 노화와 생애 주기에 대하여 더 잘 이해할 수 있게 되었다.

최근 중요하게 드러난 비교문화적 노년학에 대한 연구 가운데에는 노인이 어떻게 세계화된 세상에 참여하는지를 입증한 연구물들이 있다. 한 가지 중요한 예시는 노인들이 어떻게 Prendergast와 Garattinito가 디지털 생애 주기라고 불렀던 것에 적응할 뿐 아니라 창조하는지에 대한 것이다. 오늘날, 디지털 장치와 공간에 끌리는 것은 젊은 세대의 세계로서 간주되는데, 최근 연구에서는 일, 건강 돌봄, 배움 그리고 여가를 디지털적으로 관리하는 플랫폼과 지역사회의 새로운 형태를 연구하는 것으로서 노년기를 포함한 생애 주기로 접근하고 있다. 이러한 것들은 소셜 미디어나 원격 의료 같은 것들, 노인 우호적인 가상의 지역사회, 동유럽, 중국, 인도로부터 문화적 그룹에서 멀리 떨어진 디아스포라 지역사회 중의 가족 의식의 관리를 수반한다. 이것은 심지어 개인 웹사이트, 블로그, 개인적 히스토리, 친척들의 육체적 죽음 너머의 이미지를 유지하기 위한 가족 네트워크를 시도하는 것과 Afterlife(www.afterlife.org)와 같은 디지털 선조 시절을 창조하는 것에까지 미치고 있다.

우리가 밝힌 것처럼 비교문화적 관점은 노인 인구의 증가로 인하여 발생된 세계적인 도전들과 기회들, 새로운 노년기 삶의 가능성 그리고 세대 관계를 다루는 것에 대한 통찰을 제공한다. 인류학자들과 비교문화를 연구하는 학자들 그리고 세계적인 노화 현상을 연구하는 학자들은 다양한 국가와 문화권이 직면한 이런 도전과 기회들에 대한 탐구를 계속할 것이다. 질적 노년학자들은 노화에 대한 연구와 노년학 영역에서 두드러진 관심을 받고 있는 생애 주기라는 측면에 초점을 두고 노화에 대한 탐구를 지속할 것이다. 인류학자들과 다른 질적 노년학자들은 노년기가 의미하는 것의 새로운 실체와 노화가 폭넓은 문화적 맥락과 어떻게 관계되는지를 발전시킬 것이다.

6. 미주

1) 이런 계획의 세부 사항들은 다음에서 볼 수 있다. ec.europa.eu/information_society/activities/einclusion/policy/ageing/launch/index_en.htm 그러나 유럽에서 역동적인 노화를 촉진하는 것에 대한 아이디어는 단지 노인 인구에만 답이 있지는 않다. 지금까지 더 오래 일하는 사람들을 증가시키기 위한 노력은 특히 효과적이지 않았다. 이러한 상황에 대한 다음 연구물을 참조하라. www.euractiv.com/en/socialeurope/workers-unenthusias-

tic-active-ageing/article-164358

2) 다음의 웹사이트를 통하여 UN에서 노화에 대하여 중요하게 개발한 내용을 확인할 수 있다. www.un.org/esa/socdev/ageing/madrid_intlplanaction.htm

3) 1982년에 UN은 오스트리아 비엔나에서 노화에 대한 세계연합 총회(World Assembly on Ageing)를 소집했다. 그해 말, 국제연합총회(General Assembly of the United Nations)는 노화에 대한 국제적 행동강령(International Plan of Action on Ageing)을 지지했다. 1990년, UN은 10월 1일을 노인들을 위한 국제적인 기념일로 지정했고, 1년 후에 노인들을 위한 원칙(Principles for Older Persons)을 채택했다.

4) SAGE에 대한 정보는 www.who.int/healthinfo/systems/sage/en/index.html에서 볼 수 있다. SAGE 설문지는 2005년에 가나, 인도, 탄자니아의 3개 국가에서 1,500명의 응답자를 대상으로 예비 조사되었다. 2006년에는 전체 SAGE가 시행되기 시작했고 2008년에는 20개의 국가에 걸쳐 완성되었다. SAGE와 유사한 설문조사가 Gulf 협력 회의(Gulf Cooperation Council) 국가들에서 INDEPTH(3개의 INDEPTH 사이트에서는 전체 SAGE로 그리고 3개의 유럽 국가에서는 COURAGE로)라는 이름으로 8개의 인구통계학적 감시(demographic surveillance fieldsites) 사이트에서 SAGE의 축소 버전으로 세계보건조사+(World Health Survey Plus: WHS+)를 수행하여 왔다.

참고문헌

Albert, S. M., & Cattell, M. G. (1994). *Old age in global perspective: Cross-cultural and cross-national views*. New York, NY: G. K. Hall.

Barusch, A. (2012). Narrative gerontology coming into its own. *Journal of Gerontological Social Work, 55,* 1-4.

Bateson, G. (1950). Cultural ideas about aging. In E. P. Jones (Ed.), *Research on aging* (pp. 80-82). Berkeley, CA: University of California Press.

Beard, A., Biggs, S., Bloom, D., Fried, L., Hogan, P., Kalache, A., & Olshansky, J. (2012). Global Population Ageing: Peril or Promise? Harvard Center for Population and Development Studies, Program on the Global Demography of Aging, Working Paper No. Retrieved August 11, 2012 from http://www.hsph.harvard.edu/pgda/WorkingPapers/2012/PGDA_WP_89.pdf

Bravo Castillo, O. (2007). *Towards a university for older adults from the community—to learn by doing: Education in human rights and populations.* Lima, Peru: Asociacion de Comunicacion y Educacion Comunitaria (ACECO).

Brijnath, B. (Forthcoming). Four days of lights and it's dark again: Dementia care in India. New York, NY: Berghahn.

Clark, M. (1967). The anthropology of aging: A new area of studies for culture and personality. *The Gerontologist, 7,* 55-64.

Clark, M., & Anderson, B. G. (1967). *Culture and aging: An anthropological study of older Americans.* Springfield, IL: Charles Thomas.

Cohen, L. (1998). *No aging in India: Alzheimer's, the bad family, and other modern things.* Berkeley, CA: University of California Press.

Cowgill, D. (1986). *Aging around the world. Belmont,* CA: Wadsworth.

Cowgill, D., & Holmes, L. (Eds.). (1972). *Aging and modernization*. New York, NY: Appleton-Century-Crofts.

Crews, S. (2004). Ethnogerontology: Preparing culturally competent social workers for the diverse faces of aging. *Journal of Gerontological Social Work, 43,* 45-57.

Danely, J. (Forthcoming). Departures and returns: A*bandonment, memorial and aging in Japan*. New York, NY: Berghahn.

Danely, J., & Lyncy, C. (Eds.). (2013). *Transitions and transformations: Cultural perspectives on aging and the life course*. New York, NY: Berghahn.

European Commission. (2010). Proposal for a decision of the European Parliament and of the Council on the European Year for Active Ageing (2012). SEC(2010) 1002.

Featherstone, M., & Hepworth, M. (2009). Images of aging: Cultural representations of later life. In J. Sokolovsky (Ed.), *The cultural context of aging: Worldwide perspectives* (pp. 134-144). Westport, CT: Praeger.

Francher, J. (1973). It's the Pepsi generation: Accelerated aging and the television commercial. *International Journal of Aging and Human Development, 4,* 245-255.

Freedman, M. (2007). *Encore: Finding work that matters in the second half of life*. New York, NY: Public Affairs.

Fry, C. (2006). What happened to culture? In D. Sheets, J. Hendricks & D. Bradley (Eds.), *Enduring questions in gerontology* (pp. 159-176). New York: Springer.

Fry, C. (2008a). Out of the armchair and off the veranda: Anthropological theories and the experiences of aging. In V. Bengston, M. Silverstein, N. Putney & D. Gans (Eds.), *Handbook of theories of aging* (pp. 499-516). New York, NY: Springer.

Fry, C. (2008b). Social anthropology and aging. In C. Phillipson & D. Dannefer (Eds.), *The international handbook of social gerontology* (pp. 48-60). Thousand Oaks, CA: Sage.

Fry, C. (2009). Globalization and the risks of aging. In J. Sokolovsky (Ed.), *The cultural context of aging: Worldwide perspectives* (pp. 185-195). Westport, CT: Praeger.

Fry, C., & Keith, J. (1986). *new methods for old age research. South Hadley,* MA: Bergin and Garvey.

Garrett, S. (1998). *Miles to go: Aging in rural Virginia*. Charlottesville, VA: University of Virginia Press.

Glascock, A. (2009). Is killing necessarily murder? Moral questions surrounding assisted suicide and death. In J. Sokolovsky (Ed.), *The cultural context of aging: Worldwide perspectives* (pp. 77-92). Westport, CT: Praeger.

Gubrium, J. F. (1992). Qualitative research comes of age in gerontology. *The Gerontologist, 32,* 581-582.

Gubrium, J. F., & Holstein, J. A. (Forthcoming). Analytic inspiration in ethnographic fieldwork. In U. Flick (Ed.), *Handbook of qualitative data analysis*. London, England. Sage.

Gurven, M., & Kaplan, H. (2009). Beyond the grandmother hypothesis: Evolutionary models of human longevity. In J. Sokolovsky (Ed.), *The cultural context of aging: Worldwide perspectives* (pp. 53-66). Westport, CT: Prager.

Harper, S. (2006). *Aging societies*. New York, NY: Oxford University Press.

Harvard School of Public Health. (2004). *Reinventing aging*. Cambridge, MA: Center for Health Communication, Harvard School of Public Health.

Hayslip, B. (2009). Ethnic and cross-cultural perspectives on custodial grandparenting. In J. Sokolovsky (Ed.), *The cultural context of aging: Worldwide perspectives* (pp. 346-356). Westport, CT: Praeger.

Hegland, M. E. (2009). Losing, using and crafting spaces for aging: Muslim Iranian American seniors in California's Santa Clara Valley. In J. Sokolovsky (Ed.), *The cultural context of aging: Worldwide perspectives* (pp. 302-324). Westport, CT: Praeger.

Henry, J. (1963). *Culture against man*. New York, NY: Vintage Books.

Indrizal, E., Kreager, P., & Schröder-Butterfill, E. (2009). The structural vulnerability of older people in a matrilineal society: The Minangkabau of West Sumatra, Indonesia. In J. Sokolovsky (Ed.), *The cultural context of aging: Worldwide perspectives* (pp. 383-394). Westport, CT: Praeger.

Jenike, B. R., & Traphagan, J. W. (2009). Transforming the cultural scripts for aging and elder care in Japan. In J. Sokolvsky (Ed.), *The cultural context of aging: Worldwide perspectives* (pp. 240-258). Westport, CT: Prager.

Johnson, R., & Schaner, S. (2005). Value of unpaid activities by older Americans tops $160 billion per year. *Policy briefs/perspectives on productive aging,* No. 4. Washington, DC: Urban Institute. Retrieved from http://www.urban.org/UploadePDF/311227_older_americans.pdf

Keith, J. (1988). A modest little method whose presumptions may amuse you. In K. W. Schaie, R. Cambell, W. Meredith & J. Nesselroade (Eds.), *Methodological issues in aging* (pp. 211-230). New York, NY: Springer.

Keith, J., Fry, C., Glascock, A., Ikels, C., Putnam-Dickerson, J., Harpending, H., & Draper, P. (1994). *The aging experience: Diversity and commonality across cultures*. Thousand Oaks, CA: Sage.

Kertzer, D. I., & Keith, J. (Eds.). (1984). *Age and anthropological theory*. Ithaca, NY: Cornell University Press.

Kinsella, K. (2009). Global perspectives on the demography of aging. In J. Sokolovsky (Ed.), *The cultural context of aging: Worldwide perspectives* (pp. 13-29). Westport, CT: Praeger.

Kreager, P., & Schröder-Butterfill E. (2005). *Ageing without children: European and Asian perspectives*. Oxford, England: Berghahn.

Lamb, S. (2007). Aging across worlds: Modern seniors in an Indian diaspora. In J. Cole & Durham, D. (Eds.), *Generations and globalization: Youth, age and family in the new world economy* (pp. 132-163). Bloomington, IN: Indiana University Press.

Lamb, S. (2009). *Aging and the Indian diaspora: Cosmopolitan families in India and abroad*. Bloomington, IN: Indiana University Press.

Lamb, S. (2013). Personhood, appropriate dependence, and the rise of elder-care institutions in India. In J. Danely & C. Lynch (Eds.), *Transitions and transformations: Cultural perspectives on aging and the life course*. New York, NY: Berghahn.

Lehning, A. J., & Austin, M. J. (2010). Long-term care in the U.S.: Policy themes and promising practices. *Journal of Gerontological Social Work, 53,* 43-63.

Long, S. O. (2005). *Final days: Japanese culture and choice at the end of life*. Honolulu, HI: University of Hawaii Press.

Mead, M. (1951). Cultural contexts of aging. In New York State Legislative Committee on Problems of Aging (pp. 49-51). Legislative Document No. 12.

Mead, M. (1967). Ethnological aspects of aging. *Psychosomatics, 8,* 33-37.

Mehta, K. (1997). Cultural scripts and the social integration of older people. *Ageing and Society, 17,* 253-275.

Mesa de Concertacion del Adulto Mayor de Arequipa (MCAMA). (2007). *Interinstitutional operating plan of the Table of Agreement of Older Adults of Arequipa 2006-2007*. Arequipa, Peru.

McLean, A. (2007). *The person in dementia: A study of nursing home care in the U.S.* Peterborough, Canada: Broadview Press.

Ministerio de la Mujer y Desarrollo Social (MIMDES). (2002). *The present situation of older adults*. Lima, Peru: Direccion de Personas Adultas Mayores.

Ministerio de la Mujer y Desarrollo Social (MIMDES). (2007). *Plan for the development of policy guidelines for rural people of Peru: Rural development for all ages*. Lima, Peru: Direccion de Personas Adultas Mayores.

Moody, H. (2009). From successful aging to conscious aging. In J. Sokolovsky

(Ed.), *The cultural context of aging: Worldwide perspectives* (pp. 67-76). Westport, CT: Praeger.

Mujahid, G. (2006). Population ageing in east and south-east Asia: Current situations and emerging challenges. Papers in Population Ageing. No. 1. United Nations Population Fund Bangkok, Thailand. http://www.globalaging.org/agingwatch/events/funds/ageingasia.pdf

Ney, S. (2005). Active aging policy in Europe: Between path dependency and path departure. *Ageing International, 30,* 325-342.

Peterson, J. (1997). Age of wisdom: Elderly black women in family and church. In J. Sokolovsky (Ed.), *The cultural context of aging: Worldwide perspectives* (2nd ed., pp. 276-292). Westport, CT: Praeger. Retrieved from www.stpt.usf.edu/~jsokolov/webbook/peterson.htm

Peterson, P. (2002). The shape of things to come: Global aging in the twenty-first century. *Journal of International Affairs, 56,* 189-212.

Prendergast, D., & Garattinito, C. (Eds.) (Forthcoming). *Ageing and the Digital Life Course*. Berghahn Series on Aging and the Life Course. New York, NY: Berghahn.

Rahman, A. N., & Schnelle, J. F. (2008). The nursing home culture-change movement: Recent past, present, and future directions for research. *The Gerontologist, 48,* 142-148.

Rhoads, E., & Holmes, L. (1995). *Other cultures, elder years* (2nd ed.). Thousand Oaks, CA: Sage.

Rodriguez-Galan, M. B. (2012). Diversity and the life course: A life-course model for Latina grandmothers raising grandchildren. In J. Danely & C. Lynch (Eds.), *Transitions and transformations: Cultural perspectives on aging and the life course*. New York, NY: Berghahn.

Rowles, G., & Schoenberg, N. (Eds.). (2002). *Qualitative gerontology: Contemporary perspectives*. New York, NY: Springer.

Sanjek, R. (2009). *Gray panthers*. Philadelphia, PA: University of Pennsylvania Press.

Schoenberg, N., & McAuley, W. (2007). Promoting qualitative research. *The Gerontologist, 47,* 576-577.

Schoenberg, N., Shenk, D., & Kart, C. (2007). Food for thought: Nourishing the publication of qualitative research or enhancing the presence of qualitative publications. *Journal of Applied Gerontology, 26,* 4-16.

Shenk, D. (1998). *Someone to lend a helping hand: Women growing old in rural society*. Amsterdam, The Netherlands: Gordon and Breach Publishers.

Shenk, D., & Mahon, J. (2009). Standing up for others: The AMIGOS volunteer model for working with elders in Peru. In J. Sokolovsky (Ed.), *The cultural context of aging: Worldwide perspectives* (pp. 259-265). Westport, CT: Praeger.

Sidorenko, A. (2007). World policies on aging and the United Nations. In M. Robinson, W. Novelli, C. Pearson & L. Norris (Eds.), *Global Health and Global Aging* (pp. 3-14). San Francisco, CA: Jossey-Bass.

Simmons, L. (1945). *The role of the aged in primitive society*. New Haven, CT: Archon Books.

Smith, J., & Clurman, A. (2007). *Generation ageless*. New York, NY: HarperCollins.

Smith, J., & Majmundar, M. (Eds.). (2012). *Aging in Asia: Findings from New and Emerging Data Initiatives*. Washington, DC: National Academies Press.

Sokolovsky, J. (2001). Ethnographic Research. In G. Maddox et al. (Eds.), Encyclopedia of Aging (2nd ed., pp. 360-361). New York, NY: Springer.

Sokolovsky, J. (2006). If not, why not: Synchronizing qualitative and quantitative research in studying the elderly. In L. Curry, R. Shield & T. Wetle, (Eds.), *Improving aging and public health research: Qualitative and mixed methods* (pp. 79-96). Washington, DC: American Public Health Association.

Sokolovsky, J. (Ed.). (2009a). *The cultural context of aging: Worldwide per-*

spectives. Westport, CT: Praeger.

Sokolovsky, J. (2009b). Ethnic elders and the limits of family support in a globalizing world. In J. Sokolovsky (Ed.), *The cultural context of aging: Worldwide perspectives* (pp. 289-301). Westport, CT: Praeger.

Sokolovsky, J. (2009c). Aging, center stage: New life course research in anthropology. *Anthropology news, 50*(8), 5, 8.

Sokolovsky, J. (2011). 2011 AAA Aging and Life Course Interest Group Guide to Key Resources. AAA Interest Group on the Life Course and Aging. Retrieved from http://stpete.usf.edu/~jsokolov/ageguide.htm

Spitzer Chang, H. (2006). *Diagnosis of the situation of older adults in Peru and proposals for improvement of their quality of life.* Miraflores, Peru: Asociacion Adulto Feliz.

Tanabe, M. (2007). Culture competence in the training of geriatric medicine fellows. *Educational Gerontology, 33,* 421-428.

Thomas, W. (2004). *What are old people for? How elders will save the world.* Acton, MA: Vanderwyk and Burnham.

Traphagan, J. W. (2007). Aging in Asian societies: Perspectives from recent qualitative research. *Care Management Journals, 8,* 16-17.

United Nations. (2007). *World economic and social survey 2007: Development in an aging world*. New York, NY: United Nations.

Van Dullemen, C. (2006). Older people in Africa: New engines to society? *NWSA Journal, 18,* 99-105.

von Mering, O. (1957). A family of elders. In O. von Mering & S. King (Eds.), *Remotivating the mental patient* (pp. 96-114). New York, NY: Russell Sage Foundation.

Weibel-Orlando, J. (1997). Grandparenting styles: The contemporary Native American experience. In J. Sokolovsky (Ed.), *The cultural context of aging: Worldwide perspectives* (2nd ed., pp. 139-155). Westport, CT: Praeger. Retrieved from www.stpt.usf.edu/~jsokolov/webbook/weibel.htm

Wilson, L., & Simpson, S. (Eds.). (2006). *Civic engagement and the baby boomer generation: Research, policy and practice perspectives*. New York, NY: Haworth Press.

Zhang, H. (2009). The new realities of aging in contemporary China: Coping with the decline in family care. In J. Sokolovsky (Ed.), *The cultural context of aging: Worldwide perspectives* (pp. 196-215). Westport, CT: Praeger.

제11장

미국 노년층의 삶과 행정 당국의 정책

Gerontology: Perspectives and Issues

제11장

미국 노년층의 삶과 행정 당국의 정책

Robert B. Hudson

미국 노년층의 규모와 구성 그리고 그들의 욕구는 근대 시기에 놀랍게 변화했다. 다른 연령층과 비교할 때, 미국 노년층의 절대적인 증가, 여러 중요 영역에서 각 계층 간의 다양성의 증대, 모든 미국 생활 속에서 그 유례를 찾아볼 수 없을 정도로 노인이 등장하고 있다는 점은 이제 널리 알려진 오늘날의 현실이 되었다.

사회 관계와 경제적 복지에 대한 관심보다 조명을 덜 받고 있는 분야는 아마도 행정부와 공공 정책 분야일 것이다. 현재 노년층을 거대한 제도적 존재로 만드는 데 기여한 공공 분야의 주도적 정책들은 미국의 장기적인 경제 성장 그리고 영양과 공공 건강의 개선이 폭넓은 계층으로 확대된 사실과 병행해서 이루어졌다. 중요 공공 정책에 대한 주도권을 가지지 못한다면, 노년층은 오늘날 그들이 이룩한 전반적인 사회 · 경제적 지위를 향유하지 못할 것이다.

이 분야의 다른 집필자들과 마찬가지로, 여기서는 노인들의 빈곤과 이해관계 그리고 이 두 문제에 대한 취급 방식을 언급하려 한다. 정당과 공공 정책 분야에서 이 두 문제는 특히 흥미로우며 동시에 반복적으로 제기된다.

분명히 공공 정책은 많은 노인의 빈곤 충족에 주요한 공헌을 했지만, 확실히 그러한 정책들은 1970년대 이후 노인층들에게서 나타난 정치적 관심과 활동의 급증에도 매우 커다란 공헌을 했다. 아주 최근까지도 워싱턴의 노인 관련 정책과 정부 정책의 이러한 상호작용 때문에 노인들이 지닌 정치적 지위를 부러워했다.

그러나 가장 최근에 이르러서는 이처럼 강화된 노인들의 역동성 때문에 노년층이 경제적 · 재정적 · 정치적 불협화음의 소용돌이 속에 놓이게 된 결과, 노인 사업에 대한 전례 없는 압력이 가해졌다. 노인 정책과 예산 그 자체가 워싱턴에서 뜨거운 논쟁의 핵심을 차지하고 있으며, 노인들의 정치적인 이해관계는 그 어느 때보다 엄격한 시험에 직면하게 되었다. 이 장에서는 노인들의 정치적 지위가 다음 세 단계를 거치면서 어떻게 변해 갔는지를 추적할 예정이다. 그것은 첫째, 대의성이 매우 절실하게 필요한 계층이라는 사실을 다른 계층이 인정해 준 단계, 둘째, 자신들의 이익을 위해 제정된 일부 정책을 통해 형성된 정치적 정체성과 존재감을 스스로 인정하는 단계, 마지막으로 이데올로기에 내몰린 새로운 일련의 의제가 들어 있을 뿐 아니라, 다른 예산을 잠식하는 현재의 예산 적자 상황 때문에 미국의 노년층이 지난 수십년간 확보한 많은 수혜가 위협을 받고 있는 상황으로 바뀐 단계를 말한다.

1. 미국 노년층의 빈곤과 관련된 정책

'복지국가로의 지향을 꺼리는' 미국에서 노년층의 빈곤은 매우 중요한 위치를 차지한다(Wilensky & Lebeaux, 1965, p.xii). 비교적 매우 드문 경우를 제외하면, 노년층을 위한 여러 프로그램이 더 일찍 마련되고, 더 많은 기금이 거기에 투여되었을 뿐 아니라, 다른 계층이나 문제들에 관련된 사회복지 프로그램보다 더 빨리 성장했다. 이러한 과정 속에는 역사적으로 노인들이 명백한 빈곤 계층, 다시 말해 노동자들이 일찍부터 직면했던 '수많은 삶의 굴곡'에 이어, 나이가 들어서는 '최후의 위기 상황' 속에 있을 수밖에 없다는 점에서 경제적 자산을 사실상 소유하지 못한 계층이라는 인식이 작동하고 있다(Rubinow, 1934).

1) 노인의 빈곤 상황

노인들은 수입이 많지 않으며 건강 상태도 좋지 않을 뿐 아니라, 노동 불능 계층이라고 추정할 수 있기 때문에 그들의 빈곤 상태가 매우 증가했다. 역사적으로도 노년 생활의 큰 두려움은 수입이 단절되는 시기보다 더 오래 산다는 점이었다. 개인적인 부(富)나 가족들의 도움이 없다면 노인들은 사적 자선금이나 공공 구호의 손길에 의존할 수밖에 없다. 뉴딜(New Deal) 정책 수립 당시의 평가에 의하면 노인층의 3/4이 빈곤층이었으며, 노인층 수입의 반절 이상이 그들의 성인 자식들에게서 나왔다(Upp, 1982). 1950년 말조차도 모든 미국 노인의 거의 40%는 공식적인 빈곤 기준선 밑에 있었으며, 일부는 그보다 훨씬 밑에 있었다.

질병과 장애로 노인들이 일하기가 어렵거나 아예 불가능하며, 그것을 다룰 수 있는 건강과 사회적 지원이 거의 없다는 점에서 질병과 장애는 노인 계층의 두 번째 커다란 관심사다. 빈곤 노인들에게조차도 1950년에 이르러서야 비로소 연방정부의 건강 프로그램이 마련되었다. 1965년 의료보험 제도가 마련될 당시, 노인층의 약 절반 정도는 어떤 형태의 건강보험도 가지고 있지 않았다. 만성적인 질병과 장애가 있는 노인들은 주로 가족, 친구 그리고 '가족적 분위기가 있는' 노인 요양시설을 종종 이용할 수 있는 개인 구호 단체에 의지했다(Vladeck, 1980). 1961년 후반, 상원 노인 특별 위원회 앞에서 증언한 한 남편은 자신이나 부인이 병에 걸린다면 어떻게 될까 하는 물음을 던지면서, 결국 "자신이 자선 기관을 찾아봐야 할 것이며, 내 자신이 극빈자 혹은 거지라는 사실을 온 세상에 알려야 한다."고 한탄했다(Sundquist, 1968, p. 288).

마지막으로 노인들은 질병 때문에 일을 할 수 없다거나, 청년들이 일을 가져야 하기 때문에 노인들은 일을 해서는 안 된다는 생각이 존재한다. 상당수의 노인이 일을 한다는 사실이 젊은이들에게는 흔히 부당하게 비춰지며, 고용주들의 눈에 비효율적으로 보이고, 실업 상태의 젊은이들에게는 불공평하게 여겨진다. 따라서 노인들을 노동에서 용이하게 배제시키기 위한 다양한 압력이 행사되고 있다. 2000년까지 사회보장제도 안에는 수입을 연계하는 제도가 존재했는데, 그것은 자산정도에 따라 지급하는 복지수당을 계산할 때 포함시키지 않는 적정 수입 이상에 대해 33%의 세금을 부과하는 제도다. 확정 연금 지급보증제도(defined benefit pension)의 수혜 조건에도 계속 일을 해야 한다는 걸림돌이 포함되어 있다. 최근에 이르러서야 비로소 그러한 소득 기준이 사라졌으며, 퇴직자에 대한 운용 계획이 401(k) 유형으로 전환된 덕분에 노인들의 능력과 일하려는 의지 그리고 아마도 인생 후반기에도 그들이 지속적으로 일할 필요성이 있다는 점을 사람들이 인식하게 되었다.

청 · 장년층은 스스로 생계를 꾸려 가야 한다는 미국인들의 뿌리 깊은 생각과 병행해, 노인들에 대한 이러한 '천편일률적인 친절 정책'(Binstock, 1983) 덕분에 미국 노년층을 대상으로 하는 현재의 사회보장 프로그램은 다른 계층의 정책과 비교해 볼 때 지극히 관대한 성격을 지니게 되었다. 그처럼 관대한 정책 안에는 하지 말아야 할 것 혹은 적절히 행해지지 않는 것들도 많지만(Harrington Meyer, 2010), 다른 취약 계층이 받는 수혜보다 노인 관련 단체들로부터 받는 수혜가 오랫동안 더 풍부했다.

2) 빈곤의 관점에서 본 노인정책

정책 개선이 그 초기 단계에서 노인 이외의 지지층을 대상으로 이루어지려 할 경우에도, 결국 노인층을 대변하는 정책 개선이 이루어져 미국 사회 정책에서 노년층이 상대적인 우위를 점했던 사실을 다음의 세 사례를 통해 확인할 수 있다. 노년층 지원제도(Old Age Assistance: OAA) 프로그램인 자격 I(Title I)과 노년층 보험(Old Age Insurance: OAI) 프로그램인 자격 II(Title II)가 포함된 사회보장 제도 제정의 주된 대상은 노년층이었다. 대공황 시기에 소득이 낮은 수백만 명의 매우 어려운 빈곤 계층이 의식(衣食)을 해결해야 상황에 처해 있다는 사실을 연방정부의 공공 지원 프로그램인 노년층 지원제도(OAA)는 인식하게 되었다. 노인들은 그들의 곤궁한 처지가 자신 때문이라고 생각하지 않았기 때문에, 노년층 지원제도는 부분적으로 '회유책'을 선택해 본래 법령 가운데 논쟁 대상이 되었던 조항을 보완했다. 현재 사회보장 제도의 초석이 된 노년층 보험은 수혜 대상자의 변제 수단의 여부나 기금의 일부를 지속적으로 분담하는 제도가 없지만, 미국 최초의 사회보장 프로그램이자 연방정부가 전적으로 운용한다는 점에서 중요한 제도다. 최초 사회보장 관련 법에도 연방정부의 까다로운 실업보험 프로그램, 부양 자식을 위한 공공 지원 프로그램 그리고 빈곤 모자를 위한 건강 프로그램이 들어 있었지만, 그 범위나 개념 면에서 노년층 보험 제도와는 비교할 수 없다.

노년층의 빈곤을 우선 고려하는 정책은 1965년 의료보험 입법 과정에서 훨씬 더 첨예하게 부각되었다. 오랫동안 국민건강보험(National Health Insurance: NHI)에 대한 이의가 제기된 탓에, 건강보험보다 노인층의 빈곤 구제 목적에 좀 더 근접한 의료비환급 법안(Affordable Care Act)이 2010년에 통과되었다. Franklin Roosevelt 대통령은 사회보장에 관한 최초의 입법안에서 그러한 제안을 삭제한 적이 있으며, 다시 Harry Truman 대통령이 그 내용을 집어넣으려고 시도했지만, 1950년대 의회에서 국민건강보험에 들어 있는 내용에 대한 승인을 얻지 못하였다. 국민건강보험 쪽으로 선회해야 한다는 최소한의 부분적인 전략을 강구하려 노력했던 개혁가들과 국민건강보험안의 지지자들은 1950년대와 1960년대에 이르러 거의 논쟁 대상이 되지 않은 계층, 다시 말해 더 나이가 많은 미국인들에게 관심을 돌렸다. Marmor(1970)가 지적한 바와 같이, 연방정부의 유력한 관료로서 건강보험 통과를 서둘렀던 Wilber Cohen의 표현대로, "노인들이 다른 성인 계층보다 더 많이 아프고 가난한 반면, 의료보험 수혜를 덜 받고 있다는 사실을 입증해 주는 통계 자료의 수집은 마치 적대적인 개미 한 마리를 죽이기 위해 강압적인 수단을 사용하는 것과 같았다"(p. 17). 따라서 의료보험 입안으로 가기 위한 장기간의 투쟁 속에 노년층은 존재하고 있었다.

의존아동 프로그램(Dependant Children Program)이 포함된 가족 지원 제도(Aid to Families)를 개혁하기 위한 1960년대 Richard Nixon 대통령의 시도가 실패하자, 마침내 1972년 사회보장 보조소득 제도(Supplemental Security Income: SSI)가 통과되었다. 저소득 모자에게 최소한의 수입을 보장해 주려한 Nixon의 주목할 만한 시도이자, Burke(1974)의 표현을 빌리자면 'Nixon의 훌륭한 행위'는 상원 재정위원회에서 부결되었다. 의회에서의 이러한 실패를 만회하기 위해, 이 법안의 지지자들은 공공 지원을 받는 이른바 '성인층', 다시 말해 빈곤층 노인, 장애인 계층으로 눈을 돌렸다. 그러한 계층에 대한 수혜를 둘러싸고는 많은 논쟁이 벌어지지 않았기 때문에, 그 명칭이 의미하고 있는 것처럼 저소득층 개인에게 보조적인 사회보장 수혜를 주는 사회보장 보조소득 제도가 하원에서 발의되어 Nixon이 서명하기에 이르렀다.

초창기 사회보장 제도, 의료보험 입법, 그리고 보조소득 제도에 이르기까지 의회에서의 이러한 일련의 과정 안에, 노인층의 빈곤에 대한 보편적이며 한결같은 인식이 자리 잡고 있었다. 노인층의 역사적 입장에 근거를 둔 이러한 특별 빈곤 대책은 정책 연구의 이론적 토대의 일부가 되었다. 왜 노년층에게는 모든 것을 다해 주는 반면 다른 계층은 소외시키는가와 같은 질문처럼, 위의 언급 속에는 종종 노인층에 대한 지원을 아까워하는 마음도 들어 있지만 오늘날 '미국 노년층의 복지 상태'를 종종 거론할 수 있도록 만든 그러한 방식은 이론적으로나 실질적으로 중요하다.

정책 형성 과정에 대한 연구를 통해 분석가들은 누가 그런 정책 형성에 관한 권한을 쥐고 있으며 어떤 개인과 단체가 정책 결정 과정에서 가장 영향력이 있는가를 알고 싶어 한다. 뉴딜 정책의 제정과 그 이후 시기 사회정책의 형성을 연구하는 사람들은 소위 '정책 엘리트'에 대해 많은 관심을 가졌다. 연구자들이 그들에게 관심을 가진 이유는 정책 입안 과정에서 그러한 엘리트 계층들이 적재적소에 배치되어 있었으며 매우 활동적이었던 반면, 더 거대한 대중 집단, 이해관계 단체 그리고 로비스트들은 그러한 정책 입안의 초기에 그리 중요하지 않았기 때문이었다(Derthick, 1979; Witte, 1962).

노인 정책의 발전 과정에서 한편으로는 엘리트 계층의 영향 그리고 다른 한편으로는 노년층의 어려움과 정책 사이의 중요한 연계가 등장했다. 그러한 결합은 앞서 언급한 세 개의 입법 과정에서 확인된다. 각각의 경우, 관련 엘리트들은 궁극적으로 노인층보다 훨씬 더 많은 사람을 포괄할 수 있는 광범위한 정책 계획을 추구하고자 했다. 엘리트 계층의 행동이라는 관점에서 본 그들의 역할은 정책 입안에 있어, '손님을 끌기 위한 특가품' 역할을 했다. 다시 말해 구매하려는 소비자에 해당하는 의회의 지원을 얻어, 그 소비자는 1930년대 비고용보험이나 1960년대 국민건강보험처럼 거대한 다른 어떤 것을 사리라 기대했던 계층이었다. 대부분의 경우 그러한 확대를 기대할 수 없었지만, 이러한 일련의 입법이 마련된 초기에 노인층에 대한 부양이 잘 이루어진 건 엘리트 계층이 주도한 성과였다. 물론 그러한 성과는 노인층 이상으로 수혜 범위를 확대시키고자 했던 정책 개혁가들이 채택한 노인층에 대한 경시 태도 그리고 보편적인 전략과 결합되긴 했지만 말이다.

2. 노인층의 빈곤에서 이해 관계에 대한 관심으로의 전환

명백히 이런 상황 하에서, '노인층의 빈곤 상황'에 기반을 둔 장기간의 정책이 '노인들의 이해관계'에 초점을 맞춘 두 번째 단계의 정책으로 전환되었다. 오랜 기간 동안 전문 개혁가, 노인 정책 옹호자 그리고 다른 부류의 엘리트 계층이 주로 '노인층'의 곤경을 다뤘던 것과는 대조적으로, 1970년대 후반이 되면 노인 스스로의 이익을 증진시키고 옹호하려는 노인층이 부상하고 있다는 사실을 확인할 수 있다. 노인 정책은 노년층을 도와야 한다는 것에서 노인들이 자신 고유의 관심사를 분명히 하고 또 강조해야 한다는 것으로 바뀌었다.

1) 노인 정책의 성장

노인들의 경제적 · 사회적 어려움이 정치적 이해관계로 변모한 주요 요인

〈표 11-1〉 1971~2010년 65세 이상 노년층 대상 연방 정부 지출액(단위: 10억 달러)

1971	44
1980	137
1990	349
2000	597
2004	767
2010	1,026

출처: Congressional Budget Office(2002); Isaacs(2009).

은, 이전에 제정된 의료보험(Medicare), 저소득층 의료보험 제도(Medicaid), 미국 노년법(Older American Act), 연령별고용촉진법(Discrimination in Employment Act: ADEA), 퇴직자 소득보장법(Employee Retirement Income Security Act: ERISA), 사회보장 수혜 확대 제도(social security benefit increases), 생계 비용보호 제도(cost-of-living protections)가 성장한 때문이었다. 이러한 정책들이 노인층의 고양된 정치적 입지에 기여했다는 사실은 정책의 결과(예산)와 정책의 성과(노인층의 복지 증대)를 통해 평가할 수 있다.

〈표 11-1〉에서 알 수 있듯이, 노년층을 대상으로 사용된 연방정부의 비용은 40년 동안 23배가 증가할 정도로 극적이었다. 위 지출 가운데 사회보장 제도와 의료보험에 소요된 지출이 가장 많아서 2010년 한 해에만 8,480억 달러가 지출되었으며, 노인층 사이에서 정치적 활동을 촉진시킨 건 전적으로는 아니지만 대부분 노년층을 대상으로 한 이 두 프로그램의 성장 더분이었다.

현대의 많은 분석가의 지적에서도 알 수 있듯이, 이처럼 순수한 금전적 측면에서의 상당한 지출 증가와 함께 최근 수십 년간 노인층의 복지 증대에 이러한 예산들이 가져온 주목할 만한 효과도 눈여겨봐야 한다. 사실상 노인과 관련된 이러한 성공들보다 더 많은 성공을 거둔 사회정책 분야는 분명 존재하지 않을 것이다. 따라서 다음과 같은 결과를 확인할 수 있다.

① 1959년 35%에 달한 노인층의 빈곤이 2008년에 약 10%로 하락했다.
② 고정 달러로 환산할 때, 노년층의 평균 수입이 1974년 2만 838달러에서 2007년 2만 9,393달러로 증가했다.
③ 미국 노년층의 순자산이 1984년 11만 4,900달러에서 2007년 23만 7,000달러로 증가했다.
④ 65세 노인의 기대수명이 1960년 79.5세에서 2006년에 83.5세로 증가했다(Federal Interagency Forum on Aging-Related Statistics, 2011).

좀 더 광범위한 사회적 차원에서 미국 사회 노년층의 변화된 지위는 20세기 후반 가장 괄목할 만한 발전 가운데 하나였다. 노인층에 대한 공공 정책의 집중적인 기여 덕분에, 노인들의 여생이 미국 사회의 제도적인 지위로 승격하게 되었다. 20세기 이전에는 노인이 된 사람들이 그 어디에서도 '현실적인 다수'가 되지 못했던 반면(Laslett, 1987), 노인층에 진입한 개개인이 이제는 예외가 아닌 정상적인 계층으로 간주되었다. Martin Kohli(1988)의 말을 빌리면, 노년은 이제 '생애의 한 중요 단계'가 되었다. 제2차 세계대전 후 등장한 유일한 근대 퇴직 제도가 새로운 노년층의 인구학적 · 경제적 · 사회적 특징을 한데 묶는 궁극적인 계기가 되었다. 이후 수십 년 사이에 노년학 관련 대중적인 문헌들은 퇴직자들이 향유할 수 있는 여가 시간에 대한 찬사를 넘어, 이러한 현대 노년층들을 생산적이고도 성공적이며 참여적인 존재로 만들어 나갔다(Rowe & Kahn, 1998). 이러한 현상이 이제 노인층의 존재를 주로 노동이나 질병에 의해서만 정의할 수 없다는 사실을 의미한다면, 이들 적극적인 노년층이 할 수 있는 혹은 해야 하는 새로운 역할은 무엇일까?

이러한 목적에 부합하는 중요한 사실을 든다면, 노년층의 역할 가운데 하나가 정치적 역할로 변모했다는 점이다. 노인들은 여기서 언급한 결정적인 경제적 · 사회적 그리고 건강의 차원에서 과거 제정된 정책들의 수혜를 통해, 그러한 새로운 지위를 정치 영역으로 확대시켰다. 대략 1970년대 후반과 1980년대 초반부터 노인들은 수혜자이자 정치 제도의 상대적인 수동적 대상이라기보다는 정치 제도의 주요한 행위자가 되었다.

과거에는 다른 역할자들이 노인에게 집중된 정책적 수혜를 지나치게 떠안고 있었으며, 이후 이런 현상들이 노인층의 집단적인 복지에 대한 괄목할 만한 진전을 가져오게 만들었다. 뉴딜 정책 시기에 적극적인 개혁가들의 등장에 뒤이어, Henry Pratt(1976)가 노인 정책의 '암울한 시기'라고 재규정한 20년의 세월이 존재했으며, 이 시기는 케네디/존슨 프로그램이 등장하면서 마침내 종식되었다. 1960년대와 1970년대 초기 괄목할 만한 정책 주도와 복지 증진으로 이어진 급속한 지출 증가로 노인층이 이내 활동적이 되었으며, 정체성을 지닌 정치적 유권자들을 형성하는 데 도움을 주었다. 오늘날 정치 환경이 노인 관련 정책 수혜에 좀 더 위협적이 된 탓에 그러한 유권자들은 노인들을 강력한 정치적 존재로 만들 수 있는 노인 프로그램을 유지하는 데 동원될 수 있다.

2) 공공 정책과 정치적 이해관계의 상호작용

정치학적 분석을 하고 있는 연구에서 이러한 정책 변화는 주로 투표자와 이해관계 단체가 동원되고, 워싱턴의 정책 결정자들에게 여러 요구를 하며, 종종 자신의 주장대로 법이 제정되는 정치 제도의 의례적인 유형으로 파악되고 있다. 노인층의 경우, 새로운 단체들이 확대되었다는 사실에 주목할 필요가 있는데, 그러한 단체의 일부는 대중에 기반을 둔 회원 단체였으며, 노년층을 대변하는 또 다른 그룹들은 사회보장 제도, 의료계 그리고 다른 직업군으로 구성되어 있었다. 이러한 단체들을 조직하려는 대부분의 초기 노력은 의료보험 제정을 위한 투쟁과 결부되어 있었다. 그러한 캠페인에서 퇴직한 노동조합원들이 합세해 케네디를 지지하는 노년 시민 단체(Senior Citizens for Kennedy)를 결성하기에 이르렀는데, 이는 의료보험 제도가 통과된 후 노인시민전국위원회(National Council of Senior Citizens)를 결성했던 운동이 되었다(Pratt, 1983). 가장 잘 알려진 대중 기반의 조직인 미국퇴직자연합회(American Association of Retired Persons: AARP)는 사회보장 수혜를 20%로 증가시키는 제안을 '지나친 인플레 정책'이라는 이유로 거부한 이후, 좀 더 나중에서야 노인 정책을 찬성하는 쪽으로 선회했다(Pratt, 1976).

그러나 속내를 들여다보면, 두 개의 대중 회원 단체(AARP와 NCSC)는

1970년 후반 적극적으로 로비 활동을 전개했다. 당시 이 단체들은 각자의 일터에서 노인 관련 프로그램을 확충하고자 한 다수의 직업적 · 학문적인 그리고 대중적이며 공식적인 조직과 연합하였다. 그러한 단체들 가운데에는 전국노인위원회(National Council on Aging), 원예사 모임(Green Thumb), 각 주(州) 노인연합회(National Association State Units on Aging), 미국노년학회(Gerontological Society of America) 등이 포함되어 있었다. 1980년 무렵, 그러한 단체들이 많아져 그들은 미국노인의결위원회(Legislative Council on Older Americans: LCAO)라는 새로운 대단위 조직을 결성해야 한다는 압박감을 느꼈으며, 현재 이 단체는 적어도 66개의 별도 회원 제도, 옹호 기구와 연구 기관을 갖추고 있다.

이러한 단체들의 존재와 활동이 상당히 증가하게 되자, 후속 연구는 이러한 '압력' 유형 때문에 현재 운용 중인 정치적이며 정책적인 역동성이 불완전하고 잠재적인 오해를 유발시킬 수 있는 의미로 등장할 수 있다는 사실을 지적했다. 이러한 일련의 연구자들은 정책의 확대를 이러한 단체들의 활동에서 비롯된 것으로 파악하기보다는, 정치적 단체의 존재 자체가 노인 정책에 활력을 불어넣거나 어떤 경우에는 그러한 단체들을 존재하도록 만드는 데 기여했다는 사실을 지적하고 있다.

현대 정치학의 용어에 따르면, 정책을 단순한 효과보다는 한 원인으로 파악하는 건 '정해진 계획에 따라 정책을 결정하거나'(Pierson, 2000), 좀 더 광범위한 의미에서는 '원상태로의 복구'(Skocpol, 1985)를 의미한다. 이러한 학자들은 정책이 정책 과정의 단순한 부산물이 아니며 그 자체가 정치적 활동 형성에서 주요한 역할을 한다고 생각한다. 다시 말해, 정책 과정을 종적으로 볼 때 '시간 1(Time 1)' 시점의 정책은 이후 정치적 활동 형성에서 독립적인 요인이 될 수 있으며, 이어 '시간 2(Time 2)'의 정책도 그러하다. 정책과 그 수혜자들이 긍정적으로 간주될 경우, 정책 결정 과정에서 만들어진 정책의 수혜가 곧 바로 수혜자들로 연결된다. 시민들의 정치적 참여를 낳게 한 가장 잘 알려진 예는 아마도 제2차 세계대전이 끝난 후 등장한 제대 군인 원호법의 경우라고 할 수 있는데, 주택과 교육에 집중된 이 프로그램의 수혜 덕분에 종전(終戰) 후 수십 년 동안 민간 부문과 정치적 분야에서 퇴역 군인과 그들 가족들의 활동이 고양되었다(Mettler, 2007).

1980년대 초, 학자들은 노년 관련 정책과 강령들이야말로 정책에서 강령으로의 전환을 뒷받침해 주는 강력한 경우가 될 수 있다는 사실을 알게 되었다. 따라서 Walker(1983)는 Lyndon Johnson 대통령이 내건 위대한 사회(Great Society) 전야에 출현한 46개 이상의 노인 관련 이해 단체들은 의료보험, 저소득층 의료보장 그리고 미국 노인 법안 등이 제정된 1965년 이후에야 형성되었다고 단언했다. Walker는 다음과 같은 중요한 결론을 내렸다.

> 이 모든 경우에서, 새로운 단체의 형성은 새로운 주요 법안 통과의 원인 가운데 하나가 아니라 그 결과 중 하나였다. 기본적으로 수동적인 입법 기관은 대체로 일상적인 사회적 혹은 경제적 관심사 때문에 자발적으로 조직한 시민 단체들의 청원에 부응해야 한다는 점에서, 정책 결정 과정의 압력 유형은 변화의 영향이 행정부 내부는 물론 제도적 범위 외부에서 비롯되는 모델로 대체될 수밖에 없다(Walker, 1983, p. 403).

노년 정치학에서 정책의 독립적인 역할을 지지한 가장 직접적인 증거는 각 주(州)와 지방 단위가 가입한 두 개의 동업 조직의 창설로서, 이는 연방정부의 입법으로 등장했다. 미국 노인법안(The Older Americans Act)에 의해 1965년 전국을 망라한 노년층 연합(State Units of on Aging)을 결성할 수 있는 권한이 생겼으며, 1973년 통과된 수정 법안의 요구에 따라 주 이하에 기획 조직이 설립되어, 지역 노인 단체로 지정되었다. 입법 후 1년이 채 안 되어 각 주 노인 전국연합회(National Association of State Units on Aging:

NASUA)와 각 지역 노인전국연합회(National Association of Area Agencies on Aging: N4A)의 사무실이 워싱턴에 설립되었으며, 그 단체를 통해 그들은 노인들에 대한 사회적 도움의 필요성을 의회와 연방 단체들에게 지속적으로 환기시켰다(Hudson & Strate, 1985).

노인 정책에 대한 이러한 유형을 가장 설득력 있게 적용한 경우는 바로 노인들 스스로 정치적 정체성에 대한 감각을 형성할 수 있도록 한 사회보장 제도의 역할이다. Campbell은 그녀의 책 『How Policies Make Citizens: Senior Political Activism and the American Welfare State』(2003)에서 노년층의 극적인 확대와 사회보장 제도를 통한 생계 보험 수혜 사이에는 분명한 연계성이 있으며, 미국 노인들의 정치 과정 참여가 확대되었다는 사실을 밝혔다. 그녀는 수혜와 수혜 증가의 적격성이 수반된 사회보장 제도의 자유화와 투표, 기부, 선전 활동, 관련 인물과의 접촉과 같은 참여 수단이 동일 연장선상에 있으며, 사회보장 제도가 확대되었던 당시와 기존 사회 보장 제도를 통한 수혜가 위협받고 있다는 사실을 알게 된 좀 더 최근에 이르러, 이러한 유형의 활동이 증가했다는 사실을 지적했다. 약 20개 정도의 단체에서 시작해 수백만에 달하는 개인으로 관심이 확대되었다고 말한 Campbell의 결론은 Walker의 주장을 다시 환기시켜 준다.

> 사회보장 제도가 존재하지 않은 상황에서의 노년 시민층이란 공통의 특징, 나이 그리고 정치적 의미를 거의 가지지 못한 분산 그룹이다. 그러나 그들이 일단 행정 당국의 수혜를 받게 되자, 노년 그룹은 정치적 관련성을 가짐과 동시에 정책 기획자들, 이해관계 단체 그리고 정당들의 동원에 적절한 그룹이 되었다(Walker, 1983, p. 36).

3. 새로운 정치 환경에서의 노년층의 이해관계

Campbell의 결론에서도 알 수 있듯이, 10년 전과 비교해 볼 때 21세기로 접어드는 현재, 노년층의 정책적 성공과 정치적 지위가 상승했다. 공화당은 하원의장인 뉴트 깅리치의 주도로 10년에 걸쳐 의료보험과 저소득층 의료보험 예산을 4,300억 달러까지 삭감하려 했던 시도가 1997년 거부당했으며, 의료보장 D 분야의 조제약 지원 프로그램 관련법이 2003년에 제정되었다. 하지만 최근 10년 동안, Schneider와 Ingram(1993)의 용어대로 '도전자', 다시 말해 반대의 확산과 갈등 영역의 확대로 미국 노인들에 대한 일관되고 논란의 여지가 없었던 정책 영역과의 대립이 발생하고 있다는 점에서, 노년층의 정치적 역할이 재평가되고 있음을 알 수 있다.

이처럼 새롭게 등장한 현상은 노인은 당연히 존중받아야 한다는 데 근거한 긍정적인 정치적 입장을 토대로 한 초기의 '빈곤 충족' 단계, 그리고 연령을 기반으로 한 정책과 그러한 정책 수혜에 바탕을 둔 인상적인 정치적 지위의 고양을 확인할 수 있는 이후의 '이해관계' 단계라는 두 단계 사이에 중요한 단절이 발생했다는 사실을 말해 준다. 달리 말해, 최근 인구 규모와 복지가 상당히 증가한 사람들에게 실질적으로 무엇이 필요한지에 대한 새로운 질문이 좀 더 많은 대중 사이에서는 아니라 하더라도 정치 그룹 내에서 제기되었다. 이어 그러한 질문은 사회보장 제도나 의료보험을 재조정하거나 억제하려는 제안에서 드러나듯이, 노년층의 정치적 세력 확대에 대한 반발로 이어졌다.

개념적인 용어를 빌리면, 장기간 유지된 노인들의 한결같은 정치적 합법성에 대한 면밀한 검토가 증대되었으며, 노인들의 이른바 정치 권력도 이전의 경우보다 더 많은 시험을 받게 되었다. Schneider와 Ingram의 용어를 빌리자면, 이제는 한 집단으로 간주되고 있는 노년층이 장래 정책에서 비롯

될 수 있는 수혜를 꾸준히 요구함에 따라, 노년층이 역사상 차지했던 본래의 '의존적'이며 '유리한' 상황이 약화되었다. 노년층을 둘러싼 정치적 갈등 영역의 확대는 노년층의 이해관계가 경제적 · 정치적 사안과 결부되어 있으며, 그러한 사안이 노년층의 이해관계를 넘어 그들에게 상당한 피해를 줄 수 있음을 의미한다.

이것과 관련된 일련의 상황 속에는 경제 성장의 둔화, 엄청난 규모의 연방 예산 적자 그리고 세계화와 기술 혁신에 따른 급속한 노동 시장의 변동이 포함되어 있다. 더구나 노년 문제를 지속적으로 지지해 온 자유주의자들 사이에서는 청년층의 높은 실업 문제, 가족 형성 비율의 저하, 경제적 불평등 수준의 놀랄 만한 증가, 이민 문제에서 비롯되는 긴장과 같은 '새로운 복지 문제'에 대한 관심이 증대되고 있다. 노년층은 이처럼 광범위한 문제를 해결할 수 있는 방법에 대한 견해와 이해관계를 지니고 있지만, 해당 문제의 핵심 사안은 노년층의 견해나 이해관계를 초월해 있다. 그런 의미에서 노년층은 그들의 이해관계를 명확히 표현하지 않거나 대변해 주지 못하는 결정으로부터 부수적인 피해자가 되는 위험을 감수해야 한다.

이처럼 새롭게 등장한 현상을 확인할 수 있는 최근의 강력한 증거는 2010년에 시작되어 2012년까지 지속된 '급여소득세 휴일(payroll tax holiday)' 제도인데, 이 제도의 시행으로 노동자들이 연방보험납부법(Federal Insurance Contributions Act: FICA)을 통해 사회보장 제도에 내는 기여금이 6.2%에서 4.2%로 삭감되었다. 사회보장 체제가 관리하는 이 제도의 본래 목적은 소비자들의 소비를 촉진시키기 위한 수단을 만들고 유지시키는 데 있었으며, 사회보장 제도 자체와는 무관했다. 그러나 이처럼 예산이 삭감되거나 그 삭감 폭이 더욱 확대된다면, 그것은 급여세가 전적으로 사회보장 제도를 위한 것이며, 사회보장 제도 예산의 잉여금이 연방정부의 적자를 메우는 데 제공될 수 없다는 역사적 사실을 손상시키는 결과를 가져올 수 있을 것이다. 그럼에도 불구하고 시간이 지남에 따라 급여세를 통한 세입이 감소될 뿐 아니라, 예산 적자를 메우기 위한 기금에 '충당되어야 할' 일반 세입을 전도시켜, 사회보장 제도는 거의 성역에 해당하는 별도의 정책이라는 정치적 합의가 손상될 수 있다.

노인 의료보험 제도를 둘러싼 주요 논쟁은 그것이 '긴박한 노인층에 대한 재정 지원 혜택'인지 또는 부양자의 압력, 기술 혁신 그리고 전반적인 의료 비용 상승에 따른 미국의 '긴박한 건강 부담을 위한 지출'이라는 전혀 다른 문제 가운데 커다란 비중을 차지하는 것인지의 여부에 집중되어 있다. 현재 노인 의료보험을 문제의 근원으로 생각하는 사람들은 이른바 '전통적인 노인 의료보험'의 대안으로 프로그램 참여자에 대한 '우선 혜택' 바우처의 발행을 제안하고 있다. 그렇게 된다면 노인 의료보험 제도는 수혜에 대한 규정으로부터 비용 부담 프로그램으로 그 규정이 변화되어, 실질적으로는 장래의 비용 증가 부담이 수혜자에 돌아가는 대신, 연방정부는 그러한 부담으로부터 멀어지게 될 것이다. 반면, 의료비 환급 법안(Affordable Care Act)이 2010년에 통과됨에 따라, 노인 의료보험 제도는 전체 체제 안에서 비용 통제를 받는 한 분야로 간주되어 프로그램에 대한 좀 더 엄격한 관리와 상환이 요구되었지만 기본적으로 규정된 수혜 내용은 여전히 보존되어 있다.

미국의 장기적인 대중 지원의 주요 근원인 저소득층 의료보험 제도를 연방정부 지출에 포함시키는 방법으로 액수를 제한해서, 각 주정부에게 제공하는 방식으로 바꿔야 한다는 제안도 노인층에게 해로운 영향을 미쳤다. 어쨌든 연방정부에 비해 각 주정부는 저소득층 의료보험 지출 부담의 증가를 감당하기 어려운 상황이다. 이러한 제안이 좀 더 진전된다면, 수혜 적격자의 제한, 일부 수혜의 폐지 그리고 프로그램 내의 자기비용 부담이 높아지는 일이 불가피하게 발생할 것이다. 노인을 위한 대중적이며 논란의 여지가 없는 사회 제도 프로그램인 유서 깊은 미국 노인법안의 정당성을 재확인하는 계류 법안에 대한 공개적인 문제 제기가 워싱턴의 중요한 관심사일 정도로 정책 분위기가 악화되었다. 그러나 해당 문제가 노인에 관련된 것만은 아니다. 이는 연방정부의 지출과 적자에 대한 문제이기도 하며, 공식적으로는 노인을 직접 대상으로 하는 프로그램을 포함한 모든 프로그램의 예산이 삭감될 처지에 놓여 있다.

분명히 노인 프로그램이 사라지거나 장래 그 규모가 실질적으로 축소되지는 않겠지만 험난한 정치적 여정에 직면해 있는 한편, 노인 자체를 위한 프로그램의 형성은 차츰 감소할 것이다. '부(富)의 정도를 측정하는 수단'이 사회보장 제도에 도입될 수 있으며, 노인 의료보험의 수혜를 받을 수 있는 나이가 상승할 수도 있고, 저소득층 의료보험 제도 역시 그것에 소요되는 비용이 교육, 운송, 환경 관련 문제에 해를 끼칠 수 있다는 주 차원의 강력한 정치적 압력의 희생양이 될 수 있을 것이다. 다수의 정당한 정책에 대한 관심과 잠재적인 정치 세력을 지닌 노년층은 그들의 전통적인 정치 영역의 잠식에 대해 저항할 것이다. 자유주의자들의 승리란 없으며(Thrush, 2011), 오후에 열리는 다과회와 그 밖의 다른 보수적인 활동가들이 정부 역할의 축소를 기대하고 있는 영역에서 노년층의 의욕과 욕구는 실험 대상이 될 것이다.

4. 결론

이 장은 노년층에 대한 정책 필요성과 이해관계 그리고 그러한 사항들이 미국 정치에서 어떻게 다루어지고 있는지를 직접적인 대상으로 했다. 노인층의 경제적 빈곤을 충족시키는 단계와 이해관계 단체로 등장하는 단계를 구분해, 노인층이 미국 정치의 주요한 참여자와 미국 복지 상황의 주요한 수혜자로 부상하는 상황을 집중적으로 조명했다. 노인층의 빈곤 상황을 인식해야 한다는 사실은 100여 년 전까지 거슬러 올라가며, 미국 사회정책 발전의 초기와 중기에 노인층을 위한 사회정책의 등장에 매우 중요했다. 실제로 그처럼 많은 경제적 빈곤 상황이 미국 노년층, 특히 유색인종과 매우 나이가 많은 노인 여성들 사이에 지속적으로 등장하고 있다.

또한 그러한 정책의 성취, 성취에 따른 구체적인 수혜, 즉 이해관계 그룹을 활성화하는 한편, 노인들에게 수입, 여가 시간 그리고 정체성에 대한 정치적 근원의 제공을 통해 노인층의 기본적인 빈곤 상황이 정치적 이해관계로 변모했다. Campbell의 말을 빌리자면, 말년의 삶에 약간의 보장과 복지를 가져오는 데 성공한 공공 정책 덕분에 이전 시기에는 사실상 존재하지 않았던 정치적 자각이 생겨났다. 미국 사회정책의 초기에 타인의 열렬한 관심 대상에 불과했던 노년층이 이제는 명백한 정치적 이해관계를 천명하는 한편, 인상적인 정치 세력으로 확립되었다.

그러나 노인들의 빈곤 충족 단계가 이해관계로 변화하는 과정에서 언급되지 않은 사안 하나는 좀 더 큰 규모의 환경에서 전개되는 정책 관련 활동이다. 제2차 세계대전 이후 지속적인 경제 성장으로 노인 프로그램의 창안과 확대를 위한 환경이 조성되었으며, 이미 살펴본 바와 같이 노년층은 그러한 긍정적 환경의 첫 번째 수혜자들이었다. 정치와 예산의 측면에서 1980년대에 새로운 환경이 등장해 노인 정책 세계에 새로운 압력이 가해졌다. 그러나 바로 그 시기에 노인들은 자신의 정치적 근육을 발견해 단련시키기 시작했다. 필요로 할 때 이해관계라는 문제가 바로 작동하기에 이르렀다.

오늘날 환경에서 본다면, 이전에는 상대적으로 다루기 쉬웠던 것처럼 보이는 이데올로기적 · 경제적 투쟁 속에 노인 관련 문제가 자리 잡고 있는 탓에 그 영역이 넓어졌으며 더 많은 압력을 받고 있다. 워싱턴을 기진맥진하게 만드는 적자 폭의 축소와 수혜 자격에 대한 개혁의 와중에서, 노인 정책에 대한 이해관계는 직 · 간접적인 공격 대상이 되고 있다. 노인층은 자신의 이해관계를 능숙하게 대변하겠지만, 새로운 정치적 협력자들이 지금까지 고도로 제도화된 프로그램을 폐지하지 못하도록 해야 할 것이다.

참고문헌

Binstock, R. H. (1983). The aged as scapegoat. *Gerontologist, 23,* 136-143.

Burke, V., & Burke, V. (1974). *Nixon's good dead.* New York, NY: Columbia University Press.

Campbell, A. L. (2003). *How policies make citizens: Senior political activism and the American welfare state.* Princeton, NJ: Princeton University Press.

Congressional Budget Office. (2002). *Federal spending on th elderly and children.* Retrieved August, 31, 2012 from http://www.cbo.gov/sites/default/files/cbofiles/ftpdocs/23xx/doc2300/fsec.pdf

Derthick, M. (1979). *Policymaking for social security.* Washington, DC: Brookings Institution.

Federal Interagency Forum on Aging-Related Statistics. (2011). *Older Americans: Key indicators of well-being.* Retrieved August 31, 2012 from http://www.agingstats.gov/agingstatsdotnet/Main_Site/Data/2010_Documents/Docs/OA_2010.pdf

Harrington Meyer, M. (2010). Decreasing welfare, increasing old age inequality: Whose responsibility is it? In R. B. Hudson (Ed.), *The new politics of old age policy* (pp. 21-41). Baltimore, MD: Johns Hopkins University Press.

Hudson, R. B., & Strate, J. (1985). Aging and political systems. In R. H. Binstock & E. Shanas, *Handbook of aging and the social sciences* (2nd ed., pp. 554-585). New York, NY: Van Nostrand Reinhold.

Isaacs, J. (2009). How much do we spend on children and the elderly? Retrieved August 31, 2012, from http://www.brookings.edu/~/media/Research/Files/Reports/2009/11/05%20spending%20children%20isaacs/1_ how_much_isaacs.pdf

Kohli, M. (1988). Ageing as a challenge for sociological theory. *Ageing and society, 8*, 367-394.

Laslett, P. (1987). The emergence of the third age. *Ageing and Society, 7*, 133-166.

Marmor, T. (1970). *The politics of Medicine*. London, England: Routledge and Kegan Paul.

Mettler, S. (2007). Soldiers to citizens: *The G.I. bill and the making of the greatest generation*. New York, NY: Oxford University Press.

Pierson, P. (2000). Increasing returns, path dependence, and the study of politics. *American Political Science Review*, 94(2), 251-267.

Pratt, H. (1976). *The gray lobby*. Chicago, IL: University of Chicago Press.

Pratt, H. (1983). National interest groups among the elderly: Consolidation and constraint. In W. P. Browne & L. K. Olson (Eds.), *Aging and public policy: The politics of growing old in America* (pp. 61-92). Westport, CT: Greenwood Press.

Rowe, J. W., & Kahn, R. (1998). *Successful aging*. New York, NY: Pantheon.

Rubinow, I. (1934). *The quest for security*. New York, NY: Henry Holt.

Schneider, A., & Ingram, H. (1993). The social construction of target populations. *American Political Science Review, 87*, 334-347.

Skocpol, T. (1985). Bringing the state back in: Strategies of analysis in current research. In P. Evans, D. Rueschemeyer & T. Skocpol (Eds.), Bringing the state back in (pp. 3-37). New York, NY: Cambridge University Press.

Sundquist, J. H. (1968). *Politics and policy: The Eisenhower, Kennedy, and Johnson years*. Washington, DC: Brookings Institution.

Thrush, G. (2011). The summer of liberal discontent. *Politico*. Retrieved August 31, 2012 from http://dyn.politico.com/printstory.cfm?uuid=9D40ABF4-22CE-4945-B01B-9CAF16F5C9B8

Upp, M. (1982). A look at the economic status of the aged then and now. *So-*

cial Security Bulletin, 45, 16-20.

Vladeck, B. (1980). *Unloving care*. New York, NY: Basic Books.

Walker, J. (1983). The origins and maintenance of interest groups in America. *American Political Science Review, 77,* 390-406.

Wilensky, H., & Lebeaux, C. (1965). *Industrial society and social welfare*. New York, NY: Free Press.

Witte, E. (1962). *The development of the Social Security Act*. Madison, WI: University of Wisconsin Press.

제12장

다양한 노인층의 빈곤 충족과 공공 정책의 역할

제12장

다양한 노인층의 빈곤 충족과 공공 정책의 역할

Madonna Harrington Meyer and Chantell Frazier

미국 노년층의 복지 환경 안에는 노인을 위한 여러 가지 공공 정책이 포함되어 있지만, 그러한 정책이 제공하는 지원의 강도는 사회인구하적 요인에 따라 다르다. 여기서는 사회보장 제도와 사회보장 보조소득 제도(Supplemental Security Income: SSI)처럼 노년층의 수입에 관련된 주요 프로그램 그리고 의료보험이나 저소득층 의료보험을 포함한 건강 복지 프로그램을 통해, 다양한 노인 계층의 사회복지를 살펴볼 예정이다. 우리가 생애 주기를 전망한다는 건 다양한 선택, 관계, 기회, 정책 그리고 생애 여러 단계를 위한 프로그램이 지닌 장기적 의미를 조망한다는 뜻이다. 우리는 노인층과 그들 가족에 대한 공공 정책의 영향이 민족, 사회적 성(性), 계층 그리고 결혼 상태에 있는 그룹의 다양한 생애 주기와 어떻게 긴밀하게 결부되어 있는지를 고찰하고자 한다. 불평등의 누적, 생애 주기 내내 사람들이 여러 겹으로 축적해 온 유리한 점과 불리한 점이 어떻게 노인 복지 정책에 차별적인 영향으로 귀결되는지를 집중적으로 거론할 것이다(Acker, 2006; Baca Zinn & Thornton Dill, 2005; Estes & Associates, 2002; Ferraro & Shipee, 2009; Lorber, 2005; Moen & Spencer, 2005; Padavic & Reskin,

2002; Settersten, 2003).

인생 노년의 빈곤은 장기간 축적된 불평등을 알려 주는 지표로서, 그것을 통해 노인들의 잠재적인 빈곤에 대한 인식을 특정 노인 정책에 반영할 수 있다. [그림 12-1]에서 알 수 있듯이, 과거 20년이 넘도록 미국 백인 노인층의 빈곤율은 다른 민족 그룹에 비해 항상 더 낮았다. 백인 노인과 흑인 노인 그리고 남미계 미국 노인의 빈곤율은 개선된 반면, 아시아계 미국 노년층의 최근 빈곤율은 증가했다. 현재 아시아계 노년층의 빈곤율은 백인계보다 두 배나 더 높다. 더구나 미국 흑인 노인층과 남미계 미국 노인층의 빈곤율은 미국 백인 노인층보다 세 배 높다. 미국 흑인 노인층의 비율은 전체 노인층의 9%에 불과하지만, 빈곤 노인층의 21% 이상을 차지한다(Cawthorne, 2008).

일반적으로 여성 노인층은 남성 노인층보다 부유하지 않다. 여성 노인은 평생 동안 남성 노인보다 수입이 적으며, 가족 구성원들 중 비보험 치료를 더 많이 받을 뿐 아니라, 더 오래 살고, 독신인 경우가 더 많다. 그러므

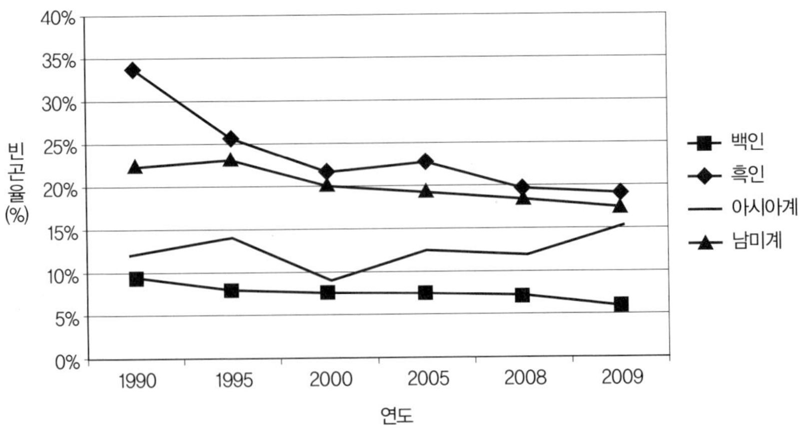

[그림 12-1] 65세 이상 인구의 민족별 빈곤율(1990~2009)

출처: DeNavas-Walt, Proctor, & Smith(2010).

로 75세 이상의 여성 노인들이 빈곤 상태로 살아갈 가능성은 남성 노인들보다 3배 이상 높다(Cawthorne, 2008). [그림 12-2]에 의하면 미국 백인 여성들의 빈곤율은 8%인 반면, 아시아계 여성 노인의 빈곤율은 15%, 그리고 흑인 노인, 남미계, 미국 여성 노인의 빈곤율은 20%가 넘는다. 독신 여성 노인들은 이 모든 그룹 가운데 가장 가난할 것이다. 2007년 미국의 백인 독신 여성의 빈곤율은 16%였던 데 비해, 흑인 독신 여성은 38%, 남미계 독신 여성은 41%였다(Hounsell, 2008). 노인층 가운데 아마도 가장 빈곤하다고 할 수 있는 이들 그룹은 경제와 건강 보장을 위한 노년층 공공 프로그램에 가장 많이 의존하고 있는 계층이다.

미국의 나머지 계층과 마찬가지로, 장차 노년층은 빈곤 가능성이 가장 높거나 노인층을 위한 프로그램에 더 많이 의존할 가능성이 많은 일부 그룹의 증가로 더 다양해질 것이다. 좀 더 주목할 만한 점은 흑인 노인층과 남미계 노인층 그리고 아시아계 노인층이 2005년 기준 65세 노인의 약 18%를 차지하고 있으며, 2050년이 되면 노인층의 40%를 차지할 수 있다는 사실이

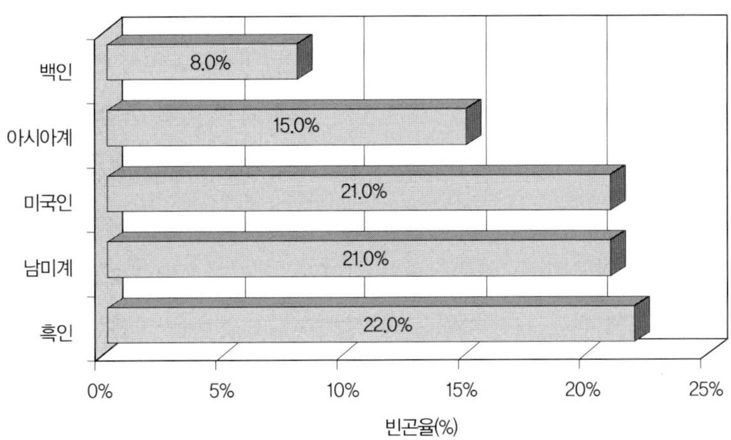

[그림 12-2] 65세 이상 여성 노인의 민족별 빈곤율(2009)

출처: National Women's Law Center(2010).

다(Fritz, 2005). 차츰 다양해지고 있는 노인층의 빈곤에 대처하기 위한 미국 노인 정책의 능력은 그러한 상황에 대응할 수 있는 정책 제안을 시행할 수 있는지 여부에 달려 있다.

1. 노인층을 위한 소득 관련 프로그램

1) 사회보장 제도

사회보장 제도는 수백만 명의 퇴직자, 그들의 배우자 그리고 장애자들에게 재정적인 수혜를 제공한다. 이 프로그램의 기금은 임금의 6.2%에 해당하는 세금으로 충당되며, 고용주도 그에 상응하는 액수를 부담한다. 이 프로그램의 수혜 덕분에 많은 사람이 가난에서 벗어났다. 사회보장 제도가 제정된 1935년, 노인층은 다른 연령 계층보다 더 빈곤했다. [그림 12-3]에서 알 수 있듯이 미국 노인층의 빈곤율은 1960년대에 거의 30%에 달했지만, 사회보장 제도와 그 밖의 다른 프로그램 덕분에 1980년 16%, 1990년 12% 그리고 2005년 이후에는 10% 이하로 각각 낮아졌다. 여성 노인, 흑인 노인, 남미계 노인 그리고 독신으로서 빈곤 상황에 처해질 위험성이 더 많은 노인들에게는 사회보장 제도가 특히 중요한 수입원이다. 예를 들어, 미국 흑인 노인층과 남미계 노인층의 소득에서 모든 공공 수혜를 제외한다면, 그들의 60% 이상이 빈곤 상태에 놓일 것이다. 그러나 그들의 소득에 사회보장 제도를 통해 받는 수혜액을 포함시킨다면, 빈곤율은 약 30% 정도 감소한다(Cawthorne, 2008).

초기 사회보장 제도는 모든 노동자의 1/2, 즉 모든 여성과 흑인의 참여를 사실상 배제한 좀 더 폐쇄적인 프로그램이었지만, 제도의 점진적인 확대로 현재는 대다수 노동자가 혜택을 받고 있다(Abramovitz, 1988; Quadagno,

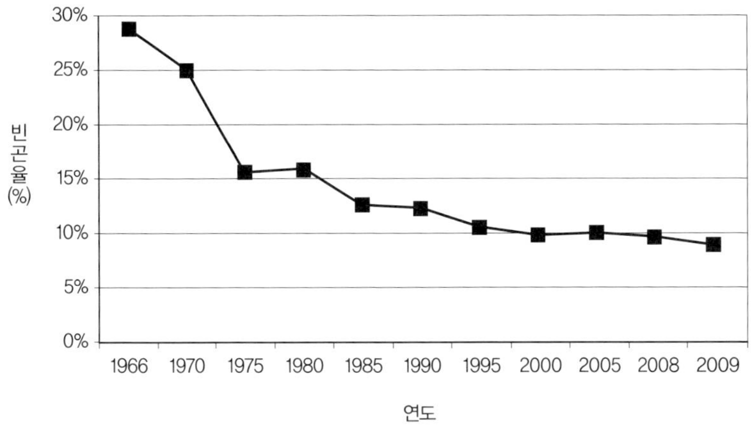

[그림 12-3] 65세 이상 미국인의 빈곤율(1966~2009)

출처: DeNavas-Walt et al.(2010).

1984). 시간이 지남에 따라 사회보장 정책의 수혜 범위가 아내와 미망인으로 확대되었으며, 수혜 자격 규정에 성차별을 두지 않는 쪽으로 선회하는 한편, 수혜 자격을 위한 엄격한 소득 심사도 완화되었다. 2009년 당시 94%의 노동자가 보장을 받았으며 91%의 노인이 수혜를 입었다(Social Security Administration, 2009). 보장을 받는 노동자들은 자신의 노동 기록을 근거로 퇴직 후 퇴직 수당을 받을 수 있으며, 결혼 내역을 통해 배우자나 미망인도 수혜를 받을 수 있다.

사회보장 제도의 수혜 폭은 성(性), 민족, 연령, 결혼 여부에 따라 매우 큰 차이가 난다. 여성들의 수명이 더 길고 평균적으로 남성보다 임금이 적으며 고용 단절이 더 많다는 점에서, 여성들이 사회보장 제도로부터 받는 수혜는 매우 중요하다(Acker, 2006; Estes & Associates, 2001; Lorber, 2005; Moen & Spencer, 2005; Settersten, 2003; Padavic & Reskin, 2002). 남성에 비해 여성은 일자리에서 성차별에 직면할 가능성이 더 높으며, 급여 노동과 비급여 노동의 요구 사이에서 갈등을 겪을 가능성도 더 높다. 따라서 사회보장 제도에 대한 여성들의 의존은 퇴직 후 보완적인 수입이 아닌 유일한 수입원일 가능성이 더 높다(Hounsell, 2008). 사회보장 제도로부터의 수혜액이 모든 노년층 전체 수입의 40%를 차지하지만, 여성 노인 5명 중 1명은 그것이 전체 수입에 해당된다(Social Security Administration, 2009).

생애 주기 가운데 흑인과 남미계 미국인은 미국 백인들보다 더 높은 실업률, 임금 차별, 감옥에 갈 가능성이 많으며, 낮은 교육 수준 때문에 소득과 저축이 낮고 노년에 이르러 연금 수입이 더 적을 것이다. 결과적으로 그들은 노년 수입의 절대 부분을 사회보장 제도에 의존할 수밖에 없다. 남미계 미국 노인층과 아프리카계 미국 노인층은 자신 수입의 90% 이상을 사회보장 제도에 의지하고 있다(Torres-Gil, Greenstein, & Kamin, 2005; Wu, 2005). 2006년, 결혼하지 않은 흑인 여성 59%와 65세 이상 남미계 독신 여성의 58%는 퇴직 후 유일한 수입원이 사회보장 제도였다. 실제로 이들 흑인과 남미계 여성들은 역사적으로 낮은 임금을 받았으며 개인 연금과 저축 비율도 낮기 때문에 사회보장 제도에서 나오는 수혜가 그들 수입의 약 80%를 차지하고 있다(Torres-Gil et al., 2005; Wu, 2005). 사회보장 제도는 퇴직자들의 유일한 수입원이라기보다는 최소한의 보호 장치라는 점에서 많은 여성 노인, 흑인 노인, 남미계의 사회보장 수혜자들은 노년에 빈곤 상태가 될 가능성이 있다(Hounsell, 2008).

퇴직 노동자들의 수혜 규모는 매우 다양하다. 고액의 봉급을 받는 직장에서 장기간 지속적으로 근무한 사람들만 2010년 당시 사회보장 제도의 최대 수혜액인 월 2,346달러를 받을 수 있었다(Social Security Administration, 2010). 노동 단절과 저임금 직종일 가능성이 높은 사람들은 사회보장 제도의 수혜액이 적으며, 여성, 흑인 그리고 남미계 사람들은 위 두 상황에 직면할 가능성이 더 많다(Hounsell, 2008). 예를 들어, 퇴직한 흑인들의 평균 수혜액은 백인들의 83%에 불과하다. 퇴직한 흑인 여성과 백인 여성의 수혜액은 백인 남성의 각각 69%와 76%에 불과하다(Social Security Administration, 2011).

여성들이 설사 직장을 가졌다 하더라도, 그들 중 2/3는 퇴직 노동자의 자격으로 수혜를 받기보다는 배우자 혹은 미망인 자격으로 사회보장 제도의 수혜를 받는다. 그러한 수혜는 노동 이력보다는 결혼 상황에 근거한다. 배우자 자격으로 수혜를 받기 위해서는 해당자가 62세 이상으로서 신청 당시 결혼 상태에 있거나, 이혼했을 경우 사회보장 혜택을 받을 수 있는 노동자와 적어도 과거 10년 동안 결혼 생활을 유지한 사실이 있어야 한다. 배우자 수혜를 받는 여성들은 남편이 받았던 수혜액의 50%를 받는다. 60세 이상의 미망인은 사망한 남편이 받은 수혜액을 그대로 받는다(Social Security Administration, 2011). 남성과 여성 모두가 배우자 수혜를 받을 수 있지만 배우자 수혜를 받는 97%는 거의 여성들이다(Social Security Administration, 2009). 흑인들은 백인에 비해 소득이 적으며 많은 사람이 동일 민족과 혼인하기 때문에, 미망인과 독신 남성의 수혜액 역시 민족별로 큰 차이가 난다. 2009년 흑인 여성들의 평균 배우자 수혜액은 백인 여성의 87%였으며, 흑인 미망인의 수혜액은 백인 여성 미망인의 83%에 그쳤다(Social Security Administration, 2010).

여성 고용률이 극적으로 높아졌지만, 대다수 여성이 노년에 이르게 되면 일부 여성 집단은 노동자 자격보다는 배우자와 미망인 자격으로 수혜를 받을 것이다(Levine, Mitchell, & Phillips, 2000; Social Security Administration, 2009). 그러나 결혼의 감소와 각 민족의 결혼율이 차이가 난다는 점에서 장차 흑인 여성들의 그러한 배우자 수혜 자격이 감소될 것이다. 1960년대에 태어난 여성들이 노년에 이르게 되면, 백인과 남미계 여성들의 80%가 결혼 이력을 근거로 배우자 수혜 자격을 얻을 수 있는 반면, 흑인 여성의 비율은 50%에 불과하다(Harrinton Meyer, Wolf, & Himes, 2006). 그러므로 수입, 연금, 저축이 가장 적은 그룹은 사회보장 제도가 배우자와 미망인의 수혜 자격을 명시하고 있음에도 불구하고 차츰 그 자격을 상실해 갈 것이다.

(1) 재정 문제

사회보장 제도는 수년 내에 재정적 적자에 직면할 것이다. 선지불 제도는 FICA(연방보험납부법)의 세제(稅制)를 통해 노동자가 돈을 지불하고 그 돈을 더 나이 많은 수혜자들에게 지급하는 제도다. 해당 그룹의 규모가 다르며, 베이비붐 세대의 노년층이 많은 액수의 수혜를 받을 것이라고 예상한 사회보장 제도의 행정 당국은 십수년 전에 의도적으로 신탁 자금의 잉여분을 축적하기 시작했다. 이 잉여금이 현재 2조 5,000억 달러를 상회하고 있으며, 2016년에는 3조 5,000억 달러에 이를 것으로 추정하고 있다(Ruffing & Van de Water, 2009; Social Security Administration, 2009). 더 많은 베이비붐 세대의 노인층이 수혜를 받게 되면 이 잉여금은 감소할 것이다. 예상에 의하면 사회보장 제도의 수혜를 받기 위해 돈을 납부하는 사람들과 노동자의 비율이 2007년 3.3:1에서 2017년에는 2.7:1로 떨어진다. 2037년이 되면 잉여금이 바닥나 노동자들이 매월 납부하는 액수로는 지출의 75%만 감당할 수 있을 것이다.

이러한 재정 적자 때문에 소득세의 증가나 수혜액의 삭감을 고려하고 있다. 증세를 선호하는 사람들은 최소 14만 달러의 소득까지를 세금 부과의 상한선으로 해 FICA 세금을 1% 증가시키고, 물가상승률과 연동시키거나 수혜 자격 근거를 확대해 현재 사회보장 제도에 가입하지 않은 주(州)와 지방 정부 피고용자의 30%를 포함시킬 것을 제안하고 있다(AARP, 2005; Harrington Meyer & Herd, 2007; Social Security Administration, 2009). 반면, 수혜 삭감을 선호하는 사람들은 사회보장 제도 프로그램의 개인화에 찬성하는 사람들로서, 수혜 방식이나 물가 상승 지수의 등급을 낮추고 급여세를 감소시키거나 수혜 자격 시기를 더 늦춰야 한다고 주장한다. 그러한 수혜액의 감소로 수혜에 불리한 그룹에 대한 영향이 불균형적으로 될 것이다. 어느 쪽이든 연방정부는 잉여금을 차용해 사회보장 제도와 무관한 일에 사용할 것이며, 사회보장 신용기금에 이자를 덧붙여 그 차용금을 상환할 것이다.

(2) 정책 문제

이처럼 예견된 재정적 어려움 때문에 몇몇 정책의 변화를 마련하거나 고려하고 있다. 예를 들어 사회보장제도 기금이 감소되는 구조 때문에 상 · 하위 소득자 사이에 불균형이 초래된다. 개인 소득자들은 최대 수혜 한도액을 받을 수 있는 세금을 사회보장 제도에 납부한다. 2010년 노동자들은 소득의 6.2%를 세금으로 납부해 사회보장 제도의 세금 상한인 10만 6,800달러까지 부담하고 있으며, 그 이상의 소득은 사회보장 제도에 세금을 납부하지 않아도 되었다(Social Security Administration, 2010). 이런 이유로 전체 소득 중 사회보장 제도에 대한 세금 부담 비율이 상위 소득자보다 하위 소득자가 더 높다. 각 민족 사이의 연간 소득 차이로 흑인과 남미계 미국인은 자신의 수입 중 세금 납부의 비중이 더 높은 반면, 대다수 백인은 그 비중이 그리 높지 않다. 2006년, 한도 이상의 소득 때문에 세금을 내지 않는 비율이 백인과 아시아계는 각각 27%인 반면, 흑인과 남미계 미국인의 비율은 각각 13%와 11%였다(U.S. Census Bureau, 2008). 많은 정책 분석가는 그러한 세금 상한선을 올려 수익을 증대시키고 세금 상한선 제도에서 비롯된 불평등을 감소시켜야 한다고 주장한다(Harrington Meyer & Herd, 2007; AARP, 2005).

은퇴 나이를 좀 더 늦춰 수혜 유출을 차단하려는 노력의 일환으로, 사회보장 제도를 통해 은퇴 연금을 온전히 받을 수 있는 자격의 나이가 2003년부터 차츰 올라가 기존 63세에서 67세로 되었다. 1954년 이후 출생자들이 온전한 은퇴 연금 수혜를 받을 수 있는 연령은 현재 66세이며 1960년 이후 출생자들의 경우는 67세다(Social Security Administration, 2010). 조기 은퇴 연령은 여전히 62세지만, 한때 수혜액의 20%였던 조기 수혜 지급에 따른 부과금이 현재는 30%에 이른다(Social Security Administration, 2011). 수혜를 받을 수 있는 자격의 나이를 더 연장해야 한다는 논의가 거의 일상적으로 자리잡고 있다(AARP, 2005; Harrington Meyer & Herd, 2007).

사회보장 제도의 비판자들은 위의 계획이 기대수명이 낮은 계층들을 기만하고 있다고 주장한다. 예를 들어, 흑인 남성의 평균 기대수명은 69세인 반면 백인 남성은 75세다. 그러나 실제 65세에 달한 개인 사이의 기대수명 격차는 더 적다는 사실에 주목할 필요가 있다(Andrews, 2005). 삶의 초기 단계에서 미국 흑인의 기대 수명에 영향을 주는 높은 유아 사망률과 폭력이 나이가 들면 줄어든다. 65세를 넘긴 흑인의 기대수명은 79세로, 65세에 달한 백인보다 겨우 두 살이 적어 사회보장 제도의 수혜를 받는 두 그룹 사이의 연령 차이가 대폭 줄어든다(Andrews, 2005). 반대로 아시아계와 남미계 노인들의 기대수명은 좀 더 길다. 65세에 달한 아시아계와 남미계의 기대수명은 19년 이상이 연장되어 백인보다 2년이 더 길다(Fritz, 2005). 가장 주목할 만한 사실은 여성이 남성보다 평균 5년을 더 산다는 점이다(Hounsell, 2008). 65세에 이른 아시아계와 남미계 여성은 백인 여성보다 3년이 더 긴 23년을 더 살 수 있다고 예상되기 때문에 더 오랜 기간 사회보장 제도의 수혜를 받는다. 그럼에도 불구하고 수혜를 기대수명과 연계해야 한다는 제안은 등장하지 않고 있다.

개인 수입을 사회보장 제도와 연계시키는 일은 여성, 흑인이나 남미계 미국인 대다수에 해당하는 저소득 계층에게는 문제의 소지가 있다. 본래 이 정책은 수혜를 전혀 못 받는 상황을 피하기 위해 한 달에 15달러 이하를 받았던 사람이 완전히 퇴직한 경우에 적용되었다(Harrington Meyer & Herd, 2007). 수십 년이 경과한 후 그러한 정책이 완화되어, 1994년에 이르러서는 연 최고 8,000달러 소득자로서 62~65세에 해당하는 사람들은 별도의 부과금이 없이 적용 대상이 되었으며, 연 최고 1만 1,000달러 소득자로서 65~69세 사이의 사람들에게도 적용되었다. 이처럼 수혜자의 나이에 의존한다면, 결국 위와 같은 소득보다 더 많이 번 액수의 2~3달러당 1달러씩 수혜에 대한 부담금을 내야할 것이다. 이제 정책 결정자들은 65세 이상인 사람들에 대한 소득 연계 정책을 완화시켜, 계속 일을 하고자 하는 사람들은 수혜상의 손실 없이 계속 일을 할 수 있게 되었다. 하지만 일찍 수혜를 받는 62~65세 사람들은 자신의 나이를 기준으로 연 1만 4,000달러 이상의 돈에 대해서는 소득의 2달러당 1달러의 수혜액 손실을 보게 된다(Social Security Administration, 2010). 조기 은퇴 수혜자와 65세까지 계속 일할 필요가 있거나 일하기를 원하는 사람들은 일생 동안 더 적은 수혜액을 받을 뿐 아니라, 이러한 소득 연계 체제 때문에 수혜를 박탈당하고 있다.

사회보장 제도는 노인들의 유일하고도 가장 중요한 수입원이며, 노인 여성, 흑인, 남미계 그리고 저임금층이나 노동 단절이 빈번한 사람들에게는 더욱 중요하다. 수십 년 동안 사회보장 제도는 한때 여성과 흑인을 배제했던 프로그램 운용에서 노인들의 수입 대부분을 공급하는 프로그램 운용으로 변모해 왔다. 사회보장 제도의 수혜 구조는 그것이 고소득층의 재원을 저소득층에게 일생 동안 재분배한다는 점에서 노인층의 빈곤과 불평등을 감소시킬 수 있는 가장 효율적인 도구로 인식되어 왔다(Engelhardt & Gruber, 2004; Harrington Meyer & Herd, 2007). 그러나 재정 문제는 그 요체를 파악하기 어려우며, 취약 노인층의 빈곤에 대한 대응에 있어 그 편차가 큰 정책 내에 자리잡고 있다는 점에서 앞으로도 지속적인 논의를 해야 할 것이다.

2) 사회보장 보조소득 제도

65세 이상의 빈곤 노인층과 장애자들에게 매월 현금을 지급해 주기 위해 1972년 사회보장 보조소득 제도(SSI)가 마련되었다. 사회보장 보조소득 제도가 시행되어 매년 완만한 성장세를 보임에 따라 이 제도를 통한 수혜액은 생활비 증가와 연계되었다. 그러나 독신 수혜자들의 경우 연방정부의 최고 수혜액이 연방정부가 정한 빈곤 선상의 약 77% 그리고 노인 부부의 경우에는 87%에 불과하기 때문에, 이러한 수혜로 상당수 노인들이 빈곤층 선상에서 벗어나지는 못했다(Social Security Administration, 2009). 장성한 아들 가족과 사는 노인 여성의 경우처럼 독립적으로 살지 않는 사람들에 대한 수혜액은 1/3로 감소했는데, 그 이유는 나머지 가구 구성원들이 물질적인 보조를 제공해 주며 둘이 사는 건 한 사람이 사는 것과 마찬가지로 생활비가 적게 든다는 가정 때문이었다. 사회보장 보조소득은 빈곤을 근간으로 만들어진 프로그램이기 때문에, 수혜 자격 여부를 따지는 프로그램인 사회보장 제도를 통한 수혜액보다 그 액수가 상당히 적다. 2011년 사회보장 보조소득 수혜 액수는 개인과 부부가 각각 월 675달러와 월 1,012달러였다(Social Security Administration, 2011). 2011년 65세 이상 독신 노인의 빈곤한계선이 연 1만 788달러, 월 900달러이며, 부부가 연 1만 3,596달러, 월 1,133달러라는 점에서 위 액수는 빈곤 한계선에 훨씬 미치지 못한다(U.S. Department of Health & Human Services, 2011).

사회보장 보조소득은 여성과 흑인 그리고 남미계 미국인에게 특히 중요하다. 2006년 7백만 명이 넘는 사회보장 보조소득 수혜자 가운데 4백만 명 이상이 여성이었으며, 이 여성 중 1/3 이상이 65세가 넘는 사람들이었다(Hounsell, 2008). 여성의 빈곤화 가능성이 더 크며 남성보다 기대수명이 높기 때문에 이전 사회보장 보조소득 수혜자의 거의 2/3가 여성들이었다. 백인보다 소득이 더 낮을 가능성이 많은 흑인과 남미계 역시 사회보장 보조소득에 의존하고 있다(Martin, 2007).

노인층 수입과의 연계를 완화시켜 온 사회보장 제도와는 달리, 사회보장 보조소득은 엄격한 수입 연계 체제를 고수하고 있는 탓에 수혜액의 산정에서 급여 소득과 비급여 소득 모두를 고려하고 있다.

연방정부의 지침에 의하면 일단 급여 소득의 65달러와 부가 수입 20달러를 매월 제외하도록 하고 있다. 부가 급여 소득은 해당 소득 2달러당 1달러의 수혜액을 감소시키는 한편, 비급여 소득은 1달러당 1달러를 감소시킨다. 비급여 소득에는 사회보장 제도로부터 받은 수혜액, 선물 혹은 가족이나 친구로부터 받은 현금이 포함된다. 예를 들어, 손자를 돌본 대가로 돈을 받은 할아버지는 그가 받은 수입 1달러당 1달러씩을 제외한 액수를 받는다. 주택, 자동차, 묻어 둔 돈을 제외한 자산이 개인과 부부가 각각 2,000달러와 3,000달러 이하여야 한다. 사회보장 보조소득 체제에서 이처럼 그다지 많지 않은 소득을 계상하지 않는 제도는 1981년에 마련되었으며, 1989년에는 자산 최고 액수를 설정했다(Harrington Meyer & Herd, 2007; Social Security Administration, 2009). 위 두 경우 모두 생활비와 연계되지 않았으며 의회 입법을 통하지 않고서는 모두 그 액수를 올릴 수 없다. 빈곤에 기초한 프로그램이 이러한 이유로 유연성을 잃게 되면, 그것에 의존하는 저소득 노인층은 재정적으로 어려운 상황에 처하게 되어 어쩔 수 없이 자신의 가족에게 부가적인 도움을 청할 수밖에 없다.

빈곤을 기초로 한 프로그램에서 공통적으로 나타나듯이, 사회보장 보조소득을 받을 수 있는 노인층의 약 1/2만이 실질적으로 이 프로그램에 참여하고 있다(Davies, 2002). 65세 이상 노인이 사회보장 보조소득을 이용하는 비율은 1975년 10%에서 2006년 3%로 하락했다(Social Security Administration, 2009). 이러한 감소의 일부 원인은 사회보장이 확대되고 이 시기에 노인층 빈곤이 감소했기 때문이다. 또 다른 원인은 사회보장 보조소득 프로그램 자체 때문이기도 하다(Harrington Meyer & Herd, 2007). 사회보장 보조소득을 받을 수 있는 일부 노인층은 그 혜택을 알지 못하며, 수혜 자격 관련 까다로운 서류 양식 때문에 쩔쩔매거나 수십 년간 수정되지 않은 급여와 자산 산정으로 좌절하고 있는 탓에 이 프로그램에 대한 지원 신청을 하지 않고 있다.

최근 연구에 의하면 사회보장 보조소득 제도가 소득 지원 역할을 통해 건강상의 불균형을 완화하는 역할을 할 수 있다고 지적한다. 사회경제적 요인과 건강을 연계하는 규정이 잘 마련되어 있으므로, 사회보장 보조소득은 소득 불균형의 감소를 통해 노인들의 건강상의 불균형을 감소시킬 수 있을 것이다. 사회보장 보조소득의 월 수혜액이 증가한 덕분에 장애, 특히 이동의 불편이 현저하게 감소했다(Herd, Schoeni, & House, 2008). 노인들의 이동상 불편을 덜어 준다면, 그들의 독립성을 극대화하고 가족 구성원들의 부양 부담을 최소화하는 데 도움을 줄 것이다. 여성, 흑인 그리고 남미계 미국인이 사회보장 보조소득을 더 많이 받을 가능성이 있다는 점에서 그러한 계층에 미치는 건강상의 긍정적인 효과가 불균형적으로 높아질 수도 있다. 하지만 의회가 사회보장 보조소득 등록에 필요한 일부 장벽을 유지시킨다 해도, 충분히 활용되지 않고 있는 사회보장 보조소득 프로그램은 노인들의 독립과 그들 가족의 노인 부양에 장차 커다란 의미를 지닐 수 있다.

2. 치료 프로그램

1) 노인 의료보험 제도

1965년 이후, 노인 의료보험 제도는 65세 이상 노인들과 영구 장애자에게 일률적인 의료 부양 수혜를 제공해 왔다. 노인 의료보험 제도의 시행 이전에는 65세 이상 노인의 56%만이 건강보험을 가지고 있었다. 노인 의료보험 제도를 통해 노인들이 다양한 유형의 긴급한 의료 혜택을 보게 되었으며, 2007년에 이르러서는 65세 이상 노인의 97%가 보험을 가지게 되었다(Harrington Meyer & Herd, 2007; Social Security Administration, 2009). 노인 의료보험 제도는 긴급 의료 부양을 폭넓게 보장해 주고 있지만 장기 치료에 대한 보장은 많지 않다.

1960년대 이후 노인 의료보험 제도는 많은 변화를 겪었다. 현재 노인 의료보험 제도는 주요 네 가지 사항으로 구성되어 있으며, 서로 다른 곳에서 염출되는 각 항목의 기금 속에는 노인들이 내는 현금도 포함되어 있다. 규정에 의하면 노인 의료보험의 파트 A는 입원, 집중 간호, 건강 지원을 위한 가정 방문, 말기 환자에 대한 치료를 부담해 준다(Kaiser Family Foundation, 2010a). 이 재원은 고용자가 매월 내는 1.45%의 진료 보험 세금과 고용주가 그에 상응해서 내는 세금으로 충당된다. 임의적 성격의 세 프로그램 중 첫 번째에 해당하는 노인 의료보험의 파트 B는 외래 환자에 대한 왕진과 서비스, 몇몇 예방 조치 그리고 건강 체크를 위한 가정 방문 비용을 부담해 준다. 연방법은 파트 B 비용의 1/4을 사회보장 제도에서 발행한 수표에서 갹출한 우선 수혜비(beneficiary premiums)로 충당하는데, 이 우선 수혜비는 2011년 월 115.40달러로 정해졌다. 파트 B의 나머지 비용은 일반 회계로 충당된다.

노인 우대 의료보험(Medicare Advantage)이라고도 불리는 파트 C는 전형적인 의료보험 프로그램의 일부로서가 아닌, 건강 유지를 위한 조직(health maintenance organization: HMO)이나 계획적 치료 프로그램에 등록할 수 있는 선택권을 수혜자들에게 제공한다. 파트 C의 기금은 수혜자의 보험료와 일반 회계에서 충당하는 반면, 조제 의약 지원 프로그램인 파트 D는 일반 회계, 주정부의 비용 지불, 수혜자가 매달 부담하는 보험료 그리고 수혜자들이 직접 내는 여러 형태의 지불로 충당한다. 파트 D는 엄청나게 다양하며 지속적으로 변하는 개개인의 의료 처방 가운데 한 가지 처방전을 선택해 그것에 대한 보험료 지불을 수혜자에게 요구하고 있다(Social Security Administration, 2011). 매달 납부하는 보험료 외에 수혜자는 연간 공제액, 고용주도 동시에 내는 공동 부담금 그리고 '비용 공백'을 채우기 위한 모든 비용을 부담해야 하는데, 이는 결국 개인이 단지 약 처방을 받기 위해서도 연 3,600달러나 되는 현금을 지불해야 한다는 말이다(Kaiser Family Foundation, 2010a).

여성 노인, 흑인 노인 그리고 남미계 미국 노인들은 그들이 만성적인 질환을 앓을 가능성이 높은 반면, 다른 형태의 건강보험에 가입되어 있을 확률은 낮은 탓에 노인 의료보험에 많이 의존하고 있다. 또한 여성들은 남성보다 평균 5년을 더 산다(Kaiser Family Foundation, 2009a). 노인 의료보험에 가입한 여성의 거의 50%는 세 가지 이상의 만성 질환을 가지고 있는 반면, 그러한 남성의 비율은 38%다. 여성들은 남성들에 비해 관절염, 고혈압, 골다공증, 인지 기능 장애 그리고 육체적 장애를 더 많이 가지고 있다. 노인 의료보험 가입자 중 77%의 여성은 양로원과 장기 요양시설에 살고 있다(Kaiser Family Foundation, 2009a). 흑인과 남미계 여성 노인들은 백인 여성 노인에 비해 좀 더 다양한 만성 질환을 가지고 있는 것 외에, 좀 더 집중적이며 비용이 많이 드는 임종을 위한 부양을 받을 가능성도 높다(Hanchate, Kronman, Young-Xu, Ash, & Emanuel, 2009; Reed, Hargraves, & Cassil, 2003). 따라서 노인 의료보험의 포괄 범위와 안정성이 이러한 계층들에게 특히 중요하다.

(1) 재정 문제

노인 의료보험 비용은 이 제도의 시행 이후 극적으로 상승했다. 2010년, 노인 의료보험 예산은 최고 5,040억 달러에 달할 것으로 예상되는데, 이는 연방정부 예산의 15%, 다시 말해 수혜자 1인당 거의 1만 달러에 이르는 수치다(Kaiser Family Foundation, 2010a). 노인 의료보험은 거의 파산 직전에 놓여 있다. 비용 절감을 위해 정책 입안자들은 해당 비용을 장기 수혜자와 그들 가족에게 떠넘기고 있다. 매달 납부하는 보험료 외에 의료보험 수혜자들은 공제 금액, 20%의 공동 보험, 허용 기준치 이상에 대한 모든 비용 그리고 장기 치료, 예방 치료, 치과, 안과, 안경과 같은 비포괄 치료와 서비스 비용을 부담하고 있다(Harrington Meyer, 2000; Social Security Administration, 2009). 이러한 현금 지출 비용은 생활비보다 높은 비율로 지속적으로 상승하고 있다. 노인 의료보험이 단지 노인 수혜자들의 건강 비용의 1/2만을 포괄한다는 일부 증거가 존재한다(Social Security Advisory Board,

2008). 노인들의 현금 지출은 1965년 연 소득의 15%에서 1998년 22%로 증가했다. 2025년이 되면 의료 비용에 대한 현금 지출이 30%에 달할 것으로 예상된다(Moon & Herd, 2002).

그러한 현금 지출 비용은 많은 노인들의 능력 범위를 벗어나는 것이다. 일명 오바마 케어(Obama Care)라 불리는 최근 미국의 건강보험 개혁안에 의하면 일부 포괄 형태를 확장시키는 한편 비용 분담을 감소시켰는데, 이는 노인 여성, 흑인, 남미계 미국인에게 특히 유용하다. 특히 유방 엑스레이 촬영, 자궁 경부암 검사, 직장암 검사와 같은 검진을 위한 새로운 의료보험법 때문에 노인 의료보험의 일부 비용 분담이 중단된 상태다(National Women's Law Center, 2011). 최근 입법으로 노인 의료보험 파트 D의 이른바 '도넛 구멍'을 메꿀 수 있게 되어, 투약 처방에 대한 노인들의 현금 지출이 감소되었다. 하지만 포괄 범위와 높은 비용 분담 사이의 격차가 노인 의료보험 수혜자들에게 여전히 존재한다. 더구나 오바마 케어의 장기 치료 프로그램은 문제의 소지가 있다. 따라서 오바마 프로그램의 장기 치료 부문이 차츰 자리를 잡게 되면, 해당 법안은 많은 법률적 · 정치적 투쟁에 직면할 것이다.

(2) 정책 문제

주로 중병을 포괄하기 위해 만들어진 노인 의료보험은 노인 여성에게 더 필요한 대부분의 장기간 치료를 배제하고 있다. 예를 들어, 지역 공동체 치료에 대한 포괄 비용은 1990년대 중반 이래 삭감되었다(Harrington Meyer & Herd, 2007; MedPac, 2008; Social Security Administration, 2009). 가정 치료에 할당된 노인 의료보험의 예산 비율도 1994년 8%에서 2010년 4%로 감소해, 기관에서 파견한 부양 담당자, 가정 치료를 받는 사람, 개인별 방문과 같은 매우 제한적인 형태에 대한 포괄만 남아 있다(Harrington Meyer & Herd, 2007; Kaiser Family Foundation, 2010a; MedPac, 2008).

장기 치료의 경우, 남성 노인과 여성 노인은 매우 특정한 상황 하에서 최초 100일 동안만 양로원 비용을 부담하는 노인 의료보험 또는 높은 의료보험료와 함께 평범한 조건으로는 등록하기가 불가능하며 다른 치료를 포괄하지 못하는 탓에 대략 10%만 가입할 수 있는 개인 장기 치료 보험에 의존해야만 한다(Social Security Administration, 2009; Harrington Meyer & Herd, 2007). 노인 의료보험에 의존하고 있는 양로원 거주자들은 몇몇 자격 기준을 통과하고, 고용주와 공동으로 내는 상당한 정도의 공제금액과 함께 노인 의료보험에서 포괄하지 않는 초기 100일 동안의 비용도 부담해야만 한다(Social Security Administration, 2009). 장기 치료에 대한 노인 의료보험의 현금 지불 제도 때문에 허약한 상당수 노인은 자신의 가족, 좀 더 빈번하게는 여성 가족 구성원에게 과도하게 의존하거나 필요한 치료를 받지 못한 채 생활한다(Estes & Association, 2001; Moon & Herd, 2002).

여성들은 남성보다 거의 두 배 가까이 환자를 돌본다. 배우자 중 환자를 돌보는 비율은 아내가 70%를 차지하며, 나이 든 부모 환자를 돌보는 자식의 60~80%는 딸이다(Kaiser Family Foundation, 2009c; National Alliance for Caregiving & AARP, 2004, 2009). 소득 수준이 더 낮고 건강 상태가 더 나쁜 경향이 있는 흑인과 남미계 여성은 백인 여성보다 환자를 돌보는 비율이 더 높게 나타났다. 가족 구성원의 병을 돌보는 이러한 부가적인 의무 때문에 위 여성들의 부담이 늘고 있으며, 재정과 사회적 자원이 더 많은 사람들보다 생활에 더 많은 영향을 받고 있다(National Alliance for Caregiving & AARP, 2009; Wolf, Freedman, & Soldo, 1997).

가족 내 환자를 돌보는 사람들은 호스로 음식을 주고 옷을 갈아입히는 한편, 화학 요법, 광선(光線) 요법 관리, 무호흡 체크, 산소 공급용 텐트 관리와 같은 고도의 기술을 종종 수행해야 한다. 의료 관련 치료 외에도 환자를 돌보는 일에는 청소, 요리, 재정 관리, 잔심부름, 식사 보조, 목욕, 옷 입히기, 신체 이동과 같은 게 포함되어 있다. 그러한 일은 의학적인 훈련을 받지 못한 가족 구성원들에게 부담이 될 수 있는 한편, 여러 연구에 따르면 환자를 돌보는 일이 매우 의미 있는 일이긴 해도, 그것은 환자 돌봄이의 육체와 감정 그리고 심리에 부정적인 영향을 준다. 불면증, 탈진, 운동 부적응, 만성 질환, 불안감, 외로움, 가족 간의 긴장, 약물 오용 비율이 환자를 돌보는 사람들에게 높게 나타났다(Brody, 2004; National Alliance for Caregiving & AARP, 2009; Pavalko & Woodbury, 2000; Stone, 2000). 환자를 돌보는 사람들은 심각한 우울증을 겪을 가능성이 높아서, 그들의 50% 정도가 우울 증세를 앓고 있다고 보고되었다(Clark & Diamond, 2010). 여러 연구에 의하면, 환자를 장기간 돌보는 사람들은 심지어 면역 체계가 약화되고 심리적 불안감이 증대되며 노화가 촉진된다(Epel et al., 2004; Pavalko & Woodbury, 2000). 환자를 돌보는 사람들은 감정과 육체 노동을 동시에 수행하는 것 외에도 자신의 일상도 책임져야 하기 때문에 스트레스가 증가한다. 환자를 돌보는 사람들에게는 사회적 · 육체적 그리고 경제적 지원이 절실하지만, 그들은 그러한 지원을 종종 받지 못하고 있다.

노인 의료보험 제도의 재정 문제에도 불구하고, 일부 정책 입안자는 건강보험의 포괄 범위를 넓혀 장기 치료에 대한 무차별적 포괄을 실시하고 가족들, 특히 여성의 부담을 완화시키려 한다. 일부 분석가는 양로원과 지역사회 모두에서 장기 치료에 대한 전면적이며 국가 차원의 강제적인 포괄이 시행되는 것을 선호하고 있다(Harrington Meyer & Herd, 2007; Kaiser Family Foundation, 2009c). 이것은 스트레스와 환자를 돌보는 부담을 흡수하기가 더 어려운 저소득층에게 특히 도움을 줄 수 있을 것이다. 미국의 육아 · 간호법(U.S. Family Leave Act)은 병든 노인을 돕기 위해 휴가를 내는 가족 구성원인 환자 돌봄이에게 12주의 무급 휴가를 명시해 놓고 있다. 하지만 급여 없이 12주를 살 수 없는 사람이나 세금이 면제되는 소규모 일을 하는 사람 그리고 병든 가족을 장기간 돌보는 사람과 같은 이들에게는 그러한 선택이 불가능하다(Waldfogel, 2001). 육아 · 간호법은 사기업 분야에서 일하는 노동자의 약 60%에게만 혜택을 주고 있으며, 혜택을 받을 수 있는 자격을 지닌 사람은 50% 미만이다(Waldfogel, 2001).

환자를 돌보는 일부 사람과 특히 여성들은 대가성 활동 외에 무보수로 환자를 돌보는 경우가 있는 반면, 다른 사람들은 대가를 받고 일하는 경우가 감소하거나 폐지되어 재정적 곤란에 직면하게 된다. Pavalko와 Henderson(2006)은 시간 선택이 자유롭고, 육아 · 간호를 위한 무급 휴가 그리고 급여 병가를 낼 수 있는 직종의 여성들은 고용 상태로 있을 가능성이 있기 때문에, 노년에 자신만의 재정적 안정 장치를 증진시킬 수 있다는 사실을 지적했다. 노인 의료보험의 포괄 범위를 장기 치료까지 확대시킨다면 유급 휴가를 주지 않거나 육아 · 간호법을 이용할 수 없는 직종에서 일하는 사람들에게 의미 있고 긍정적인 영향을 줄 수 있을 것이다.

2) 저소득층 의료보험 제도

저소득층 의료보험 제도(Medicaid)는 수입을 기초로 한 건강보험 프로그램으로 1965년 이래 빈곤층과 장애자들에게 폭넓은 건강 진료를 무상으로 포괄해 주고 있다. 진료 제공자들이 환자들에게 변제 비용률 이상을 부담시킬 수 있는 노인 의료보험 제도와는 달리, 저소득층 의료보험은 허용률 이상의 비용 부과를 진료 제공자들에게 금지시키고 있다. 저소득층 노인에게 특별히 중요한 저소득층 의료보험 제도는 의료보험이 포괄하지 못하는 진료를 보완하는 보험 형태라 할 수 있다. 저소득층 의료보험 제도는 65세 이상 노인들에게 장기 치료를 위한 가장 중요한 재원이며, 수혜자들이 내는 양로원 비용의 43%를 포괄해 준다(Kaiser Family Foundation, 2009b; Social Security Administration, 2010). 여성들의 수명이 더 길지만 소득이 낮은 탓에 저소득층 의료보험 제도 수혜자의 70% 이상이 여성이다(Kaiser Family Foundation, 2009b; Social Security Administration, 2009). 흑인 여성과 남미계 여성들 역시 그들의 낮은 소득과 장기간의 치료 필요성 때문에 백인들보다 저소득층 의료보험 제도에 더 많이 의존한다.

저소득층 의료보험 제도에 의존하는 노인층의 비율은 엄격한 자격 기준과 노인층의 빈곤율 저하로 최근 감소하고 있다. 1970년 노인층의 약 16%가 저소득층 의료보험 제도에 의존했던 반면, 2006년에는 이 수치가 13%로 하락했다. 저소득층 수혜를 받기 위한 연방정부의 최대 소득 규정은 연방정부가 정한 빈곤선의 78% 이하여야 하며, 연방정부가 정한 최대 자산은 개인이 2,000달러, 부부가 3,000달러로 수년간 고정되어 있다(Commonwealth Fund 2005; Kaiser Family Foundation, 2009b; Social Security Administration, 2011). 일부 주에서는 연방정부가 정한 최소액보다 소득과 자산을 더 관대하게 규정했으며, 양로원에서 저소득층 의료보험의 수혜를 받는 사람들에게는 더 높은 소득 상한을 정해 놓았다. 그러나 수혜를 받기 위한 등록이 어렵기로 악명 높으며, 참여 규정에 포함된 여러 제한 때문에 이 프로그램의 참여자는 여전히 낮다. 가난한 노인층의 1/3과 이 보험에 가입할 수 있는 사람들의 1/2만이 실제로 이 보험 혜택을 받고 있다(Kaiser Family Foundation, 2009b; Moon & Herd, 2002).

(1) 정책 문제

저소득층 의료보험 제도의 많은 노인 수혜자들은 노인 의료보험 제도의 수혜자이기도 하기 때문에 '이중 수혜자'라 할 수 있다. 저소득층 의료보험 제도는 양로원의 확대 치료, 의료보험 파트 B의 보험금, 고용주와 함께 부담하는 의료보험료와 공제액처럼, 의료보험이 포괄하지 못하는 많은 현금 부담 비용을 포괄해 준다(Harrington Meyer, 2000; Kaiser Family Foundation, 2009b; Social Security Administration, 2009). 2009년 의료보험 수혜자 가운데 여성의 40% 이상과 남성의 32%는 거의 빈곤 선상에 있는 사람들이었다(National Women's Law Center, 2011). 의료보험과 저소득층 의료보험을 동시에 받는 사람들 중 70%가 여성이었다(Kaiser Family Foundation,

2009a). 의료보험의 흑인 수혜자 가운데 약 30%도 저소득층 의료보험 수혜를 받고 있으며, 의료보험의 남미계 수혜자의 25%도 그러하다(Kaiser Family Foundation, 2011a, 2011b).

의료보험과 저소득층 의료보험을 동시에 받을 수 있는 사람들의 일부는 빈곤층이며, 폭넓은 건강 치료의 필요성이 있을 뿐 아니라 일상적인 활동에 대한 제한에 직면해 있다(Kaiser Family Foundation, 2011c). 의료보험과 함께 저소득층 의료보험으로 완전한 포괄을 받게 된다면, 현금 지출이 지속적으로 많아질 가능성이 있지만, 현금 지출 비율은 연간 소득의 20%에서 5%로 감소한다(Kaiser Family Foundation, 2009b; Ku & Broaddus, 2005). 이 중 특별 프로그램에 가입한 일부 수혜자는 자격 기준이 완화된 새로운 규칙에 따라 포괄 범위가 제한될 수 있다. 하지만 까다로운 가입 과정과 제한적인 자격 기준 때문에 완화된 기준에 따라 가입한 사람들의 일부만이 실제로 이 프로그램에 참여할 수 있다(MedPac, 2008; Moon & Herd, 2002).

저소득층 의료보험은 소득이 낮은 미국 노인들의 치료에 대한 재정 지원을 제공하고 있지만, 여기에 가입한다는 건 하나의 도전이 될 수 있다. 많은 의사와 병원 그리고 개인 의사와 건강 검사실은 저소득층 의료보험 수혜를 받는 환자들을 거부하거나, 그들이 받고자 하는 환자 수효를 제한하고 있다. 그 이유는 기관에서 파견된 사람들이 행하는 여러 서비스에 대한 저소득층 의료보험의 지급 비율이 일반 시장이나 의료보험 제도의 지급 비율보다 낮기 때문이다(Commonwealth Fund, 2005; Harrington Meyer, 2000; MedPac, 2008). 2002년 미국의 1차 진료 담당 의사들의 85%가 개인 보험을 가진 새로운 환자들을 받아들였으며, 의료보험을 가진 새로운 환자들을 받아들인 비율도 83%에 달한 반면, 새롭게 저소득층 의료보험에 가입한 환자들은 66%만을 받아들였다(MedPac, 2008).

우리가 인터뷰한 일리노이의 양로원 담당자들 중 한 사람은 저소득층 보험 제도의 지급률이 너무 낮아서, 양로원의 침대를 저소득층 보험 환자들로 채우기보다는 빈 채로 놓아둔다고 말했다(Harrington Meyer & Kesterke-Storbakken, 2000; MedPac, 2008). 또 한 사람은 그녀가 저소득층 의료보험 환자라는 사실을 알게 되면, 환자 등록을 위한 그녀와의 인터뷰를 바로 중단하고 관련 서류를 휴지통에 넣어 버릴 것이라고 언급했다. 지급액의 편차와 결과적으로 지급인의 재원에 의존하는 기관 파견 부양자에 대한 차별 때문에, 흑인 노인, 남미계 미국 노인 그리고 미혼자들은 그들이 저소득층 보험자일 가능성이 높은 만큼이나 치료 거부나 지연에 직면할 가능성이 많다.

저소득층 보험은 지역사회와 양로원에서의 장기 치료를 위한 주된 부담자다. 양로원에 있는 저소득층 수혜자와 지역사회의 저소득층 수혜자의 여성 비율이 각각 70%와 60%를 넘기 때문에, 여성들은 저소득층 보험을 통한 장기 치료의 포괄 혜택을 매우 많이 받고 있다(Kaiser Family Foundation, 2004). 장기 치료 비용 안에는 저소득층 의료보험 대다수를 이중 수혜자들에게 사용하는 비용도 포함되어 있다. 저소득층 보험 가입자 중 이중 수혜자의 비율은 15%에 불과하지만 그들에게 들어가는 비용은 저소득층 보험 지출의 거의 45%에 이르며, 2007년에는 이중 수혜자들에게 소요된 저소득층 보험 비용의 거의 70%가 장기 치료 비용을 포괄하는 데 사용되었다(Kaiser Family Foundation, 2011C).

(2) 재정 문제

모든 공공 프로그램과 마찬가지로 저소득층 의료보험 비용도 상승하고 있다. 그러한 상황에 대응하기 위해 정책 입안자들은 저소득층 의료보험료의 공동 부담, 치과와 안과 치료에 대한 포괄 범위의 감소나 폐지, 약 처방과 왕진 횟수 또는 연간 사용할 수 있는 의료 장비 수효의 제한과 같은 비용 절감 대책을 마련하고 있다(Ku & Broddus, 2005). 공동 보험료와 서비스에 관련된 이러한 변화들은 각 주마다 다양하다. 그러나 미국 전역에서의 그러한 전반적인 변화로 노인들과 그들 가족의 현금 지출 비용이 더 높아지고 있다. 2010년 약 600만 명이 넘는 저소득층 의료보험 포괄자들의 개인 수혜자들은 연 1만 2,500달러 이상을 지출했다(Kaiser Family Foundation, 2010b). 가난한 저소득층 의료보험 수혜자들의 연평균 현금 지출은 1997~2002년 9.4% 증가한 반면, 그들의 연간 소득 증가는 4.6%에 그쳤다(Ku & Broaddus, 2005). 이러한 초과 지출로 소득이 낮은 노인과 그들 가족들의 부담이 증가하고 있으며, 그들 대부분은 재정적 자산을 거의 소유하지 못하고 있다. 이러한 현금 지출의 증가를 감당할 수 있는 노인들은 치료를 받을 수 있으며 재정적으로 유복하다고 할 수 있다.

3. 결론

사람들이 나이가 들어 현재의 복지 제도로부터 얼마나 도움을 받아야 하는지는 그들이 일생 동안 노후에 유리한 점이나 불리한 점을 얼마나 축적해 왔는지에 달려 있다. 일부 사람에게 노인 프로그램이란 유일한 재원일 수도 있는 반면, 다른 사람들에게는 많은 개인적 · 공적 노후 자금의 하나일 수 있다. 지난 수십 년 사이 노인의 복지 상황은 놀랄 정도로 확대되었으며, 1960년대에 거의 30%에 달했던 노인 빈곤율도 최근 10% 이하로 하락했지만, 민족, 성, 결혼 상황과 사회인구학적 요인과 연결된 불평등은 여전히 남아 있다. 노년층 인구가 지속적으로 증가하고 변화함에 따라, 소득을 보조하고 치료를 제공하는 공공 프로그램의 역할도 변화할 것이다. 정책 입안자들은 한정적인 수입을 가진 사람들에게 은퇴 후 소득과 건강 치료의 포괄 범위를 어느 정도까지 해야 하는지를 결정해야 할 것이다. 정책 입안자들은 장차 노년층의 인구 구성 변화라는 도전에 직면할 것이며, 앞으로의 정책 변화를 고심해야 할 것이다.

사회보장 제도는 특히 저소득 노인층에게 강력한 버팀목이 되는 프로그램이다. 세금 상한선을 올리거나 모두에게 최소한의 혜택을 주는 제도와 같은 정책을 시행한다면 사회보장 제도는 한층 더 탄탄해지고 필요에 부응할 수 있지만, FICA 세금의 삭감, 수혜의 축소, 프로그램의 사유화 같은 정책이 시행된다면 그 기능이 약화될 수 있다. 지속적으로 높은 임금을 받는 직업을 가질 수 있는 가능성이 낮은 대신, 내내 육체 노동을 할 가능성이 많은 흑인, 남미계 미국인과 여성들은 결국 사회보장 제도의 수혜에 많이 의존할 수밖에 없지만 평균적인 수혜는 더 적다(Social Security Administration, 2010). 불리한 삶을 보낸 탓에 그들은 빈곤 상태나 빈곤 선상에 놓일 가능성이 더 크다. 그들은 고령자를 위한 사회보장 보조소득 제도에 의존할 가능성이 더 높지만, 그 제도의 운용 자산과 소득 심사 기준이 수십년 동안 동결되었으며 이중 등록을 처벌하고 있다. 많은 미국 노인에게 소중한 안전망인 배우자나 미망인 수혜를 받을 수 있을 정도로 장기간 결혼 생활을 한 사람들과 비교하면 그렇지 못한 흑인 여성들의 재정적 앞날은 가장 힘든 문제다.

의료보험과 저소득층 의료보험 제도는 노인들, 특히 흑인, 남미계 미국인과 여성들이 건강과 치료를 받는 데 필수적인 프로그램이다. 그들과 초고령 노인층은 저소득층일 가능성이 많으며, 만성 질환을 더 많이 가지고 있기 때문이다. 여성들은 평균적으로 남성보다 더 오래 살며, 다양한 종류의 만성 질환으로 고통받을 가능성이 더 많다. 65세 이상 여성 노인층의 수효가 증가하고 있으며, 그러한 여성들의 인종이 다양한 탓에 의료보험과 저소득층 의료보험에 대한 요구가 극적으로 증대되고 있다.

소득 프로그램에 비해 치료 프로그램을 위한 정책적 대안은 훨씬 더 불투명하다. 치료 프로그램은 심각한 재정적 제한에 직면해 있기 때문에 장래 운용 방법에 대한 합의가 거의 없는 상황이다. 일련의 프로그램이 비용 삭감과 관련되어 있기 때문에, 수혜 자격 시기의 연장, 포괄 범위의 축소, 노인층과 그 가족들에 대한 더 많은 비용의 부담 압력을 기대하고 있다. 특히 장기 치료의 포괄 부족과 같은 포괄 범위의 격차를 채워야 하는 프로그램들은 양로원과 지역사회에서 모두 전면적이고 강제적인 국가 차원의 장기 치료 프로그램을 만들어, 노인층의 치료를 담당하는 가족들의 부담 경감을 기대하고 있다(Harrington Meyer & Herd, 2007; Kaiser Family Foundation, 2009c). 의료보험과 저소득층 의료보험 수혜자들의 현금 지출 비용이 최근 급격히 증가해서, 특히 흑인, 남미계 미국인, 여성 그리고 독신자들과 같은 저소득층에게 많은 부담을 주고 있다.

앞으로의 정책 변화로 증가 일로에 있는 다양한 노년층의 재정적 부담이 증가 또는 감소할 수 있다. 취약한 사회 구성 계층의 빈곤에 좀 더 잘 부응할 수 있는 정책이 마련된다면 경제와 건강상의 안전을 확보할 수 있지만, 비용 삭감과 전환을 강조하는 정책이 시행된다면 장차 노인들의 불평등과 불안정성이 더 커질 것이다.

참고문헌

AARP. (2005). *Public attitudes toward Social Security and private accounts.* Washington, DC: AARP Knowledge Movement.

Abramovitz, M. (1988). *Regulating the lives of women: Social welfare policy from colonial times to the present.* Boston, MA: South End Press.

Acker, J. (2006). *Class questions: Feminist answers.* Lanham, MD: Rowman & Littlefield Publishers.

Andrews, E. (2005). G.O.P. courts Blacks and Hispanics on Social Security. NY Tiems. Retrieved from http://www.nytimes.com/2005/03/20/politics/20secure.html?pagewanted=all&position

Baca Zinn, M., & Thornton Dill, B. (2005). "What Is Multiracial Feminism?" In J. Lorber (Ed.), *Gender inequality: Feminist theories and politics* (3rd ed., pp. 202-207). Los Angeles, CA: Roxbur Publishing.

Board of Trustees. (2009). *The annual report of the board of trustees of the federal old age and survivors insurance and federal disability insurance trust funds.* Retrieved from http://www.ssa.gov/OACT/TR/2009/trTOC.html

Brody, E. M. (2004). *Women in the middle: Their parent care years* (2nd ed.). New York, NY: Springer Publishing.

Cawthorne, A. (2008). *Elderly poverty: The challenge before us.* Center for American Progress. Retrieved from http://www.americanprogress.org/issues/2008/07/pdf/elderly_poverty.pdf

Clark, M. C., & Diamond, P. (2010). Depression in family caregivers of elders: A theoretical model of caregiver burden, sociotropy, and autonomy. *Research in Nursing and Health, 33,* 20-34.

Commonwealth Fund. (2005). *The long term budget outlook.* Washington,

DC: Congressional Budget Office.

Davies, P. (2002). SSI eligibility and participation among the oldest old: Evidence from the AHEAD. *Social Security Bulletin, 64*(3), 38-63.

DeNavas-Walt, C., Proctor, B., & Smith, J. (2010). *Income, poverty, and health insurance coverage in the United States: 2009 - Report and detailed tables*. U.S. Census Bureau. Retrieved from http://www.census.gov/hhes/www/poverty/data/incpovhlth/2009/index.html

Engelhardt, G. V., & Gruber, J. (2004). *Social Security and the evolution of older poverty* (NBER Working Paper No. 10466). Cambridge, MA: National Bureau of Economic Research.

Epel, E. S., Blackburn, E. H., Lin, J., Dhabhar, F. S., Adler, N. E., Morrow, J. D., & Cawthon, R. M. (2004). Accelerated telomere shortening in response to life stress. *Proceedings from the National Academy of Sciences of the United States of America, 101*, 17312-17315.

Estes, C., & Associates. (2001). *Social policy and aging: A critical perspective*. Thousand Oaks, CA: Sage Publications.

Ferraro, K. F., & Shipee, T. P. (2009). Aging and cumulative inequality: How does inequality get under the skin? *The Gerontologist, 49*, 333-343.

Fritz, C. (2005). Older minorities: A demographic profile. Washington, DC: Population Resource Center. Retrieved from http://www.prcdc.org/files/Older_Minorities.pdf

Hanchate, A., Kronman, A. C., Young-Xu, Y., Ash, A. S., & Emanuel, E. (2009). Racial and ethnic differences in end of life costs: Why do minorities cost more than Whites? *Arch Intern Med., 169*(5), 493-501.

Harrington Meyer, M. (Ed.). (2000). *Care work: Gender, labor, and the welfare state*. New York, NY: Routledge Press.

Harrington Meyer, M., & Herd, P. (2007). *Market friendly or family friendly? The state and gender inequality in old age*. New York, NY: Russell Sage.

Harrington Meyer, M., & Kesterke-Storbakken, M. (2000). Shifting the burden back to families? How Medicaid cost-containment reshapes access to long-term care in the US. In M. Harrington Meyer (Ed.), *Care work: Gender, labor and the welfare state* (pp. 217-228). New York, NY: Routledge Press.

Harrington Meyer, M., Wolf, D., & Himes, C. (2006). Declining eligibility for Social Security spouse and widow benefits in the United States? *Research on Aging, 28,* 240-260.

Herd, P., Schoeni, R. F., & House, J. (2008). Upstream solutions: Does the SSI program reduce disability in the elderly? *The Milbank Quarterly, 86,* 5-45.

Hounsell, C. (2008). *Minority women and retirement income: Your future paycheck.* Women's Institute for a Secure Retirement (WISER). Retrieved from http://www.wiserwomen.org/pdf_files/minoritywomen08.pdf

Kaiser Family Foundation. (2004). Medicaid's role for women. I*ssue Brief.* Washington, DC: Kaiser Family Foundation. Retrieved from http://www.kff.org/womenshealth/upload/Medicaid-s-Role-for-Women.pdf

Kaiser Family Foundation. (2009a). Medicaid's role for women. *Fact Sheet.* Washington, DC: Kaiser Family Foundation. Retrieved from http://www.kff.org/womenshealth/upload/7913.pdf

Kaiser Family Foundation. (2009b). Medicaid and long-term care services and supports fact sheet. Retrieved from http://www.kff.org/medicaid/upload/2186_06.pdf

Kaiser Family Foundation. (2009c). Closing the long-term care funding gap: The challenge of private long-term care insurance. Retrieved from http://www.kff.org/insurance/7879.cfm

Kaiser Family Foundation. (2010a). Medicare at a glance - Fact sheet. Retrieved from http://www.kff.org/medicare/1066.cfm

Kaiser Family Foundation. (2010b). Medicaid: A primer. Retrieved from http://www.kff.org/medicaid/upload/7334-04.pdf

Kaiser Family Foundation. (2011a). Medicaid's role for Black Americans. Retrieved from http://www.kff.org/medicaid/upload/8188.pdf

Kaiser Family Foundation. (2011b). Medicaid's role for Hispanic Americans. Retrieved from http://www.kff.org/medicaid/upload/8189.pdf

Kaiser Family Foundation. (2011c). Dual eligibles: Medicaid's role for low-income Medicare beneficiaries. Retrieved from http://www.kff.org/medicaid/upload/4091-08.pdf

Ku, L., & Broaddus, M. (2005). *Out-of-pocket medical expenses for Medicaid beneficiaries are substantial and growing. Washington,* DC: Center on Budget and Policy Priorities.

Levine, P. B., Mitchell, O. S., & Phillips, J. W. R. (2000). Benefit of one's own: Older women's entitlement to Social Security retirement. *Social Security Bulletin, 63*(2), 47-53.

Lorber, J. (2005). *Gender inequality: Feminist theories and politics* (3rd ed.). Los Angeles, CA: Roxbury Publishing.

Martin, P. (2007). Hispanics Social Security and SSI. *Social Security Bulletin, 67*(2), Retrieved from http://www.ssa.gov/policy/docs/ssb/v67n2/v67n2p73.html

MedPac. (2008). *A data book: Health care spending and the Medicare program.* Washington, DC: Medicare Payment Advisory Commission.

Moen, P., & Spencer, D. (2005). Converging divergences in age, gender, health, and well-being: Strategic selection in the third age. In R. H. Binstock & L. K. George (Eds.), *Handbook of Aging and the Social Sciences* (6th ed.). Oxford, England: Elsevier Science & Technology.

Moon, M., & Herd, P. (2002). *A place at the table: Women's needs and Medicare reform.* New York, NY: The Century Foundation.

National Alliance for Caregiving & AARP. (2004). *Cargiving in the US.* Washington, DC: Author.

National Alliance for Caregiving & AARP. (2009). *Caregiving in the US 2009.* Washington, DC: Author.

National Women's Law Center. (2010). Poverty among women and families, 2000-2009: Great recession brings highest rate in 15 years. Retrieved from http://www.nwlc.org/resource/poverty-among-women-and-families-2000-2009-great-recession-brings-highest-rate-15-years

National Women's Law Center. (2011). The importance of Medicare for women. Retrieved from http://www.nwlc.org/resource/importance-medicare-women

Padavic, I., & Reskin, B. F. (2002). *Women and men at work* (2nd ed.). Newbury Park, CA: Pine Forge Press.

Pavalko, E. K., & Henderson, K. (2006). Combining care work and paid work: do workplace policies make a difference? *Research on Aging, 28,* 359-374.

Pavalko, E. K., & Woodbury, S. (2000). Social roles as process: Caregiving careers and women's health. *Journal of Health and Social Behavior, 41,* 91-105.

Quadagno, J. S. (1984). Welfare capitalism and the Social Security Act of 1935. *American Sociological Review, 49,* 632-647.

Reed, M., Hargraves, J., & Cassil, A. (2003). Unequal access: *African-American Medicare beneficiaries and the prescription drug gap.* Center for Studying Health System Chage. Issue Brief No. 64.

Ruffing, K., & Van de Water, P. N. (2009). *What the 2009 Trustees' Report shows about Social Security.* Washington, DC: Center on Budget and Policy Priorities. Retrieved from http://www.cbpp.org/cms/index/cfm?fa=view&id=2819

Settersten, R. A. (2003). Introduction. In R. A. Settersten (Ed.), *Invitation to the life course: Toward new understandings of later life. Amityville,* NY: Baywood Publishing.

Social Security Administration. (2009). Annual statistical supplement 2008. *Social Security Bulletin.* Washington, DC: Department of Health and Human Services.

Social Security Administration. (2010). Fast facts & figures about Social Security, 2010. Office of Retirement and Disability Policy. Retrieved from http://www.ssa.gov/policy/docs/chartbooks/fast_facts/2010/fast_facts10.html#oasdi

Social Security Administration. (2011). Annual statistical supplement 2010. Office of Retirement and Disability Policy. Washington, DC: Office of Research, Evaluation, and Statistics. Table 6A3 Benefits awarded. Retrieved from http://www.ssa.gov/policy/docs/statcomps/supplement

Social Security Advisory Board. (2008). Annual Report. Washington DC: Social Security Advisory Board. Retrieved from http://www.ssab.gov/documents/AR_2008.pdf

Stone, R. I. (2000). *Long-term care for the older with disabilities: Current policy, emerging trends, and implications for the twenty-first century*. Washington, DC: Milbank Memorial Fund.

Torres-Gil, F., Greenstein, R., & Kamin, D. (2005). *Hispanics' large stake in the Social Security debate*. Washington, DC: Center on Budget and Policy Priorities.

U.S. Census Bureau. (2008). Current population reports (pp. 60-235. Table 680. Money income of families—Percent distribution by income level in constant (2007) dollars: 1980 to 2007). Retrieved from http://www.census.gov/prod/2008pubs/p60-235.pdf and http://www.census.gov/hhes/www/income

U.S. Department of Health & Human Services. (2011). 2011 HHS poverty guidelines. Federal Register, 76(13), 3637-3638. Retrieved from http://aspe.hhs.gov/poverty/11poverty.shtml

Waldfogel, J. (2001). Family and medical leave: Evidence from the 2000 surveys. *Monthly Labor Review, 124*(9), 17-23.

Wolf, D. A., Freedman, V., & Soldo, B. J. (1997). Division of family labor: Care for older parents. *Journals of Gerontology:* Psychological and Social Sciences, 52B(Special Issue), 102-109.

Wu, K. B. (2005). African Americans age 65 and older: *Their sources of income*. (Fact Sheet 100). Washington, DC: AARP Public Policy Institute.

제13장

노인 사회복지: 노인과 가족의 욕구를 대하기

제13장

노인 사회복지: 노인과 가족의 욕구를 대하기

Deborah J. Monahan and Maria T. Brown

노인들과 그들의 가족들을 대하는 사회복지 업무는 21세기의 사회복지사들에게 중대한 무대가 되었다. 인구가 노화하면서 나이 든 미국인들의 삶의 질을 유지하고 향상시키기 위한 서비스나 개입의 필요성 또한 증가하고 있다. 노인 관련 사회복지사들은 이러한 서비스들이나 개입을 다양한 방법으로 만들어 나가는데, 이들은 다층적 사회복지 업무의 구조 내에서 연구자, 정책 분석가 및 정책 창조가, 지역사회 조직가, 교육자, 서비스 코디네이터, 그리고 직접적으로 서비스를 제공하는 자로 활약하고 있다. 2000년도와 2010년도 사이에 미국 통계청의 정보에 따르면, 만 60세 이상의 국민들이 24.6% 증가했다(Administration on Aging, 2010). 예상했던 대로 베이비부머들은 노화되어 가고 있다. 베이비부머들이 사회복지사들에게 자신들의 쇠약한 부모님들을 위한 서비스를 설계하는 데 도움을 요청하였고, 이로 인해서 노인 복지의 혁명이 일어났다. 인터넷 지원 그룹에서부터 삶에 직접적 도움을 주는 서비스까지, 돌봄에서의 혁명은 최근 30년간 돌봄의 급변하는 환경의 일부분이 되었다.

노인들이 건강이 나빠지면서 자신의 사회적 또는 신체적 환경을 관리하는 데 어려움을 겪을 때, 사회복지사들은 이들을 위한 돌봄 계획을 설계하는 데 동참하고는 한다. 사회복지사들은 개인 영업에서뿐만 아니라 병원, 요양원, 사회복지 기관, 커뮤니티 보건소 등에서 노인들과 노인들의 가족들에게 서비스를 제공하고는 한다. 이들의 서비스는 연방정부, 주정부 그리고 로컬 정부 또는 민간 부문에 의하여 금전적으로 보상된다. 내담자들은 그들을 치료 전문가, 간병인, 노년학 스페셜리스트, 사례별 사회복지사, 노년학자, 퇴원 계획사 등으로 알고 있다.

이 장은 사회복지학의 관점에서 인구가 노화되어 가는 현상이 돌봄 계획을 설계하는 과정, 특히 의료 부문에 어떠한 영향을 미칠 것인지에 대하여 살펴볼 것이다. 현재 사회복지학에서 우세한 이론적 관점에 대해 살펴볼 것이고, 사회복지사들이 노화에 대하여 어떤 관점을 가지고 있는지와 이러한 관점이 어떻게 이 분야의 형성에 영향을 미쳤는지에 대해서 살펴볼 것이다. 세 체계(미시, 중간, 거시)에서 사회복지가 어떻게 실천되고 있는지에 대해 논의할 것인데, 이는 사회복지 실무가 현장에서 일하는 업무만 아니라 커뮤니티에서 일하는 업무 그리고 그 외에도 정책 분석 및 정책의 장도 있기 때문이다. 또한 사회복지 실무에서 구체적인 핵심 역량으로 무엇이 있는지 식별하고 사회복지사들의 역할과 기술이 인구통계학과 지금까지의 경향의 변화에 의하여 어떻게 변화하는지에 대하여 논의할 것이다. 노인들의 특징들, 예를 들어 고학력, 장수, 건강 상태, 가족 관계, 다양성의 증가 그리고 노인들을 위한 여러가지 사회복지 서비스의 출현 등에 대해서도 살펴볼 것이다. 효과적인 실무를 수행하는 데 어떤 기회나 장벽이 있을 수 있는지에 대해서도 논의할 것이고, 정책적 관점에서 다양한 인구에게 서비스를 평등하게 배분하는 데 있어서 무슨 문제점이나 난국이 있을 수 있는지에 대하여 논의할 것이다.

1. 노화에서 사회복지의 전망

사회복지사들은 노인들과 그들의 가족과 직접적으로 맞닿는 실무를 할 때에 다양한 범위의 이론적인 관점들을 사용한다(이러한 이론적인 관점들의 요약은 Greene, Cohen, 2005 참조). 가장 우세한 이론들은 생애 주기 발달에 대하여 이해하는 데 중점을 두고 있는데, 특히 통합 대 절망(Erikson, 1950), 내러티브 인터뷰로써의 생애 연구(Butler, 1963), 연속성 이론(Atchley, 1999), 가족체계 이론(Greene, 2000), 성공적인 노화(Rowe & Kahn, 1998) 그리고 탄력성 이론(Emlet, 2011; Greene & Cohen, 2005)을 들 수 있다. 지금까지의 장들이 인구통계학을 소개하면서 보여 주었듯이, 점진적으로 노화되어 가는 인구가 제시하는 난국을 뛰어넘기 위해서는 사회복지사들이 신체적 및 정신적 건강 관리 실천들에 대해서 더 자세히 알아야 할 것이고 서비스들을 어떻게 제공해야 할지에 대해서도 더 많은 고려가 필요할 것이다. 특히 사회복지사들은 전달 체계들이 어떻게 작용하는지에 대하여 그리고 사회복지에 대한 지식이 어떻게 건강 증진, 질병 예방, 치료 개입을 이해할 수 있도록 도움을 주는지 또한 무엇이 그들의 내담자들이 서비스에 접근할 수 있도록 도와주는지에 대해 이해하는 것이 필요하다(Berkman, Gardner, Zodikoff, & Harootyan, 2006).

최근 몇십 년 동안, 노년층을 대상으로 한 사회적 개입의 효과에 대한 관심 및 연구의 증가(Wethington et al., 2007)는 증거를 바탕으로 한 다양한 사회적 개입의 개발로 이어져 왔다. 이러한 노력의 목표는 다양한 개입의 비용 및 효과 그리고 이러한 개입의 바탕이 되고 있는 이론적인 관점들의 상대적인 가치에 대하여 더 잘 이해하는 것이다. 개입들은 보통 건강 증진(Whitelaw, 2010), 증진된 정신적 기능(Scheinholtz, 2010) 또는 노인 돌봄 관리에서의 행동 변화(Hackstaff, Davis, & Katz, 2004)와 같은 구체적인 프로그램 결과를 목표로 한다. 어떠한 종류의 개입들은 이론을 중심으로 하고 있고 다른 종류의 개입들은 그렇지 않다. 노화와 사회복지 실천 이론에 대한 리뷰에서 Kolb(2005)는 노화를 노년기의 다양성과 관련한 이론적인 관점을 사용하여 다양한 차원의 틀에서 이해하는 것의 중요성에 대하여 역설한다. 가족체계 이론이 사회복지사들에게 인기 있는 이론적인 관점이었으나(Margles, 1995), Greene(1999)은 사회복지사들이 다른 접근 방식들도 살펴보도록 종용한다.

사회복지 연구가들은 자신들의 연구의 이론적 바탕에 대하여 갈수록 더 집중하고 있고 노년학의 학술적 자료에 유의미한 기여를 했다. 사회복지 연구에서 강조되는 점들 중 다수는 여러 학문 분야가 관련된 요소들이고 이들은 심리학과 사회학에 있어서 연구와 학문의 역사를 공유한다. 그럼에도 불구하고 사회복지학 연구가 모두 실증적인 것은 아니다. 연구에 있어서 이론을 중심에 두어야 한다는 것과 실천을 중심에 두어야 한다는 의견에 대해서는 많은 토론이 벌어지고 있다. Hendricks, Applebaum과 Kunkel(2010, p. 285)은 이론적인 틀 없이도 연구가 가치 있을 수 있는지에 대한 질문에 대해 다음과 같이 답변했다. “당연합니다. 표본 추출을 위한 보다 많은 수의 표준화된 실험들과 각 프로그램별 평가 과정의 확립 그리고 공동체 기반 참여 연구들의 경우, 명확한 이론적 틀은 필수적이기는커녕 적절하지조차 않은 상황들입니다.” 그럼에도 불구하고 이론을 중심으로 하는 연구가 더 큰 주안점이 되는 것은 노년기의 웰빙과 행동 양상과 기능을 설명하는 데 체계적 철저함을 더해 주기 때문이다. 사회복지사들과 다른 학계의 파트너들이 학제 간 연구와 실천 효과에 대해서 해야 할 중요한 일들은 아직 많다. 노화를 생태학적 모델로 재조명한 Greenfield(2012)에 따르면(Lawton & Nahemow, 1973), 잘 짜인 복지 사업에서의 생태학적 틀은 이러한 노령화 사회에 걸맞는 연구 및 실행, 각종 정책들을 수월하게 할 뿐 아니라, 연령에 구애받지 않는 안정된 삶을 제공할 수 있다. 이와 비슷하게 탄력성 이론은 탄력성이 성공적인 노화/질병 없는 모델보다 더욱 현실적인 모델인지에 대한 연구를 통해서 재구성되고 있다(Hildon, Montgomery, Blane, Wiggins, & Netuveli, 2010).

2. 실천 체계

미국 노인들의 삶의 질을 유지하고 향상시키기 위해 필요한 서비스나 개입들은 노인 사회복지사들에 의해 미시체계, 중간체계 그리고 거시체계에서 정보가 제공되고 있다. 이러한 각기 다른 층위의 사회복지는 인간 발달의 생태학적 체계 이론 접근 방식을 바탕으로 정의 내려진다(Bronfenbrenner, 1979). Bronfenbrenner(1979)는 인간이 발달하는 생태학적 환경은 다양한 층위의 계층과 구조들을 통해 구성된다고 정의했다. 사회복지 실천에 대한 생태학적 관점(Greene, 2000) 또한 이러한 일련의 사회적 계층에 맞추어 사업을 진행하게 되는데, 이는 미시체계, 중간체계 그리고 거시체계로 나뉜다. [그림 13-1]에 묘사된 바와 같이, 사회복지 실천의 미시체계는 개인이나 가족이나 그룹들과 그들에게 직접적으로 영향을 미치는 기관들 내에서 직접적으로 교류한다. 사회복지 실천의 중간체계는 커뮤니티의 층위에서 서비스들을 편성하는 것에 관여하거나, 개인이나 가족이나 그룹에게 영향을 미치는 개별적 시스템들이나 돌보는 사람들 사이에 생성된다. 사회복지 실천의 거시체계는 개인, 가족 그리고 그룹의 기능에 영향을 미치는 일반적인 영향력들과 사회적 시스템들 그리고 기관들과 교류하는 것에 관여되어 있다.

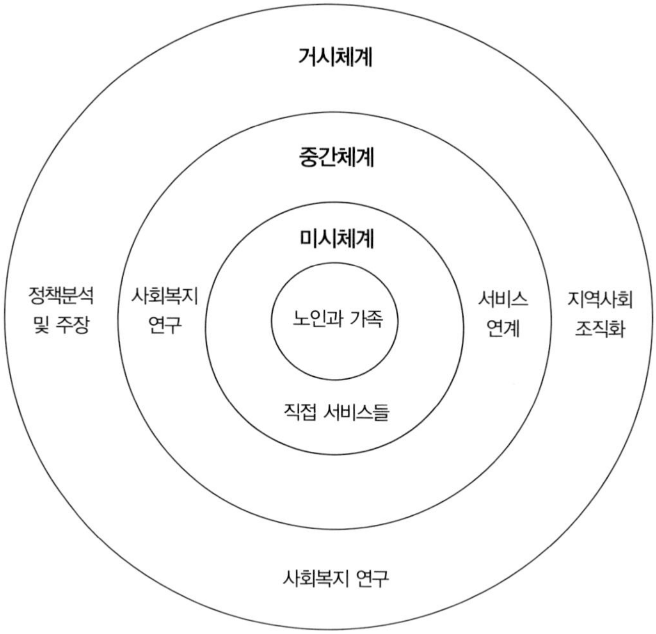

[그림 13-1] 생태체계도

출처: Bronfenbernner(1979).

1) 미시체계 실천

노인들과 그들의 가족들과 직접적으로 교류하는 사회복지사들은 다양한 역할과 책임을 맡고 있다. 사회복지사들은 배우자나 성인 자녀가 사망했을 경우 사별에 대한 상담을 종종 맡는다. 사회복지사들은 손자손녀들을 키우는 노부부들에게 지원을 제공한다. 가족들이 장기간 집에서 돌보는 것이 불가능하거나 요양원 비용을 지불할 능력이 되지 않는 경우, 사회복지사들은 만성적인 질환에 시달리고 혼자 살 수 없는 노인들을 위한 부양 계획들을 협상하기 위해 종종 불려오고는 한다. 많은 사회복지사는 병원에서 일하면서 사람들이 새로운 또는 재발한 질병의 사회적인 · 심리적인 그리고 감정적인 결과를 이해하도록 돕는다. 노인들은 배우자의 죽음이나 건강의 악화로 인하여 우울증에 빠지고 즉시 치료받아야 하는 정신적 문제를 겪을 수 있다. 이런 모든 경우에서 사회복지사들은 사회복지 및 보건 팀의 최전방에서 문제의 평가를 돕고 후속 조치와 필요한 부양 절차들을 위해 여러 가지를 추천한다.

노인이 커뮤니티 안에서 생활하고 완전히 독립적으로 살아갈 수 있는 경우에도, 의사들, 방문 간호사들 아니면 다른 전문직들의 추천에 의해서거나 혹은 노인들과 그들의 가족에게 서비스를 제공하는 관련 단체들을 통하여 사회복지사들이 개입될 수 있다. 직접 서비스 사회복지사들은 다양한 환경에서 일하는데, 이는 요양원, 병원, 호스피스, 양로원 그리고 지역사회복지센터 등이 있다. 또한 그들은 치료사나 상담사 또는 케이스 관리 컨설턴트로 일하기도 한다.

노인 사회복지사들은 어떤 방식의 서비스들이 노인들이 독립적이고 만족스러운 삶을 영위하도록 돕는지를 식별하기 위하여 종종 신체적 · 정신적 · 사회적 측면에서의 평가를 진행하기도 한다. 이러한 평가들은 내담자의 장점과 약점을 파악하고 신체적 능력도 파악하며 독립적으로 사는 것을 쉽게 만들고 기능을 증진시키기 위해 무슨 개입이 필요할지에 대해 식별한다(McInnis-Dittrich, 2009). 종합적인 평가들은 기능적으로 독립해서 살기 위해 꼭 필요한 건강 관련 요소들을 포함하는데, 예를 들어 감각의 쇠퇴 정도 그리고 걸어 다니거나 쇼핑하거나 전화를 걸거나 고지서를 지불하거나 병원 예약을 잡는 등의 행위를 할 수 있는지를 파악한다. 심리적 기능을 파악하기 위해서는 종종 간이정신상태검사(Folstein Mini-Mental Examination: MMSE)가 쓰이는데, 이는 정보 처리 능력, 회상 그리고 기억과 같은 인지적 기능을 평가한다(Folstein, Folstein, & McHugh, 1975; Monahan, 1993). 우울증이 노인들의 인지 능력 결과에 영향을 미칠 수 있으므로, 노인우울검사

(Geriatric Depression Scale: GDS)와 같은 우울증이 있는지 파악하는 검사가 종종 MMSE와 함께 쓰이고는 한다. GDS는 서른 가지 질문이 있는 테스트인데 답변은 '예/아니요'로만 답변하는 형식이다(Yesavage et al., 1983). 종합적 평가의 다른 요소들은 사회적 상호작용을 평가하는데, 예를 들어 가족과 친구와의 관계, 보건 관련 비용을 지불할 수 있는 경제적 능력, 거주지와 환경의 안전성 등을 들 수 있다. 평가를 위한 다른 특수한 분야들은 노인 학대나 방임 그리고 파트너의 폭력성, 알코올중독과 마약중독 문제, 자살 위험, 시한부 환자 간호, 사별, 사전 의사 결정 그리고 부양 스트레스를 들 수 있다(McInnis-Dittrich, 2009).

2) 중간체계 실천

사회복지 실천에는 지역사회 체계 조정 활동도 포함하는데, 이는 '중간 단계 실천'이라는 이름으로 주로 언급된다. 이 분야에서는 노인들과 그들의 가족들에게 제공되는 서비스가 돌봄을 받는 기간 내내 조정 활동이 필요할 시, 사회복지사들이 사례 관리 기술과 직접 실천 기술 그리고 중간체계 기술[예: 각종 중개(brokering), 대변(advocacy), 권한 제공(empowerment) 등]을 사용하여 이같은 서비스들의 편성을 돕는다. 증거기반 프로토콜들과 최선의 실천 방법론들을 사용하는 것은 사회복지사들이 자신이 돌보는 노인들과 그들의 가족들과 관련하여 사례 관리 및 의사 결정을 할 시 도움을 줄 수 있다. 내담자의 자율성에 대한 중요성은 Kaiser-Permanente에서 진행된 연구에서 강조되었는데, 이 연구는 노인 돌봄 관리에서 어떻게 행동 변화와 증거기반 모델들과 내담자 중심 실무를 통합시킬 수 있는지에 대해 다루고 있다. 저자들은 노인 돌봄 관리라는 특수한 사회복지 분야는 '내담자를 위해서' 또는 '내담자에게 처방하는' 행위에서 벗어나, '내담자와 함께' 행동하면서 내담자의 자율성과 자결권을 존중하는 방식으로 나아가야 한다고 결론지었다(Hackstaff, Davis, & Katz, 2004). 내담자 자율성을 존중하는 것과 내담자를 존중하는 것은 또한 내담자의 행동 변화를 개선하는 데 기여하는 것으로 보인다(Sung & Dunkle, 2009). 사회복지사들은 종종 다양한 시스템적 층위에서 개입을 하고 내담자에게 가장 좋은 결과를 이끌어 내기 위해 정확한 정보를 전달하는 것을 돕는다. 이러한 시스템들을 협상하는 데는 시간이 소요되기 때문에, 효율적으로 사회복지를 실천하기 위해서는 이러한 다양한 시스템적 층위에서 활약하는 '대상'들에 관심을 가지는 것이 필요하다(Raveis, Gardner, Berkman, & Harootyan, 2009).

3) 거시체계 실천

거시적 단계의 사회복지 기술은 정책 분석과 활동(policy advocacy), 공동체 구성, 프로그램 관리와 평가, 연구를 포함한다. 노인 사회복지사들은 '거시적 실천'에서 내담자 본인의 자결권과 삶의 질을 향상시키는 것을 목표로 이러한 다양한 기술을 활용하여 노인들과 노인들의 가족에게 영향을 미치는 정책에 영향력을 행사한다. 정책들은 사회복지 실천뿐만 아니라 내담자의 적절한 서비스에 대한 접근 방식을 형성하기 때문에, 노인 사회복지사들은 사회적 정책들이 어떻게 복지 서비스에 영향을 끼치는지에 대한 정책 분석을 수행한다(Hudson, 2009). 또한 다양한 입법 제안이 노인 계층의 복지에 미칠 수 있는 영향을 분석하며, 취약 계층에게 부정적인 영향을 끼칠 수 있는 정책들에 대한 정책 활동을 수행한다(Barusch, 2011; Strengthen Social Security, 2011). 어떤 정책들은 비용 절감을 위해 전문화된 사회적 서비스를 제공하는 것을 포기하거나 또는 최적의 결과를 내는 것을 포기할 수도 있다(Kaskie & Estes, 2002). 특히나 인종 간 제공되는 보건 정책과 보건 서비스의 차이가 극명한 현실을 고려할 때, 노인 복지 프로그램 개발과 정책 활동을 담당하는 사회복지사들은 보건 정책들에 이러한 취약 계층에 대한 고려가 충분히 반영되도록 해야 하며(Davitt & Kaye, 2010), 이러한 활동들은 정책 입안자들, 대중들 또는 다른 사회복지사들을 목표로 하게 된다. 또한 노인 사회복지 관련 연구자들은 입법 관계자들에게 노인 관련 정책들의 비용 절감성에 대한 홍보를 수행하며, 다른 사회복지사들에게는 새로운 정책이 실제 현장에 어떻게 영향을 끼칠 수 있는지에 대한 교육을 수행하게 된다(Barusch, 2010).

노인 복지 정책의 수혜 계층들에 대한 서비스 접근 방식을 형성함으로써 노인들의 자결권과 삶의 질에 영향을 미치는 입법 정책의 한 예로 '미국 노인복지법(Older Americans Act: OAA)'을 들 수 있다. 1965년에 처음 발효된 OAA와 그로 인해 설립된 미국 노인청(Administration on Aging: AoA)은 노령 계층 복지 네트워크로 알려진 일련의 단체들—노인국(State Units on Aging: SUAs), 지역 노인기관(Area Agencies on Aging: AAAs)—의 설립을 가능하게 했다(Niles-Yokum & Wagner, 2011). OAA는 이후 지속적으로 개정되고 갱신되어 왔다. 이러한 연장 과정의 일부로서 AoA는 법안의 개정과 수정에 대한 공청회를 개최해 왔고, 노인 계층 및 대변자들로부터의 의견 수렴을 위한 포럼을 가졌다(Niles-Yokum & Wagner, 2011). OAA는 노령 계층 복지 네트워크를 통하여 다양한 서비스를 미국 노인들에게 제공하는데, 이는 노인들의 사교 모임과 정보, 각종 노인 원조 서비스, 이동 보조 서비스, 집단 식사 및 집으로 배달되는 식사, 영양학적 상담과 교육, 가정 방문 및 기타 생활 보조 서비스, 노인을 돌보는 가족 일원들에 대한 지원, 피트니스 프로그램, 법적 상담, 복지 프로그램에 대한 장기간의 평가 프로그램, 노인 학대, 방임 및 노동력 착취를 예방하는 프로그램 등이 있다. 노인 사회복지사들은 이러한 네트워크의 미시와 중간 계층으로서 다양한 활동을 수행하게 되며, 또한 거시적으로는 OAA에 의해 지원되는 정책 변화들에 대한 평가를 수행하게 된다.

'마을 운동(the village movement)'은 거시체계에서 노인 사회복지사들이 노인들의 자결권과 삶의 질을 향상시키고 또한 노인 생활에 밀접히 관계되는 사회복지 실천을 형성하는 데 어떤 방식으로 도움을 주는지에 대한 또 다른 예시다(McDonough & Davitt, 2011). '마을 운동'은 노인 복지 사업이 자원봉사자 중심의 개인 대 개인의 형식으로 제공되는 것을 목표로 하며, 이는 노인들이 기관에 의지해서 살아가는 대신 나이 들어 가면서 계속 집에서 살아갈 수 있도록 도와주는 목표를 가지고 있다. 마을 운동은 자원봉사자들을 주축으로 하여 돌아가지만, 사회복지사들이 이 운동에 도움이 되고 직접적인 노인 대상 사회복지 실천을 형성하기 위해 맡을 수 있는 역할이 존재한다. 이는 노인들을 위한 공동체 형성, 노인들의 목소리를 대변하는 역할 그리고 노인 생활에 대한 도움과 또한 동반 교육 같은 역할을 포함한다(McDonough & Davitt, 2011).

거시적 층위에서 활동하는 노인 사회복지 연구자들은 중간체계 및 미시체계에서 지금까지 시도되었던 다양한 방법론을 연구해 왔다. 이러한 연구들을 통한 발견을 통해 직접적 · 실천적인 개입과 또한 이러한 정책들에 대한 수혜자 의견 수렴을 향상시키는 것에 더해, 노인 사회복지 연구자들은 학제 간 연구를 촉진함으로써 거시체계에서의 사회복지 연구를 형성할 기회를 가진다(Berkman, 2011). 학제 간 공동 연구는 다양한 환경에서 생성될 수 있고, 노인 사회복지학의 성공적 연구에 반드시 필요한 요소로 자리 잡았다.

노인 복지 관련 연구자들은 또한 사회복지 실천의 중간/미시 체계에 직접적인 영향을 줄 수 있는 이슈들에 대한 집중적인 분석들을 제공한다. 예를 들어, Lehning과 Austin(2009)은 사회복지에서의 노동력 부족이나 재정 관련 문제 그리고 기관 중심에서 공동체 중심으로의 노인 정책 전환에 대한 장기적이고 구조적인 정책들에 대해 논의하고 있다. 그들은 장기적 돌봄 환경에서의 직접적 행동 방법의 발전과, 특히 사회 문화의 변화 운동, 복지 서비스 통합, 거주지 중심 관리 서비스 그리고 이러한 서로 다른 분야에서의 전문 지식 격차에 대해서도 논의하고 있다. 이러한 분석은 사회복지 교육과 실습 현장에서 활용되어 공공/사적 영역에 종사하는 사회복지사들에게 장기적인 원조 프로그램들의 변화 양상과 그들이 잘 알지 못하는 이슈들에 대한 정보를 제공할 수 있고, 사회복지 연구가들에게 아직 연구가 불충분한 분야에 대한 정보를 제공할 수 있다. 또한 노인 사회복지 연구가들은 다양한 장기적 노인 부양 정책에서의 정책 분석 및 활동의 필요성과 또한 현재 진행되고 있는 정책들의 장기적인 관점에서의 역할들에 대한 필수 불가결한 정보를 제공한다(Hudson, 2009).

거시체계 사회복지 실천의 또 다른 예시는 노인 복지 정책 연구를 뒷받침할 수 있는 기반 사회간접자본의 생성과 이러한 사회간접자본에 대한 정보들을 각종 출판물을 통해 전파하는 것이다(Raveis et al., 2009). 이러한 연구 관련 인프라는 또 다른 노인 복지 관련 연구 지원에 대한 지침이 될 수 있을 뿐 아니라, 관련 연구자들의 직업적 선택을 넓히며 사회적 실천의 가능성을 제공하는 새로운 분야를 개척하는 데 도움을 줄 수 있다(Raveis et al., 2009). 이러한 연구 인프라는 미국 국립보건원 행동학/사회학 부서(NIH Office of Behavioral and Social Sciences)와 같은 연방정부 연구비 제공처와 '미국 노년학회(Gerontological Society of America: GSA), John A. Hartford 재단(John A. Hartford Foundation)', 또는 '환자 중심 성과 연구소(Patient-Centered Outcomes Research Institute)' 같은 국가 기관에 의해 상당 부분 형성되어 있다(Berkman, 2011). 사회복지 연구가들은 오랫동안 NIH가 지원하는 학외 연구 프로그램을 저평가해 왔지만, 이러한 트렌드는 변화하고 있다. 노인 사회복지 연구는 John A. Hartford 재단의 지원에 힘입어 점차 중요한 연구 주제로 부상하고 있다.

3. 노인 사회복지사 훈련

미국인 노인들의 수가 늘어나면서, 특히 쇠약해져서 장기적인 돌봄이 필요한 매우 노화된 노인들이 늘어나면서 노인 사회복지에 대한 관심이 또한 증가하였다(인구 통계 자료에 대해서는 제9장 참조). 노인 인구의 증가와 자격을 갖춘 노인 사회복지 전문가들의 양성 간의 괴리로 인하여, 사회복지학과 노년학자들은 지속적으로 주도성을 발휘할 기회가 늘어났다(Rosen & Zlotnik, 2001). 그 결과, 사회복지학 학자들과 교육자들은 다양한 층위의 실무를 하는 다음 세대의 사회복지가들을 양성하기 위하여 다양한 접근을 고려하고 있다.

그러나 개개인을 사회복지의 분야로 모집하고 이들이 사회복지의 다양한 분야에서 활동할 수 있도록 충분히 훈련을 하기 위해서는 많은 장애물을 넘어야 한다. 2001년 기준으로 사회복지 석사 프로그램(MSW)의 16%만이 노년학 세부 전공을 제공하였다(Berkman, Silverstone, Simmons, Volland, & Howe, 2001). 21세기 초기의 캘리포니아 사회복지사들의 표본에서 성인보호 사회복지사들의 42%와 노년학 사례관리자들의 36%만이 MSW 과정을 밟았다(Scharlach, Simmon, & Del Santo, 2002). 2006년도 즈음이 되어서야 교수진은 사회복지학을 전공하는 학생들이 노화된 사람들과 접촉할 기회가 필요하다는 것과, 갈수록 더욱 다양화되는 노인 인구들을 돌봄 시스템 안으로 편입시키는 것이 노년학 교육자들에게 계속된 난제일 것이라는 것을 깨달았다(Lee, Collins, Mahoney, McInnis-Dittrick, & Boucher, 2006). 제너럴리스트 사회복지 커리큘럼 내의 노인들을 대상으로 한 기술이나 지식에 대한 최근의 리뷰에서 연구자들은 노인들과 일하고자 하는 MSW 학생들이 부족하다는 것을 보고했다(Bonifas, Fredriksen-Goldson, & Bailey, 2009). 노인들과 그들의 가족과 일하는 것에 대해 학생들의 흥미를 일으킬 수 있는 부분을 찾기 위하여 더욱 많은 후속 연구가 필요할 것으로 보인다.

거시체계에서 노인 사회복지학의 박사과정 공부를 확장시키고, 사회복지학과 사회복지교육학이라는 큰 범위 내에서 노년학 관련 실무와 연구의 위상을 높이는 데 존재하는 장애물을 뛰어넘기 위해서는 구체적인 프로그래밍이 필요하다. 이러한 목표를 달성하기 위해 GSA는 John A. Hartford 재단과 함께 협력하여, 1999년에 만들어진 John A. Hartford의 노인 사회복지 업무계획(Geriatric Social Work Initiative: GSWI)을 통해, 박사 과정까지 밟은 노인 사회복지 연구자들의 수와 질을 향상시키고자 한다. GSWI는 노년학을 연구하는 사회복지학 박사 과정 학생들과 박사 과정 지원생들 그리고 조교수들을 지원하고, 노인 사회복지학 연구자들의 네트워크를 설립하였으며, 노인 사회복지학의 분야를 확장시켰다(Geriatric Social Work Initiative, 2011; Morrow-Howell & Burnette, 2002).

노인 관련 사회복지 교육을 강화시키기 위하여 전문 단체들이 취한 다른 방식들은 사회복지 교육위원회(Council on Social Work Education: CSWE)와 사회복지 노인교육위원회(Association for Gerontology Education in Social Work: AGESW)를 포함한다(Morrow-Howell & Burnette, 2002). CSWE(2011)는 '노인 사회복지 교육을 위한 정부기관(National Center for Gerontological Social Work Education)'을 운영한다. AGESW(2011)은 노년학을 소속된 단체들에게 홍보하고 『Journal of Gerontological Social Work』를 출판하며, "노인 사회복지학의 교육과 연구 그리고 정책의 분야를 주도적으로 끌어가고, 노년학에 관심이 있는 사회복지 교육자들과 연구자들과 학생들의 협력과 협조 관계와 아이디어의 교환을 촉진시킨다."

훈련된 노인 사회복지학 교수진의 수를 증가시키는 것을 통하여, 이러한 국립 단체들과 파트너십들은 인구통계학의 변화에 대한 사회복지 교육의 반응을 개선해 왔다. 이는 훈련된 노인 관련 사회복지 교수진의 수를 증가시키는 것을 통하여 노인 사회복지사들의 수를 증가시키는 것이 갈수록 더 필요한 일이라는 것을 나타내었다(Rosen & Zlotnik, 2002). 사회복지 커리큘럼 내에서의 노년학 연구의 포커스를 홍보하기 위한 국립 단체들의 노력에도 불구하고, 그에 대한 반응은 유망하지만 일정하지는 않았다(Ericson & Tompkins, 2006; Heyman, Gutheil, White-Ryan, Phipps, & Guishard, 2008). 긍정적인 측면에서는 John A. Hartford 재단의 펀딩을 받은 'Hartford 노인 사회복지 계획(Hartford Geriatric Social Work Initiative)'에 200개가 넘은 석·박사 과정 사회복지 프로그램이 참여했다(Hooyman, 2006). 그러나 미국에 2010년까지 노년학을 전공한 사회복지사들이 7만 명 이상 필요할 것이라고 예상되었음에도 불구하고, 2011년에 이 분야를 전공한 사회복지사들은 3만 명 정도밖에 없었다(Kelly, 2011). 우리 사회가 더 노화되고 다양한 사회로 나아가는 이 시점에서, 노년학에 대한 지식이 있는 사회복지사들을 양성하는 것은 지속적으로 필요한 일이다(Bonifas et al., 2009).

4. 사회복지 주요 역량

노인들과 그들의 가족들을 대상으로 한 사회복지 역량은 발달 역량, 문제해결 역량 및 대처 능력을 꾀하는 것과 서비스들을 제공하고 연결하는 효과적인 시스템을 홍보하는 것, 생애 주기 내내 사람들을 지원해 줄 수 있는 정책들을 개선하는 것을 목적으로 한다(Berkman, Dobrof, Harry, & Damron-Rodriguez, 1997). Damron-Rodriguez와 Simmons(2006)는 노인 사회복지 실천에서 다음과 같은 다섯 가지 주요한 역량을 식별해 내었다. ① 가치와 도덕, ② 개인과 그들의 가족들의 상태 및 노인들과 관련된 서비스, 프로그램 그리고 정책들을 파악하는 것, ③ 실천과 개입(이론과 지식이 실제 상황에 쓰이는 것), ④ 다른 학문들과의 협력, ⑤ 평가와 연구가 그것이다.

이러한 역량들은 노인과 그들의 가족들과 함께 일하는 데 있어서 필수적인 요소들이다. 'CSWE 교육계획과 표준평가제도[The CSWE Educational Planning and Assessment System(EPAS) standards]'와 연계되어, 혁신적인 '환자를 표준화하기' 접근은 사회복지 기술을 개발하고 중심적인 사회복지 역량에 대해 배우는 것을 용이하게 한다(Emlet, 2010). 사회복지 기술이 포함하는 것은, 인터뷰나 평가 기술, 간병인, 관리의료 제공자 및 지역사회 자원들의 욕구에 대한 이해 그리고 노화에 대한 자기 자신의 감정과 그러한 태도 및 가치가 어떻게 그들의 기술에 영향을 미치는지에 대한 인식 등이다. CSWE의 Gero 센터(Gero-Ed Center)는 노인 사회복지와 관련된 세 가지 주요한 역량을 밝혀냈다. ① 노인들과 그들의 가족에 대한 지식, ② 전문적인 기술, ③ 전문적인 실천(예: 문화적 다양성에 대한 존중, 자신이 노화와 죽음에 대해 지니고 있는 가치 체계와 편견에 대해 파악하고 있는 것). 하지만 소비자들과 전문가들은 노인 사회복지 역량 중 제1순위가 되는 역량을 각기 다르게 평했다. 즉, 노인들과 간병인들은 자원 역량을 가장 높게 선택한 반면, 고용주들은 평가 역량을, 석사 학위를 받은 사람들은 자기인식을 가장 우선시했다(Naito-Chan, Damron-Rodriguez, & Simmons, 2004).

다음과 같은 노인 사회복지 분야에서의 역량은 특히 중요하다. 보건 서비스, 노인생활 지원시설, 노인 학대 및 방임, 시한부 환자 간호, 성소수(LGBT) 노인들, 소수민족 노인들 그리고 문화역량과 같은 분야다. 다음에서는 이 같은 세부 분야들과 연관된 쟁점들을 살펴볼 것이다.

1) 보건 서비스

베이비부머들이 노화되어 가면서 이들이 사용할 것으로 예상되는 보건 및 사회복지 서비스들에 대한 추정은 사회복지 교육가들과 사회복지사들 사이에서 노인복지 특수화가 증대되는 데 기여했다. Oliver와 DeCoster

(2006)는 최근 10년 내에 사회복지 교수진의 전문 지식의 증진을 논문 발표의 정도를 통하여 측정했는데, 이는 발표된 논문, 서적과 위원회 보고와 협력 훈련 수의 증가를 포함했다. 노인들을 위한 사례 관리에 대한 관심 또한 증가했는데, 이는 환자들과 간병인들과 보건 의료인들 사이의 관계를 용이하게 만들어 돌봄이 연속적으로 이행되도록 조정하는 것을 포함한다(Fabbre, Buffington, Altfeld, Shier, & Golden, 2011). 노인 사회복지사들의 참여가 유익한 보건 분야 중 하나로 HIV 양성 반응을 보이는 노인들을 돌보는 것이 있다. HIV 양성 반응을 보이는 사람들을 치료하는 데 있어 의료계의 발전과 함께, 사회복지사들은 사회복지 서비스, 건강 점검과 상담을 필요로 하는 HIV 양성 노인들을 더욱 많이 보게 되었다. 2006년에 HIV나 에이즈에 걸린 사람들의 25%가 만 50세 이상이었다는 것을 감안하면, 이 분야는 보건 예방 및 연구 분야에 종사하는 노인 사회복지사들이 이러한 개입이 효율적으로 이루어지도록 더욱 투자해야 하는 분야라고 볼 수 있다(Jacobson, 2011).

2) 생활 지원

생활 지원은 장기적인 돌봄을 지속하는데 있어서의 요소 중 하나다. 노인생활지원시설에서 일하는 사회복지사들이 쌓을 수 있는 전문 지식의 다섯 가지 분야는 다음과 같다. ① 주민 지지에서의 역량, ② 돌봄을 계획하는 것, ③ 가족 사회복지, ④ 정신적 건강 평가 및 상담, ⑤ 돌봄을 이행할 때의 의사 결정(Koenig, Lee, Fields, & Macmillan, 2011). 노인생활지원시설에서 사회복지사들을 대상으로 한 진료비 환급이 없다는 사실은 종종 장애물이 되고는 하지만, 사회복지사들이 내담자들의 자기결정과 자립을 지원할 수 있는 기회들은 존재한다. 최근 10년 동안 이론과 실습에서 수많은 혁신이 있었는데, 이들은 사회복지 교수진의 전문 지식을 증진시켰고 커리큘럼에 포함된 노인들에 대한 지식을 증가시켰다. 사회복지사들이 이러한 역량을 기르도록 하려면 사회복지 석사 과정(MSW)에서 노년학 교육이 개발되는 것을 지속적으로 권고해야 할 것이다(Berkman et al., 1997; Gordon, Nelson-Becker, Chapin, & Landrey, 2007; Hooyman, 2006; Rosen, Zlotnik, & Singer, 2002; Scharlach, Damron-Rodriguez, Robinson, & Feldman, 2000).

3) 시한부 환자 간호

노인들과 그들의 가족들은 존엄사를 옹호하고 있고, 사회복지사들은 사망에 이르는 과정을 인도주의적이게 하는 방법과 건강에 관련한 지식을 홍보하며 가족 간의 소통을 증진시키고 시한부 환자 간호를 살펴보는 방법에 대한 증진된 이해를 위한 운동의 선두에 서 있다(Cagle & Kovacs, 2009; Falls, 2008; Snow, Warner, & Zilberfein, 2008). 언제 치료를 그만둘 것인지에 대한 결정은 환자의 가족들이 내리기 어려운 결정이다. 특히 삶이 거의 끝에 다다른 시점에서 치료를 시작하게 될 경우 더욱 그렇다. 연구자들이 보고한 연구 중 하나에서는 의료보험 환자들 중 22%는 자신이 살아 있는 마지막 한 달 이내에 새로운 화학 요법 양생법을 시작했다(Earle et al., 2004). '시한부 환자 간호'에 대한 정책 강령은 2012년도에 '사회복지사협회 대표기관[National Association of Social Workers(NASW) Delegate Assembly]'에 의하여 승인되었고, 2014년도에는 '시한부 환자 돌봄과 통증 완화에서의 사회복지 업무표준(NASW Standards for Social Work Practice in Palliative and End-of-Life Care)'이 쓰였다(National Association of Social Workers, 2004). 환자의 선택과 내담자의 자기결정의 원칙은 이러한 문서들의 토대다. 이 문서들 내의 구체적인 사회복지 지침에 포함된 것은 내담자와 가족이 시한부 환자 간호에 대해 이해하는 것을 용이하게 하는 것, 감정적 · 심리적 · 사회적 그리고 영적 돌봄을 제공하는 것, 문화적 다양성에 대해 깨어 있는 것, 의사 결정에 있어 고지에 입각한 동의를 용이하게 하기 위해 정보를 제공하는 것, 내담자의 병의 진단명과 진행 과정에 대한 인지, 사전 계획에 대한 대화 및 격려, 정신적 건강 및 기능을 평가하는 것, 통증 관리와 연명치료 금지 동의 관련 정책들에 대한 이해 그리고 통증 및 다른 증상들을 가늠하는 데 있어서의 능숙도가 있다. NASW에 의해 설립된 '말기 환자 돌봄에서의 인증 프로그램(Advanced Certification Program for Hospice and Palliative Care)'은 중병을 앓고 있는 환자들의 삶의 질을 최적화하는 것이 목적이다(NASW, 2009).

시한부 환자 간호에 대한 연구에서, Kramer와 Auer(2005)는 돌보는 데 장애가 되는 것들을 극복하기 위해 다양한 권고를 한다. 더 일찍 대화를 시작하는 것, 의사들과 호스피스 컨설턴트들과의 소통을 용이하게 하는 것, 구체적인 욕구에 대한 직접적인 표현을 격려하는 것, 도덕적 딜레마를 미리 예상하여 조기에 윤리 위원회에 위탁하는 것 등이다. 많은 부류의 '시한부 환자 간호 결정들'은 복잡하게 얽혀 있기 때문에 사회복지사들은 종종 환자의 예후를 가늠하는 것이 어렵다는 사실을 가족이 주지하도록 돕는다. 이러한 이유 때문에 가족들과 이 이슈를 다룰 때 추가로 시간이 필요한 경우가 많고, 다른 전문가들과의 그룹 미팅이나 상담이 필요한 경우도 있다(Lee, 2010). 삶의 끝자락에 있어서 연명치료 개입을 계속할 것인지 미룰 것인지는 노인 사회복지사들과 가족들에게 종종 가장 어려운 도덕적 쟁점이다(Berkman et al., 2006).

4) 노인 학대와 방임

노인 사회복지사들에게 중요한 또 다른 전문 기술의 분야는 노인 학대와 방임을 알아보는 역량과, 관찰, 파악 및 서류 작성에 대한 철저함이다. 어떠한 주들은 노인 학대 보고와 관련한 법을 통과시켰으며, 에이전시들을 설정해 혐의를 조사하도록 하였고, 다른 몇몇 주는 미국 노인법에 의해 제공되는 서비스, 성인보호 서비스 그리고 형사사법 제도를 통하여 개입한다(Bergeron & Gray, 2003; Linzer, 2004). Bergeron(2006)에 따르면, 노인들을 보호하는 것은 노인들과 함께 일하는 모든 전문가에게 부과되는 도덕적 의무이고, 성인보호 서비스 에이전시에게만 부과되는 임무는 아니라고 한다. 증거가 부족하거나 노인들, 그들의 가족들 또는 에이전시들이 협조하지 않아서 많은 종류의 노인 학대가 미확인되고 있기 때문에(Dong et al., 2009), 이 분야는 사회복지사들이 자신의 평가 역량을 갈고 닦으며 에이전시들과 가족들과 협력하여 취약한 노인 계층의 이익을 보호하기 위해 노력해야 할 부분이다.

몇몇 연구자는 노인 학대를 파악하는 데 공중 위생 접근법을 주장하는데, 이는 문제 및 폭력이 미친 영향을 정의하고, 왜 폭력이 발생하는지를 규명하며, 구체적인 개입 방법을 디자인 · 도입 · 평가하고, 이러한 개입의 성공 정도나 비용 대비 효율성을 모니터하는 것을 포함한다(Post et al., 2010). 노인 학대와 방임이 얼마나 널리 퍼졌는지에 대한 최근 연구에 따르면, 실험 대상의 11.4%가 학대에 관하여 흔하게 쓰이는 범주들(잠재적인 방임 및 감정적 · 신체적 · 성적 학대) 중 적어도 하나를 최근 1년 내에 경험했다고 보고했고, 거의 모든 종류의 학대는 낮은 사회적 지지와 연관되어 있었다(Acierno et al., 2010). 조기 개입과 예방 프로그램의 개발은 사회적 지지를 개선할 수 있을 것이다.

5) 성소수 노인

지금까지 성소수 노인들에 대한 연구는 노년학 연구 및 이론에서 상당 부분 제외되어 있었고, 그 결과 실제 노인 관련 휴먼 서비스나 사회복지 실천에서도 제외되어 있었다. 하지만 이는 학계 네트워크와 휴먼 서비스계의 중년 및 노년 성소수 일원들의 활동과 지지를 통하여 변화하고 있는 추세다(Brown, 2009). 최근의 연구들은 요양원이라든가 양로원 같은 노인들을 위해 기존에 존재하는 서비스들이 성소수자인 사람들에게도 우호적이라고 생각하는 성소수 노인들의 수는 매우 적다는 것을 밝혔다(Smith, McCaslin, Chang, Martinez, & McGrew, 2010). 응답자들은 성소수자들이 특수화된 장기 요양 환경과 서비스 제공자들을 원하고 있으며, 이미 존재하는 사회복지 에이전시도 이와 관련하여 직원을 교육시키기를 원한다(Smith et al., 2010; Stein et al., 2010). 몇몇 연구자는 동성애자 노인들을 대상으로 하는 사회복지 실천에 있어서 중심적인 내용은 동성애 정체성과 인간관계 관련 사안들의 임상적인 측면을 살펴보는 것, 요양원과 병원에서 동성애자 노인들의 파트너들의 방문 및 치료에 대한 관점 사안에 있어서의 장애물을 다루는 것임을 발견하였다(Donahue & McDonald, 2005). Donahue와 McDonald는 사회복지사들이 역할을 확장하여 지원 및 지지 그룹을 결성하고, 꼭 필요한 서비스가 제공되는 것을 확실하게 하며, 청원 운동을 통하여 노인 차별과 동성애 차별에 대항하고, 접근을 더 용이하게 하기 위한 다른 노력들을 하도록 권고한다. 성소수 노인들과 관련하여 더 많은 연구가 필요한 분야로는 정신치료 접근의 효율성, 제일 효과적인 치료 방법, 치료 프로토콜의 평가 그리고 치료 동맹, 공감, 내담자와 치료자 사이의 매칭 등의 치료 관련 쟁점들을 들 수 있다(David & Cernin, 2008).

6) 소수민족 노인과 문화 역량

노인들을 대상으로 하는 문화적 역량 평가와 관련된 기술들은 성별, 성 정체성, 인종, 민족, 성적 기호에 대한 지식을 포함한다(Min, 2005). 또한 사회복지사들은 장애를 가진 노인들뿐만 아니라 소수민족 노인들을 파악하고 개입을 실행할 준비가 되어 있어야 한다. 즉, 문화적 가치와 다문화적 정체성과 개인이 스스로를 어떻게 바라보는지에 대해 이해하는 것이 필요하다(Browne & Mokuau, 2008; Geron, 2002; Jackson & Samuels, 2011). 노인 인구의 다양성이 드러나면서, 다문화 노년학에 대한 관심 또한 높아졌고, 사회복지사들이 민족 및 인종에 따라 달라지는 노인들의 학력 정도, 수입과 의료 서비스 접근 용이성에 대해서 더 잘 이해해야 하는 필요성 또한 높아졌다. 문화적 지식과 사회복지 실천에서의 문화적 역량의 중요성이 더욱 강조되는 것이다(Crewe, 2004). 이것은 또한 사회복지 교육의 중심 커리큘럼에서 문화적 역량 기술을 포함할 필요가 증가하고 있다는 이야기이기도 하다(Min, 2005). 더 나아가 인터뷰와 평가 프로토콜과 표준화된 평가 척도는 문화적 역량과 관련하여 선택되고 평가되어야만 한다(Geron, 2002). 예를 들어, 서비스를 시행할 때 '남편/아내' 대신 '파트너' 같은 성별이 없는 단어를 쓰면 서비스가 개선될 수 있다(Landers, Mimiaga, & Krinsky, 2010).

5. 결론

노인들과 그들의 가족과 함께 일할 기회는 매우 많다. 노인들은 인생에서 많은 이행 과정과 발달 과정을 겪어 왔기에 삶에 대한 독특한 관점이 있다. 그들은 서비스 접근의 장애물을 넘어서고 삶에서 마주치는 어려움을 해결하는 데 있어서 롤모델이 될 수 있다. 사회 내의 베이비부머들의 위치와 보건 환경에서 사회복지사들을 더 많이 필요로 하고 있는 현 상황을 고려할 때, 취업 기회는 빠르게 늘어나고 있다. 노인들과 그들의 가족들은 열린 대화와 심사숙고를 위한 시간과 서비스 조정을 요구하는 복잡한 신체적 및 정신적 쟁점들을 마주해야 하는데, 이는 평가 및 개입 계획 과정이 더욱 시간이 오래 걸리게 만들 수도 있다. 신체적 및 정신적 고립, 우울증, 치매 등의 문제들은 보건 방문 시 특별히 따로 평가받아야 할 수 있고 평가하는 데 추가로 시간이 더 소요된다. 이러한 문제들 중 몇몇은 노인 사회복지사들을 1차 진료와 통합하는 것으로 해결할 수 있으나, 몇몇 연구는 사회복지를 1차 진료와 통합하는 데 있어서의 제공 기관의 망설임은 협력적인 돌봄 모델을 형성하는데 제일 큰 장애물 중 하나이고 비용 대비 효율성 또한 더 연구되어야 한다고 주장한다(Keefe, Geron, & Enguidanson, 2009).

노인들에게 서비스를 제공하는데 있어 몇몇 장애물은 후속 연구를 필요로 하는데, 이는 노인 차별과 장애, 쇠약해짐에 대한 공포를 포함한다. 이전 장들에서 언급했듯이, 현재의 경제적 불안과 정부의 재정 지원 개혁에 대한 공포는 노인들과 그들의 가족들에게 무거운 짐이 된다. 정치적 쟁점들인 고용인 부담의 증가와 서비스의 배급제는 노인들이 자신들의 의료 혜택과 사회복지 혜택을 유지하기 위해 목소리를 더 거세게 내도록 만들었다. 사회복지사들과 사회복지 교육가들은 노년학을 사회복지 실무에 적용하는 데 있어 최근 10년 동안 상당한 성과를 보였다. 그러나 사회복지 석 · 박사 학위를 전공하는 학생들 중 많은 수가 노년학 관련 고급 훈련과 실습의 필요성에 대하여 실감하고 있지 못하기 때문에, 이 분야에 남아 있는 과제는 아직 많다. 사회복지 대학원 교육에 대한 2006년 보고서에 따르면, 학생들은 노년학이 자신의 경력과 무슨 연관이 있는지에 대해 제한적으로밖에 알지 못했고, 그들의 노년학 관련 지식과 기술을 사용하여 다세대 업무를 하기를 선호하였으며, 더 많은 수업을 요구하였다(Fredriksen-Goldsen, Bonifas, & Hooyman, 2006).

전문적인 사회복지 교육은 노인들과 그들의 가족과 같이 일하는 데 있어서 실무 기술과 역량을 증진시킬 수 있는 기회를 제공한다. 이런 기술들은 노인들의 존엄성을 증진시키고 그들이 나이가 들어 가면서 마주하게 되는 이행 과정을 용이하게 할 수 있다. 장애가 줄어들고 있는 추세임에도 불구하고, 노인들과 그들의 가족들에게 복잡한 의료 시스템을 처리하는 데 도움을 줄 수 있는 많은 기회가 있다. NASW, CSWE, 사회복지와 연구 사회

(Society for social Work and Research: SSWR), GSA 그리고 미국 노화 사회(American Society on Aging: ASA)와 같은 대규모 사회복지 및 노년학 전문 단체들은 연구와 실무 간의 협력이 필수적임을 인정하는 데 있어 주도성을 보여 주었고, 노인 관련 사회복지학에 대한 지식과 기술을 발전시키기 위한 포럼을 제공한다.

참고문헌

Acierno, R., Hernandez, M. A., Amstadter, A. B., Resnick, H. S., Steve, K., Muzzy, W., & Kilpatrick, D. G. (2010). Prevalence and correlates of emotional, physical, sexual, and financial abuse and potential neglect in the United States: The national elder mistreatment study. *American Journal of Public Health, 100*(2), 292-297.

Administration on Aging. (2010). U.S. population by age, July 1, 2010, National tables and trends, Percentage increase of the 60+ U.S. population from the 2000 census to the 2010 census. Retrieved, August 4, 2012, http://www.aoa.gov/AoARoot/Aging_Statistics/Census_Population/census2010/Index.aspx

Association for Gerontology Education in Social Work (2011). About us. Retrieved, August 12, 2011, http://agesw.org/about-agesw

Atchley, R. C. (1999). *Continuity and adaptation in aging: Creating positive experiences.* Baltimore, MD: Johns Hopkins University Press.

Barusch, A. S. (2010). The CLASS Act and gerontological social work. *Journal of Gerontological Social Work, 53*(7), 571-574.

Barusch, A. S. (2011). Deficit commission targets Social Security: Privatization revisited? *Journal of Gerontological Social Work, 54*(1), 1-5.

Bergeron, L. R. (2006). Self-determination and elder abuse. *Journal of Gerontological Social Work, 46*(3-4), 81-102.

Bergeron, L. R., & Gray, B. (2003). Ethical dilemmas of reporting suspected elder abuse. *Social Work, 48*(1), 96-105.

Berkman, B. J. (2011). Seizing interdisciplinary opportunities in the changing landscape of health and aging: A social work perspective. *The Gerontologist, 51*(4), 433-440.

Berkman, B., Dobrof, R., Harry, L., & Damron-Rodriguez, J. A. (1997). White paper: Social work. In S. M. Klein (Ed.), *A national agenda for geriatric education: White papers* (pp. 53-85). New York, NY: Springer Publishing.

Berkman, B., Gardner, D., Zodikoff, B,. & Harootyan, L. (2006). Social work and aging in the emerging health care world. *Journal of Gerontological Social Work, 48*(1/2), 203-217.

Berkman, B., Silverstone, B., Simmons, W. J., Volland, P. J., & Howe, J. L. (2001). Social work gerontological practice: The need for faculty development in the new millennium. *Journal of Gerontological Social Work, 34*(1), 5-23.

Bonifas, R. P., Fredriksen-Goldsen, K. I., & Bailey, K. A. (2009). Recognizing the importance of aging skills and knowledge in generalist social work practice: Effective strategies for MSW students. *Gerontology and Geriatric Education, 30*(3), 205-225.

Bronfenbrenner, U. (1979). *The ecology of human development*. Cambridge, MA: Harvard University Press.

Brown, M. T. (2009). LGBT aging and rhetorical silence. *Sexuality Research & Social Policy, 6*(4), 65-78.

Browne, C. V., & Mokuau, N. (2008). Preparing students for culturally competent practice among ethnic minority elders. *Educational Gerontology, 34*(4), 306-327.

Butler, R. N. (1963). The life review: An interpretation of reminiscence in the aged. *Psychiatry, 26*, 65-76.

Cagle, J. G., & Kovacs, P. J. (2009). Education: A complex and empowering social work intervention at the end of life. *Health and Social Work, 34*(1), 17-27.

Council on Social Work Education (CSWE). (2011). *About the Gero-Ed Center*. Retrieved August 12, 2011: http://www.cswe.org/CentersInitiatives/GeroEdCenter/AboutGeroEd.aspx

Crewe, S. W. (2004). Ethnogerontology: Preparing culturally competent social workers for the diverse facing of aging. *Journal of Gerontological Social Work, 43*(4), 45-58.

Damron-Rodriguez, J., & Simmons, J. (2006). Developing geriatric competencies for field education. *Journal of Gerontological Social Work, 48*(1-2), 139-160.

David, S., & Cernin, P. A. (2008). Psychotherapy with lesbian, gay, bisexual, and transgender older adults. *Journal of Gay and Lesbian Social Services, 20*(1), 31-49.

Davitt, J. K., & Kaye, L. W. (2010). Racial/ethnic disparities in access to Medicare home health care: The disparate impact of policy. *Journal of Gerontological Social Work, 53*(7), 591-612.

Donahue, P., & McDonald, L. (2005). Gay and lesbian aging: Current perspectives and future directions for social work practice and research. *Families in Society, 86*(3), 359-366.

Dong, X. Q., Simon, M., Mendes de Leon, C., Fulmer, T., Beck, T., Hebert, L., ... Evans, D. (2009). Elder self-neglect and abuse and mortality risk in a community-dwelling population. *Journal of the American Medical Association, 302*(5), 517-526.

Earle, C., Neville, B., Landrum, M., Ayanian, J., Block, S., & Weeks, J. (2004). Trends in the aggressiveness of cancer care near the end of life. *Journal of Clinical Oncology, 22*(2), 315-321.

Emlet, C. A. (2010). Using a standardized patient approach to enhance clinical skills in gerontological social work. *Journal of Social Work Education, 46*(3), 443-451.

Emlet, C. A. (2011). "I'm not going to die from AIDS": Resilience in aging with HIV disease. *The Gerontologist, 51*(1), 101-111.

Ericson, C. B., & Tompkins, C. J. (2006). Infusing aging content into a research course: A national organization and university partnership. *Educational Gerontology, 32*(3), 225-240.

Erikson, E. (1950). *Childhood and society* (2nd ed.). New York, NY: Norton.

Fabbre, V. D., Buffington, A. S., Altfeld, S. J., Shier, G. E., & Golden, R. L. (2011). Social work and transitions of care: Observations from an intervention for older adults. *Journal of Gerontological Social Work, 54*(6), 615-626.

Falls, C. E. (2008). Palliative health care: Cost reduction and quality enhancement using end-of-life survey methodology. *Journal of Gerontological Social Work, 51*(1-2), 53-76.

Folstein, M. F., Folstein, S. E., & McHugh, P. R. (1975). Mini-mental state: A practical method for grading the cognitive state of patients for the clinician. *Journal of Psychiatric Research, 12,* 189-198.

Fredriksen-Goldsen, K. I., Bonifas, R. P., & Hooyman, N. R. (2006). Innovations in gerontological social work education: An innovative infusion approach. *Journal of Social Work Education, 42*(1), 25-36.

Geriatric Social Work Initiative (2011). Hartford Doctoral Fellows Program in Geriatric Social Work. Retrieved August 10, 2011, http://www.gswi.org/programs/hdf.html

Geron, S. M. (2002). Cultural competency: How is it measured? Does it make a difference? *Generations, 26*(3), 39-45.

Gordon, T. A., Nelson-Becker, H., Chapin, R. K., & Landry, S. (2007). Changing aging competency following a GeroRich intervention initiative: Implications for bachelor's and master's social work education. *Educational Gerontology, 33*(12), 1037-1052.

Greene, R. R. (1999). Postmodern critique of systems theory in social work with the aged and their families. *Journal of Gerontological Social Work, 31*(3-4), 87-100.

Greene, R. R. (2000). *Social work with the aged and their families* (2nd ed.). New York, NY: Aldine De Gruyter.

Greene, R. R., & Cohen, H. L. (2005). Social work with older adults and their families: Changing practice paradigms. *Families in Society, 86*(3), 367-373.

Greenfield, E. A. (2012). Using ecological frameworks to advance a field of research, practice, and policy on aging-in-place initiatives. *The Gerontologist, 52*(1), 1-12.

Hackstaff, L., Davis, C., & Katz, L. (2004). The case for integrating behavior change, client-centered practice and other evidence-based models into geriatric care management. *Social Work in Mental Health, 38*(3), 1-19.

Hendricks, J., Applebaum, R., & Kunkel, R. (2010). A world apart? Bridging the gap between theory and applied social gerontology. *The Gerontologist, 50*(6), 284-293.

Heyman, J. C., Gutheil, I. A., White-Ryan, L., Phipps, C., & Guishard, D. (2008). Aging in the undergraduate curriculum: Faculty perspectives. *Educational Gerontology, 34*(5), 372-384.

Hildon, M. A., Montgomery, S. M., Blane, D., Wiggins, R. D., & Netuveli, G. (2010). Examining resilience of quality of life in the face of health-related and psychological adversity at older ages: What is "right" about the way we age? *The Gerontologist, 50*(1), 36-47.

Hooyman, N. (2006). *Achieving curricular and organizational change*. Washington, DC: Council on Social Work Education.

Hudson, R. B. (2009). Analysis and advocacy in home-and community-based care: An approach in three parts. *Journal of Gerontological Social Work, 53*(1), 3-20.

Jackson, F. K., & Samuels, G. M. (2011). Multiracial competence in Social Work: Recommendations for culturally attuned work with multiracial people. *Social Work, 56*(3), 235-246.

Jacobson, S. A. (2011). HIV/AIDS interventions in an aging U.S. population. *Health and Social Work, 36*(2), 149-156.

Kaskie, B., & Estes, C. L. (2002). Mental health services policy and the aging. *Journal of Gerontological Social Work, 36*(3-4), 99-114.

Keefe, B., Geron, S. M., & Enguidanos, S. (2009). Integrating social workers into primary care: Physicians and nurse perceptions of roles, benefits, and challenges. *Social Work in Health Care, 48*(6), 579-596.

Kelly, J. J. (2011). Keeping pace with an aging U.S. *NASW News, 56*(4), 1-3.

Koenig, T. L., Lee, J. H., Fields, N. L., & Macmillan, K. R. (2011). The role of the gerontological social worker in assisted living. *Journal of Gerontological Social Work, 54*(5), 494-510.

Kolb, P. J. (2005). Theories of aging and social work practice with sensitivity to diversity: Are there useful theories? *Journal of Human Behavior in the Social Environment, 9*(4), 3-24.

Kramer, B. J., & Auer, C. (2005). Challenges to providing end-of-life care to low-income elders with advanced chronic disease: Lessons learned from a model program. *The Gerontologist, 45*(5), 651-660.

Landers, S., Mimiaga, M. J., & Krinsky, L. (2010). The open door project task force: A qualitative study on LGBT aging. *Journal of Gay and Lesbian Social Services, 22*(3), 316-336.

Lawton, M. P., & Nahemow, L. (1973). Ecology and the aging process. In C. Eisdorfer & M. P. Lawton (Eds.), *Psychology of adult development and aging* (pp. 619-674). Washington, DC: American Psychological Association.

Lee, D. F. (2010). 50 Pointers for a new hospice social worker. *American Journal of Hospice and palliative Medicine, 27*(3), 173-174.

Lee, E-O., Collins, P., Mahoney, K., McInnis-Dittrick, K., & Boucher, E. (2006). Enhancing social work practice with older adults: The role of infusing gerontology content into the master of social work foundation curriculum. *Educational Gerontology, 32*(9), 737-756.

Lehning, A. J., & Austin, M. J. (2009). Long-term care in the United States: Policy themes and promising practices. *Journal of Gerontological Social Work, 53*(1), 43-63.

Linzer, N. (2004). An ethical dilemma in elder abuse. *Journal of Gerontological Social Work, 43*(2-3), 165-173.

Lubben, J., & Harootyan, L. K. (2003). Strengthening geriatric social work through a doctoral fellowship program. *Journal of Gerontological Social Work, 39*(1-2), 145-156.

Margles, D. (1995). The application of family systems theory to geriatric hospital work. *Journal of Gerontological Social Work, 24*(1-2), 45-54.

McDonough, K. E., & Davitt, J. K. (2011). It takes a village: Community practice, social work, and aging-in-place. *Journal of Gerontological Social work, 54*(5), 528-541.

McInnis-Dittrich, L. (2009). *Social work with older adults*. Boston, MA: Pearson Education, Inc.

Min, J. W. (2005). Cultural competency: A key to effective social work with racially and ethnically diverse elders. *Families in Society, 86*(3), 347-358.

Monahan, D. J. (1993). Assessment of dementia patients and their families: An ecological-family centered approach. *Health and Social Work, 18*(2), 123-131.

Morrow-Howell, N., & Burnette, D. (2002). Gerontological social work research: Current status and future directions. *Journal of Gerontological Social work, 36*(3-4), 63-79.

Naito-Chan, E., Damron-Rodriguez, J., & Simmons, W. J. (2004). Identifying competencies for geriatric social work practice. *Journal of Gerontological Social Work, 43*(4), 59-78.

National Association of Social Workers (NASW). (2004). *Standards for social work practice in palliative and end-of-life care*. Washington, DC.

National Association of Social Workers (NASW). (2009). *Advanced certified hospice and palliative social worker (ACHP-SW)*. Washington, DC http://www.socialworkers.org/credentials/credentials/achp.asp

Niles-Yokum, K., & Wagner, D. L. (2011). *The aging networks: A guide to programs and services*. New York, NY: Springer Publishing Company.

Oliver, D. P., & DeCoster, V. A. (2006). Health care needs of aging adults: Unprecedented opportunities for social work. *Health and Social Work, 31*(4), 243-245.

Post, L., Page, C., Conner, T., Prokhorov, A., Fang, Y., & Biroscak, B. J. (2010). Elder abuse in long term care: Types, patterns, and risk factors. *Research on Aging, 32*(3), 323-348.

Raveis, V. H., Gardner, D. S., Berkman, B., & Harootyan, L. (2009). Linking the NIH strategic plan to the research agenda for social workers in health and aging. *Journal of Gerontological Social Work, 53*(1), 77-93.

Rosen, A. L., & Zlotnik, J. L. (2002). Demographics and reality: The "disconnect" in social work education. *Journal of Gerontological Social Work, 36*(3-4), 81-97.

Rosen, A. L., Zlotnik, J. L., & Singer, T. (2002). Basic gerontological competence for all social workers: The need to "gerontologize" social work education. *Journal of Gerontological Social Work, 39*(1-2), 25-36.

Rowe, J. W., & Kahn, R. L. (1998). Successful aging. New York, NY: Pantheon/Random House.

Scharlach, A., Damron-Rodriguez, J., Robinson, B., & Feldman, (2000). Educating social workers for an aging society: A vision for the 21st century. *Journal of Social Work Education, 36*(3), 521-538.

Scharlach, A., Simon, J., & Dal Santo, T. (2002). Who is providing social services to today's older adults? Implications of a survey of aging services personnel. *Journal of Gerontological Social Work, 38*(4), 5-17.

Scheinholtz, M. K. (2010). Implementation of evidence-based practices: SAMHSA's older adults targeted capacity expansion grant program. *Generations, 34*(1), 26-35.

Smith, L. A., McCaslin, R., Chang, J., Martinez, P., & McGrew, P. (2010). Assessing the needs of older gay, lesbian, bisexual, and transgender people: A service-learning and agency partnership approach. *Journal of Gerontological Social Work, 53*(5), 387-401.

Snow, A., Warner, J., & Zilberfein, F. (2008). The increase in treatment options at the end of life: Impact on the social work role in an inpatient hospital setting. *Social Work in Health Care, 47*(4), 376-391.

Stein, G. L., Beckerman, N. L., & Sherman, P. A. (2010). Lesbian and gay elders and long-term care: Identifying the unique psychosocial perspectives and challenges. *Journal of Gerontological Social Work, 53*(5), 421-435.

Strengthen Social Security. (2011). Social Security chained CPI proposal threatens economic security. Retrieved August 16, 2011, http://strengthensocialsecurity.org/media/news/social-security-chained-cpi-proposal-threatens-economic-security

Sung, K., & Dunkle, R. E. (2009). How social workers demonstrate respect for elderly clients. *Journal of Gerontological Social Work, 52*(3), 250-260.

Wethington, E., Breckman, R., Meador, R., Reid, M. C., Sabir, M., Lachs, M., & Pillemer, K. A. (2007). The CITRA pilot studies program: Mentoring translational research. *The Gerontologist, 47*(6), 845-850.

Whitelaw, N. (2010). System change and organization capacity for evidence-based practices: Lessons from the field. *Generations, 14*(1), 43-50.

Yesavage, J., Brink, T., Rose, T., Lum, O., Huang, O., Adley, V., & Leirer, V. (1983). Development and validation of a geriatric depression screening scale: A preliminary report. *Journal of Psychiatric Research, 17*, 37-49.

제14장

노인 의학 및 간호

제14장

노인 의학 및 간호

Sharon A. Brangman and Barbara Resnick

1. 노인 의학

노인 의학은 60세 이상 노인들을 위한 의료 관리다. 노인병 전문의는 노인들을 위한 의료 및 건강 관리를 제공하며 노화에 사회과학을 포함하는 노년학자들과는 다르다. 노인병 전문의와 소아과 의사는 특정 연령 요구 사항에 의해 정의된 환자 집단에 의료 서비스를 제공한다는 점에서 매우 유사하다. 노인 의학은 인지와 신체 기능, 건강 상태, 약물 검토, 심리사회적 상태의 평가 및 노인의 사회적 지원 체계의 평가를 포함하고 있기 때문에 거시적 접근 방식을 특징으로 한다. 노인 의학은 삶의 질과 성인 가치 체계에 기반을 둔 환자 중심의 개별화된 치료다. 노인의학을 제공받는 환자들은 매우 광범위하며 수십 년에 걸쳐진 다인종 환자들이기 때문에 '한 가지 방법이 모두에게 적용된다(one size fits all)'이라고 하는 노인 의학 관리를 조직화하는 것은 불가능하다. 예를 들면, 65세 남성의 의료 요구와 목표는 일반적으로 95세 여성과는 매우 다르기 때문에 노인병 전문의는 이러한 각각의 환자를 대상으로 하는 적절한 관리를 제공하는 개별화 의료 계획을 수립하는 것이 요구된다.

노인병 전문의는 말기 환자 간호와 호스피스 의학의 원리를 사용하여 특히 삶의 끝에 있는 사람들을 관리하는 데 목표를 두고 훈련을 받아야 한다. 노인병 전문인의 특별한 점은 집, 사무실/병원과 같은 다양한 장소에 의료 서비스와 전문 요양시설을 제공할 수 있는 능력이다. 노인병 전문의는 환자의 요구에 따라 간호사, 약사, 사회복지사, 신체, 직업 또는 언어 치료사를 포함한 다른 의료 종사자들의 팀에서 일원으로 일을 한다. 각 팀 구성원은 노인들이 혜택을 받을 수 있는 의료 관리를 최적화하는 역할과 능력을 가지고 있다.

현재 미국에서는 대략 7,000명의 노인병 전문의가 있으며 매우 부족한 실정이다(American Geriatrics Society, 2001). 인구 통계 지표는 현재 16,000명의 노인병 의료 전문가가 필요하며 베이비붐 세대가 65세가 되는 2030년까지 무려 36,000명이 더 필요하다고 보고하고 있다(Allianc for Aging Research, 2002). 이러한 노인병 의료 전문가의 부족은 제한된 의료진으로 어떻게 모든 노인이 의료 혜택을 받을 수 있게 하는지에 대한 연구 문제를 제시한다. 이 질문은 노인 전문가에게 가장 혜택을 볼 수 있는 환자의 유형을 조사하는 학술 노인병 전문의들이 제기하였다. 대부분의 학술 노인병 전문의는 인지가 없거나 기능적 손상을 입은 노인들에게 치료를 제공하는 데 있어서, 일반내과 혹은 가정의 주치의가 가장 적합하다고 보고했다. 노인병 전문가에게 치료를 받는 환자들은 노인병 증후군, 중간 또는 심각한 기능적 장애, 복잡한 의료 혹은 심리적 문제점 혹은 말기 환자와 노심 말기 간병을 가지고 있는 85세 이후의 고령 노인들이다(Warshaw, Bragg, Fried, & Hall, 2008). 노인병 전문의는 비공식적으로 의학 분야에서 의료적으로 가장 복합적인 환자들을 관리하는 능력을 반영한다는 점에서 '복잡성을 연구하는 과학자들(complexivists)'로 불릴 수 있다. 또한 노인병 전문의들이 다른 전문의들보다 가장 높은 직업 만족도를 가지고 있다는 점에 특히 주목해야 할 것이다(Leigh, Tancredi, & Kravitz, 2009).

향후 수십 년간 노인병 전문가들의 부족은 지속될 것으로 전망되기 때문에 교육과정에서 모든 의대생과 의사에게 기본 과정으로 통합하여 노인병학을 이수할 수 있도록 해야 한다. 대부분의 의사는 실제로 노인 환자들을 치료하기 때문에 그들이 노인 의료 서비스를 제공한다는 잘못된 오해를 가질 수 있다. 이것은 65세 이상 노인 환자가 기본적으로 의료 혜택을 제공받을 수 있다는 잘못된 지식과 인식 부족을 의미한다. 노인 평가 및 관리가 요구되는 특정한 문제들을 위한 복잡한 기술은 크게 인식되지 않았거나 저평가되었다. 1차 진료 의사는 환자들의 심혈관 질환을 평가하거나 관리하지만 그러한 치료가 심장병 전문의를 만들지 않는다. 심장학은 정의된 지식 기반과 전문 교육을 요구한다. 이 같은 원칙은 또한 노인 의학에도 적용된다.

노인 의학은 노인 환자들을 위한 공식적인 의료 방법을 배워야 하는 특정화된 기술들을 포함한다. Liaison 의료교육 위원회(Liaison Committee for Medical Education)에서는 노인 의학에 있는 의대생들에게 임상 실습을 필요로 하지 않고, 의대에서 2008년도 노인 실습이 23%만 제공되었으며, 같은 해 오직 56%가 노인병학에서 필수 임상회전으로 통합하였다고 보고하였다(Geriatrics Workforce Policy Studies Center, 2011). 안타깝게도 교육을 받는 많은 의대 학생 및 의사가 거의 노인 의학 교육을 이수하지 못한다. 현재 노인 의학은 의과대학들 사이에서 표준화된 방식으로 학생들에게 가르쳐지지 않는다. 노인 의학은 종종 노인들을 위한 실습이 아닌 곳에서 나이 많은 환자들로부터 경험하기 때문에 중요하지 않은 훈련으로 간주된다. 학계에서는 노인병 전문의들은 적어도 하나의 연구에서 전문화된 노인병 순환근무와 함께 임상 실습을 통해서 고령 인구들에 대한 관리를 더 잘 준비할 수 있다고 보고하였다(Diachun, Van Bussel, Hansen, Charise, & Rieder, 2010). 소아과 전문의를 제외한 모든 의대생과 의사들은 치료 현장에서 매우 중요한 의료행위가 될 수 있는 노인의학의 구체적인 교육과정을 이수해야만 한다. 2008년 4월에 발표된 의학 연구 보고서 '노화 미국을 위한 재편성(Institute of Medicine, 2008)'에서는 모든 의료 종사자가 노인 치료에 대한 훈련과 교육을 받아야만 한다고 결론을 내렸다. 이것은 노인의 요구를 충족하기 위한 우리의 의료 인력 준비를 위하여 중요한 의미를 가진다. 이 보고서에서는 모든 의료시설에 있는 의과 학생들과 의사들에게 노인치료에 관한 구체적인 훈련을 포함해야 하며, 노인 의료 부족 현상이 반드시 언급되어야 한다는 강력한 권고 사항을 포함하였다.

노인병 교육과 훈련은 의대를 마치고 나서 내과 또는 가정 의학과 중 하나에 프로그램을 요구한다. 레지던트 과정 후에 노인 의학에서 1년 펠로우십 훈련 과정을 따른다. 대부분의 노인병 전문의들은 노인 의학뿐만 아니라 그들의 첫 번째 전문 분야(내과 또는 가정 의학)에서 전문 학위를 받는다. 또한 호스피스와 완화 의학에서 추가 교육과 인증을 받은 많은 노인병 전문의가 있다.

2. 노인 간호

간호직은 직업 내에서 실습할 수 있다는 점에서는 의학과 상당히 다르다. 한 가지 간호 유형은 없다. 오히려 유자격 간호사(licensed practical nurse: LPN) 또는 주 공인 간호사(registered nurse: RN), 간호 학위(Bachelor of Science in Nursing degree: BSN) 또는 석사 과정을 포함한 전문 간호사가 있다. 전문 실무 간호사는 종종 임상 간호사(nurse practitioners: INPs), 전문 공인 간호사(advanced practice registered nurses: APRNs) 또는 임상 전문 간호사(clinical nurse specialists: CNSs)라고도 한다. 미국에서 자격증이 없는 전문가라 할지라도 승인된 간호 보조사(certified nursing assistants: CNAs)와 노인 간호 보조사(geriatric nursing assistants: GNAs)는 개개인에게 제공되는 간호 관리의 자격이다. 이러한 모든 간호사 유형은 교육 요구 사항뿐만 아니라 실습에 기반을 둔 영역의 차이가 있다(American Nurses Association, 2010).

노인들을 간호할 수 있는 여러 가지 방법이 있지만, 간호학생들에게 일반적인 교육과정에서 노인의학의 전반적인 영역을 다루는 것은 불가능하다. 따라서 노인 간호사가 되기 위해서는 노인 환자의 특정 요구에 대해 배울 수 있는 노인 간호 추가 과목을 선택하여 이수해야 한다. 이러한 교육은 현재 간호학을 배우고 있는 학생들에게 다른 연령 대상자에 제공되는 치료와 관리에 대한 많은 연구 문제에 대하여 생각할 수 있도록 도움을 줄 것이다. 예를 들면, 대부분의 노인 간호 교육은 여러 임상 문제(예: 유방암 검진, 대장암 검진)를 위해 선별검사 지침을 포함할 것이다. 그러나 몇몇의 노인에게 질병 발생의 위험보다 선별검사에서 문제점이 더 발생될 수 있기 때문에 적합하지 않다. 추가 교육은 학생에게 노인 치료 및 건강 관리 결정이 어떻게 다른지를 이해하는 데 도움을 줄 것이며, 노인들과 그들을 돌보는 사람들에게 차이를 이해시키는 데 지침서를 제공할 것이다. 또한 이 전문 교과 과정의 초점은 건강 위험 평가, 말기 환자 간호와 노심 수명 말기의 문제들을 위한 평가 및 개입 기법, 약물 관리, 우울증, 치매 및 정신 착란, 요실금, 기능 평가, 윤리와 법적 문제뿐만 아니라 실제로 개인 건강 관리 활동과 전반적인 신체 활동에 관하여 노인들이 실제로 무엇을 실행하는가를 포함한다.

다수의 전문 기관에서 노인 간호사를 위한 추가적인 교육, 자격증 및 자료를 제공하고 있다. 또한 여러 대학에서는 미국 간호사 자격심사협회(American Nurses Credentialing Association)와 같은 단체가 제공하는 노인 간호 자격증 시험에 응시할 수 있도록 노인 자격증 프로그램을 제공하고 있다(인증 기준에 대한 추가 정보는 www.nursecredentialing.org/default.aspx 참조).

노인 간호를 위한 추가 교육과 자격증은 전반적인 노인 간호에 대한 지식과 관리를 배울 수 있는 기회를 제공할 것이다. 예를 들면, 병원에서는 현재 퇴원 후 낙상이나 재입원 등으로 병원에 다시 오는 확률을 낮추는 데 매우 중점을 두고 있다. 예상하는 것처럼, 낙상을 경험하거나 재입원을 하는 대부분의 환자는 노인들이며 복잡한 의료 문제가 주어진다. 노인 간호사는 낙상 예방 프로그램을 실행하기 위하여 급성 진료 시설 또는 노인이 퇴원을 준비하면서 입원해 있는 동안 신체적 기능을 최적화할 수 있도록 중재할 수 있는 기회를 가질 것이다. 노인 간호사들이 어떻게 노인 환자들을 관리하였는지에 대한 예들이 많이 있으며, 특히 낙상 예방, 건강 증진, 수면 장애와 같은 분야에 임상 진료 지침을 실행할 수 있는 노인 간호가 증가하는 것을 꾸준히 구현해야 할 것이다.

양로원과 같은 장기 요양 보호시설까지 노인전문 간호사들의 역할이 확장되고 있다. 노인 간호사는 이러한 시설에서 현재 위임 간호사의 역할을 한다. 생활 지원 요구 사항은 상태에 따라 다를 수 있지만, 위임 간호사는 기본적으로 각 환경 내에서 주민 평가 및 약물 관리를 감독할 책임이 있다. 요양원 시설에서 노인 간호사는 오랫동안 전문 요양시설, 요양원 관리자뿐만 아니라 감독과 직접 임상 치료 관리 책임자 역할을 한다. 또한 전문 지식과 함께 노인 요양시설에서 리더십 역할을 할 수 있는 추가적인 기회가 있다. 마지막으로 상처 치료, 말기 환자, 노심 말기, 호스피스 또는 통증 관리를 하는 자택 요양 노인 간호 또한 전망 있는 영역으로 발전될 것이다.

APRNs에 관심이 있을 경우, 임상에서 필요한 교육 준비와 이러한 간호사 역할의 최근 변화를 이해하는 것이 매우 중요하다. 2008년 APRN 규정에 대한 합의 모델(면허, 승인, 인증, 교육)은 APRNs의 미래 규제에 대한 새로운 모델을 설명하였다(American Nurses Association, 2008). 합의 모델의 목적은 면허, 승인, 인증, 교육 간에 상호 관계를 정렬하여 전국적으로 통일된 관행을 만드는 것이다. 네 가지 필수 요소에서 APRN 규제 모델의 본격 시행 구현을 위한 목표 날짜는 2015년이다. 이 시점에서 노인 전문 간호사의 개별 인증은 더 이상 없을 것이다. 오히려 전국 대학에서 제공되는 모든 프로그램은 성인 노인 프로그램을 결합하고 성인 노인 전문 간호사 인증으로 이어질 것이다.

이러한 변화는 노인 관리에 있어서 전문적인 지식을 가지고 있는 더 많은 상급 간호사를 배출할 것이며, 미국에 있는 많은 노인과 베이비붐 세대가 나이 들어 감에 따라 더 많이 요구될 것이다(Resnick, 2011).

3. 노인 증후군: 노인의 복잡성 관리

노인병 전문의와 간호사들은 다양한 노인 증후군을 가지고 있는 노인들과 함께 일한다. 노인 증후군에 관한 논쟁이 있음에도 불구하고, 노인병 전문의와 간호사들은 일반적으로 치매, 정신 착란, 우울증, 현기증, 실신, 낙상, 영양 실조, 탈수, 골다공증, 다중 약물 요법, 욕창, 요실금, 시력/청력 손실, 수면 장애와 노쇠함을 포함시킨다. 노인들에게 각 증후군은 한 기관 또는 기관계에 한정되지 않는다. 사실 이러한 증후군의 대부분은 서로 연관되어 있으며, 나이가 들어 가며 생기는 질병 과정의 축적에 의해 악화된다. 초기 노인성 증후군으로 간주되지 않았던 노쇠함은 고령자 다수 사이에서 노화와 관련된 것으로 점점 더 관찰되면서부터 증후군 목록에 포함되었다(Ahmed, Mandel, & Fain, 2007).

전통적인 의학 증후군은 일반적으로 하나의 기관과 관련되어 있으며 증상의 독특한 현상을 기반으로 진단되고 관리된다. 반면에 노인 증후군은 선형 방식으로 진단 및 관리되지 않으며, 종종 모호하고 비특이적 증상을 포함한다. 따라서 이들 증후군 유병률의 추정치를 얻기는 어렵다. 노인성 증후군 중 어느 하나라도 노인 기능 상태와 독립성을 유지하는 데 중요한 영향을 미칠 수 있으며, 이들은 학제 다수의 의료진 협력을 요구하는 포괄적인 노인 평가의 주제를 형성한다(이는 제14장에서 보다 상세히 설명될 것이다).

예를 들면, 요실금이 낙상과 같은 추가적인 노인 증후군을 초래할 수 있다는 것을 이해하는 것은 어렵지 않다. 노인은 요실금을 경험할 수 있으며, 바닥에 있는 소변 때문에 미끄러지거나 실금을 피하려고 화장실을 서둘러 가려다가 넘어질 수도 있다. 또 다른 노인 증후군 중 치매의 경우, 걷거나 의자에서 서기 동작을 하면서 안전 신호를 기억하지 못할 때 또한 낙상으로 이어질 수 있다. 치매를 가진 사람은 자신의 집이나 간호 시설에서 헤매다가 넘어질 수 있다. 낮은 시력의 감각 장애는 사물을 보지 못하거나 또는 애완동물, 가구의 낮은 조각 혹은 예기치 않은 계단을 보지 못한 경우 낙상할 수 있을 것이다. 또한 노인성 증후군 중 욕창은 피부의 수분 때문에 요실금이 있을 경우 증가할 수 있다. 그리고 치매를 가진 사람들은 종종 요실금을 가지고 있기 때문에 욕창의 위험을 증가시킬 수 있으며, 요실금만큼 치매도 욕창의 위험을 증가시킬 수 있고, 피부 파괴의 위험 인자들과 함께 낮은 이동성을 가질 수 있다. 이미 형성된 궤양이 있을 때 요실금은 축축한 상처 드레싱과 상처 감염의 가능성을 증가시켜 상처를 더욱더 악화시킬 수 있다.

Anna의 사례는 임상에서 노인 증후군 관리 복잡성의 완벽한 예를 제공한다. 88세 여성인 Anna는 일련의 낙상 후 노인 평가를 의뢰하였다. 그녀는 혼자 사는 과부이며, 지난 몇 주 동안 요실금의 빈번한 에피소드와 새로운 비뇨기 시급성 발병을 호소하였다. Anna는 밤에 화장실을 급하게 가려다가 상처 없이 넘어졌다. 이전 병력은 족부 부종을 포함하고 있으며, 최근에 주치의로부터 이뇨제를 처방받았다. 또한 혈압 조절을 하기 위해 세 가지 약을 복용하고 있다. Anna는 걷기 위해 일어설 때 어지러움을 종종 느꼈으며, 이전에 소파에서 일어난 후에 가볍게 넘어진 경우가 있었다. Anna의 주치의는 요실금의 평가를 위해 비뇨기과에 보냈으며, 약물치료에서 옥시부티닌(oxybutinin)이 첨가되었다. Anna의 낙상 원인을 평가하는 것은 여러 요인과 기관계 검토를 포함한다. 노인병 전문의는 족부 부종의 과잉 치료 때문에 비뇨기 시급성이 가능한 요로 감염 또는 과도한 이뇨와 관련이 있는지를 반드시 확인해야 한다. 족부 부종은 노인이 일반적인 조건이며, 항상 질병 과정의 표시 또는 이뇨제 치료를 필요로 하지 않을 수 있다. 노인병 전문의들은 과잉 투약의 원인으로 하나의 약물이 또 다른 약물의 부작용을 치료하기 위해 첨가되었을 때 옥시부티닌 추가는 일반적인 예라는 것을 안다. 약사와의 협력은 약 대체용 약물 또는 약물-질병 상호작용, 마약 대체를 위한 제안 등의 유용한 정보를 제공할 것이다. 일어설 때의 어지러움은 모든 약물로부터 오는 부작용으로 노화와 관련된 압수용기 반사의 반응 결과일 수 있다. Anna의 심장 혈관 및 비뇨생식기 시스템 평가뿐만 아니라, 인지적 평가와 신체 기능 평가는 적절하게 약물을 복용하고 안전하게 자신을 지키며 살 수 있는지를 확인하는 데 중요하다. 또한 Anna의 감정 상태, 사회적 지원, 가족 구조를 평가하는 것도 중요하다. 근골격계 및 보행 평가는 낙상의 위험을 평가하는 데 중요한 요소다. 물리치료사, 전문 간호사, 가정 건강 간호사 및 사회복지사의 협력은 모든 평가와 관리의 핵심이다.

Anna의 낙상은 한 가지 원인이 아니며, Anna의 의사, 물리치료사, 약사, 방문 간호사, 전문 간호사와 사회복지사를 포함한 모든 건강관리 팀의 적절한 중재와 팀 구성원 간의 협력이 필요할 것이다. 이 팀 내에서 노인병 전문가의 역할은 의료 평가 및 관리 조정의 중심이며, Anna가 독립성을 유지하면서 가능한 한 오랫동안 삶의 질을 유지하는 데 있어 매우 중요하다.

4. 노인 평가

노인 평가는 치료 계획을 위한 시작과 지속적인 후속 조치를 하기 위하여 광범위하게 사용되는 방법이다. 노인 평가는 학제 간으로 이루어져 있으며 건강관리 팀이 진행한다는 점에서 일반적인 신체 검사와는 다르다. 노인 평가는 개인의 의학, 인지 기능, 신체적 기능, 심리적 및 사회적 상태의 평가를 포함한다. 노인 평가는 전체적인 개인 평가를 포함하고 있으며 최상의 기능, 독립 및 삶의 질을 유지할 수 있도록 도와주는 데 목표를 가지고 있기 때문에 장기적인 특정 의학 평가는 아니다. 의료 구성 요소는 문제 목록의 개발, 급성 및 만성 질환의 개요뿐만 아니라, 과거의 의료 및 수술 절차까지 포함되어 있다. 일반적인 노인이 5개 이상의 만성 질환 문제를 동시에 가지고 있는 것은 드문 일이 아니지만, 종합적인 노인 평가를 위한 필요성이 제기되는 것은 아마도 한 가지 혹은 두 가지의 급성 의료 문제를 가지고 있기 때문일 것이다. 진료 검토는 평가에 있어서 중요한 요소이며, 약물 처방과 처방전 없이 살 수 있는 초본 제조물과 보충제 또한 반드시 포함되어 있어야 한다. 미국 인구 중에 65세 이상은 13%를 차지하지만, 미국 내에 모든 약물 처방에서 노인들이 차지하는 비중은 34%이며, 처방전 없는 약물의 30%를 차지하고 있다(Centers for Disease Control and Prevention, 2004). 이것은 약물 상호작용의 가능성을 매우 높일 수 있다. 노인 평가는 현재 노인들이 경험하는 증상이 '약물-약물' 또는 '약물-질병'의 상호작용과 관련이 없는지를 확인해야 한다.

또한 노인 기능 평가는 노인 평가의 중요한 구성 요소이며, 기본적인 일상생활 활동을 할 수 있는 능력을 평가한다. 노인 일상생활의 활동을 평가하기 위한 다양한 평가 방법으로는 Katz 일상생활능력(Katz, 1983; Shelkey & Wallace, 2012), Lawton 도구적 일상생활 활동(Graf, 2007; Lawton & Brody, 1969), Barthel 일상생활지표(Internet Stroke Center, 2012; Mahoney & Barthel, 1965), 기능적 독립측정(McDowell & Newell, 1996; Stroke Engine, 2012) 및 단순 신체활동 평가도구(Guralnik et al., 1994)를 포함한다. 만약 한 가지 이상의 장애를 가진 노인이 혼자 살 경우, 물품을 구입하거나 배달 서비스를 제공받거나 혹은 노인 요양원 시설로 옮겨야 되는 도움이 필요할 것이다. 특히 일상생활에서 화장실 이용에 불편함을 겪는 경우 가정 간호 서비스나 전문 간호 시설에서 제공되는 장기 치료를 필요로 할 수 있다.

노인의 신체 평가는 모든 연령에 수행되는 검사와 유사하지만, 대상자의 시력과 청력뿐만 아니라 영양 실조의 지표로 신장과 체중에 대한 주의 깊은 평가를 포함한다. 걸음걸이와 균형 평가는 노인의 부상과 사망의 중요한 원인이 되는 낙상 위험을 감소하기 위한 수단으로 평가한다. 보행 능력의 평가는 개선될 수 있는 낙상의 위험 요소와 식별이 될 수 있게 한다. 낙상 위험에 노출될 수 있는 노인을 평가하는 데 가장 널리 사용되는 도구는 'Get Up and Go' 검사로, 걸음, 균형 및 의자에서 움직일 수 있는 능력을 평가하는 질적 평가다(Podsiadlo & Richardson, 1991).

인지 검사는 일반적으로 정신 상태 검사를 포함한다. 가장 자주 사용되는 정신 상태 검사는 'Mini Mental State' 검사다(Folstein, Folstein, & McHugh, 1975). 그러나 이 도구는 교육 수준의 차이와 영어가 모국어가 아닐 경우뿐만 아니라 다양한 문화적 배경을 가지고 있는 사람들에게 편향된 결과를 가져올 수 있다. 'Mini-Cog 검사'(Borson, 2000)는 또 다른 인지 검사 도구로서 측정하는 데 5분 미만이 소요되며, 다양한 교육, 언어, 문화적 배경을 가진 사람들에게 구체적인 결과를 제공한다. 인지적 손실은 쉽게 무시될 수 있기 때문에 초기에 인지를 평가하는 것은 모든 노인에게 매우 중요하다. 초기 인지 변화가 검사로 식별될 수 있고 이러한 변화가 알츠하이머병에 의한 것으로 판단될 경우, 콜린에스테라제(cholinesterase) 억제제의 조기 관리는 질병 증상과 기능 저하를 줄일 수 있을 것이다. 조기 약물 개입은 치료에 대한 반응을 극대화하는 데 도움이 될 수 있다. 인지 장애의 조기 발견은 의료 관리와 약물 복용이 개입된 중재 문제점들을 도와줄 수 있다.

심리 평가는 주로 우울증 검사를 포함한다. 우울증은 주로 사무실 환경에서 소외되거나 노화 과정의 일반적인 부분이 때때로 잘못 인식되는 과정으로 볼 수 있다. 치료되지 않은 우울증은 장애 인지, 기능 상태 저하, 심지어 수술 후 치유가 지연되기도 한다. 노인우울척도(Geriatric Depression Scale: GDS; Yesavage et al., 1983)는 노인들의 우울증을 식별하기 위한 검증된 도구다. 단축형 노인우울척도(GDS 15-question short form)는 사무실 환경에 적합하고, 건강관리 팀의 구성원으로 관리될 수 있다. 사회적 평가는 공식 및 비공식 지원 시스템과 현재 생활에 모두를 포함하는 개인의 사회적 지원 검토를 포함한다. 목표는 환자의 현재 요구를 이해하고, 개인에게 적절한 지역사회 지원 서비스를 전하며, 그들의 요구에 가장 부합하는 환경을 유지하는 것이다. 경제적 지원은 약물 또는 재가보호 서비스에 대해 지불할 수 있는 능력에 영향을 미칠 수 있으며, 저소득층 의료보장 제도 및 다른 복지후생 계획 신청 지원에 대한 필요성을 나타낼 수 있으므로 정해져야 한다. 또한 노인 평가는 낙상의 위험 가능성에 대한 안전 점검, 집 수리의 필요성, 연기 및 일산화탄소 감지기 사용 여부를 포함해야 한다.

노인 평가는 사전의료지시서(advance directives) 및 관리의 목표에 대한 논의가 함께 이루어져야 한다. 사전의료지시서는 심장 마비의 경우 심폐 소생술과 공급 튜브의 호흡기, 기계 환기 또는 음식이나 액체 음식을 충분하게 섭취할 수 없을 경우에 급식 튜브의 배치 등의 주제를 포함한다. 또한 사전의료지시서는 감염이 존재할 때 항생제의 사용 여부와 정맥주사를 원할 때와 같은 의료 관리가 적은 집중 영역을 포함한다. 이러한 검사는 한 번 이상의 방문으로 측정 가능하며 초기 방문 시에 논의되어야 한다. 노인들은 건강관리 대리인과 함께 노심 말기에 관한 요구들을 의논해야 하고, 보건의료 전문가에 의해 모든 결정이 문서화되어야 한다. 미국 내에 있는 주마다 사전의료지시서에 사용된 과정과 형태가 다를 수 있다. 건강관리 기관은 점점 더 주 전체가 사용할 수 있는 생명 유지 치료(Medical Orders for Life-Sustaining Treatment: MOLST)에 대한 의료 사용을 채택하고 있다. 일부 주에서는 MOLST가 독립적으로 생활할 수 없는 환자들에게만 요구된다. 게다가 MOLST는 건강관리 대리인과 환자가 선택한 구체적인 의료 진행을 가능하게 한다는 점에서 환자와 의료진에게 모두 유용하며, 다양한 의료 환경을 사용할 수 있다.

노인병 전문가는 평가의 시점에서 노인 개개인의 의료적 의사결정을 할 수 있어야 한다. 이것은 한 번의 진료에 근거하여 완성될 수 없는 복잡한 과정이지만 가능하면 문서화되어야 한다. 아주 적은 환자가 병원에 혼자 방문한다는 점(소아과에 방문하는 어린아이들처럼)에서 일반적인 의료 평가 과정과 다르며, 이러한 다른 점이 노인들의 평가 과정을 복잡하게 한다. 환자의 대부분은 간병인과 함께 병원에 방문하며, 이러한 의료 방문이 복잡성을 추가한다. 간병인은 성인 자녀 또는 인지 장애가 있는 배우자일 수도 있다. 성인 자녀는 부모를 간병하면서 개인적인 문제뿐만 아니라 자신들의 자녀와 배우자의 요구를 충족하거나 본인의 경력을 유지하는 데 어려움을 겪을 수 있다. 노인 환자가 가정부 또는 간호 보조사와 같은 정식 간병인과 함께 평가받으러 오는 것은 드문 일이 아니다. 공식적인 간병인이 환자에 대한 중요한 정보를 제공할 수 있지만, 간병인이 의료 결정을 내리는 것은 허용되지 않으며, 몇몇 경우에는 노인성 평가 결과에 관련된 건강 정보를 제공할 수 없다. 의료진 팀과 공식 간병인 사이에서 허용되는 의료 대화의 범위는 주의 깊게 평가 과정 시작점에서 약술되어야 한다. 간병인의 스트레스 수준은 평가와 적절한 커뮤니티 서비스 이송에 중요하며, 다른 지원들은 환자의 의료 상태 인지에 중요한 영향을 미칠 수 있다.

노인병 전문의, 노인 간호사 및 기타 의료 제공자는 노인 평가와 결과 관리 계획을 구현하기 위해 함께 일한다. 일반적으로 의사가 노인들의 사망 원인 목록을 식별하는 동안에 환자의 간호 평가는 부가적인 정보를 가져올 수 있다. 노인 간호사는 노인들을 평가할 때 기능, 인지, 우울증, 욕창, 불면증, 통증, 낙상 위험, 성생활, 요실금, 청각, 정신 착란, 약물 상호작용, 구강 건강, 외상 후 스트레스, 흡인 위험, 면역 상태 및 건강 증진과 같은 광범위한 점을 포함해야 한다[이 분야에서 평가를 완료하는 데 사용될 수 있는 측정

도구의 예는 ConsultGeriFN.org 참조, Hartford 노인간호협회(Hartford Institute of Geriatric Nursing)에 의해 설립]. 간호사의 노인 평가 주요 목적은 위에서 기술된 노인 증후군 중 발전시킬 수 있는 위험을 가지고 있는 노인을 구분하는 것이며, 단순히 그러한 증후군을 식별하는 것은 노인 평가에서 의사가 더욱 초점을 맞추고 있다. 예를 들면, 노인 간호사는 Beers criteria에 의거하여 노인들에게 안전하지 않거나 입원의 위험이 있는 흡인 위험, 복용 중인 약물의 부작용이 있는지를 평가해야 한다. 간호사는 환자의 위험을 식별하는 데 도움을 줄 뿐만 아니라 노인들을 돕기 위해 의사와 함께 일하며, 그들의 간병인은 노인 증후군과 관련된 많은 문제점을 관리하고 잠재적인 예방 중재, 특히 낙상과 관련된 약물 안전 및 영양을 식별한다.

5. 노인 연구

박사 학위를 소지한 노인병 전문의와 간호사는 노인 증후군의, 평가 및 의료 전달에 관한 연구에 참여하고 있다. 연구 주제는 다양하며 기초과학에서 효율적인 비용 방식으로 노인들의 요구를 충족해 주는 높은 질의 관리까지 포함한다. 이러한 연구 영역은 『Geriatric Nursing Research Digest』에서 볼 수 있다(Fitzpatrick, Fulmer, Wallace, & Flaherty, 2011).

예를 들면, 노인병 전문의 또는 노인 간호사 연구원은 노인들이 운동에 참여할 수 있도록 동기를 부여할 수 있을 뿐만 아니라 개개인의 운동 참여 여부에 영향을 미치는 유전적인 요인들을 고려하는 검사를 한다. 허약하거나 인지 장애가 있는 노인들은 특히 임상 연구를 수행하기에 많은 어려움이 있다. 노인병 전문의 또는 노인 간호사 연구원은 대상자 모집 및 노인에 대한 연구를 수행할 때 중요한 연구 윤리 및 규제 문제를 포함하는 전문 지식을 가지고 있다. 제한된 수명을 가지고 있거나 연구 도중에 사망하는 노인과 함께 일할 경우 일반적으로 발생할 수 있는 '추적 실패'의 경우를 관리할 수 있는 특별한 전문가가 필요하다. 연구에 참여하는 노인 간호사는 특히 노인을 관리하는 지식과 경험을 통하여 간호사가 용이하게 하는 해결들을 융합하는 데 필요하다(Swan, 2011a, 2011b).

노인병은 알츠하이머병보다 훨씬 광범위하며, 다른 질병에 비해 노인들에게 치명적인 영향을 미친다는 주장이 있지만, 모든 노화 관련 문제에 영향을 미치는 기초 질환으로 간주될 수 있다. 따라서 노인 연구에서 주요 질환은 알츠하이머병이다. 국립보건원(National Institutes of Health)에서 광범위한 연구비뿐만 아니라, 특히 국립노화협회(National Institute of Aging), 국립정신건강협회(National Institute of Mental Health)에서 알츠하이머와 관련하여 예방, 관리 및 치매 관련 질병들에 관한 많은 연구를 지원하고 있다. 노인간호 연구자들은 모든 환경에서 간병인이 직면하는 행동 증상을 관리하고 노인 개개인의 삶의 질과 기능을 최적화하는 방법을 도와주는 중재 실험을 하는 데 앞장서 왔다(Galik, Resnick, & Pretzer-Aboff, 2009).

노쇠함과 그에 영향을 미치는 요소들은 노화 연구의 중요한 연구 주제다. 예를 들면, 노쇠함 징후 및 증상과 관련된 진단과 식별 영역의 대부분은 연구되었다(Ahmed et al., 2007; Fried et al., 2001). 그러나 노인 증후군에서 보이는 생리적 변화의 시발점을 유발하는 구체적인 원인과 노쇠함의 진행을 감소시키는 중재 연구들은 적다(Christine & Fielding, 2011; Walston et al., 2006). 다른 노인 증후군들도 향후 조사의 중요한 영역이다. 지난 수십 년의 연구는 이러한 낙상, 정신 착란, 욕창 및 요실금과 같은 조건의 평가, 관리 및 중재에 초점을 맞추고 있다(Chang et al., 2004; Ouslander et al., 2011; Zarowitz & Ouslander, 2007). 이러한 영역에서 노인간호사 연구원은 노인 증후군을 최상으로 관리하면서 학제 간 연구 팀들과 중재 실험에 참여할 수 있는 기회가 있다.

다른 중요한 연구 분야로는 관리 체계, 특히 지역사회, 요양원과 병원 시설 사이에서 의료 관리를 이행하는 것을 통합시키는 것이다. 이러한 영역의 연구는 이행 시스템과 노인들을 질적으로 관리하는 프로그램을 평가하는 동시에 재정적으로 실현 가능한지에 대한 논의 및 해결되어야 하는 복잡한 문제점들을 관리해야 하는 학제 간 연구 팀을 포함한다(Green, Gardiner, Gott, & Ingleton, 2011; Ouslander et al., 2011).

또한 어떻게 노인병 전문의와 노인 간호사들이 개개인, 가족, 지역사회 및 국민들의 건강을 향상시킬 수 있는지에 대한 방법을 연구한다. 국립간호연구소(National Institute of Nursing Research)에서 확인된 바와 같이, 이 분야 연구의 특정 영역은 만성 질환의 관리, 급성병, 건강 증진 및 유지 관리, 증상 관리, 건강 격차, 돌봄, 자기관리 및 말기 의료의 관리를 포함한다. 또한 국립 건강 알츠하이머협회(National Institutes of Health and the Alzheimer's Association)에서 언급한 지원뿐만 아니라, 노인 간호 연구의 재정적 지원의 기회는 Hartford 노인간호협회(Hartford Institute for Geriatric Nursing; 더 많은 정보는 hartfordign.org 참조)와 재향군인회에서 지원을 받는 노인연구교육과 임상센터(Geriatric Research Education and Clinical Centers; 더 많은 정보는 www.va.gov/grecc 참조)의 재정 프로그램을 포함한다.

노인들의 임상 관리와 직접적인 관계는 없지만, 모든 의료 서비스 제공자에게 노인 의학을 효과적으로 가르칠 수 있는 교육 방법 연구가 필요하다. 노인 연구자들은 교육 도구의 개발, 노인 관리에 종사하는 학생들에게 동기를 부여할 수 있는 방법 및 혁신적인 교육 기술 사용과 같은 문제점에 초점을 맞춘 교육과정에 참여할 수 있는 많은 기회가 있다. 이러한 참여는 노인 건강 관리에서 노인 전문의, 노인 간호사 및 기타 전문가들이 상당히 부족하다는 현실을 언급하도록 도와줄 수 있으며, 모든 시설에서 노인들을 관리하기 위하여 전문 지식과 기술이 필요하다는 것을 인식시킬 수 있게 한다.

노인 평가와 적절한 응용 프로그램 개입이 노인들에게 유익한 영향을 주는 연구 결과가 있음에도 불구하고, 이러한 평가와 중재들 대부분은 임상 치료로 널리 채택되지 않았다(Walston et al., 2006). 증거기반 개입의 보급이 어떻게 실제 시설에 널리 실행될 수 있는지에 대한 방법에 관한 연구가 절실히 필요하다(Solomons & Spross, 2011; Walston et al., 2006). 증거기반 개입의 보급은 최근 전문 간호 실습 현장에서 리더십의 역할을 할 수 있는 간호학 박사 학위 발전에 의해 용이하게 되었다. 또한 박사 학위를 소지한 노인 간호사들은 노인 평가 팀에서 중요한 역할을 할 것이다.

6. 결론

의학 연구 보고서 '노화 미국을 위한 재편성'(Institute of Medicine, 2008)에 언급된 바와 같이, 노인 의료 지식과 전문성을 갖춘 의료 서비스 공급자의 수를 늘려야 한다. 더욱이 노인 의학 영역과 상관없이, 노인이 앞으로 모든 의료 실습 관리의 주요한 수령자가 될 것이기 때문에 모든 의료 제공자는 노인의 특별한 요구에 익숙할 필요가 있다. 의학 및 간호학은 이러한 분야에 크게 기여하고 있으며, 노인 건강 관리에 관심이 있는 사람들이 참여할 수 있는 많은 기회가 있다. 취업 시장에서 인정받는 직업일 뿐만 아니라, 노인 의학 및 노인 간호 경력 추구의 장점은 여러 학문 분야 팀들과 함께 일하고, 연구에 참여하며 다양한 임상 문제에 혁신적인 접근을 전파하고 환자와 그들의 보호자에게 매우 특별한 관리를 제공하는 데 있다.

참고문헌

Ahmed, N., Mandel, R., & Fain, M. (2007). Frailty: An emerging geriatric syndrome. *The American Journal of Medicine, 120,* 748-753.

Alliance for Aging Research. (2002). Ten reasons why America is not ready for the coming age boom. Retrieved, August 8, 2011, http://www.agingresearch.org/content/article/detail/698

American Geriatrics Society. (2001). Frequently asked questions. Retrieved, August 8, 2011, http://www.adgapstudy.uc.edu

American Nurses Association. (2008). Consensus model for APRN regulation. Retrieved, August 8, 2011, http://www.nursingworld.org/cmissuebrief

American Nurses Association. (2010). *Nursing: Scope and standards of practice* (2nd ed.). Silver Spring, MD: American Nurses Association.

Borson, S. (2000). The mini-cog: a cognitive "vitals signs" measure for dementia screening in multi-lingual elderly. *International Journal of Geriatric Psychiatry, 15*(11), 1021.

Centers for Diseas Control and Prevention. (2004). The state of health and aging in America 2004. Produced by Merck Institute of Aging and Health. Retrieved, September 4, 2012, http://www.cdc.gov/aging/pdf/State_of_Aging_and_Health_in_America_2004.pdf

Chang, J., Morton, S., Rubenstein, L., Mojica, W., Maglione, M., Suttorp, M., ... Shekelle, P. G. (2004). Interventions for the prevention of falls in older adults: Systematic review and meta-analysis of randomised clinical trials. *British Medical Journal, 328,* 1-7.

Christine, K., & Fielding, R. (2011). Exercise as an intervention for frailty. *Clinics in Geriatric Medicine, 27,* 101-110.

Diachun, L., Van Bussel, L., Hansen, K., Charise, A., & Rieder, M. (2010). "But

I see old people everywhere": Dispelling the myth that eldercare is learned in nongeriatric clerkships. *Academic Medicine, 85*(7), 1221-1228.

Fitzpatrick, J., Fulmer, T., Wallace, M., & Flaherty, E. (2011). *Geriatric nursing research digest*. New York, NY: Springer.

Folstein, M. F., Folstein, S. E., McHugh, P. R. (1975). "Mini-mental state." A practical method for grading the cognitive state of patients for the clinician." *Journal of psychiatric research, 12*(3), 189-198.

Fried, L., Tangen, C., Walston, J., Newman, A., Hirsch, C., Gottdiener, J., ... Cardiovascular Health Study Collaborative Research Group. (2001). Frailty in older adults: Evidence for a phenotype. *Journal of Gerontology A Biological Sciences Medicine and Science, 56*, M146-M156.

Galik, E., Resnick, B., & Pretzer-Aboff, I. (2009). Knowing what makes them tick: Motivating cognitively impaired older adults to participate in restorative care. *International Journal of Nursing Practice, 15*(1), 48-55.

Geriatrics Workforce Policy Studies Center. (2011). ADGAP Final Report, Phase III, 2006-2009. Retrieved, August 8, 2012, http://www.adgapstudy.uc.edu

Graf, C. (2007). The Lawton instrumental activities of daily living (IADL) scale. Retrieved, September 1, 2012, http://consultgerirn.org/upolads/File/trythis/try_this_23.pdf

Green, E., Gardiner, C., Gott, M., & Ingleton, C. (2011). Exploring the extant of communication surrounding transitions to palliative care in heart failure: The perspectives of health care professionals. *Journal of Palliative Care, 27*(2), 107-116.

Guralnik, J. M., Simonsick, E. M., Ferrucci, L., Glynn, R. J., Berkman, L. F., Blazer, D. G., ... Wallace, R. B. (1994). A short physical performance battery assessing lower extremity function: Association with self-reported disability and prediction of mortality and nursing home admission. *Journal of Gerontology: Medical Sciences, 49*(2), M85-M94.

Institute of Medicine. (2008). Retooling for an aging America: Building the health care workforce. Retrieved, August 8, 2011, http://www.iom.edu/~/media/Files/Report%20Files/2008/Retooling-for-an-Aging-America-Building-the-Health-Care-Workforce/FactSheetRetoolingforanAgingAmericaBuildingtheHealthCareWorkforce.pdf

Internet Stroke Center. (2012). The Barthel index. Retrieved, September 1, 2012 http://www.strokecenter.org/wp-content/uploads/2011/08/barthel.pdf

Katz, S. (1983). Assessing self-maintenance: Activities of daily living, mobility and instrumental activities of daily living. *JAGS, 31*(12), 721-726.

Lawton, M. P., & Brody, E. M. (1969). Assessment of older people: Self-maintaining and instrumental activities of daily living. *The Gerontologist, 9*(3), 179-186.

Leigh, J., Tancredi, D., & Kravitz, R. (2009). Physician career satisfaction within specialties. *BMC Health Services Research, 9*, 166.

Mahoney, F. I., & Barthel, D. (1965). Functional evaluation: the Barthel Index. *Maryland State Medical Journal, 14*, 56-61.

McDowell, I., & Newell, C. (1996). Measuring health. *A guide to rating scales and questionnaires* (2nd ed.). New York, NY: Oxford University Press.

Ouslander, J., Lamb, G., Tappen, R., Herndon, L., Diaz, S., Roos, B., ... Bonner, A. (2011). Interventions to reduce hospitalizations from nursing homes: Evaluation of the INTERACT II collaborative quality improvement project. *Journal of the American Geriatrics Society, 59*(4), 745-753.

Podsiadlo, D., & Richardson, S. (1991). The timed "Up & Go": A test of basic functional mobility for frail elderly persons. *Journal of the American Geriatrics Society, 39*, 142-148.

Resnick, B. (2011). Increasing gerontological education for nurses. Retrieved, August 8, 2011, http://www.jhartfound.org/blog/?p=2385&cpage=1

Shelkey, M., & Wallace, M. (2012). Katz index of independence in activities of daily living (ADL). Retrieved, September 1, 2012, http://consultgerirn.

org/uploads/File/trythis/try_this_2.pdf

Solomons, N., & Spross, J. (2011). Evidecne-based practice barriers and facilitators from a continuous quality improvement perspective: an integrative review. *Journal of Nursing Management, 19*(1), 109-120.

Stroke Engine. (2012). In depth review of FIM. Retrieved, September 1, 2012 http://strokengine.ca/assess/module_fim_indepth-en.html

Swan, M. (2011a). Emerging health technologies: Interventional anti-aging. Retrieved, August 8, 2011, http://ieet.org/index.php/IEET/more/4799

Swan, M. (2011b). Meeting report: American Aging Association 40th annual meeting, Raleigh NC USA June 3-6, 2011. Retrieved, August 8, 2011, http://melanieswan.com/documents/AGE_2011.pdf

Walston, J., Hadley, E., Ferrucci, L., Guralnik, J., Newman, A., Studenski, S., ... Fried, L. P. (2006). Research agenda for frailty in older adults: Toward a better understanding of physiology and etiology: Summary from the American Geriatrics Society/National Institute on Aging Research Conference on Frailty in Older Adults. *Journal of the American Geriatrics Society, 54*, 991-1001.

Warshaw, G., Bragg, E., Fried, L., & Hall, W. (2008). Which patients benefit the most from a geriatrician's care? Consensus among directors of geriatrics academic programs. *Journal of the American Geriatrics Society, 56*, 1796-1801.

Yesavage, J. A., Brink, T. L., Rose, T. L., Lum, O., Huang, V., Adey, M. B., & Leirer, V. O. (1983). Development and validation of a geriatric depression screening scale: A preliminary report. *Journal of Psychiatric Research, 17*, 37-49.

Zarowitz, B., & Ouslander, J. (2007). The application of evidence-based principles of care in older persons (issue 6): Urinary incontinence. *Journal of the American Medical Directors Association, 8*(1), 35-45.

제15장

법률 노년학: 노년학에 대한 법률적 측면의 기여

제15장

법률 노년학: 노년학에 대한 법률적 측면의 기여

Nina A. Kohn

법률 분야의 전문가와 법률 지식은 전통적으로 노년학의 범주와 무관한 것으로 간주되어 왔다. 그러나 이것은 유감스러운 일이다. 노년학자들이 알아야 할 노인 관련 법률이 무수히 존재하고 있을 뿐 아니라, 노년학 연구에 법률을 적용하는 일은 노화 경험에 중요한 통찰력을 제공해 줄 수 있다.

따라서 이 장에서는 법률적 관점을 통한 노년의 파악이 노년학에 어떻게 정보를 제공해 줄 수 있는지를 언급하고자 한다. 일단 노인들에게 영향을 주는 법률을 개관하고, 그러한 법률들에 대한 설명과 분류 방법을 논의하기로 하겠다. 이어 법률적 시각이 세 가지 주요한 측면에서 노년학에 기여할 수 있다는 사실을 언급할 예정이다. 첫째, 노화 경험을 법률적 관점에서 볼 경우, 정책 차원에서 간과할 수 있거나, 개인에게 해당되는 중요한 사실을 고려하는 데 도움을 줄 수 있다. 둘째, 법률적 관점에서 본 노화 경험을 통해 어떻게 법률적 자원을 결집시켜 노인을 지원해 줄 수 있는지를 알 수 있다. 마지막으로, 법률적 전망을 통해, 노년화의 사회적 맥락에 대한 이해를 증진시킬 수 있다.

1. 노인층에 대한 법률의 영향

'법률'이란 정치적 실체를 관장하는 승인된 주체가 만든 규칙이다. 여러 법률의 기원은 매우 다양하다. 일부 법률은 행정부의 입법 기관이 채택한 입안으로 만들어진다. 다른 법률은 행정 기구가 발전시켜 온 규칙에서 비롯된 것이다. 또 다른 법률은 법원이 인정해서 강제하는 정책이나 원칙들이다. 법률은 또한 행정부의 여러 단계에서도 유래된다. 연방정부의 일부 법률은 국가 전체에 적용된다. 반면, 다른 종류의 법률은 특정 주와 주도(州都), 자치주 또는 지자체에서만 적용된다. 이처럼 서로 다른 유형의 규칙들이 하나의 법 체계를 이루어 그 법률이 적용되는 사회를 형성한다. 법 체계는 무수히 많은 다양한 법률이 사실상 복잡하게 뒤엉켜 있지만, 이러한 체계를 흔히 '법'이라 부른다.

노인층에게 영향을 주는 대다수 법률은 실제로 모든 성인 연령층에 적용된다. 예를 들어, 노인들이 계약 내용을 강제할 수 있다거나, 소송 권리, 권리 침해에 대한 소송과 보상, 범죄 행위의 참여나 그러한 행위로 희생을 당했을 경우 부딪히는 여러 결과가 그러한 법률에 의해 좌우된다. 그러나 노인을 대상으로 하는 중요한 법률이나 세부 조항이 상당수 존재한다. 노인 대상의 친숙한 법률 조항을 예로 들자면, 의료보험 제도와 사회보장 제도를 규정한 법률이 있다(제8, 11, 12장 참조). Israel Doron(Doron, 2003; Doron & Kohn, 2010)이 처음으로 발전시킨 연장자 법의 다차원적 모델은 노인층에게 영향을 주는 법률을 설명하고 분류하는 데 유용한 도구다. 이 모델 안에는 다양한 법률 유형, 즉 Doron의 용어를 빌린다면 **여러 차원**의 법률이 들어 있으며, 노인층을 위한 법률적 틀을 구성한다. 이러한 여러 차원을 도표로 만들어([그림 15-1] 참조), 노인 정책들이 어떻게 정책 입안자들의 광범위한 정치적 · 철학적 접근법을 반영하는 수많은 다양한 법적 구성물로

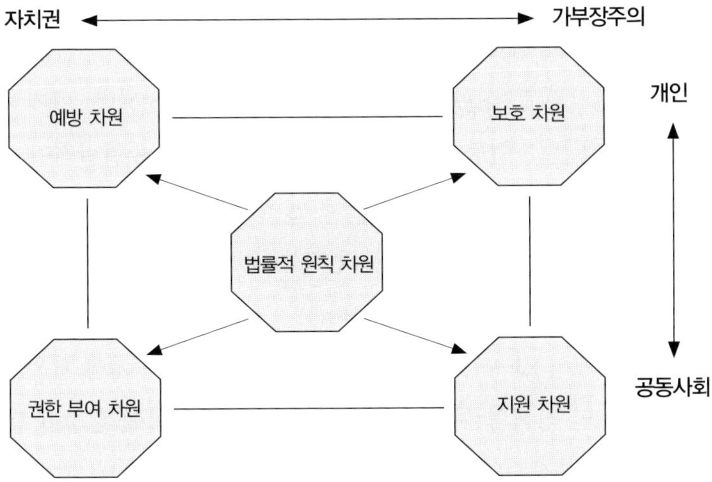

[그림 15-1] 연장자 법의 다차원적 모델

출처: Doron(2003); Doron & Kohn(2010).

이루어졌는지를 보여 줄 수 있다(Doron & Kohn, 2010).

이 모델의 첫 번째 차원은 '법률적 원칙'의 차원이다. 그것은 핵심적인 가치, 원칙 그리고 정치 조직체 내의 광범위한 사례에 적용되는 원칙들로 구성된다. 이러한 핵심적인 가치 원칙은 정치 조직체의 헌법이나 다른 조직의 문서뿐 아니라, 법원에서 발달된 실질적이며 절차상의 규범에서도 발견된다. 그러므로 미국에서의 핵심적인 가치와 원칙은 주정부와 연방정부의 법률 그리고 압력 행사에 의한 계약 절차는 강제할 수 없다는 원칙처럼, 법원에서 개인 소송을 통해 발달된 법률 조항에서 발견할 수 있다. 두 번째 차원인 '보호 차원'은 노인층에 대한 특별한 보호를 담은 법률로 구성된다. 이에 대한 미국의 가장 뚜렷한 예는 성인 보호 서비스를 규정한 법률에 들어 있다. 세 번째의 '지원 차원'은 노인층이 자리 잡고 있는 사회적 맥락에 초점을 맞춘 법률로 구성된다. 이에 관한 미국의 가장 현저한 예는 나이 든 가족 구성원을 돌보는 가족 구성원에게 직장에서 무급 휴가를 주는 연방 가족 ·

의료 휴가법(Family and Medical Leave Act)이다. 네 번째는 '예방 차원'으로서 변호사나 대리 치료인과 같은 위임자의 결정을 허용하는 법률 등, 장차 노인들에게 닥칠 문제들을 피할 수 있는 법률로 구성된다. 마지막으로, '권한 부여 차원'은 노인들이 자신의 권리를 실현하거나 합법적인 지위를 획득하도록 해 주는 법률로 구성된다. 권한 부여 차원의 한 예는 노인들에 대한 법률 서비스를 위해 기금을 제공한다는 규정이 담긴 미국 노인법(Older Americans Act)의 제3부(Title III) B다.

[그림 15-1]에서 알 수 있듯이, Doron의 2003년 연구에서 처음 제시된 이 모델에는 노인 정책의 핵심인 두 종류의 주요한 철학적 긴장이 담겨 있다. 첫 번째는 가부장주의와 개인적 자치 사이의 긴장이다. 보호 차원과 지원 차원에서 드러나는 이러한 긴장의 증거는 노인의 자치권을 잠재적으로 희생하여 노인들을 치료하려는 사회적 의지에서 확인할 수 있는 한편, 정부나 그 밖의 제3자의 이익을 잠재적으로 희생해 개인의 자치를 원활하게 하는 사회적 의지의 표현인 예방 차원과 권한 부여 차원에서 드러난다. 두 번째는 사회 차원의 문제에 대한 관심과 개인 문제에 대한 관심 사이의 긴장이다. 한편에서 보면, 보호와 예방 차원은 일차적으로 개인적 차원에 대한 관심인 반면, 지원 차원과 권한 부여 차원은 노인들이 속한 지역사회와 사회 연결망에 일차적인 관심을 두고 있다. 정부 법률을 이 모델에 투영해 보면, 우리는 노인 정책에 관련된 정부의 접근법을 판별해 낼 수 있다. 예를 들어, 그러한 작업을 통해 특정 국가의 노인 관련 법률이 가부장적인지 혹은 개인이 처한 사회적 맥락보다는 개개인에게 더 초점을 맞추고 있는지를 알 수 있다(Doron, 2006b; Doron & Kohn, 2010).

따라서 다차원적인 모델은 노인에게 영향을 주는 법률들의 분류를 위한 유용한 도구가 되지만, 그러한 분류는 단순화에 지나지 않는다. 미국의 의료보험 제도가 그 좋은 예로서, 많은 법률 조항은 다차원적인 요소를 포함하고 있다(Doron & Kohn, 2010). 의료보험 프로그램이 젊은이들에게는 주지 않는 선택적 수혜를 노인들에게 주고 있다는 점에서, 그것은 권한 부여적이라 할 수 있다. 그러나 임종을 앞둔 수혜자나 그들 가족 구성원들에게 말기 치료 수혜를 주는 보험 제도의 일부 프로그램은 그 성격상 지원 차원적이다. 자가치료에 대한 관리를 포함한 가정 치료를 규정하고 있는 의료보험 제도의 일부 규정도 넓은 의미에서 예방 차원에 해당된다(Doron & Kohn, 2010).

법률이 미치는 영향에 대한 이해와 단순한 법률 조항에 대한 이해는 서로 다르기 때문에, 다차원적 모델을 통해 법률이 어떻게 노화 경험에 영향을 미치는지를 설명할 수 있다. 또한 다차원적인 모델은 법률의 시행 범위에 대한 이해를 필요로 한다. 입법 단체가 새로 만든 프로그램이나 절차가 들어 있는 법률을 채택했다고 해서, 그러한 절차나 프로그램이 반드시 실행된다는 것을 의미하지는 않는다. 입법 단체가 어떤 프로그램의 시행을 '가능하게 하는' 입법을 통과시켰지만, 그 프로그램의 시행을 위한 자금에 관련된 적절한 법률을 통과시키지 않을 경우, 대체로 곤란한 사태가 발생한다. 2010년의 연장자법(Elder Justice Act)이 그러한 예로서, 그것은 연장자 학대와 방치에 공동으로 대처할 수 있는 연방 실행 위원회라는 새로운 기구를 만들어, 연장자 학대를 예방하기 위한 다양한 조치에 소요되는 연방 기금의 조성을 인가한 법이다(Elder Justice Act, 2010; O'Shaughnessy, 2011). 그러나 이 법안이 발표된 이후, 미국 의회는 이 법안이 인정한 조치를 시행하는데 필요한 어떤 기금도 책정하지 않았다. 따라서 이 법안의 영향은 상징적인 채로 남아 있다.

더구나 많은 법률에는 강제하기 어렵거나 사실상 강제가 불가능한 조항들이 들어 있다. 이러한 예를 미국에서 찾는다면, 양로원 거주자들에게 광범위한 권한을 부여한 연방 양로원개혁법(Nursing Home Reform Act)이다. 이 법에 의하면, 양로원 거주자들은 무엇보다 '치료에 대한 포괄적인 평가와 계획에 따라, 거주자들이 육체적 · 정신적 · 심리적으로 최고 수준의 복지 상태에 도달하거나 유지하는 데 필요한 서비스와 치료'를 받을 수 있는 권한을 지닌다(Code of Federal Regulations, 2010). 하지만 다수의 연구에 따르면, 많은 거주자는 사실상 법률이 그들에게 부여한 치료 유형이나 상응하는 치료 경험을 갖지 못하고 있는데(GAO, 2003; HCFA, 2000 참조), 그러한 이유 가운데 하나는 해당 법률 조항의 준수에 필요한 치료진을 대다수 양로원이 두고 있지 않기 때문이다(HCFA, 2000 참조). 어떻게 법률을 강제할 수 있는지에 대한 이해는 왜 상황이 그렇게 전개되는지에 대한 중요한 단서를 제공해 준다. 연방 양로원개혁법이 부여한 권한을 법률적으로 강제하기 위해서는 양로원 거주자들이 법원에 고소를 제기할 필요가 있을 것이다. 그러나 소송은 시간을 잡아먹는 지루한 과정일 뿐 아니라, 종종 매우 많은 비용이 들기도 한다. 미국에서 불법 행위와 관련된 고소가 접수된 후 사건이 해결되기까지 주(州) 법정에서 소요되는 시간이 거의 평균 2년이며, 의료 부당 행위에 관한 청구 소송은 훨씬 더 길어 평균 30개월이 소요된다(Cohen, 2009). 이후 당연히 항소가 뒤따른다. 양로원 거주자들의 평균 수명은 상대적으로 매우 짧다. 최근 연구는 양로원에서 사망한 사람 중 절반 이상이 거주 허락을 받은 후 6개월 이내에 사망했으며, 양로원 거주자들의 평균 거주 기간은 14개월에 불과하다는 사실을 지적하고 있다(Kelly et al., 2010). 그러므로 연방정부가 규정한 자신들의 권한을 보호하려는 양로원 거주자들에게 법정은 대체로 환상에 불과한 도움을 제공하는 데 그친다. 또한 일부 법정에서는 연방 양로원개혁법이 부여한 권리를 실행하기 위해 시민권에 입각한 행동을 공공 양로원 거주자들에게 허용함으로써 양로원 거주자들의 소송 금지 조항의 효력을 약화시키고는 있지만, 연방 법원은 양로원개혁법의 조항을 실행시키기 위한 양로원 거주자들의 직접 소송은 금지되어 있다고 계속 주장한다(Surette, 2011). 따라서 많은 양로원 거주자는 행정 당국만이 이 법에 규정된 자신들의 권리를 강제할 수 있다는 점을 인지하고 있지만, 행정부는 그렇게 하지 않을 것이다.

마지막으로, 법률을 이해하기 위해서는 법률이란 고정적인 게 아니라 끊임없이 유동한다는 점을 알아야만 한다. 노인들에게 특히 중요한 많은 법률의 경우 더욱 그러하다. 일례로, 새로운 형태의 노인 학대에 대응하기 위해 필요한 사안들, 노인 학대 가해자를 대상으로 한 새로운 법률 조항, 그리고 학대 조사를 위한 새로운 절차 때문에 새롭게 만들어진 기구를 통해 노인 학대와 방임을 막기 위한 각 주 차원의 입법이 미국 전역에서 쏟아져 나오고 있다. 이러한 입법의 상당수는 잠재적으로 노인들의 권리에 많은 영향을 준다(Kohn, 2009, 2012). 의료보험 제도와 저소득층 의료보험 제도처럼 노인이 되어야 수혜를 받을 수 있는 중요한 프로그램을 장악하고 있는 미국 연방정부 차원의 법률과 여러 규정은 늘 수정되기 때문에, 노인층의 생활 조건과 치료 서비스의 수혜에 영향을 미친다. 국제적으로도 연장자법 영역을 실질적으로 국제화한 노인권리 협약(Convention on the Rights of Older Persons)을 미국이 채택하고 있는지에 대한 논쟁이 현재 노인 권익 옹호자들 사이에서 전개되고 있다. 그러므로 법률이 변화에 민감하다는 사실을 이해한다면 현재의 노화 경험을 우리가 이해할 수 있을 뿐 아니라, 그러한 경험이 시간이 지남에 따라 어떻게 변화하며 노년학자들과 노년층으로 구성된 네트워크의 작용으로 변화하는 환경을 예상하고 인식하는 데 도움을 줄 수 있다.

결론적으로 노인층에게 영향을 주는 법률이 무수히 많으며, 그중 상당수는 시간에 따라 변할 수 있다. 그러한 법률들은 해당 법률의 조항, 적용 대상, 법률의 목적, 법률 제정의 방법과 범위 그리고 시행 방법과 범위에 따라 다양하다.

2. 법률과 법 체계 이해의 중요성

법률과 법 체계에 대한 이해는 노년학의 연구, 노년학자들의 작업, 그리고 노인들과 함께 일하는 사람들에게 다음 주요한 세 측면에서 영향을 줄 수 있다. 첫 번째 가장 중요한 점은 노년의 경험을 법률적 측면에서 볼 경우, 정책 입안자들과 노인과 함께 일하는 사람들이 간과하거나 제대로 평가하지 못할 수 있는 중요한 고려 사항을 밝히는 데 도움을 줄 수 있다는 사실이다. 그렇게 함으로써 사회적 차원에서는 좀 더 좋은 정책을 유도할 수 있으며 개인 차원에서는 문제를 좀 더 잘 해결할 수 있다. 둘째, 노인층에게 영향을 주는 법률과 법 체계의 이해는 노인층을 지원하기 위한 법률 자원을 언제 어떻게 결집시킬 수 있는지를 제시해 줄 수 있다. 마지막으로, 법률 자체가 사회적 맥락의 형성에 도움을 주기 때문에 법률과 법 체계의 이해는 사람들이 늙어 가는 사회적 맥락에 대한 이해를 진전시킬 수 있다.

1) 법률적 조망

정책 차원에서 법률적 조망은 현존하거나 새롭게 제안된 정책이 법률적 권리와 책임에 언제 어떻게 영향을 줄 수 있는지를 파악하는 데 도움을 준다. 반면, 노인 정책에 대한 논의에서 법률적 조망이 빠진다면 노인 정책의 결정이 고의적인 편견에 흐를 수 있다. 특히 법률적 조망의 부재로, 노인들의 법률적 권리와 이해관계가 지니는 의미를 과소평가하거나 심지어 인식하지 못하는 정책을 선택할 수도 있다. 노인 학대를 신고하는 미국의 법률 규정은 법적 전망의 가치와 그러한 법률이 존재하지 않을 경우 발생하는 여러 문제들을 보여 준다. 과거 수십 년 넘게 미국 대다수 주의 법률 규정에 의하면, 노인 학대나 방임 혐의가 의심스러울 경우 개인이 그것을 신고하도록 규정하고 있다. 노인 학대에 대한 신고를 규정한 법률이 강제하는 특정 요구 사항은 주마다 다르다. 그러나 대다수 주에서는 학대를 받을 위험성이 특히 높은 60~65세 노인에 대한 모든 학대 의심 사례를 신고하도록 규정하고 있다. 그러므로 학대를 받았다고 의심되는 희생자들의 인지 능력 상실 여부, 신고에 따른 희생자들의 이해관계 그리고 신고자의 신분에 관계없이, 누구든 신고를 해야 한다고 법률로 정해 놓고 있다. 일례로 로드아일랜드에서는 '60세 이상의 노인이 학대, 방치, 착취나 자발적인 방치 상태에 있다는 합리적인 이유를 제시할 수 있는 모든 사람'은 그러한 의심 사안을 주정부에 보고하도록 되어 있다(Rhode Island General Laws). 이와 마찬가지로 텍사스 주 법안도 65세 이상의 노인이 학대와 방치 혹은 착취를 당하고 있다는 의심을 가진 모든 사람은 신고하도록 규정하고 있다. 텍사스 주 법안은 특히 그러한 신고 의무를 심지어 '변호사, 성직자, 진료 행위자, 사회복지사, 심리치료사처럼 신뢰할 수 있는 전문적인 의사소통자들'에게까지 확대시키고 있다(Texas Human Resources Code).

이러한 법률을 법률적 시각으로 살펴보면 그러한 법률이 강제하는 다른 사안 외에도, 그것이 미국 헌법에 규정된 개인 권리를 침해하고 있음을 알 수 있다. 어떤 경우, 개인 권한에 대한 침해가 확연해서 법정은 노인 학대 신고 법률이 헌법에 부합되지 않는다는 사실을 발견할 때도 있다. 예를 들어, 그러한 법률 조항은 자기정보 통제권, 다시 말해 헌법이 보호하고 있는 자신의 정보에 대한 습득과 전파를 통제하는 권한을 침해할 수 있다(Kohn, 2009). 그러므로 법률적 시각에서 노인 학대 신고 제도를 파악한다면 그러한 법률 제도의 이해에 필요한 중요한 차원을 첨가할 수 있다.

또한 법률적 관점에서 노인 학대 신고 법률을 분석할 경우, 이 법률과 대립되는 경우를 강조할 수도 있다. 노인 학대 신고 조항은 지나친 권리 침해, 연령 차별, 비효율 그리고 심지어 비생산적이라는 이유로 많은 비판을 받아왔다. 하지만 그러한 비판들 때문에 신고 의무를 규정한 법률의 채택이나 기존 법률의 강화를 중지하는 주는 거의 없다. 아마도 각 주가 그렇게 할 수 없는 이유는 신고 조항에 대한 비판이 대체로 법률적 권한에 부담을 주는 제도로 언급되지는 않기 때문이다(Kohn, 2009). 이러한 비판 외에 노인 학대 신고 법이 비슷한 종류의 법률 제정에 중요한 영향을 미칠 수 있다는 비판도 존재한다. 그 이유는 단지 비판 때문에 강제적인 신고에 관한 추가적인 사항이 드러난다거나, 법률적 권리에 기초한 비판으로 수사학적 의미의 권한이 증대될 여지가 있기 때문만은 아니다. 미국의 정치적 논쟁에서 법률적 권리는 종종 비장의 카드로 여겨지고 있다(Kohn, 2010). 따라서 논의를 법률적 권리라는 테두리 안에서 진행한다면, 정치적 논쟁과 정책 결정 과정의 논의 형태가 매우 설득력을 지닐 수 있다(Kohn, 2010).

여러 정책이 법률적 권리와 책임에 대한 의미를 확인하는 데 도움을 주는 것 외에, 법률적 조망은 여러 법률의 미시행이나 부적절한 시행 시기를 밝히는 데 도움을 줌으로써 정책 논의를 수월하게 만든다. 제한 속도 이상으로 오토바이를 모는 사람들로부터 알 수 있듯이, 대체로 우리는 법률이 정한 규정을 준수하지 못한다. 일반적으로 법률을 준수하지 않은 데 따른 부정적 결과를 예측할 수 있을 때, 우리는 법률을 더 준수한다. 따라서 법률을 어떻게 강제할 수 있는지의 여부에 대한 이해를 통해 법률 준수 가능성에 대한 예고 능력을 강화시킬 수 있다. 예를 들어, 어떤 양로원의 한 거주자가 양로원 개혁법에 규정된 자신의 권리를 양로원이 제대로 시행하지 않고 있다고 여긴다면, 해당 양로원이 법률의 노인 권리 관련 규정을 준수하지 않고 있다고 예단할 수 있다. 마찬가지로 양로원이 연방 양로원법을 제대로 준수하는지를 살피는 정책 입안자들은 양로원 거주자들을 위한 특별 권리 조항을 첨가한 후, 해당 법률 테두리 안에서 소송을 제기해 자신들의 권리를 시행하려 할 것이다.

법률적 시각을 통해 노인층들의 관심을 고찰한다면 개인 차원의 여러 문제를 살펴볼 수 있을 뿐 아니라 그 해결책도 제안할 수 있다.

다음과 같은 상황을 가정해 보기로 하자.

> 제조업 직장에서 해고된 57세의 Seth는 그의 어머니인 79세의 Linda와 함께 살기 위해 이사를 온다. 이사 올 당시, 그는 자신의 어머니인 Linda에게 월세로 매월 200달러를 주기로 약속한다. 그러나 저축이 이내 바닥나자 그는 월세 지불을 중단한 대신, 돈 사정 때문에 어머니에게 의지하며 아르바이트를 한다. 6개월 전, Linda는 Seth에게 그가 '자신의 돈을 사용하는 데' 진저리가 났으며, 이제 '당당하게 직장을 잡아서 그녀의 집에서 나갈 때'라고 말했다. Seth는 어머니가 '미친 년'이라고 모든 사람에게 퍼뜨리는 한편, 앞으로 '이런 수작을 부린다면' 어머니를 집에 가두겠다고 위협한다. 이후 사회보장 제도로부터 지급된 수표가 매달 들어오면, Seth는 어머니가 자신에게 그 돈을 줘 자신이 관리하게 해 줄 것을 요구한다. Linda가 주저하면, 그는 거짓으로 수화기를 들면서 어머니가 '망령이 들었으며, 미쳐서 마치 개처럼 살고 있다'고 경찰에 신고한다는 위협을 한다. 만일 그가 전화로 Linda를 경찰에 신고한다면, 경찰은 '그녀를 끌고 가서' 여생을 양로원에서 보내도록 할 것이라 한다. 지금까지 대부분 Seth의 위협 탓에 Linda는 그의 요구에 순응해 사회보장 기관으로부터 지급된 그녀의 수표를 아들에게 주었다. 이러한 정황은 식료품을 사거나 다른 구매를 할 때마다 그녀가 Seth에게 돈을 요구해야만 한다는 사실을 의미한다. 그녀는 Seth의 행위가 부끄러웠지만, 자식에 대한 책임감도 동시에 느낀다.

많은 학문 분야를 동원해 이러한 두 모자의 상호관계를 검토할 수 있을 것이다. 사회보장 차원에서 본다면 가족 구조의 급격한 변화가 어떻게 이 갈등을 촉발시켰으며, 가족 단위로서의 Linda와 Seth의 필요성에 부응할 방도를 찾으려 할 것이다. 사회학적 관점에서는 Linda와 Seth가 살고 있는 사회적 환경과 그러한 환경이 어떻게 이 갈등에 영향을 줬는지에 초점을 맞출 것이다. 특히 법률적 관점에서 앞의 가상 상황을 볼 경우, 여기서 등장하는 법률 문제의 파악과 이 상황에서 요구되는 여러 문제에 대한 추가적인 접근법을 제시하는 데 도움을 줄 수 있다. 이 상황의 중대성을 고려해서 법률적 관점에서 본다면 Seth를 잠재적인 범죄자로 생각할 수 있다. 돈을 요구한 Seth의 행위가 충분히 위협적이라면, Linda의 사회보장금을 훔친 그의 행위는 절도죄에 해당된다. 그가 자신의 어머니에게 행한 강제가 협박 또는 다른 말로 표현해서 부당한 위협 수준에 달한다는 점에서, 일부 주에서는 그가 노인 학대 혐의를 받을 수 있다.

법률적 관점에서 이 상황은 Linda나 그녀를 돕고자 하는 사람들에게 추가적인 선택을 할 수 있도록 해 준다. Linda는 Seth에게 소송을 제기해 자신의 월세를 받아서, 사회보장 제도가 지급한 그녀의 돈을 돌려받을 수도 있다. Seth가 자발적으로 그녀의 집을 떠나지 않는다면, 그녀는 또한 법을 이용해 퇴거 절차를 밟을 수도 있다. 더구나 예방 차원의 법률적 조치를 통해 Seth가 그녀의 자금에 손대지 못하도록 할 수 있다. 예를 들어, 그녀는 법률 조정을 통해 특정인이 자신의 돈을 관리하도록 해서 Seth가 돈에 손을 대지 못하도록 할 수 있다. 제3자가 이 상황에 개입할 수 있는 선택도 법률적으로 가능하다. 일례로 범죄가 발생했을 경우, 검사는 Seth에 대한 기소를 선택할 수 있다. 다른 사람의 개입을 통해 그녀의 자금을 보호할 수 있다. 연방법에 따르면 그런 개입을 원하는 사람들은 사회보장 제도 행정에 지원해서 '대리 수령인', 즉 사회보장이 지급하는 그녀의 수표를 그녀 대신 관리하는 정부 지정 대리인을 세울 수도 있다. Linda가 자금을 관리할 수 없다고 판단되면, 그들은 Linda를 보호하기 위한 법원 청구를 생각할 수도 있을 것이다.

여러 문제를 법률적 시각에서 본다면 장차 발생할 수 있는 문제들을 피하거나 축소할 수 있는 방법을 찾을 수 있다. 또 다른 가상의 상황을 살펴보기로 하자.

> 독신인 87세의 Nanette는 샴 고양이 Simone 함께 그녀의 아파트에서 산다. 조카 손녀인 Suzanne이 그녀를 정기적으로 방문한다. Suzanne은 Nanette가 점점 기억을 상실해 가고 있음을 알아차린다. Nanette는 종종 식사하는 걸 잊어버리며, 더 이상 날짜를 기억하지 못한다. 고양이 배설 상자를 청소하는 일도 망각해 아파트에 악취가 난다. 편지를 뜯지 않은 채로 식탁에 두고, 수개월이 지났는데도 지불하지 않은 영수증도 있다. Nanette는 아무런 문제가 없으며, 도움이 필요하지 않다고 보고한다. Suzanne이 돈을 받고 그녀를 돕겠다고 해도 그녀는 단호히 거절한다. Nanette에게 당장 도움이 필요하다고 Suzanne이 계속 고집하면, Nanette는 그처럼 계속 '성가시게 구는 사람'은 자신의 집에 오지 못하게 할 것이라 말한다.

이 가상의 사례는 다양한 학문 분야 사람들의 중요한 의문과 관심을 불러일으킨다. 복지 정책과 사회 사업이라는 측면에서 보면, 우리는 Suzanne이 어떤 행동을 취해야 하고, Nanette가 계속해서 혼자 살면서 자신에 관한 결정을 스스로 할 수 있도록 해야 하는지 또는 어떤 종류의 개입이 그녀에게 최상의 이익이 될 수 있는지를 생각할 수 있을 것이다. 의학적 측면에서는 Nanette의 인지 능력에 대한 임상 평가를 바탕으로 치료 계획을 마련하고자 할 것이다. 법률적 측면에서 이 상황을 들여다보면, Nanette와 그녀의 상황에 관심을 가진 사람들이 시행할 조치에 대한 의견 일치를 보지 못할 경우, 적절한 선택을 할 수 있도록 도와줘 이 상황에 대한 우리의 이해 폭을 넓혀 준다. 특히 법률적 관점을 통해 우리는 이 상황에서 Nanette가 지닐 수 있는 권한을 판별해 낼 수 있다. 이 경우에서 Nanette는 자신을 위한 결정을 내려주는 제3의 자원자를 지명할 권리를 가지며, 그녀가 일련의 결정을 내릴 수 있는 법적 능력이 결여되어 있다고 법정이 판단하지 않는 한, 그녀는 스스로 결정할 수 있는 권한도 지닌다. 전형적으로 말해, 어떤 사람이 법률적 결정을 내리기 위한 법적 능력을 가지고 있는지 여부를 결정하기 위해서는 법정은 그 사람이 그러한 결정의 본질과 결과를 이해하고 있는지 묻는다. 이 과정에서 그 결정의 질적 특성은 고려 대상이 아니며 그래서도 안 된다(Frolik & Radford, 2006). 법률적 관점은 또한 Suzanne이 Nanette의 의도에 반하여 혹은 Nanette의 동의 없이 행동을 취해도 되는지에 대한 Suzanne의 선택을 우리에게 확인시켜 줄 수 있다. 이 경우, Suzanne이나 다른 제3자가 Nanette의 의사에 반하거나 동의 없이 Nanette를 대신해 일련의 결정을 내리고자 한다면, Nanette에 대한 '보호 자격'을 법원에 청구해야만 할 것이다. 이어 법정은 Nanette가 그녀 스스로 결정을 내릴 수 있는 능력이 결여되어 있는지, Suzanne이나 다른 제3자가 그녀를 대신해 일련의 결정을 내릴 수 있도록 허락해야 하는지를 법률 규정에 따라 결정해야 한다.

Linda와 Nanette의 가상 상황이 암시하고 있는 것처럼 법률적 조망은 문제 해결을 위한 가치 있는 도구가 될 수 있다. 법률적 조망이 정책 분석가들에게 좀 더 포괄적인 비판을 제공하고, 정책 결정자들에게는 좀 더 나은 정책 입안을 할 수 있도록 도움을 주는 것처럼, 개인 차원에 법률적 조망을 적용한다면 '해결해야 할' 문제를 새롭게 조명해 새로운 해결책을 제시할 수 있다. 이런 방법을 통해 법률적 조망은 노년학적 사고의 범위를 확대시킬 것이다.

2) 자원으로서의 법률

법률과 법 체계가 노년층에게 영향을 줄 수 있다는 사실을 이해하는 게 중요한 이유는 그것이 노인을 도울 수 있는 추가적 자원이라는 점을 제시해 주기 때문이다. 법률가들과 법률 조직은 노인 문제에 대한 가치 있는 전망을 제공할 뿐 아니라, 노인층과 그들에게 서비스를 제공해 주는 사람들 모두에게 가치 있는 자원을 제공해 준다. 다음 세 가지 측면에서 그러하다.

첫째, 법률가들은 교육적이며 예방적인 중요한 기능을 제공해 준다. 법률가들은 노인과 그들의 복지에 관심을 가진 사람들에게 법적인 권한과 제한에 대한 정보를 알려 주고, 그것을 이용해 장차 발생할 수 있는 법률 문제를 피할 수 있도록 돕는다. 법률 전문가들의 핵심적인 역량은 법적 규정과 권한을 파악하고 설명하는 데 있다. 사실상 어떤 상황에서 작용하는 법률적 문제를 인지해서 규정하는 건 그러한 능력이며, 그러한 능력 덕분에 법률 전문가들은 노년 세계의 다른 구성원들과는 달리 그 전문성을 인정받고 있다(제13장 참조). 법률적 문제에 대한 파악과 설명을 통해 법률가들은 개인과 조직이 법률 문제에 직면했을 경우 그것에 대한 정보를 좀 더 잘 파악해서 선택할 수 있도록 돕는다. 예를 들어, 앞에서 제시한 두 가상 상황에서 법률가는 Linda가 그녀의 권리와 법적 선택권을 이해하거나, Nanette를 지원하기 위해 Suzanne이 사용할 수 있는 법적 수단을 Suzanne이 이해할 수 있도록 도와준다. 이런 유형의 정보를 통해 각 개인은 좀 더 좋은 결과를 얻을 수 있다. Linda의 경우, 그녀가 자신의 자산을 보호하고 가정에 대한 지배권을 재획득하도록 도울 수 있을 것이다. Nanette의 경우에는 Nanette를 돕기 위해 Suzanne이 이용할 수 있는 법률적 수단을 파악하는 데 도움을 줄 수 있을 것이다. 이와 마찬가지로 법률가는 Nanette를 도와 재정적인 도움을 얻을 수 있는 서류를 작성할 수 있도록 할 것이다.

둘째, 법률가들은 법적 수단을 동원해 법적 권한의 행사를 상기시켜 줄 수 있다. 일례로 Linda가 고용한 법률가는 Seth에게 소송을 제기해서 그를 가정에서 퇴출시키거나, 그녀로부터 빼앗은 돈을 돌려받도록 할 수 있다. Nanette가 고용한 법률가는 Nanette 삶에 대한 스스로의 결정을 제3의 보호자가 통제하는 걸 그녀가 원하지 않을 경우, 보호자 선정을 위한 법적 절차에서 Nanette를 도와 스스로를 방어할 수 있도록 할 것이다.

셋째, 법률가들은 법을 이용해 사회 변화를 촉진시킨다. 법률가들이 사회 변화를 촉진시키는 주요한 방법은 전략적이며 의도적인 소송을 통해 중요한 법적 판례를 세우는 것이다. 미국, 캐나다, 영국, 오스트레일리아와 뉴질랜드처럼 공통의 법률 체계를 지닌 나라의 일부 법률은 법정에서 내려진 법률적 판결에서 비롯된 것이다. 이러한 판결이 판례로 수립되어 장차 등장할 사건을 결정하는 규칙과 원칙이 만들어진다. 따라서 고객을 대신해서 변호사는 고객의 이해관계를 대변하는 한편, 다른 사람에게도 중요한 법률 규칙이나 원칙을 세우거나 명확히 하려 한다. 예를 들어, 법률 원조 협회(legal aid society)는 가정에서의 장기 치료에 대한 보험 포괄을 거부당한 미국 내 노인 저소득층 보험 수혜자들을 대변하는 단체다. 이 단체는 그러한 고객들의 보험 포괄권을 획득하는 한편, 법률적 판례의 수립을 통해 각 주가 저소득층 보험 수혜자의 유사한 요구를 거부할 수 없도록 하는 목표를 지니고 있다.

역사적으로 광범위한 변호사들이 교육적이며 예방적인 기능, 시행 기능, 사회를 변화시키는 기능이라는 법률의 세 기능을 수행해 왔지만, 그 대부분은 일반 개업 변호사들이다. 그러나 첫 번째 기능은 차츰 '연장자법'에 정통한 변호사들에 의해 수행되었다. 연장자법은 '인생 후반기 계획과 노인들에게 특히 중요한 법률 문제를 노인들과 그 대리 단체에게 조언해 주고 대변해 주는 걸 목표로 하는' 전문 분야다(Kohn & Spurgeon, 2010). 일련의 법률적 이론으로 규정된 다른 분야의 법률과는 달리, **연장자법은 그 법을 이용하는 고객들에 의해 우선적으로 규정된다**(Frolik, 2002; Kohn & Spurgeon, 2010; Premack, 2000). 이러한 고객 중심의 접근 방법에 부응해, 연장자법 변호사들은 문제 해결에 있어서 빈번히 고객들의 법률적 · 사회적 그리고 건강상 필요성 사이의 상호작용을 모두 인지하는 전체론적 접근법을 취한다. 실제로 증가 일로에 있는 노인 전문 변호사들은 고객들의 필요를 좀 더 잘 파악하고 충족하기 위해, 사회복지사나 간호사를 고용해서 그들과 함께 일한다.

사전 단계의 계획 수립은 연장자법의 대다수 실무에서 가장 중요하다. 사전 단계의 계획은 다양한 형태가 존재할 수 있다. 기본적으로 거기에는 서류 준비와 조언이 포함된다. 노인 전문 변호사들은 일상적으로 사전 지침과 관련 서류에 입각해 고객들에게 조언을 해 주며, 이를 통해 어떤 한 사람이 결정을 내리면 다른 사람도 결정할 수 있도록 해 준다. 사전 지침에는 대리인이 재정 관련 결정을 내릴 수 있는 영속적인 효력의 위임장, 그리고 건강 치료 위임장으로도 알려진 것으로서 대리인이 건강 치료에 관련된 결정을 내릴 수 있는 건강 치료 위임권이 각각 포함되어 있다. 절세(節稅), 공증의 회피 혹은 행정 당국의 수혜를 최대로 얻을 수 있는 자격과 같은 특정 목적을 달성하기 위한 방법으로, 사전 계획 속에는 흔히 고객들의 재정 상황을 조직적으로 편성하는 사안도 포함되어 있다. 일례로 미국 노인 전문 변호사들이 하고 있는 상당 부분의 작업은 '저소득층 보험 관련 계획'인데, 그것은 고객을 지원해 공적 기금으로 충당되는 장기 치료 혜택의 선발 가능성을 최대화하는 쪽으로 노인들의 재정을 재구성하는 것이다.

연장자법의 실제에서 또 다른 중요한 요소는 고객들을 도와 현재 시행되고 있는 수혜를 받을 수 있도록 하는 것이다. 그러한 공공 수혜에는 사회보장 제도, 의료보험 제도, 저소득층 의료보험 제도와 같은 공공 수혜뿐 아니라 연금과 같은 사적 수혜도 들어 있다. 그 전형적인 도움 형태는 어렵고 번잡하며, 종종 고객 친화적이지 않은 항소 과정을 노인들이 잘 통과할 수 있도록 도와주는 것이다. 예를 들어, 노인 전문 변호사는 수술과 입원비에 대한 의료보험 포괄을 거부당한 노인들을 도와 그 거부에 대한 항소심에서 개개인을 대변할 수 있다.

그러나 연장자법 실제의 또 다른 중요 영역은 노인들의 거주 주택과 치료의 품질에 관련된 사항을 돕는 것이다. 그러한 분야에 대한 관심은 지역사회 차원과 제도적 차원에서 증가하고 있다. 지역사회의 경우, 다양한 유형의 주택에 살 수 있는 자격의 확보, 거주하고자 하는 주택에서 퇴출당하지 않도록 하는 일, 주택 수요의 충족, 주택의 안전과 유지 등에 대한 도움이 포함되어 있다. 예를 들어, 노인 전문 변호사는 장애 노인 고객에게 필요한 집이 너무 크다는 이유로 사회 보조를 받아 살고 있는 주택에서 퇴출당할 위기에 있는 경우를 대변해 줄 수 있다. 그러한 경우, 노인 전문 변호사는 공정 주택법이나 그것과 유사한 법률을 들어 퇴출이 적법하지 않다고 주장할 수 있다. 장기 치료의 경우, 고객의 재정을 재구성해서 치료비를 보험으로 포괄할 수 있도록 하는 게 공통적인 임무다. 드문 예이긴 하지만 장기 치료 기관의 치료 품질 문제를 고객이 제기할 수 있도록 하는 것도 매우 중요한 임무다. 때때로 이러한 상황은 부적절한 치료 품질에 대한 법적 책임을 묻는 소송으로 이어지기도 한다.

연장자법 실제 업무에서 차츰 증가하고 있는 영역은 노인 학대와 방임을 둘러싼 분야다. 노인전문 변호사들은 노인 학대, 특히 노인들에 대한 재정적 착취와 관련해 그 역할의 중대성이 증가하고 있다. 변호사들은 사전 계획에 따라 학대를 최소화하는 방향으로 관련 사건을 정리하거나, 일단 사건이 발생하면 학대나 착취 당사자들에게 소송이나 소송 위협을 가해 그러한 학대로부터 벗어날 수 있도록 돕는다.

사전 계획, 수혜 취득, 주택과 치료 품질, 착취와 학대와 같은 종류의 사건은 물론 그 밖의 법률적 사안과 관련해 고객을 대표하는 노인전문 변호사들은 노인들이 여러 서비스에 용이하게 접근하도록 해 준다. 그들은 또한 자신의 삶에 관한 중요한 결정을 내리도록 노인들을 도와, 인생 후반에 자율성을 높이는 데 결정적인 역할을 한다. 그러한 영향을 확인하기 위해 다음의 가상 상황을 살펴보기로 하자.

Henry와 Wanda는 결혼한 부부로서 모두 80세이며, 북부 뉴욕 주의 식민지풍 주택에서 살고 있다. 초기 알츠하이머병을 앓고 있는 Henry는 4일 전 심장병으로 입원했다. 그는 내일 집을 떠나기로 되어 있다.

> Wanda와 Henry는 그들 집에서 계속해서 같이 살기를 원한다. 하지만 그녀는 Henry가 아직 집으로 올 수 있는 상태가 아니라고 생각하고 있으며, 자신도 Henry가 도움을 필요로 할 때 돌볼 수 있으리라는 확신이 서지 않아 걱정하고 있다. Wanda는 Henry를 돌볼 수 있는 가장 우선적인 사람이지만, 심장 마비가 일어나기 전부터도 그러한 역할이 육체적으로나 감정적으로 쉽지 않다는 사실을 깨달았다. Henry는 Henry대로 자신의 상태가 점점 혼란스럽다는 사실 때문에 걱정하고 있다. 그는 자신의 복지 문제를 스스로 결정할 수 없는 상황이 오면, 소원해진 자신의 딸 달린이 아닌 Wanda가 모든 것을 결정할 유일한 사람이란 점을 분명히 해 두고자 한다.

앞서 가상 상황의 맥락에서 위 내용을 논의한다면, 노인전문 변호사가 이 상황에 적용할 수 있는 첫 번째 수단은 법률적 전망을 통해 위 상황에 적용할 수 있는 기초적인 법률 문제를 판별해 내는 것이다. 그런 과정을 통해 변호사는 비밀스럽고도 상호 연관된 여러 문제를 가진 Wanda와 Henry에게 도움을 줄 수 있을 것이다. 변호사는 퇴거 결정에 대한 항소권을 포함해서 퇴거 제안과 관련된 Henry의 법적 권한에 대해 이 부부에게 조언하는 한편, Henry가 정해진 곳에서 노년을 보낼 수 있는 전략과, 그러한 전략이 공공 수혜를 받을 수 있는 자격에 미치는 영향을 조언함으로써 교육적인 기능을 수행할 것이다. 또한 변호사는 Henry가 장기 치료 수혜를 받을 수 있는 자격 요건을 극대화하고, Wanda는 수입과 재원을 그대로 유지하는 쪽으로 그들의 재정 구조를 재편하는 데 도움을 줄 수 있을 것이다. 변호사는 Henry가 충분한 인지 능력을 가지고 있을 경우, 그의 문서 작성을 도와 일단 질병이 더 진행되면 그를 대신해서 Wanda가 모든 결정을 내리도록 할 수도 있을 것이다. 퇴거 결정에 대해 Henry가 항소하려 하거나, 자신이 당연히 자격이 있을 것으로 믿었던 장기 치료 혜택을 거부당한다면, 변호사는 법적인 수단을 통해 Henry가 그러한 결정이나 거부에 대한 항소를 할 수 있도록 도울 수도 있을 것이다.

간단히 말해 변호사들은 노인층과 그들의 복지에 관심을 가진 사람들에게 중요한 자원이다. 연장자 법이라는 특정 영역의 등장으로 그러한 역할이 진전되었다. 그러므로 노인층의 지원에 있어 변호사들의 역할과 법률에 대한 이해는 다른 분야의 전문가들이 법률 분야가 언제 어떻게 문제 해결에 도움을 줄 수 있는지를 이해하도록 돕는다.

3) 사회 동력으로서의 법률

법률과 법 체계가 어떻게 기능하는지에 대한 이해가 노년학에 정보를 제공해 줄 수 있는 세 번째 이유는 법률이 노화 경험 형성에 중요한 역할을 하기 때문이다(복지국가에서 생애 주기의 제도화에 관련된 논의는 제7장 참조). 노화의 경험 구축에서 법률이 하는 역할의 한 측면은 한 사회의 '노년'에 대한 정의를 규정하는 일이다. 많은 법률이 나이별로 사람을 구분함으로써 그들의 수명에 따라 일정 정도 이상의 나이를 가진 사람들을 별도로 생각한다. 예를 들어, 미국에서는 노년의 시작을 보통 65세로 본다. 65세의 나이와 관련해서 이 출발점이 심리적 · 사회적 혹은 육체적으로 급격한 변화를 반영하는 건 아니다. 오히려 그것은 공공 복지를 65세라는 나이와 연계시켜 의료보험과 사회보장 제도가 입법된 탓에 생긴 법률 조항의 인위적 산물이다.

노년 형성에서 법률이 중요한 역할을 하는 또 다른 측면은 노년이 지닌 법률적 의미를 부여하는 데 있다. 법률적 자격과 제한을 나이와 연계시켜 법률은 노인에 대한 인식을 형성하거나 강화할 수 있다. 예를 들어, 의료보험과 같은 공공 자격을 노인과 연결시켜, 법률은 노인들이 특별한 도움을 필요로 하거나 그런 도움을 받을 만하다는 사실을 암시해 준다(제11장 참조). 이와 마찬가지로 노인 운전자들에 대한 운전 면허 발급에 특별한 요구

조건을 강제하고 있는 주 법률은 노인 운전자들에 대한 불신을 암시하고 있으며, 좀 더 넓게는 완전한 노인 권한의 보장이 결여되어 있다는 점을 반영하는 것이기도 하다.

좀 더 중요한 사실은 법률이 노인의 선택과 활동에 영향을 주어 노화 경험을 형성한다는 점이다. 법률은 세금을 공제해 주는 것처럼 보상금의 지급을 통해 특정 행위를 장려하거나, 공공 기금의 제공 등을 통해 특정 행위를 원활하게 할 수도 있다. 또한 법률은 특정 행위를 범죄로 취급하거나 법적 책임을 강제하는 근거로 삼는 등의 방법을 통한 처벌, 혹은 세금 부과와 같은 방법으로 특정 행위와 관련된 비용을 증가시켜 그러한 행위를 못하게 할 수도 있다. 따라서 이러한 법률들이 어떻게 운용되는지를 이해한다면 노인들의 선택과 생활양식을 이해하는 데 도움을 줄 수 있으며, 그러한 선택에 대한 조언을 노인들에게 해 주는 사람들에게 중요한 정보를 줄 수 있다.

3. 결론

전통적으로 법률 분야는 노년 연구에서 중요한 지위를 차지하지 못했다(Doron, 2006b). 그러나 이 장에서 언급한 것처럼, 법률 자체 그리고 정책과 문제점을 분석하는 데 있어 법률적인 접근법은 노화 경험에 대한 이해와 노년 정책 구상에 많은 기여를 할 수 있다. 사람들이 차츰 나이가 들어가는 전후 상황의 창출을 통해 법률은 노화 경험을 형성할 수 있도록 도와준다. 그러므로 한 나라 혹은 한 정치체의 법률과 해당 법률이 어떻게 시행되고 있는지의 여부에 대한 이해는 노인 범주 안에 있는 사람들의 경험을 좀 더 잘 이해하고자 하는 사람에게 도움을 줄 수 있다. 또한 그러한 이해를 통해 우리가 정책을 입안할 때와 운용할 때 모두 노인 문제에 대한 좀 더 훌륭한 해결자가 될 수 있을 것이다.

참고문헌

Code of Federal Regulations. (2010). Title 42. Section 483.25.

Cohen, T. H. (2009). Tort bench & jury trials in state courts, 2005. Bureau of Justice Statistics Bulletin. U.S. Department of Justice. Retrieved August 12, 2012, http://bjs.gov/content/pub/pdf/tbjtsc05.pdf

Doron, I. (2003). A multi-dimensional model of elder law: An Israeli example. *Ageing International, 28*(3), 242-259.

Doron, I. (2006a). Bringing the law to the gerontological stage: A different look at movies and old age. *International Journal of Aging and Human Development, 62*(3), 237-254.

Doron, I. (2006b). Elder law: Current issues and future frontiers. *European Journal of Ageing, 3*(1), 60-66.

Doron, I., & Kohn, N. A. (2010). Aging and law-Using a multi-dimensional model to understand the legal response to aging. In S. Chen & J. L. Powell (Eds.), *Aging in perspective and the case of China: Issues and approaches* (pp. 71-86). New York, NY: Nova Science.

Elder Justice Act. (2010). Public Law No: 111-148, Title VI, subtitle H, 124 Stat. 782.

Frolik, L. A. (2002). The developing field of Elder Law redux: Ten years after. *Elder Law Journal, 10,* 1-14.

Frolik, L. A., & Radford, M. F. (2006). 'Sufficient' capacity: The contrasting capacity requirements for different documents. *NAELA Journal, 2,* 303-323.

General Accounting Office (GAO). (2003). Nursing homes: Prevalence of serious quality problems remains unacceptably high, despite some decline. No. GAO-03-1016T.

Health Care Financing Administration (HCFA). (2000). Report to Congress:

Appropriateness of minimum nurse staffing ratios in nursing homes.

Kelly, A., Conell-Price, J., Covinsky, K., Stijacic Cenzer, I., Chang, A., Boscardin, J. W., & Smith, A. K. (2010). Lenght of stay for older adults residing in nursing homes at the end of life. *Journal of the American Geriatrics Society, 58*(9), 1701-1706.

Kohn, N. A. (2009). Outliving civil rights. *Washington University Law Review, 86*, 1053-1115.

Kohn, N. A. (2010). The lawyer's role in fostering an elder rights movement. William Mitchell Law Review, 37, 49-79.

Kohn, N. A. (2012). Elder (in) justice: A critique of the criminalization of elder abuse, *American Criminal Law Review, 49,* 1-29.

Kohn, N. A., & Spurgeon, E. D. (2010). Elder law teaching and scholarship: An empirical analysis of an evolving field. *Journal of Legal Education, 59*(3), 414-431.

Morgan, R. C. (2007). Elder law in the United States: The intersection of the practice and demographics. *Journal of International Aging, Law & Policy, 2*, 103-143.

O'Shaughnessy, C. V. (2011). The Elder Justice Act: Addressing elder abuse, neglect, and exploitation. National Health Policy Forum. Retrieved August 12, 2012 http://www.nhpf.org/library/the-bascis/Basics_ElderJustice_11-30-10.pdf

Premack, P. (2000). Elder law practice: An overview. South Dakota *Law Review, 45,* 461-468.

Rhode Island General Laws §42-66-8 (Supp. 2010).

Schatz, M. L. (2000). The elder law attorney: Is knowledge of the law enough? *South Dakota Law Review, 45,* 554-566.

Surette, E. C. (2011). Constitution and application of nursing home reform amendments (FNHRA), 55 *A.L.R. Fed. 2d,* 195.

Texas Human Resources Code Annotated §§48.002(a)(1), 48.051 (West supp. 2010).

찾아보기

| 인명 |

Akiyama, H. 218
Allen, R. G. 48
Ando, A. 295
Anstey, K. J. 99
Antonucci, T. 218

Backman, L. 105
Ball, K. 105
Baltes, P. B. 26
Beck, J. C. 48
Becker, G. 298
Blanchard-Fields, F. 219
Botwinick, J. 17
Boyer, E. J. 16
Bronfenbrenner, U. 455
Burke, D. M. 133

Camp, C. 219
Carstensen, L. L. 214
Charles, S. T. 222
Clark, D. O. 178
Colcombe, S. 105
Cristofalo, V. J. 48
Crowell, M. 54
Cumming, E. 213

Dahlin, E. 105
Damron-Rodriguez, J. 465
Dixon, R. A. 102

Edwards, J. D. 105
Erber, J. T. 220
Etnier, J. L. 106

Featherman, D. L. 21
Ferraro, K. F. 29, 31, 155

Ghisletta, P. 99
Griffin, J. H. 32
Gunning-Dixon, F. M. 103

Harman, D. 56
Hayflick, L. 18, 46
Henry, W. 213
Hertzog, C. 102
Hofer, S. M. 99
Hultsch, D. F. 102

Ismail, A. H. 157

Jahnke, H. C. 219

Kleemeier, R. W. 20
Kramer, A. F. 105
Krause, N. 215
Kuhn, T. 15

Landers, D. M. 106
Langfahl, E. S. 218
Lindenberger, U. 99
Luszcz, M. A. 99

MacDonald, S. W. S. 102
Maddox, G. 23
Martin, B. G. 48
Martin, G. M. 50, 100
Martin, M. 100
Mavandadi, S. 222
Maynard, L. 54
McCay, C. 54
Mills, C. W. 15
Mincer, J. 298
Modigliani, F. 295
Moore, P. 32
Moorhead, P. S. 46

Neely, A. S. 105
Nesselroade, J. R. 92
Neupert, S. D. 96
Nowell, P. M. 106
Nyberg, L. 105

Petersen, T. 21
Pignolo, R. J. 48
Prager, I. G. 220

Quinn, J. F. 24

Raz, N. 103
Riley, M. W. 27
Ritzer, G. 15
Ross, L. A. 105

Salthouse, T. A. 101, 102
Schafer, M. H. 29
Seeman, T. E. 89
Shippee, T. P. 31
Shock, N. 21
Sibley, B. A. 106
Simmons, J. 465
Sliwinski, M. J. 92
Szuchman, L. T. 220

Takahashi, K. 218
Trappe, T. A. 174, 175
Tschopp, M. 163

Wadsworth, M. E. J. 28
Willott, J. F. 18

Zimprich, D. 100

| 내용 |

1회 최대근력 162
Barthel 일상생활지표 496
GDS 458
Katz 일상생활능력 496

Lawton 도구적 일상생활 활동 496
MMSE 457
pro-inflammatory 65

가용신체설 45
가정기반 운동 179
가족 유대 342
간이 정신상태검사 457
감각 또는 지각 결함 98
거동 장애 335
거시체계 455
결정화된 사고력 97
경제적 모형 294
공인 간호사 490
공적 보험 311
공적 영역 303
근력 160
근비대 161
근육감소증 157
기능적 독립측정 496
기대 수명 334
기대된 지지 216

낙상 161
노년학 13, 155
노년학자 13
노령화 321
노인 간호 보조사 490
노인 사회복지 실천 465
노인 의학 487
노인 차별 31
노인 평가 495
노인병 전문의 487
노인성 난청 121
노인성 치매 124
노인우울검사 457
노인우울척도 498
노화 17
노화 과정 20
노화 관련 표현형 47
노화 사립체 이론 57
노화의 영향 18
뇌유래 신경영양인자 175
뇌졸중 122
누적된 불평등 이론 266
누적된 이익 263

다량 영양소 182
다학문적 156
다형질발현 이론 45
단순 신체활동 평가도구 496
단축형 노인우울척도 498

메디케어 344
메디케이드 344
메타분석 163, 181
메트릭 메탈로프로테이나제 엔자임 47
면역성 노화 169
문화적 역량 평가 471
미시체계 455
민속지학 연구 방법 360
민족 471

백세인 61
베르니케 실어증 123
보조금 305

보조식품 185
복리 289
부정적 상호작용 216
불이익 이론 263
브로카 실어증 123
비교문화적 관점 377
비유창성 실어증 127

사적 연금 311
사전의료지시서 498
사회경제적 지위 250
사회보험 306
사회적 투입 모델 218
사회정서적 반응에 대한 사회적 투입 모델 228
사회정서적 선택 이론 214
산화 방지 효소 슈퍼옥사이드 디스뮤타제 58
산화 스트레스 56
삽화적 기억 95
상황 속 노화 88
생명 유지 치료 498
생물노년학자 43, 63
생물학적 노화 43
생애 과정 243
생체지표 63
생태학적 관점 455
선택 297
성 정체성 471
성별 471
성장 호르몬 52
성적 기호 471
속근섬유 157
승인된 간호 보조사 490
시각 121
실명사증 122
실문법증 123
실행 기능 101

알츠하이머병 501
약물 상호작용 168
약물-질병 상호작용 495
에스트로겐 52
연결 불량 가설 133
연령 계층 이론 249
염증 172
염증단백질 173
영양 결핍 54
요실금 491
운동생리학자 156
원천징수 309
유동적 사고력 97
유량 287
유자격 간호사 490
은퇴 283
은퇴 대비 저축 299
은퇴 선택 300
은퇴 안정 정책 283
의미적 치매 127
이명 121
이질성 337
이환율 327
인구통계학 321
인슐린 민감성 165
인슐린유사성장인자 52
인식력 노화 94, 98

인종 471
인지 기능 노화 88
인지 기능 노화 연구 87
인지 능력 훈련 104
임상 간호사 490
임상 전문 간호사 490

자기적립 사회적 은퇴 시스템 310
자유중량 운동 177
장기요양보험 302
장기적 연령 변화 90
장수 44
재정적 안정 283
저량 287
저축 286
전두측두엽 치매 127
정면변형 FTD 127
정부 303
정상적인 노화 25
제2형 당뇨병 168
제지방 163
조망적 기억 95
종단 연구 91
중간체계 455
진행 속도 100
질적 노년학 364
질적 노년학자 364

착어증 123
청각 121
체성분 181
최대산소섭취량 163
치매 124, 491

코호트 18

탈수 182
탈참여 이론 213
터미널 드롭 20, 228
테스토스테론 52
통제된 운동 179

파킨슨병 126
패러다임 15

항염증 약물 157
활성 산소 56
횡단 연구 90
횡단적 연령 차이 90
효소 텔로머라아제 47
후생설 52
후생식기 수명 45
힘과 취약성 통합의 이론적 모델 226

편저자 소개

Janet M. Wilmoth, PhD

뉴욕 주 시러큐스 시에 있는 시러큐스대학교의 사회학과 교수이자, 노화 연구소 소장이다. 그녀의 연구는 노화의 인구통계학과 사회적 노년학, 특히 나이 든 성인의 이주, 생활 준비, 그리고 건강상태와 관련된 이슈들이다. 그녀의 연구는 노화 정부연구소(National Institute on Aging), 사회보장국(Social Security Administration), 국가 빈곤센터(National Poverty Center)에서 지원받아 수행된 것이다. 그녀의 최근 연구는 생애주기에 걸쳐 군대 경험이 건강에 미치는 영향을 검토하는 것이다.

Wilmoth 박사는 전문학술지나 책에 40편이 넘는 논문을 발표해 왔다. 그녀의 논문은 『Journal of Gerontology: Social Sciences』『The Gerontologist』『Research on Aging』『Journal of Aging and Health』『Population Research and Policy Review』『Journal of Marriage and Family』『Journal of Family Issues』『Journal of Poverty』『Social Service Review』 등의 다양한 학술지에 게재되었다. 그녀는 『Life Course Perspectives on Military Service』(2013)의 공동 편저자이기도 하다. 또한 National Institutes of Health의 여러 연구에서 공동으로 연구하고, 『Journal of Gerontology: Social Sciences』와 『Teaching Sociology』의 편집위원, 『Research on Aging』 특별호의 공동 편집위원장으로도 활약하였다.

Kenneth F. Ferraro, PhD

인디애나 주 웨스트 라파예트 시에 있는 퍼듀대학교의 사회학과 교수이자, 노화와 인생주기 센터의 소장이다. 그는 건강과 건강서비스 이용에서의 인종분리, 비만과 스트레스 과정을 포함하는 노년학의 많은 주제를 연구하였다. 그의 연구는 AARP Andrus Foundation, 노화 정부연구소(National Institute on Aging)에서 여러 번 지원받았다. 그는 노화와 건강 연구에서 축적된 불평등이론(cumulative inequality theory)을 발달시켰고, 현재는 이 이론을 경험적으로 검증하고 있다. 그의 최근 연구 주제는 성인 건강의 초기 기원과 어떻게 생애를 통해 계층화 과정이 펼쳐지는지에 초점을 맞추고 있다.

Ferraro 박사는 95개 이상의 논문, 20개의 장, 2권의 책을 집필하였다. 그의 논문은 『American Journal of Sociology』『American Sociological Review』『Journal of Health and Social Behavior』『Social Forces』와 같은 사회학 학술지뿐만 아니라 『Journal of Gerontology: Social Sciences』『Journal of Gerontology: Medical Sciences』『The Gerontologist』와 같은 다양한 노년학 학술지에 게재되었다. 또한 미국 노년학회 회원이고, 2011년 저명한 멘토상을 받았다. 그는 『Journal of Gerontology: Social Sciences』의 편집위원장을 역임하였다.

역자 소개

조아미(Cho, Ami)
미국 University of Southern California 박사
현 명지대학교 교수

김소정(Kim, Sojung)
미국 University of Oklahoma 박사
현 미국 University of Massachusetts Lowell 교수

김용태(Kim, Yongtae)
미국 University of Nebraska 박사
현 명지대학교 교수

이진숙(Lee, Jinsook)
명지대학교 박사
현 청소년학습진로코디네이팅센터 센터장

오세숙(Oh, Saesook)
미국 Pennsylvania State University 박사
현 경기대학교 교수

정철웅(Chung, Chulwoong)
프랑스 École des Hautes Études en Sciences Sociales 박사
현 명지대학교 교수

노년학

Gerontology: Perspectives and Issues(4th ed.)

2017년 4월 10일 1판 1쇄 인쇄
2017년 4월 20일 1판 1쇄 발행

엮은이 • Janet M. Wilmoth · Kenneth F. Ferraro
옮긴이 • 조아미 · 김소정 · 김용태 · 이진숙 · 오세숙 · 정철웅
펴낸이 • 김진환
펴낸곳 • (주) 학지사
04031 서울특별시 마포구 양화로 15길 20 마인드월드빌딩
대표전화 • 02)330-5114　팩스 • 02)324-2345
등록번호 • 제313-2006-000265호

홈페이지 • http://www.hakjisa.co.kr
페이스북 • https://www.facebook.com/hakjisabook

ISBN 978-89-997-1232-6 93330

정가 21,000원

이 도서의 국립중앙도서관 출판시도서목록(CIP)은 서지정보유통지원시스템 홈페이지(http://seoji.nl.go.kr)와 국가자료공동목록시스템(http://www.nl.go.kr/kolisnet)에서 이용하실 수 있습니다.
(CIP제어번호: CIP2017008197)